KW

Je ne connais que Spinoza qui ait bien raisonné:
mais personne ne peut lire.
Voltaire an d'Alembert

Antonio Negri

Die wilde Anomalie

Baruch Spinozas Entwurf einer freien Gesellschaft

Aus dem Italienischen von Werner Raith

Verlag Klaus Wagenbach Berlin

Für Anna und Francesco

Das italienische Original erschien unter dem Titel »L'anomalia selvaggia. Saggio su potere e potenza in Baruch Spinoza« bei Giangiacomo Feltrinelli Editore, Milano 1981.

Umschlagentwurf: Hans Peter Willberg
Satz und Druck: Poeschel & Schulz-Schomburgk, Eschwege
Bindung: Hans Klotz, Augsburg

ISBN 3 8031 3507 9

Inhalt

Vorbemerkung des Übesetzers

Toni Negris Buch ist im Gefängnis – genauer: in den Hochsicherheitstrakten mehrerer italienischer Gefängnisse – geschrieben worden. Es ist von außen schwer zu erahnen, wie diese Arbeit überhaupt geschrieben werden konnte. Trotz härtester Erschwernisse hat Negri praktisch die gesamte relevante Literatur zum Thema durchgesehen und in seine Untersuchung einbezogen. Die wenigen Zitierfehler, die aufgrund der besonderen Situation unterlaufen sind, waren für die deutsche Ausgabe ohne Mühe zu beseitigen.

Einzelheiten der Übersetzung konnte ich mit dem Autor nur in einer knapp einstündigen Besprechung im Gefängnis von Rebibbia/Rom und ansonsten brieflich klären: dennoch hoffe ich, die enorme Sprengkraft des Ansatzes der »wilden Anomalie« genügend herausgearbeitet zu haben. Dazu gehört auch die Beibehaltung einer sehr stringenten und konsequenten Terminologie (was z. B. das Aufgeben idealistischer Vokabeln betrifft); das führt mitunter zu etwas komplizierten Sätzen und Wortwiederholungen, die aber im Ganzen der Eindeutigkeit der Aussagen dienen. Wo übersetzerische Probleme, vor allem wegen der unterschiedlichen Struktur der beiden Sprachen (Italienisch und Deutsch, die sich dabei jeweils auf eine dritte, Latein, beziehen), auftraten, wurde dies in Übersetzer-Anmerkungen kenntlich gemacht.

Gegenüber dem italienischen Original wurde folgendes verändert: die drei dort angefügten Appendices (»Considerazioni su Macpherson«, »Riflessioni su Grossmann e Borkenau« und »Note sulla storia del politico in Tronti«) wurden weggelassen, da sie sich nur indirekt auf das Thema des Buches beziehen. Die Anmerkungen wurden, soweit sie lediglich Literatur- und Zitierhinweise enthalten, in den fortlaufenden Text einbezogen (mithilfe von Siglen, d. h., die erste Zahl in der Klammer bezieht sich auf die fortlaufende Nummer in der Bibliographie am Ende des Buches, die nach dem Komma auf die Seite; verschiedene Werke sind durch Strichpunkt voneinander getrennt). Die weiteren Anmerkungen wurden übernommen, allerdings an einigen Stellen unwesentlich gekürzt: vor allem dort, wo sie sich auf die in Deutschland kaum bekannte und nachvollziehbare italienische Diskussion beziehen.

Die Zitate Spinozas wurden, entsprechend internationaler Gepflogenheit, mit Hilfe von Abkürzungen der lateinischen Werks-Titel ausgewiesen, also: »Prinzipien der cartesianischen Philosophie«: *Princ.;* »Anhang, metaphysische Gedanken enthaltend«: *Cogit.;* »Theologisch-politischer Traktat«: *TTP;* »Korte Verhandeling = Kurzer Traktat«: *TB;* »Traktat über die Politik«: *TP;* »Traktat über die Verbesserung des Verstandes«: *TdIE;* »Ethik«: *Ethik.* Der Briefwechsel wurde entsprechend der Numerierung durch Gebhardt zitiert.

Für die Verdeutschung der Originalstellen Spinozas erwiesen sich die vorhandenen Übersetzungen als nur bedingt tauglich, da durch ihre Wortwahl in der Regel gerade jener Idealismus wieder eingedrungen wäre, der die Spinoza-Deutung traditionell bestimmt hat und gegen den sich Negris Ansatz richtet. Andererseits war, da hier nur die Übersetzung und nicht das Original zitiert werden konnte (um das Buch nicht über die Maßen auszudehnen), auf eine möglichst wortgenaue, dadurch allerdings manchmal etwas kompliziertere Übertragung zu achten. Die hier eingefügten Übersetzungen lehnen sich deswegen nur ganz allgemein an die von Gebhardt, Schaarschmidt, Blumenstock, Auerbach und Haensch an.

Georgenhausen bei Darmstadt, 15. 2. 82 W.R.

Vorwort

Spinoza ist Anomalie. Wenn Spinoza, Atheist und Ausgestoßener, seine Tage nicht im Gefängnis oder auf dem Scheiterhaufen beschloß wie andere revolutionäre Neuerer im 16. und 17. Jahrhundert, so ist das nur ein Zeichen dafür, daß seine Metaphysik die tatsächliche Gegensätzlichkeit eines antagonistischen, bereits gefestigten Kräfteverhältnisses widerspiegelt: Im Holland des 17. Jahrhunderts weist die Entwicklung der Produktionsverhältnisse und der Produktivkräfte die Tendenz zu einer antagonistischen Zukunft auf. Die materialistische Metaphysik Spinozas stellt in diesem Rahmen die kraftvolle Anomalie des 17. Jahrhunderts dar: keine nebensächliche, untergeordnete Anomalie, sondern die Anomalie eines siegreichen Materialismus, die Anomalie eines Seins, das sich entwickelt und, indem es sich konstituiert, die ideale Möglichkeit der revolutionären Veränderung der Welt setzt.

Aus drei Gründen ist die Beschäftigung mit dem Denken Spinozas nützlich. Jeder dieser Gründe hat eine positive wie auch eine problematische Seite. Das heißt: Spinoza ist nicht nur ein Autor, der einige Probleme seiner Zeit aufwirft und löst – das tut er auch –: aber die Art seiner Lösungen bringt eine fortschreitende Problematik mit sich, die auch unser philosophisches Denken erreicht und besetzt. Die drei problematischen Gründe für eine Beschäftigung mit Spinozas Denken sind:

Erstens: Spinoza begründet den modernen Materialismus in seiner höchsten Form und bestimmt damit den eigentlichen Umkreis der modernen und zeitgenössischen philosophischen Spekulation – einer Philosophie des weltlichen und bestimmten Seins und eines Atheismus als Verneinung jeglicher vorgegebenen Ordnung für das menschliche Handeln und für die Konstitution des Seins. Der Materialismus Spinozas übersteigt jedoch auch in seiner produktiven und lebendigen Form nicht die Grenzen einer rein »räumlichen« – galileischen – Vorstellung der Welt. Sicher, er sprengt diese Vorstellung, versucht die Grenzen einzureißen – aber er gelangt nicht zu einer Lösung; im Gegenteil, er läßt das Problem einer Beziehung zwischen den räumlichen Dimensionen und den zeitlichen, dynamischen, schöpferischen Dimensionen des Seins ungelöst. Die Vorstellungskraft – diese geistige Fähigkeit, die das System Spinozas durchströmt – konstituiert das Sein in einer Ordnung, die nur andeutungsweise zeitgebunden ist. Trotzdem: das Problem ist damit aufgeworfen, zwar in Begriffen, die es nicht lösen, die aber doch rein und voller Kraft sind; das Sein verhindert – vor der Erfindung der Dialektik – die Mißgeburt des dialektischen Materialismus. Die Spinoza-Interpretationen der sozialistischen und sowjetischen Autoren bereichern den dialektischen Materialismus nicht – sie schränken nur die Möglichkeiten der Spinozianischen Metaphysik ein, die ausschließlich räumliche und objektivistische Dimension des Materialismus zu überwinden.

Zweitens: Insoweit Spinoza politische Themen aufgreift (und die Politik ist einer der grundlegenden Bereiche seines Denkens), begründet er eine nicht-mystifizierte Form der Demokratie. Das heißt: Spinoza stellt das Problem der Demokratie auf den Boden des Materialismus und faßt sie daher als Kritik jeglicher rechtlichen Mystifikation des Staates auf. Die materialistische Grundlegung des demokratischen Konstitutionalismus stellt sich bei Spinoza im Rahmen der Produktionsproblematik. Spinozas Denken umfaßt das Verhältnis Konstitution-Produktion in einem einheitlichen Zusammenhang. Eine korrekte Vorstellung des Politischen ist unmöglich, wenn man sie nicht von Anfang an mit diesen beiden Begriffen verbindet. Es ist – wir wissen es nur zu gut – unmöglich und niederträchtig, von Demokratie außerhalb dieses Zusammenhanges zu sprechen. Dennoch wurde Spinoza viel zu oft in der klebrigen »demokratischen« Suppe des normativen Hobbesschen Transzendentalismus, des Rousseauschen Gemeinwillens und der Hegelschen *Aufhebung* (im Original deutsch) gekocht – ein typisches Ergebnis der Trennung von Produktion und Verfassung, von Gesellschaft und Staat. Nein: In der Spinozianischen Innerweltlichkeit, in der spezifisch Spinozianischen Sicht des Politischen ist Demokratie die Politik der Massen (im Original: moltitudine), die sich in der Produktion organisieren, und die Religion ist die Religion der »Unwissenden«, die in der Demokratie organisiert sind. Diese Spinozianische Konstruktion des Politischen bringt ein grundlegendes Moment modernen Denkens hervor: auch wenn es ihr nicht gelingt, die antagonistische Form des Klassenkampfes als Grundlage der Realität zu erfassen, schafft sie doch die inneren Voraussetzungen dafür, es setzt die Massen als Protagonisten – Grundlage einer gleichzeitig sozialen und politischen Transformation. Dieser Spinozianische Entwurf »schließt« sich gegen eine Reihe mystifizierter Probleme ab, die das liberaldemokratische Denken – vor allem in seiner jakobinischen Form (in der theoretischen Achse Rousseau-Hegel) – dem Bürgertum in den folgenden Jahrhunderten vorsetzen wird. Um das Problem zu verdeutlichen: die Massen, die zum Staat werden, die Unwissenden, die zur Religion werden – dies holt Vergangenes hervor, scheidet alle rechtlichen und idealistischen Lösungen aus, die jedoch die nachfolgenden Jahrhunderte immer wieder in ungeheuerlicher Weise auftischen werden –: sie deuten möglicherweise die Probleme an, die der kommunistische Klassenkampf auch heute hat. Verfassung und Produktion als Elemente eines Gewebes, auf dem sich die Erfahrung der Massen und der Zukunft aufbauen. In der Form der radikalen Gleichheit, die der Atheismus verlangt.

Drittens: Spinoza zeigt, daß die Geschichte der Metaphysik radikale Alternativen einschließt. Die Metaphysik, als überragende ideelle Form, in der sich das moderne Denken organisiert, ist nicht völlig einheitlich. Sie umfaßt die Alternativen, welche jene Geschichte hervorbringt, die dem Klassenkampf zugrundeliegt. Es gibt auch eine »andere« Geschichte der Metaphysik, eine segensreiche – gegen jene verfluchte. Wobei jedoch bewußt bleiben muß, daß das moderne Zeitalter nur in der Komplexität der Metaphysik verstanden werden kann. Wenn dies zutrifft, sind nicht der Skeptizismus und der Zynismus die positive Form des negativen Denkens (das die Metaphysik durchläuft, um sie zu negieren und der Positivität des Seins zu öffnen); vielmehr sind nur die konstitutive Spannung und ihre Fähigkeit, sich als materielle Vermittlung des historischen Prozesses der Massen zu bewegen, die positive Form des negativen Denkens. Das konstitutive Denken besitzt die Radikalität der Verneinung, aber es erschüttert diese und nutzt sie, indem sie sie in das wirkliche Sein einbringt. Dabei ist das konstitutive Vermögen zur Veränderung für Spinoza das Kennzeichen der Freiheit. An dieser Stelle wird die Spinozianische Anomalie, d. h. das gegensätzliche Verhältnis seiner Metaphysik zur neuen kapitalistischen Produktionsordnung, zur »widerspenstigen«, zur wilden Anomalie – radikaler Ausdruck der historischen Überwindung jeglicher Ordnung, die nicht von den Massen in Freiheit konstituiert ist; ein Standpunkt, der die Freiheit in ein Umfeld setzt, das ausschließlich als Perspektive der Befreiung bestimmt werden kann: ein Denken, das um so negativer ist, je progressiver und konstitutiver es wird. In dieser exemplarischen Spinozianischen Erfahrung verdichtet sich die ganze antagonistische Problematik des innovativen Denkens der Neuzeit, die populistische und proletarische Entstehungsgeschichte ihrer Revolutionen und die ganze Reihe der republikanischen Positionen von Machiavelli bis zum jungen Marx. Kann man da noch leugnen, daß Spinoza – auch in dieser Hinsicht – im Mittelpunkt der gegenwärtigen philosophischen Auseinandersetzung steht, wie weiland Jesus im Tempel von Jerusalem?

Soweit die drei wesentlichsten Gründe, die eine Beschäftigung mit Spinoza nützlich erscheinen lassen. Man sollte wohl aber auch noch ein anderes Moment anführen. Denn wenn wir hier zu den Ursprüngen einer Alternative des Denkens zurückgehen (einer revolutionären Alternative zur Entstehung der kapitalistischen Ordnung, zu einem Gegensatz, der noch immer mitten in der Entwicklung des modernen Denkens seinen Platz hat), wenn wir andererseits – vor allem, aber nicht nur, im Denken Spinozas – ein Gebiet und einen Vorschlag wieder in Erinnerung bringen, die es uns erlauben, »jenseits« der bürgerlichen Denktradition anzusetzen, so begründet dies in Wirklichkeit ein Unternehmen, das sich einem anderen Ziel zuwendet: nämlich »jenseits« der ausgelaugten und erschöpften Tradition eben dieses revolutionäre Denken herauszubilden. Wir sind mit einer Tradition konfrontiert, die die Fahnen des Bürgertums aus dem Schmutz herausgeholt hat; heute, nachdem dies sich historisch gerächt hat, muß man sich fragen, ob nicht lediglich der Schmutz herausgeholt wurde.

In diesem Sinn war für mich die Lektüre Spinozas eine Erfahrung von unglaublicher revolutionärer Frische. Ich bin dabei übrigens nicht der einzige, der das Gefühl hat, dieser Weg sei gangbar. In den letzten zwanzig Jahren erfuhr die Beschäftigung mit Spinoza eine grundlegende Erneuerung. Auf interpretativem Gebiet, als Philologie im weitesten Sinn, zeigt dies vor allem die außerordentliche, leider unvollständige Darstellung der *Ethik* durch Martial Gueroult. Vielleicht noch erregender sind die Versuche zu einer Neudeutung Spinozas im Rahmen der zeitgenössischen Philosophiekritik, auch der marxistischen. Macherey, aus Althussers Schule, weist nicht nur im Hegelschen Spinoza-Verständnis grundlegende Verfälschungen auf, sondern macht auch auf die im Denken Spinozas angelegte vorweggenommene Kritik der Hegelschen Dialektik und eine Begründung der materialistischen Methode aufmerksam. Von anderem Ausgangspunkt her und mit verschiedenen systematischen Einwänden, aber mit vielleicht noch größerer Erneuerungskraft, hat uns Deleuze bei Spinoza einen großen und strahlenden Horizont von Philosophie eröffnet, in dem der Materialismus als Raum für die Vielfalt und die konkrete Befreiung des Wunsches als konstruktivem Vermögen wiedergewonnen ist. Daraus entwickelt sich auf dem Gebiet der Religionsphilosophie und der Philosophie der Politik die historisch-strukturale Neubestimmung Heckers und, noch besser, Matherons: die Demokratie stellt sich als materielles Wesen dar, das von der Phantasie der Massen, der Technik und dem konstitutiven Plan des Seins hervorgebracht wird – und das fegt die dialektische Verwicklung hinweg. Von diesem Standpunkt aus ist Spinoza ein Kritiker, der die Zukunft vorwegnimmt: daher für uns zeitgenössisch, denn seine Philosophie ist auch eine Philosophie unserer Zukunft.

Bis hierher sollten – im Rahmen der grundlegenden Neuinterpretationen Spinozas seit dem Ende der sechziger Jahre – die Gründe des Verfassers für seine Beschäftigung mit Spinoza klargeworden sein. Vielleicht noch ein Letztes. Ohne allen Zweifel sehen wir uns heute zum Studium der Ursprünge modernen Denkens und der neuzeitlichen Geschichte durch das Bewußtsein veranlaßt, daß die Analyse der entwicklungsgeschichtlichen Krise dazu dienen kann, die Begriffe der ungelösten Krise des bürgerlichen und kapitalistischen Staates zu erhellen. Ich muß aber hinzufügen, daß dieser Punkt für mich nicht so bedeutend ist, auch wenn er für meine früheren Arbeiten (über Descartes etc.) wichtig war. Mich interessiert in der Tat nicht so sehr die

Genesis des bürgerlichen Staates – und seiner Krise –, mich interessieren vielmehr die theoretischen Alternativen und die subjektiven Möglichkeiten einer aktiven Revolution. Genauer: Spinoza setzt das Problem einer subjektiven Zerstörung der Eindimensionalität der kapitalistischen Entwicklung (in ihrer bürgerlichen, auf den Überbau bezogenen Ausprägung ebenso wie in ihrer eigentlich kapitalistischen und strukturalen): d. h., Spinoza zeigt uns alternatives Leben als materielles Vermögen innerhalb der Metaphysik moderner Philosophie – jener wechselhaften Philosophie, die von Marsilio Ficino und Nikolaus von Kues bis zum Tod der Philosophie im 18. Jahrhundert reicht (also, um mit Keynes zu sprechen, bis zu ihrer glücklichen Euthanasie als Rentnerwissen). Es schien mir immer paradox, daß die philosophische Geschichtsschreibung Alternativen stets mit dem Blick auf spätere Zeiten rekonstruierte: Gilson zugunsten der modernen Kultur und gegen die christliche Philosophie des Mittelalters, Wolfson für Spinoza und gegen die mittelalterlich hebräische Kultur, um nur zwei Beispiele zu nennen. Weiß der Teufel, warum man dieses Vorgehen wissenschaftlich nennt! Mir persönlich erscheint es als das genaue Gegenteil einer wissenschaftlichen Untersuchung, denn es ist eine rein kulturelle Forschung und keine materielle Entwicklungsgeschichte der Bedingungen und Funktionen des Seins; es ist nicht, wie alle Wissenschaft, die Entdeckung des Künftigen. Die Befreiung aus einer unbequemen Vergangenheit hat überdies keinen Wert, wenn sie nicht darauf angelegt ist, die Gegenwart zu genießen und die Zukunft zu produzieren. Deshalb möchte ich dieses Paradoxon umkehren und mich mit der Zukunft unterhalten – auf der Grundlage dessen, was die Untersuchung Spinozas ermöglicht. Und sollte ich – aus Bedachtsamkeit oder Faulheit – nicht bis zur Zukunft vordringen, so möchte ich mich doch darin versuchen, die Vergangenheit in einer umgekehrten Form zu lesen: indem ich Spinoza hervorhole und vor uns hinstelle – ich, ein armes Doktorlein unter vielen anderen, möchte einen wahren Meister befragen. Und zwar in einer Form von Lektüre, die mir gestattet, jene Elemente zu sammeln, die in eine Bestimmung der Phänomenologie revolutionärer und konstitutiver Praxis zusammenfließen könnten. Eine Form der Lektüre der Vergangenheit, die mir vor allem eine Abrechnung mit all dem mystifizierten und sträflichen Durcheinander erlaubt, das uns von Bobbio bis zu Della Volpe und ihren letzten Ausläufern die geheiligte Lehre gebracht hat, die Demokratie sei der Rechtsstaat, das Allgemeininteresse »sublimiere« das Einzelinteresse in der Form des Gesetzes, die konstitutionellen Funktionen des Staates seien der Allgemeinheit verantwortlich und der Parteienstaat sei eine fabelhafte politische Vermittlung zwischen Einheit und Vielfalt – und dergleichen Scherze mehr. Spinoza stand im 17. Jahrhundert keinem solchen Wust von Infamien gegenüber. Die Freiheit, die wahre, die umfassende Freiheit, die wir lieben, für die wir leben und sterben: sie erbaut die Welt unmittelbar und direkt. Die Vielfalt ist nicht durch das Recht, sondern durch den konstitutiven Prozeß vermittelt: die Konstitution der Freiheit ist immer revolutionär.

Die drei Hauptmotive für eine heutige Beschäftigung mit Spinoza fließen in jener Forschungsrichtung zusammen, die man gewöhnlich als Definition einer neuen Rationalität bezeichnet. Spinoza definiert in radikaler Weise eine »andere« Rationalität als die der bürgerlichen Metaphysik. Das materialistische Denken, das Denken, das um Produktion und Konstitution kreist, wird daher heute zur elementaren und unverzichtbaren Grundlage jeglichen neorationalistischen Ansatzes. All das leistet Spinoza innerhalb einer überaus kraftvollen Anstrengung, eine Dynamik der Veränderung, der Vorwärtsplanung, der Ontologie zu bestimmen. Einer konstitutiven Ontologie, gegründet auf der Spontaneität der Bedürfnisse, organisiert von der kollektiven Imagination – das ist die Spinozianische Rationalität. Als Basis. Mehr noch: bei Spinoza findet sich nicht nur die Bestimmung einer Basis, da ist vielmehr auch der Impuls zur Weiterentwicklung, und insofern dieser Grenzen gesetzt sind, wird das geplante Gerüst benutzt und der Kritik unterworfen. Vor allem aber: wo er die Dialektik einbezieht, ist sie nicht die abschließende Form des Denkens, sondern Ausdruck der ontologischen Basis als Bestimmung der Existenz und des Vermögens. Dabei läßt er jede Möglichkeit, die Dialektik in eine allgemeine Chiffre zu verwandeln, hinter sich – und nimmt sie stattdessen als unmittelbare Organisation des Konflikts und als elementare Struktur der Erkenntnis. Ich habe daher in der vorliegenden Arbeit – was das materialistische Denken angeht – versucht, die für Spinoza kennzeichnende Spannung bei der Definition des Horizontes der absoluten Vielfalt von Bedürfnissen und Wünschen zu erfassen; was das produktive Denken betrifft, ging es mir um Spinozas Ansatz, in der Theorie der Imagination das feine Netz der Beziehungen zwischen Bedürfnis und Reichtum zu erfassen, um die massenhafte Lösung der platonischen Parabel von der Liebe – der Massen, die durch die modernen Dimensionen des Einandernaheseins, durch die religiösen Voraussetzungen der Kämpfe, durch die kapitalistischen Entwicklungsbedingungen sozialisiert sind; was das konstitutive Denken angeht, wollte ich die allererste – Spinozianische und moderne – Bestimmung eines revolutionären Projekts im Rahmen der Phänomenologie, der Wissenschaft, der Politik darstellen, die Bestimmung einer rationalen Neubegründung der Welt, die auf der Befreiung und nicht der Ausbeutung des Menschen durch den Menschen aufbaut – nicht als Formel oder Form, sondern als Aktion und Inhalt; nicht als Positivismus, sondern als positiver Zustand; nicht als Gesetzgebung, sondern als Wahrheit; nicht als Bestimmung und Ausübung von Macht, sondern als Ausdruck und als Handhabung von Vermögen. Diese spinozianischen Spannungsfelder werden weiter unten untersucht. Spinoza ist tatsächlich ein Skandal (wenn man das geläufige »rationale« Wissen der Welt, in der wir leben, zugrundelegt): denn er ist ein Philosoph des Seins, der unmittelbar die Umkehr der Totalität einer transzendenten Anklage der Kausalität in eine immanente, produktive, durchschaubare und unmittelbare Ursache der Welt betreibt; er ist ein radikaler und revolutionärer Demokrat, der auch die bloß abstrakte Möglichkeit des Rechtsstaates und des Jakobinismus verwirft; er erforscht die Leidenschaften, die er jedoch nicht als Erleiden, sondern als Handeln bestimmt – als geschichtliches Handeln, als ein materialistisches, also konstitutives Handeln. So gesehen ist die vorliegende Arbeit nur der erste Versuch einer gründlichen Auseinandersetzung. Als Ergänzung wäre z. B. eine Analyse der Leidenschaften bei Spinoza vonnöten, das heißt, eine Analyse der konkreten Schritte, in denen sich Spinozas Projekt einer Neubegründung entwickelt. Das würde aber eine weitere Abhandlung erfordern, die sich auf den 3. und 4. Teil der *Ethik* bezieht. Es wäre dies eine Arbeit, die nicht ein einzelner Forscher tun könnte, eine Arbeit, die eine Phänomenologie der kollektiven und konstitutiven Praxis ergäbe, welche dann das Raster einer aktuellen und positiven revolutionären Bestimmung von Rationalität abgeben würde.

Diese Arbeit wurde im Gefängnis geschrieben. Und sie wurde auch zum größten Teil im Gefängnis gedacht. Sicher, ich kenne Spinoza gut – seit jeher sozusagen, denn seit meiner Schulzeit hat mich die *Ethik* beeindruckt: sie war Lektüre in der zweiten Gymnasialklasse (ich erinnere mich an dieser Stelle gern an meinen Lehrer dieser Jahre). Später habe ich mich weiter damit beschäftigt, vorgenommene Lektüren habe ich mir nicht entgehen lassen. Aber es hätte zu viel Zeit erfordert, die Arbeit durchzuführen. Als ich im Gefängnis gelandet war, habe ich mich wieder darangemacht. Habe gelesen und exzerpiert, meine Briefpartner gequält, damit sie mir Bücher schickten. Ich danke ihnen allen von ganzem Herzen. Ich war überzeugt, daß man im Gefängnis Zeit hat. Eine Illusion, eine richtige Illusion. Der Gefängnisrhythmus, die Überstellungen, die Verteidigung lassen einem keine Zeit – sie zersetzen die Zeit, und das ist eine der wichtigsten Formen von Strafe in einer kapitalistischen Gesellschaft. So ist auch diese Arbeit, wie alle früheren, dem Schlaf und dem Regime des Alltäglichen abgerungen. Daß der Alltag des Gefängnisses schrecklich und jedenfalls unfreundlicher als der der Universitätsinstitute ist, stimmt natürlich: und ich hoffe, daß sich der Mangel an Freundlichkeit in dieser Forschungsarbeit auflöst und zu demonstrativer und klärender Genauigkeit wird. Ich bitte auch um Nachsicht, wenn ich keine vollständige Bibliographie vorlegen kann (allerdings meine ich das gelesen zu haben, was wichtig ist), wenn ich vielleicht den historischen Kontext der Kultur um Spinoza nicht genügend dargestellt habe (ich glaube aber, mich in guter Gesellschaft zu befinden, wenn ich mich auf Francés und Kolakowski berufe), und wenn ich möglicherweise in der Deutung des »goldenen Zeitalters« zu sehr den Lockungen Huizingas und Kossmanns nachgegeben habe (aber womit wäre ihre Lektüre zu ersetzen gewesen?), und wenn ich schließlich selbst Freude an meinen Thesen gefunden habe – das ist unvermeidlich, wenn man außerhalb der wissenschaftlichen Gemeinschaft arbeitet. Über dies hinaus aber glaube ich nicht, daß das Gefängnis dem Buch genützt oder geschadet hat; jedenfalls rechne ich nicht auf ein besonderes Entgegenkommen der Kritik. Gerne gebe ich mich aber der Illusion hin, daß die Einsamkeit dieser verdammten Gefängniszelle auf mich ebenso befruchtend gewirkt hat wie die Einsamkeit der Optiker-Werkstatt auf Spinoza.

Ich danke Tino Costa und all den anderen Freunden, die die Anmerkungen bearbeitet haben. Ich danke ihnen sehr innig.

Aus den Gefängnissen von Rovigo, Rebibbia, Palmi und Trani
*7. April 1979 bis 7. April 1980**

* Toni Negri wurde am 7. April 1979 verhaftet. (A. d. Ü.)

Erstes Kapitel
Die holländische Anomalie

Das Problem eines Bildes

Spinoza studieren heißt, sich das Problem des Mißverhältnisses in der Geschichte vornehmen. Das Mißverhältnis eines Denkens bezüglich der historischen Dimensionen und der sozialen Beziehungen, die dabei die Entstehung bestimmen. Das wird selbst dann schon klar, wenn man die Angelegenheit vom empirischen Standpunkt aus betrachtet. Das Denken Spinozas, bescheinigen die Chroniken, sei monstruös, in positiver oder in negativer Hinsicht. *»Chaos impénétrable«, »un monstre de confusion et de ténèbres«*, für die einen: meisterhaft hat uns Paul Verniere die Geschichte dieser Tradition im französischen Denken vor der Französischen Revolution aufgezeigt (Massillon, in: 154, I, 1). Aber auf der anderen Seite spricht man von einem *»homme illustre & sçavant, qui à ce que l'on m'asseure, a un grand nombre de Sectateurs, qui sont entièrement attâchez à ses sentimens«* (van Stoupe, in: 95, 19) – und Spinozas Briefwechsel ist voll von Belegen für diese Annahme. Auf alle Fälle schildern uns die Chroniken das Aussehen und Denken, das Bild und die Bewertung eines übermenschlichen Charakters. In zweierlei Hinsicht. Einmal satanisch – das klingt dann so: *»Benedictys de Spinoza, Amstelodamensis, Gente et Professione Judaeus, postea coetui Christianorum se adjungens, primi systematis inter Atheos subtiliores Architectus«* (95, 29). Dagegen aber: *»il lui attribue assez de vertus pour faire naître au Lecteur l'envie de s'écrier: Sancte Spinoza, ora pro nobis«* (95, 33). Das könnte man fortsetzen, bis hin zu keineswegs mehr theoretischen Aspekten des Spinoza-Kultes, etwa im Pantheismusstreit und bei Herder und Goethe, ganz zu schweigen vom Gedanken an einen Spinoza, der »ein virtuoser Atheist und ein Heiliger der laizistischen Vernunft« sei, wie es im Europa der *belle époque* in Umlauf gebracht wurde (Di Vona, in: 31, VII, 901).

Dieses doppelte Bild entsteht aus den zeitgenössischen Berichten und dringt in die Geschichte der Philosophie ein – mit gleichfalls unterschiedlicher Tendenz: die Geschichte der Deutung von Spinozas Denken ist derart lang und gegensätzlich, daß man daraus bereits eine eigene Geschichte der modernen Philosophie erstellen könnte (5, 1-58). Das zentrale Element ist dabei wiederum nicht die Doppeldeutigkeit der philosophischen Gestalt schlechthin, die leicht bestimmbar ist, wo auch immer das Rätsel des Pantheismus zum Vorschein kommen mag. Vielmehr ist es die zur Monstrosität verzerrte Doppeldeutigkeit einer absoluten Opposition, die sich in der Doppeldeutigkeit enthüllt. Ludwig Feuerbach interpretiert wohl besser als jeder andere diese Situation, wenn er auf der einen Seite das Denken Spinozas als absoluten Materialismus auffaßt (die Umkehrung des Hegelianismus [49, III, 322]) und auf der anderen Seite diese Umkehrung als Form des Spinozianischen Naturalismus und als darin tätige Sublimation auf dem Weg »von der Negation zur Affirmation Gottes« (49, III, 384) betrachtet. Genau diese Absolutheit, dieser Extremismus ist es, wodurch uns die doppelte Realität des Denkens Spinozas so beeindruckt.

An dieser Stelle eine Hypothese: es gibt in der Tat zwei Spinozas. Haben wir erst einmal die Anschuldigungen oder auch Verteidigungen verscheucht und aus der Welt geschafft, die die gelehrte Geschichte hervorbringt, und uns auf den festen Boden des kritischen Bewußtseins und der Geschichtsschreibung unserer Zeit gestellt, dann treten diese beiden Spinozas deutlich hervor. Und sie gehören dann nicht mehr zur dämonisierten oder verklärten Geschichte der dunklen Jahrhunderte, die der Revolution vorangingen. Es gibt zwei Spinozas, die an *unserer* zeitgenössischen Kultur teilhaben. Der eine ist Ausdruck des höchsten Bewußtseins, das die wissenschaftliche Revolution und die Kultur der Renaissance hervorgebracht haben. Der andere schafft eine Philosophie der Zukunft. Der erste ist das Produkt der höchsten und umfassendsten Entwicklung der Kulturgeschichte seiner Zeit. Der zweite bewirkt die Verschiebung und Projektion der Vorstellungen von Krise und Revolution. Der erste ist ein Autor der kapitalistischen Ordnung, der zweite vielleicht der Schöpfer einer künftigen Konstitution. Der eine stellt die höchste Entfaltung des Idealismus dar. Der zweite nimmt an der Grundlegung des revolutionären Materialismus teil, an seiner ganzen Schönheit. Aber diese beiden Spinozas sind eine einzige Philosophie: jedoch in zwei realen Tendenzen. Reale? Grundlegend für das Denken Spinozas? Einbezogen in das Verhältnis zu seiner Zeit? An der Vertiefung dieser Hypothese müssen wir arbeiten. Weder das empirische Gesichtsfeld der gelehrten Geschichte noch das Kontinuitäts- und Kategoriendenken der Philosophiegeschichte werden uns die wahre Doppeldeutigkeit im Denken Spinozas enthüllen. Die Ideologie hat keine Geschichte. Die Philosophie hat keine Geschichte. Die Ideologie und ihre philosophische Form können nur Geschichte *sein*, Geschichte eines Menschen, der sie geschaffen und mit seinem Denken zu einer bestimmten Praxis verdichtet hat. Wir können aus der Vielfältigkeit jener Praxis, jener Situation schöpfen, aber das Gestern und das Heute verbindet nur eine neue und bestimmte Praxis. *Wir* sind es, die sich einen Autor vornehmen und ihm Fragen stellen.

Was berechtigt uns dazu bei Spinoza? Dieser Zusammenhang zwischen unserer und seiner philosophischen Praxis? Es sind die Bedingungen, denen der historische Aufbau des Denkens Spinozas folgt. Die Doppeldeutigkeit des Denkens Spinozas, dieser innere Bruch, der sich auf verschiedene Horizonte verteilt, stellt eine derart starke und spezifische Anomalie dieses Denkens dar, daß man sie in unsere Nähe rücken, für uns zugänglich machen kann, ohne sie zugleich auf irgendeine Tradition oder ein System historischer Ideologie zurückführen zu müssen. Sie ist ein Faktum von absoluter Einmaligkeit.

Diese Anomalie liegt in der Welt begründet, in der Spinoza lebt und sein Denken entwickelt. Die Spinozianische Anomalie ist die holländische Anomalie. »Gibt es irgendwo ein anderes Volk«, fragt Huizinga, »bei dem die nationale Kultur so rasch nach seinem Aufkommen kulminiert? Unser Staunen über dieses Faktum wäre vielleicht etwas geringer, wenn wir zugleich fänden, daß die holländische Kultur dieser Zeit der vollkommenste und reinste Ausdruck für den allgemeinen Charakter des 17. Jahrhunderts durch ganz Europa hindurch gewesen sei. Genau besehen, ist sie dies aber nicht. Im Gegenteil: in der Mitte gelegen zwischen Frankreich, Deutschland und England – um hier Italien und Spanien aus dem Spiel zu lassen –, verkörpert das Land unserer Väter viel eher eine Abweichung von der allgemeinen Art der damaligen Kultur, einen Ausnahmefall in mehr als einer Hinsicht.« (79, 14) Was bedeutet das?

Untersuchen wir diese Behauptung zunächst in bezug auf die kulturellen Einstellungen, die subtileren Aspekte der Gesellschaft des goldenen Zeitalters. Die gelehrte Apologetik zeigt uns einen zurückhaltenden und scheuen Spinoza: und der Briefwechsel sowie umfangreiche Zeugnisse bestätigen dies tatsächlich. Aber das ist weder eine Erklärung, noch kann man eine Apologie daraus machen, denn die holländische Gesellschaft ist eben so: der Philosoph lebt ja nicht mehr im Verborgenen, er wird in einer Kulturgemeinschaft erzogen, die entsprechend eingerichtet und weitläufig ist. Kolakowski hat uns über das religiöse Leben und die Formen der Gemeinschaft berichtet, die von den gebildeten Schichten des holländischen Bürgertums geschaffen wurden (88; 144, 73-97; 102; 138): Spinoza lebt in dieser Welt, in welcher sich Freundschaften und Beziehungen auf einfache und gesellige Weise weiträumig überschneiden. Doch für bestimmte Schichten des Bürgertums verbindet sich die Anmut eines gebildeten und zurückgezogenen Lebens ohne irgendeinen Widerspruch mit dem Umgang und dem Hang zu einer vollentwickelten und ausgeübten kapitalistischen Macht. Das ist die Grundlage für den bürgerlichen Menschen Hollands. Von dem anderen Genie dieser Epoche, von Rembrandt van Rijn, kann man dasselbe sagen: auf der Leinwand konzentriert sich das Licht voller Kraft auf Figuren einer bürgerlichen Welt – phantastisch ausgestaltet und ausgeweitet. Eine prosaische, aber ungeheuer mächtige Gesellschaft, die Poesie schafft, ohne es zu wissen – sie hat einfach die Macht, sie zu produzieren. Huizinga besteht zu Recht darauf, daß das siebzehnte Jahrhundert in Holland kein Barock kennt; mit anderen Worten: es kennt nicht die Verinnerlichung der Krise. Und das trifft zu. War während des frühen siebzehnten Jahrhunderts Holland Wahlheimat aller Freidenker Europas, das Land, das Descartes auf der Suche nach Freiheit fand (135; v. a. aber 29), so findet sich hier dagegen überhaupt nichts von dem kulturellen Klima Frankreichs, von der Krise, die der Glitzer kläglich überdeckt und die die neue Philosophie lediglich exorziert. Man kann vielleicht sagen, daß das siebzehnte Jahrhundert nie bis Holland vorgedrungen ist. Hier lebt noch immer die volle Frische des Humanismus. Des großartigen Humanismus und der großartigen Renaissance. Hier existiert noch immer das Gefühl der Freiheit, die Liebe zur Freiheit in ihrer vollsten, ganz humanistischen Bedeutung, der des Aufbauens und Reformierens. Hier gibt es auch noch, unmittelbar sichtbar und weiterwirkend, jene revolutionären Tugenden, die in anderen Ländern von der Krise geschwächt wurden und die der monarchistische Absolutismus grundsätzlich in seinem politischen System auszuschalten sucht.

Nur ein Beispiel. Der Absolutismus versucht in jener Zeit, die Bewegung zur Wiederbelebung der Akademien durch die Vereinheitlichung und die staatliche Kontrolle des literarischen und wissenschaftlichen Lebens zu stoppen und umzulenken. Wieviele Philosophen und Philosophiehistoriker sind seither an den Akademien vorbeigelaufen – mit dem unstillbaren Verlangen, sich darin niederlassen zu dürfen! Das Denken und die Kunst Hollands im Goldenen Zeitalter dagegen fanden nicht nur außerhalb der Akademien, sondern zum größten Teil auch außerhalb der Universität statt (88; 35). Spinoza erinnert in seiner abschlägigen Antwort an den Hochwohlgeborenen J. L. Fabricius, der ihm im Namen des Kurfürsten einen Lehrstuhl in Heidelberg anbietet, daran, daß die absolute Freiheit des Philosophierens in überhaupt keiner Weise begrenzbar sei (47./48. Brief). Derart, daß ein anderer Höfling, irritiert, nur noch boshaft flüstern kann: »Er fühlt sich wohl in Holland besser, wo er mit seinen Meinungen und Maximen seine neugierigen Besucher in unbeschränkter Freiheit unterhalten kann, ob das nun Deisten oder Atheisten sind«. (95, 26). Und das ist genau das, was Spinoza sich vorstellt: »Die Universitäten, die auf Staatskosten gegründet werden, werden nicht sowohl zur Ausbildung der Geister, als vielmehr zu deren Einschränkung eingerichtet. In einem freien Staat hingegen werden Wissenschaft und Künste am besten ausgebildet, wenn man jedem, der um Erlaubnis nachsucht, gestattet, öffentlich zu lehren und zwar auf seine Kosten und auf Gefahr seines Rufes.« (*Politischer Traktat*, VIII, 48. Art.)

Aber diese holländische Anomalie besteht nicht nur aus Ruhe und Geselligkeit. Wir haben es mit einer großen Handels- und Industriemacht zu tun. Leiden, Zaan, Amsterdam gehören zu den größten Industriezentren Europas. Dazu der Handel und die umfangreiche

Piraterie Vistolas in Westindien, von Kanada bis zu den Molukkeninseln (89; 90). Hier kommt alles zusammen – kapitalistisches Profitstreben und das wilde Abenteuer der Akkumulation auf den Meeren, die konstruktive Phantasie, von den Handelsgeschäften provoziert, und das Staunen, das darob die Philosophie ergreift. Diese ungeheuren, wilden Dimensionen bringen einen qualitativen Sprung zustande, der Ursprung und Bestimmungsmoment metaphysischer Schöpfungen sein kann. Anders als Cantimori (der Huizingas Deutung folgt) habe ich den Eindruck, daß Grotius, der Internationalist, diese Epoche mehr verkörpert als Grotius, der Verfasser würdevoller Traktate[1]: gerade in diesem Bereich wird die wilde Anomalie erst wirklich deutlich. Äußerlich wie innerlich. Thalheimer unterstreicht in seiner Einführung zu Spinoza die Intensität der stattfindenden sozialen Revolution. Einer bürgerlichen Revolution, die aber in einer gänzlich anomalen Form verläuft: einer Form, die nicht durch die absolute Macht geschützt ist, sich aber ganz in der Weitläufigkeit eines ungebändigten Projekts von Herrschaft und Reproduktion entwickelt. Der Klassenkampf wird für lange Zeit aufgelöst in dynamischen, dehnbaren Grenzen, in der politischen Form der Oligarchie oder der Monarchie (von »bonapartistischer« Art, fügt Thalheimer hinzu!), die die Oranier seit '72 einrichten – auf einem allgemein hohen Niveau kapitalistischer Vergesellschaftung (Holland und Venedig: wie sehr haben sie, politisch und moralisch, in den Jahrhunderten der »Krise des europäischen Bewußtseins« den Traum einer Entwicklung innerhalb der »unmittelbaren« Form der Vergesellschaftung des Kapitals verfolgt! Wir kommen bald darauf zurück).[2] Ich habe hier nicht Thalheimer zu diskutieren; das Problem liegt woanders. Und zwar darin, daß die Grundlagen dieses holländischen Lebens, dieser kulturellen Geselligkeit von der Revolution, die am Wirken ist, bestimmt werden.

Arbeitet also nun der Philosoph nicht in der Akademie, sondern in der Werkstatt, und ist diese der humanistischen Werkstatt ziemlich ähnlich (auch wenn man Huizingas Warnung folgt und den Humanismus des Nordens nicht mit dem italienischen oder deutschen verwechselt), so ist doch die Werkstatt des Humanisten nicht mehr handwerklich. Wie wir sehen werden, stellen sich schon die großen kulturellen und philosophischen Tendenzen, die Spinozas Denken beherrschen, nämlich die aus dem Judentum und die aus der Renaissance, aus der Gegenreformation und aus dem Cartesianismus, in ihrer Synthese in veränderter Form dar; diese Philosophien versuchen bereits, sich der Revolution, die am Wirken ist, anzupassen, ihr gerecht zu werden. Bei Spinoza ist diese Veränderung schon Realität. Die Werkstatt des Humanisten ist nicht mehr handwerklich bestimmt. Sicher, Geist wie Seele sind konstruktiv, der Renaissance entsprechend: aber welcher Abstand in der Haltung gegenüber dem Wissen, in der Bestimmung des konstruktiven Umkreises des Denkens, etwa zu den großen Handwerkern Giordano Bruno und dem späten Shakespeare, um nur die klarsten und deutlichsten Beispiele der letzten Phase der Renaissance zu nennen – was Francis Yates so großartig beschreibt (163; 164). Hier dagegen, in Holland, bei Spinoza, hat die Revolution die Dimension weltweiter Akkumulation angenommen, und die holländische Anomalie besteht eben darin: in diesem Mißverhältnis seiner konstruktiven aneignenden Dimensionen.

Es gibt da einen Gedanken, der zweckmäßigerweise angeführt werden soll, und mit dem wir uns lange befassen werden: es ist der Gedanke der *multitudo* (Menge). Er taucht vor allem im *Politischen Traktat* auf, Spinozas reifstem Werk, aber es ist ein Gedanke, der in der gesamten Ausreifung seiner Philosophie lebt. Es ist ein Gedanke, in dem sich die Intensität des Vermächtnisses der Renaissance (der Sinn für die neue Würde des Subjektes) in Extensität verwandelt: diese neue Qualität des Subjektes öffnet sich für das Gefühl der Vielheit von Subjekten und der konstruktiven Macht, die aus ihrer als Totalität verstandenen Würde hervorgeht: das theoretische und ethische Problem wird damit auf die Ebene des Verständnisses radikaler Ungleichmäßigkeit der laufenden Entwicklung gehoben.

Erst auf der Basis dieser materiellen Kraft wird die Philosophie Spinozas verständlich, in ihrer Macht und in ihrer Anomalie gegenüber dem gesamten modernen rationalistischen Denken. Einem Rationalismus, der in nicht aufhebbarer Weise auf die Grenzen der merkantilistischen Entwicklung bezogen und in ihnen beschränkt ist (47). Sicher, auch in diesem holländischen siebzehnten Jahrhundert – das kein wirkliches siebzehntes Jahrhundert ist –, in dieser großen ersten Erfahrung des kapitalistischen *essor* und des bürgerlichen Geistes, erscheint, wie wir sehen werden, das Moment der Krise, enthüllt sich das kritische Wesen des Marktes (112). Die Anomalie reicht jedoch über die Grenze der Entwicklungskrise hinaus: diese ist tatsächlich soweit vorangetrieben, der Höhepunkt der Revolution hat die Grenzen der zyklischen Bewegung soweit überwunden – indem sie die Konjunkturschwäche zwischen 1660 und 1680 übersprang und sich 1672 mit der Krise der vorabsolutistischen Form der Politik kreuzt –, daß bei Spinoza aus der Krise nicht die Erbsünde der rationalistischen Philosophie (wie bei Descartes oder in der zeitgenössischen französischen Kultur) entsteht: vielmehr wird – durch das Bewußtsein der Krise hindurch – eine höhere, absolute Betrachtung der Realität angestrebt. Die historische Zeit: dieses ihr Paradoxon hat Huizinga von verschiedenen Standpunkten aus oftmals unterstrichen, wenn er z. B. sagt, daß »die Republik sozusagen den Merkantilismus übersprungen« (79, 31) und durch die Hinwendung zur originären Akkumulation unmittelbar die Phase des Geldmarktes erreicht habe; oder auch, von anderer Perspektive aus: die historische Zeit, die zu Anfang des siebzehnten Jahrhunderts endgültig die Scheiterhaufen der Hexenverbrennungen erlöschen sieht, jedenfalls in Holland – diese historische Zeit also unterwirft sich der kritischen Zeit und erlaubt, aufgrund ihrer konstitutiven

Anomalie, der Spinozianischen Anomalie, gleichermaßen die Grenzen der bürgerlichen Kultur und Philosophie zu übersteigen und die offene, gewaltige und wilde Dimension ihrer Basis auf eine Philosophie der Zukunft hin zu lenken.

Gibt es also zwei Spinozas? Möglicherweise. Im Ablauf der holländischen Anomalie liegt in der Tat eine theoretische Potenz, die ihre Wurzeln in die Komplexität der originären kapitalistischen Entwicklung und in die Fülle ihres kulturellen Spektrums schlägt und sich daher auf eine künftige Dimension ausrichtet – in einer Bestimmung, die die Grenzen der historischen Zeit übersteigt. Die Krise der Utopie bürgerlichen Ursprunges, die Krise des originären Mythos vom Markt – dieser wesentliche Aspekt in der Geschichte der modernen Philosophie ist bei Spinoza kein Rückzug, sondern Überwindung, Fortschritt, Projektion in die Zukunft. Die Grundlage zersetzt sich und gibt den Sinn für die menschliche Produktivität, die Materialität ihrer Hoffnungen frei. Die Krise zerstört die Utopie in ihrer historischen bürgerlichen Begrenzung, löst darin die zufällige Erscheinungsform auf und öffnet sie stattdessen der Bestimmung menschlicher kollektiver Produktivität: die kritische Philosophie begründet dieses Los. Die beiden Spinozas werden natürlich ein innerer Schritt zu seinem Denken sein.

Die Spinozianische Werkstatt

Die Instrumente und Bestandteile von Spinozas Denken verdichten sich am Höhepunkt der holländischen Revolution. Wie wir gesehen haben, gibt es für das Denken Spinozas eine historische Grundlage: daraus und mit ihr ist eine originäre, strukturelle Gestalt gegeben, die uns der Entstehungsprozeß sichtbar macht. Das Denken durchläuft das Gerüst dieses Substrats und erkundet es kritisch. Philosophische Analyse und philosophische Schöpfung sehen eine materielle Totalität voraus, in der sie sich befreien und zur Synthese – und vielleicht auch zur Veränderung – fähig werden. Die spinozianische Synthese ist kraftvoll in ihrer Anpassung an die speziellen Möglichkeiten ihrer Epoche. Anpassung an die Möglichkeiten und an die Tonart ihrer Zeit.

Goldenes Zeitalter? »Es ist der Name des Goldenen Zeitalters selbst, der nichts taugt. Er riecht nach jener *aurea aetas*, jenem mythologischen Schlaraffenland, das uns schon als Schulbuben bei Ovid gelangweilt hat. Wenn unsere Blütezeit einen Namen haben soll, so nenne man sie nach Holz und Stahl, Pech und Teer, Farbe und Tinte, Wagemut und Frömmigkeit, Geist und Phantasie. ›Goldenes Zeitalter‹ würde besser auf das 18. Jahrhundert passen, als das Gold gemünzt in den Geldkisten lag« (79, 31; 25, Einleitung). So Huizinga; und mit ihm

Cantimori. Und hier, inmitten dieses »Goldes«, das so matt und begrenzt ist, finden sich Spinoza und seine Gesprächspartner. Hier, in dieser holländischen Gesellschaft und ihren bürgerlichen Schichten, herrscht nicht die strenge Arbeitsteilung, die die zeitgenössische europäische Intelligenz und vor allem die französische prägt und die von der Krise und der absolutistischen Restauration ins Leben gerufen wurde. Oder jedenfalls nicht in diesem Ausmaß. Experimentieren bedeutet noch in keiner Weise Spezialisierung, ist keine akademische und auch keine professorale Tätigkeit. Die Erforschung der Lichtreflexionsgesetze gehört zur Arbeit der Optiker und Linsenhersteller wie Jelles und Spinoza; Schuller, Meyer, Bouwmeester und Ostens sind Ärzte: sie suchen nach der Ausstrahlung des Körpers, die auch der Geist bestimmen soll; De Vries kommt aus einer Kaufmannsfamilie und übt dieses Geschäft mit großem Geschick und Erfolg aus, Bresser ist Brauer, Blyenberg ein Getreidehändler; Hudde ist Mathematiker, der sein Studium anhand der Steuern und Rentenzinsen aufbaut und aufgrund seiner Freundschaft zu de Witt seine Aufträge vom Amsterdamer Bürgermeister bekommt. Damit erreichen wir die letzte und höchste Ebene des Kreises um Spinoza: denn auch Mitglieder der Oligarchie haben an der philosophischen Entwicklung teil, von de Witt über Burgh und Van Velthuysen bis zu Huygens und Oldenburg; sie alle sind in das Feld der kosmopolitischen Kultur eingebunden (45; 28; v. a. 138, 78-88). Wissenschaft, Technologie, Handel, Politik: ihren Zusammenhang und ihre Ausdrucksformen dürfen wir nicht als eine unbeständige Mischung begreifen, die im Begriff ist, von der Wissenschaft der Macht in ihre Teile zerlegt zu werden (wie das in den anderen europäischen Ländern geschieht): vielmehr sind sie unmittelbare Triebfedern im Sinne von verschiedenen Facetten einer einheitlichen Auffassung vom Leben, seiner Kraft, seiner noch nicht korrumpierten Möglichkeit. Als produktive Tätigkeit, als Arbeit.

Die Bibliothek Spinozas (27; 137; 157) entspricht dieser Situation in zweierlei Hinsicht. Sie ist keine spezialisierte Bibliothek im Sinne der akademischen Gepflogenheiten des siebzehnten Jahrhunderts (104): eher schon ist sie die Bibliothek eines gebildeten Kaufmannes, in der sich die lateinischen Klassiker und die italienischen Politiker (Machiavelli ragt hervor), die spanischen Dichter und die humanistische wie die zeitgenössische Philosophie vermischen – eine Bibliothek zum Nachschlagen, zur Anregung, ganz im Stil der Renaissance. Zweitens ist sie aber nicht eine Bibliothek der Krise der Renaissance, ist keine Bibliothek des Barock: der Schreibtisch eines Intellektuellen in der ersten Hälfte dieses Jahrhunderts sah völlig anders aus (163; 164; 112) – hier dagegen gibt es keine magischen Schriften, ebenso fehlt die Mnemotechnik. Im Ganzen ist es eine humanistische Bibliothek, ganz in der Kontinuität dieser Strömung, außerhalb der Krise, der sie andernorts unterworfen ist. Es ist eine noch immer offensive Kultur.

Wenn wir die kulturellen Komponenten von Spinozas Arsenal bestimmen, so finden sich mindestens vier: die jüdische; die renaissance-humanistische im ursprünglichen Sinn; die scholastische (hinsichtlich Philosophie und Theologie in ihrer traditionellen, von der Gegenreformation erneuerten Gestalt); die cartesianische.

An die hebräische Kultur ist Spinoza sehr stark gebunden. Sie ist Teil jener reichen Gemeinschaft in Amsterdam, die unmittelbar an der Macht partizipiert (79; 48; 138, m. Bibl.). Die Familie Spinozas ist vornehm und von hohem Rang (152). Spinoza wird in den hebräischen Schulen erzogen und nimmt sicherlich an der religiösen Auseinandersetzung teil, die dort offen geführt wird (128, 173-218). Derzeit stehen die hebräischen Quellen von Spinozas Denken im Mittelpunkt einer grundlegenden Diskussion; die Analyse hat von Joel bis zu Wolfson große Fortschritte gemacht (85; 161) – und all das hat bedeutende Ergebnisse gezeitigt. Noch wichtiger ist das Studium der offenen Diskussion innerhalb der hebräischen holländischen Kultur und speziell in der Amsterdamer Gesellschaft: die Figuren eines Uriel da Costa und eines Juan de Prado sind wohl entscheidend für die Konstitution dieser Verbindung von Problemen, in deren Umkreis sich die Modernität der Debatten bestimmt.[3] Aber selbst wenn wir das alles gut im Blickfeld haben, sind wir noch nicht beim Kern des Problems angelangt, auf den gerade Spinoza hinauswill. Es geht um etwas anderes als nur um einen Platz in der jüdischen Tradition: es ist ohne Zweifel ein Problem der Kultur des siebzehnten Jahrhunderts, das Problem der Begegnung und des Zusammenpralls einer Philosophie des Seins – einer traditionellen, zielgerichteten Philosophie – mit der humanistischen Revolution, ihrem begrifflichen Nominalismus und ihrem Realismus des Seins. Wenn man über den Einfluß des jüdischen Denkens auf die Philosophie Spinozas und seine Bildung spricht, darf man unmöglich diesen Einfluß des Humanismus beiseiteschieben. Wie alle Kultur, ist auch der Hebraismus durch den Humanismus belebt worden, um so mehr als die hebräische Gemeinschaft weltoffen ist – die Philosophie des Marktes, die ersten Funken des kapitalistischen Geistes mußten hier gerade zu fruchtbaren Zusammenhängen finden. Das mag nur ein Fixpunkt sein, der vielleicht wichtig ist für das Verständnis von Spinozas Ausschluß aus der Gemeinschaft. Bei Spinoza löst sich von Anfang an die Auffassung des Seins von den beiden traditionellen Formen, welche die hebräische Metaphysik ausmachen – nämlich vom theologischen Finalismus, der sich in der Form der Immanenz ausdrückt, und vom Ausdruck dieses Finalismus in neuplatonischer Form –, um stattdessen einen realistischen und produktiven Entwurf des Seins durchzusetzen. Einen produktiven Realismus, der nur dann Sinn bekommt, wenn man alle Umformungen mit einbezieht, die vom frühen Humanismus bis zur wissenschaftlichen Revolution hinführen, und der sich im Verlaufe dieses Prozesses endgültig von jeglicher theologischer Grundlage trennt. Nun ist der Gedanke der Immanenz des Göttlichen im Sein in der hebräischen Tradition gegenwärtig und hat in Maimonides ihren höchsten Philosophen (165, 29-38); andererseits bringt die kabbalistische Tradition mit großer Wucht im Denken Crescas die Idee der Schöpfung-Degradation aus plotinischem Geist in den Humanismus hinein (165, 78-83; v. a. 161; 162): Spinoza kennt diese beiden metaphysischen Varianten der jüdischen Tradition, aber nur, um sich von ihnen zu befreien.

Die Begegnung zwischen Humanismus und hebräischer Philosophie wird von Leone Ebreo symbolisiert. Spinoza besaß seine beiden *Dialoge* (137, 132). Wahrscheinlich kommt hierher die produktive Definition des Seins, die seine gesamte frühe Philosophie kennzeichnet. Diese Begegnung ist sicherlich entscheidend, insofern sie die Philosophie des Bewußtseins betrifft, wo die Synthese von *»intuito«*, *»imaginatio«*, und *»ratio«* auftritt, die ein Fixpunkt des Spinozianischen Denkens werden sollte (77, 83 ff.): die Tradition des platonischen *Symposion* setzt sich damit in der großen modernen Philosophie fest. War sie aber nicht schon im Grunde durch Bruno eingeführt worden, könnte man einwerfen! Es scheint tatsächlich so, als habe Spinoza viel von Bruno übernommen (139; 8). Dennoch findet sich hier mehr als bei Bruno, mehr, als man möglicherweise aus dem Denken Brunos herausholen kann: die Produktivität des Seins, die Bruno definiert, befreit sich nicht aus der Analogie mit der handwerklichen Produktion und der ästhetischen Schöpfung und endet konsequenterweise auf dem Boden des universellen Animismus (165, 90-93). Die Auffassung des Seins bei Spinoza ist stattdessen eine in jeder Hinsicht bestimmte Auffassung jenseits aller möglichen Analogie oder Metaphorik: es ist die Auffassung von einem machtvollen Sein, das keine Hierarchie kennt, sondern nur die eigentliche konstitutive Kraft.[4] Damit erschöpft sich auch die naturalistische Tendenz, die die Philosophie des Humanismus und der Renaissance durchzieht und die bei Telesio und Campanella ihren Höhepunkt hat – welches auch immer die punktuellen Einflüsse sein mögen, die im Werk Spinozas registriert werden können.[5]

Wenden wir uns hier also wieder dem Problem der zwei Spinozas zu, indem wir den ersten in Beziehung zum zweiten setzen: paradoxerweise werden wir in beiden Fällen das »produktive Sein« dem »produktiven Sein« gegenüberstehen haben. Was bedeutet das? Es bedeutet, daß Spinoza von Anfang an einen radikal ontologischen Ansatz wählt, der nicht finalistisch, sondern produktiv ist. Am Ende wird ein Entwurf daraus resultieren, der die Körperlichkeit des Seins bewahrt und jeglichen Rest von Transzendenz ausschließen wird. Die gnostische Transzendenz hat schon im frühesten Spinoza keinen Platz mehr (ausgenommen vielleicht in dem Gedanken des Attributs). Das gilt ebenfalls für jegliches denkbare Moment der ethischen Transzendenz. Der Weg zur reifen Philosophie Spinozas wird darin bestehen, daß auch der letzte Rest einer ontologischen Differenz ausgelöscht wird, selbst des Gedankens der ontologischen Produktivität, sobald sich dieser kategorial ausdrückt. Das produktive Sein des zweiten Spinoza wird lediglich die ontologische Konstitution der Praxis sein. Aus seiner zeitgenössischen Kultur gewinnt, reinigt, fixiert Spinoza eine erste grundlegende und begründete ontologische Polarität, er entnimmt aus jüdischer Tradition eine substanzielle Auffassung des Seins und entwickelt sie in humanistischer Manier im Sinne von Produktivität. Er spitzt den Naturalismus zu, bis er ihn überwindet. Die zweite Phase wird dann einen qualitativen Sprung anzeigen: tatsächlich wird das Problem auf einer bestimmten Stufe der kritischen Verfeinerung des Seinsgedankens zum Problem des entwickelten Materialismus.

Diese erste kulturelle Polarisierung im Entstehungsprozeß der Spinozianischen Philosophie wird gleichermaßen verstärkt und in Schwierigkeiten gebracht durch den Einfluß einer zweiten großen Gruppe von Lehrmeinungen: gegenreformatorische Scholastik und Cartesianismus. Auch in diesem Fall sind beide Lehren miteinander verflochten, vor allem im kulturellen Umfeld Hollands, und sie bilden ein schwieriges Helldunkel im Hintergrund des Spinozianischen Denkens.[6] Der grundlegende Punkt dabei ist: beide Doktrinen zerstören die Einheit des Seins. Die eine durch eine Neugestaltung der Theorie von der ontologischen Transzendenz und die Begründung einer Metaphysik des Möglichen; die andere durch die Theorie der epistemologischen Transzendenz. Spinoza begegnet dem Denken der Gegenreform vielleicht schon in jungen Jahren: im Jahre 1652 ist er an der Schule des Franciscus van den Enden, eines Exjesuiten, der wahrscheinlich der Eleganz des Lateinischen und des Holländischen Nachklänge der jesuitischen Ordensphilosophie zusetzt (155, 559 f.; 124, 148). Aber diesem Denken konnte man natürlich überall begegnen, denn es war in der Kultur der Universitäten, der Philosophien und der Theologie der Zeit weit verbreitet (55; 44). Hier muß man jedoch aufpassen: denn diese Denkart deutet tatsächlich auf Elemente, die dann paradoxerweise bei der Entstehung der zweiten Begründung der *Ethik* grundlegend sind (vgl. unten Kap. 5), sobald sich die absolute pantheistische Einheit des Seins dem Problem der Konstitution der Wirklichkeit zu öffnen versuchen wird, sich daher der Thematik der Möglichkeit gegenübersieht und zu einer Philosophie der Zukunft tendiert. Für die Beurteilung des politischen Denkens des reifen Spinoza wird es dann grundlegend sein, daß wir den Einfluß der Gegenreformation aufzeigen. Hier, für den frühen Spinoza, ist etwas anderes, ganz Entgegengesetztes vonnöten: sich von diesem Denken zu befreien, von dem scholastischen, gegenreformatorischen und reaktionären Denken, von der geordneten Irrealität des Seins, die dieses Denken beschrieben hat, von den Hierarchien und den ontologischen Stufen, den Ordnungen des Imaginären.

Entsprechend wird der theoretische Rahmen von der cartesianischen vernünftelnden Ideologie befreit. »Bei Descartes ist Gott ohne Zweifel das Objekt der klarsten und reinsten Vorstellung, aber man kann sie nur als Unbegreifliches erkennen. Wir berühren das Unendliche, aber wir verstehen es nicht. Diese Unverstehbarkeit dehnt sich zur Allmacht aus, die über unsere Vernunft gestellt ist, diese in einen bedenklichen Anfangszustand versetzt und ihr nur einen willkürlich zugewiesenen Wert zuschreibt. Von Gott überträgt sich das Rätsel auf die Dinge. Unser Intellekt ist geschaffen, das Endliche zu erkennen, unfähig zu entscheiden, ob die Dinge endlich oder unendlich sind, und er wird reduziert auf eine vorsichtige Bestätigung des Unbestimmten. Schließlich läßt, auf derselben Ebene unseres Seins, unsere psycho-physische Natur unbegreiflicherweise eine substantielle Einheit zwischen zwei unvereinbaren Substanzen aufscheinen. Die unbegreifliche Allmacht Gottes zeigt sich hier in einem einzelnen Effekt, und die Vernunft ist gezwungen, sich selbst zu beschränken, um in dieser Sphäre den Vorrang des Sinnlichen anzuerkennen. Auf diese Weise wird unsere Vernunft, oben, unten und in der Mitte mit dem Geheimnis konfrontiert.«[7] Die Revolution auf ihrem Höhepunkt erlaubt solche Zugeständnisse nicht. Der Gott des Descartes ist schlicht und einfach das »Asylum ignorantiae«[8] – ein Gott der Abergläubischen und Unwissenden. Mit anderen Worten: das Verhältnis verlangt, vom bürgerlichen Standpunkt aus, die Totalität, möchte sich unmittelbar auflösen. Stellen wir Spinoza seinen europäischen Zeitgenossen gegenüber, haben wir eine Absolutheit und eine Unmittelbarkeit in der Auffassung des Seins vor uns, die jegliche taktische Illusion zerstören. Taktik ist unaufgelöstes Sein: Descartes (112). Es ist der ängstliche Traum, vorherrschend der in den Plänen der *robins* vor der Krise des Marktes und der ersten Einschätzung der Wirkung von Klassenkampf – und folglich auch vor der Annahme der absolutistischen Vermittlung. Um so weniger – um diesen Gedanken abzuschließen – werden auf dem Höhepunkt des revolutionären Prozesses in den Niederlanden Gedanken angenommen, die das Sein allgemein in der Leere unerfüllbarer Existenz auftreten lassen, im – hebräischen oder christlichen – Mystizismus, den das Zeitalter oft genug produziert. Sofern eine Utopie entsteht, ist es eine positive Utopie. Wenn das Sein sich zeigt, ist es erfülltes Sein. Diese Dichte des Seins wird auf methodischem Weg angegangen, aber die Methode ist eben diese ontologische Fülle: Künstliches ist hier in keinem Fall vorhanden, der ontologische Sinn der galileischen Physik vertreibt den formalen Methodologismus des Descartes (165, 104-120). Nichts bleibt hier also von Descartes. Keine Methode als Hypothese. Keine provisorische Moral. Keine Möglichkeit für das Unbestimmte, sich als Verkürzung der Existenz darzustellen, weder auf ontologischem Gebiet, noch – um so weniger – auf ethischem. Die französische und die kontinentale Welt haben sich auf das Gebiet des notwendigen Kompromisses begeben. Hier in Holland hat das keinen Sinn. In Wirklichkeit verunstaltet der Klassizismus die Vernunftordnung, beseitigt die produktive Originalität, die der revolutionären Intelligenz eigen ist. Das Denken und die Erfahrung der Krise sind noch weit entfernt von diesem Spinoza.

Wenden wir uns also dem Bewegungszentrum von Spinozas Denken in seiner Entstehung zu. Es ist ein renaissancehaftes Denken, in dem der naturalistische Immanentismus verschoben ist hin zu einer ebenso absolut ontologischen wie absolut rationalistischen Auffassung. Ein mächtiges Miteinander entsteht durch diese Synthese: gesetzt durch die kapitalistische Revolution und ihre holländische Ausreifung im Prozeß der einfachen Akkumulation.

Trotz alledem würden einige wesentliche Merkmale außer acht bleiben, wenn wir eine andere Komponente dieser Synthese vergäßen, die formal und doch grundlegend ist: die religiöse. Hier überkreuzen sich erneut und in bedeutsamer Weise philosophische und biographische Momente. Wenn man Spinoza am 26. Juli 1656 aus der hebräischen Gemeinde in Amsterdam ausschließen wird, und mit aller Wahrscheinlichkeit auch aus dem Milieu des hebräischen Handels – worauf er sich in ökonomischer Notlage befindet –, wird sich um ihn eine Gruppe von Freunden bilden, mit denen er alsbald die ersten Schritte zu seinen Forschungen unternimmt. Um 1660 herum, als er sich nach Rijnsburg zurückzieht, konsolidiert sich diese kleine Gemeinschaft und wird philosophisch bedeutsam. In Amsterdam bildet sich eine weitere Gruppe. Nun ist diese Gemeinschaft religiös. Collegianten, Schüler? Selbst die genaue Bestimmung dieser Begriffe ist problematisch (141; 144; 102; 138)[9]. In Wirklichkeit handelt es sich um eine starke neue Erfahrung: stark, weil sie den Charakter einer »sektiererischen« Religiosität annahm, erworben in eben dieser holländischen Geselligkeit; neu, weil sie sich an das außergewöhnliche Experiment macht, die rationalistische Schärfe auf die religiöse Haltung anzuwenden. Wenn wir von einer religiösen Erfahrung sprechen, bedeutet das aber keineswegs, daß diese Gemeinschaft konfessionell geblieben wäre (60) – heißt aber andererseits auch wieder nicht, daß sie aus *Freigeistern* – im Sinne der französischen Freidenker – bestanden hätte; es waren sicher weder religiöse Collegianten noch Reformatoren (53). Kolakowski (88, 206-217) nimmt Erkenntnisse Meinsmas (101) auf und erzählt uns die Geschichte dieser Gemeinschaft: bei den Mennoniten, meint er dazu, hat es auch keinen Sinn, das Problem einer Unterscheidung zwischen Gemeinschaft und innerer Reform aufzuwerfen; in diesem Klima könne man nicht einmal im Grenzfall sinnvoll zwischen religiösen Reformern und deistischen Freidenkern unterscheiden. Tatsache ist die grundlegende nichtkonfessionelle Einstellung: auf dieser Basis artikulieren sich die verschiedenen Arten der Synthese von Rationalismus und Religiosität. Wenn die Mitglieder des spinozianischen Kreises sich nicht als Christen betrachten, so können wir daraus auf keinen Fall schließen, daß sie Freigeister oder ohne religiöse Einstellung gewesen seien (108, 35-49). Dies zum Formalen der Spinozianischen Synthese. Absoluter Rationalismus und absoluter Ontologismus nehmen die Form der Religiosität an: aber diese durchzog das Denken schon seit jeher, vom Eros Platons zum Dämonen Diotimas – wieder aufgenommen bei Leone Ebreo.

Auf alle Fälle ist hier die Verbindung gelungen und am Ende gleichzeitig doch gespannt: gelungen durch die Auffassung einer Fülle des Seins, im Bewußtsein der reifen Revolution. Aber schließlich erneut gespannt, weil die feste Vorstellung eines revolutionären Projekts eine Überwindung, eine umfassende Verschiebung erfordert. Merkwürdig! Niemand hat bei Spinoza bisher jene wilden Elemente aufgespürt, die schon diese erste geglückte Synthese bot. Illegitime Elemente für den Rationalismus, und doch gegenwärtig, und von solcher Bedeutung! Der spinozianische Kreis ist durchsetzt mit Momenten chiliastischer Religiosität von großer innerer Spannung, die wir selbst beim reifen Spinoza nicht übersehen können (88; 108; vgl. a. 33. Brief). Vielleicht müßte man hier auch noch viele andere Elemente untersuchen, nicht zuletzt die Tatsache, daß Rijnsburg nur ein paar Meilen von Leiden entfernt ist, das damals ein Zentrum ersten Ranges der Textilindustrie und der Manufakturen war – und das Zentrum der Wiedertäufer schlechthin. Das Land erzählt seine Geschichte (14).

Wir werden darauf ausführlich zurückkommen müssen. Hier sei nur betont, daß die religiöse Form des Denkens Spinozas sich an die Form der holländischen Kultur auf dem Höhepunkt des revolutionären Prozesses anlehnt. Diese Religiosität bestimmt die materielle Besonderheit des revolutionären Prozesses, wie er von Spinoza begriffen wird. Sie drückt sich gleichermaßen in verfeinertem theologischem Rationalismus und in weitläufiger Zustimmung und Auseinandersetzung des Volkes aus. Huizinga weist darauf hin, daß der Calvinismus hier von der Tradition des volkstümlichen Humanismus aufgenommen und verwandelt wurde. Tatsächlich besteht die holländische Anomalie in dieser außerordentlichen Beständigkeit und Wirksamkeit des humanistischen Mythos', dessen Apologet der frühe Spinoza ist.

Die Revolution und ihre Grenze

Die politische Form der niederländischen Republik war mit Sicherheit nicht von gleicher Reife wie der Stand der sozialen und ökonomischen Revolution. Das unterstreichen alle Autoren (79; 89; 90; 149; 108; 138; 71). Worin besteht aber diese politische Form? In Wirklichkeit läßt sich die politische Gestalt der holländischen Republik für den Zeitraum, der uns hier interessiert, und der vom Tod Wilhelm II. (1650) und der »Großen Versammlung« 1651, über die gesamte Periode der Vormacht Johan de Witts (1653-1672) und schließlich bis zum Sieg Wilhelms III. aus dem Haus Oranien reicht, nicht genau bestimmen. Es gibt da ein Zusammenspiel von Figuren und Strukturen, miteinander verwoben oder auch hierarchisch gegliedert, jedenfalls nach

Schemata geordnet, die jeglichen funktionalen Charakter vermeiden und schlicht aus der Anhäufung traditioneller Erfahrung herrühren – speziell die für die kommunale Entwicklung typischen institutionellen Erfahrungen, die zur Aufrechterhaltung spätmittelalterlicher Formen eingeführt sind: von Mal zu Mal wird das Gleichgewicht der Mächte oder das Zentrum der Macht nach dem Maß der Kräfte festgelegt (159; 132; 23). Angesichts dieses konstitutionellen Durcheinanders scheinen mir auch die besonders gängigen Bezeichnungen, wie etwa »oligarchische Republik« oder »bonapartische Monarchie« (im Sinne von Thalheimer) unzutreffend und unangemessen. In Wirklichkeit fehlt der holländischen Konstitution ein formaler Zusammenhang von Regeln: sie lebt lediglich in der – wenn auch sehr trägen – Aufrechterhaltung der institutionellen Dynamik des revolutionären Prozesses selbst. »Die Holländer hielten es zur Erhaltung ihrer Freiheit für hinreichend, den Grafen zu verlassen und den Staatskörper seiner Freiheit zu berauben, ohne weiter an dessen Reform zu denken. Sie ließen stattdessen alle seine Glieder, wie sie früher eingesetzt waren, so daß die holländische Grafschaft ohne Graf, wie ein Körper ohne Kopf, und daß der Staat selbst ohne Namen blieb. Und so war es denn nicht im geringsten zu verwundern, daß der größte Teil der Untertanen nicht wußte, wer die höchste Staatsgewalt hatte.« So Spinoza (*Politischer Traktat*, IX, § 14). Daraus resultiert auch die Gewalt der Verfassungskrise, wie Spinoza unterstreicht und wie de Witt seit dem Zusammenbruch der »Großen Versammlung« immer wieder betont (160 I, 62). Jedenfalls enthüllt die negative Seite dieses Problems auch die positive, die notwendig damit verbunden ist: die tatsächlich mögliche Wirklichkeit der Existenz und der Entwicklung der Republik. Ich glaube, daß ich keine unangemessenen Kategorien verwende, wenn ich folgende Hypothese aufstelle: die politische Konstitution der holländischen Republik ist in dieser Periode vollständig eingebunden in die ökonomische Konstitution. Die politischen Formen sind verhältnismäßig neutral, »konjunkturell« – um mit Keynes/Hamilton zu sprechen, die eben dieses ursprüngliche kapitalistische Verhältnis zur Staatsform untersucht haben. De Witt oder Wilhelm III.: beide sind sozusagen konjunkturelle Phänomene, da die formale Konstitution (von der ja fast nichts erkennbar ist) der konstitutiven Materialität der ökonomischen Verhältnisse völlig untergeordnet ist. Ich will kein Gesetz daraus machen: es ist jedoch ein Zeichen – und von welcher Bedeutung! – der holländischen Besonderheit, der holländischen Anomalie. Soweit es die Form der Ideologie angesichts der vorauseilenden Kräfte der Produktionsverhältnisse betrifft, so bleibt sie im alten verhaftet: weder der Demokratismus der Althausschen Schule (wir müssen jedoch auf einige Aspekte dieser Tradition bei anderen grundlegenden Fragen zurückkommen), noch die neuen Versuche einer absolutistischen Theoretisierung der Brüder De la Court oder von Insola (23, 91-110) berühren die wirklichen Verhältnisse der politischen Kräfte.

Wenn wir diesen Dingen auf den Grund gehen wollen, so sind auch hier Humanismus und Renaissance die Basis für das Verständnis. Es ist die Vorstellung des Marktes als Spontaneität der Produktivkräfte, als ihre kraftvolle und unmittelbare Vergesellschaftung und als Bestimmung des Wertes durch diesen Prozeß. Die Philosophie der Aneignung entfaltet sich naturgemäß mit der Philosophie des Marktes. Der Markt, das ist das geregelte, gezähmte Zusammentreffen von individueller Aneignung und Vergesellschaftung der Produktivkräfte (113). Das ist nicht schlecht, sofern *»Respublica«* wirklich ein Miteinander der *»res publicae«* ist: grundlegend ist der Zusammenhang, der sich in diesem Verhältnis durchsetzen muß, die dynamische, wertende Einheitlichkeit – die für alle daran Teilhabenden Werte setzt –: nur so kann dieses Verhältnis nicht unbestimmt bleiben. Diese Vorstellung wirkt in bedeutsamer Weise auf die Analyse: zeigt sie doch tatsächlich die Funktionsweise auf, in der die Höhepunkte der Entwicklung und eine gewisse kommerzielle Institutionalisierung (z. B. in Form der Handelskompanien oder der Amsterdamer Börse) die Qualifikation der Wirklichkeit hervorbringen.

Welches ist nun das kulturelle, philosophische, ideologische Schema, das dieser Vorstellung zugrundeliegt? Wir sind gewohnt, angesichts einer solchen Vorstellung der Wirklichkeit in dialektischen Begriffen zu denken: der Markt ist Dialektik. Aber das gilt für das siebzehnte Jahrhundert nicht. Das philosophische Schema, das sich am besten für diese Art des imaginären Wirklichen eignet, ist das neuplatonische. Ein erneuerter Neuplatonismus, entworfen als Darstellung der allumfassenden Verbundenheit von Ursachen und Wirkungen, erfahren als dauernde Verbindung zwischen subjektiver Existenz und objektivem Wesen, zwischen Individualität und Kollektivität. Die Geschichte der Philosophie, von Dilthey über Cassirer bis zu Paolo Rossi, hat die Bedeutung der neuplatonischen Vorstellung der Welt verfolgt, die triumphierend die Renaissance durchläuft und sich immer wieder in daraus abgeleiteten Philosophien äußert. Zum Schluß muß, scheint mir, noch ein grundlegendes Element unterstrichen werden: diese Funktionen des allumfassenden Zusammenhangs, neuplatonisch gedeutet, verlieren in der von uns betrachteten Periode mehr und mehr jenes schwerwiegende ontologische Merkmal, das in der originären plotinischen Tradition den allumfassenden Zusammenhang im metaphysischen Prozeß von Schöpfung und Abstieg des Seins abbildet – die Dimension der »horizontalen« Beziehung, die der »vertikalen« Schöpfung und Hierarchie untergeordnet ist. Wie Deleuze (32, 12-18) gut bewiesen hat, gibt es in der Entwicklung des Neuplatonismus die Tendenz der Hinwendung zu einer Philosophie des Ausdrucks, zu einem Denken der Erscheinungsform, zur Eliminierung des transzendentalen, hierarchischen, emanativen, ableitenden Aspekts. Nun scheint mir, daß die frühe Ideologie des Marktes – jene Ideologie mit außerordentlich wirksamen konstitutionellen Folgen – mit dieser ideologischen Ebene verknüpft ist. Beim frühen Spinoza werden wir diese Perspektiven sammeln und auswerten können.

Aber es geht noch immer um Ideologie, um bürgerliche Utopie. Um die Ideologie der Klasse, die den realen Widerspruch und den realen Antagonismus funktionell zerstören will, der sie selber trägt. Gegen 1660 beginnt in Holland, wie auch im übrigen Europa, ein Zyklus absteigender Ökonomie: er wird bis etwa 1680 dauern. Er bringt sicher keine übermäßige ökonomische Rezession oder entsprechende Krankheitserscheinungen in ein Land von derart kräftiger kapitalistischer Struktur wie die Niederlande. Verstärkt durch andere drängende Probleme auf internationalem Gebiet (konkret etwa der zweite englisch-holländische Krieg – 1165-1667 –, bei dem es um die Konkurrenz auf dem Meer ging, und der schwere französisch-holländische Konflikt, der sich in verschiedener Form und mit wechselndem Schicksal von 1670 bis 1676 hinzog) reichte die Krise jedoch auf einzelnen Gebieten aus, um die Besonderheit der holländischen Erfahrung und der politischen Ideologie Hollands anzugreifen und zu zerschlagen. Man kann sagen, daß der Traum einer linearen Vergesellschaftung der Auswirkungen kapitalistischer Entwicklung grundlegend in eine Krise gerät, daß das expansive Modell, innerhalb dessen der Klassenkonflikt eingeschlossen und kompensiert worden war, in die Krise gerät. Die kapitalistische Revolution zeigt ihre Grenzen: nun auch in Holland – dreißig Jahre nach der Zäsur, die die dreißiger Jahre des siebzehnten Jahrhunderts für die europäische Geschichte bedeuteten (111, 150), und mit geringer Wirkung. Die Niederlage de Witts und die Lösung der Verfassungskrise durch die Oranier 1672 stellen sicher nicht den grundlegenden Punkt der Krise dar: schon in der Mitte der sechziger Jahre wurde eben die Politik de Witts praktisch mit den neuen Problemen der Entwicklung konfrontiert. Andererseits wies auch die Lösung der Oranier nicht den Ausweg aus der institutionellen Auszehrung: es war nicht eine Reform der Verfassung, sondern eine Restauration. Beide, De Witt und Wilhelm III., sind im Endeffekt Momente ein und derselben Situation, einer kritischen Situation, die immer kritischer werden sollte. Das Ende der holländischen Anomalie? Überall stagnieren die Verhältnisse, und sicher beginnt sich die holländische Situation in dieser Phase – trotz aller Besonderheiten, die erhalten bleiben – der europäischen Lage anzunähern. Allmählich wendet sich die politische Theorie jenem Denken zu, das – eben wegen der Krise – die fortan notwendig kritische Natur der Entwicklung der bürgerlichen Klasse besser interpretiert: Hobbes wird, von diesem Gesichtspunkt aus, der Marx der Bourgeoisie. Der bürgerliche Anspruch auf Aneignung benötigt – zu seiner Entwicklung oder auch nur um sich zu erhalten und zu stabilisieren – ein Abhängigkeitsverhältnis. Alles das fließt in die Ideologie ein: ein politisches Verhältnis wird vorgetäuscht, das historisch als Krise der vorangegangenen revolutionären Entwicklung erlebt wurde. Die revolutionäre Entwicklung selbst, der Glanz der offensiven Aneignung in Humanismus und Renaissance, das alles wird nun als Kriegszustand angesehen, als gewalttätiger gesellschaftlicher Zustand, von dem man sich befreien müsse: die Krise der Entwicklung wird auf ihre Entstehung projiziert, um diese Entwicklung als unzureichend hinzustellen, um die Grenzen eines Entwurfes, um das schlechte Gewissen hervorzuheben, das der Entschleierung einer Mystifikation folgt – die doch nur eine Illusion gewesen war (113).

Am Rande des revolutionären Prozesses, an der Grenze der Krise weist Spinoza die Hobbessche Schlußfolgerung, die bürgerliche Schlußfolgerung zurück. Weist er das Bürgertum zurück? Eines ist jedenfalls sicher: sein Denken übersteigt die Grenzen der Reflexionen über die Krise. Nicht daß er diese etwa beiseitelassen würde, nicht, daß er den mechanischen und starken Atomismus der Hobbesschen Voraussetzungen nicht angenommen hätte – und daß etwa die Krise als begriffliche Möglichkeit und Aktualität in seiner Philosophie keinen Platz hätte. Aber bei Spinoza kann die Grenze der Revolution nicht auf die Krise reduziert oder einfach in den Bereich der Krise eingesperrt werden. Die Definition des historischen Subjekts kann bei Spinoza nicht im Begriff der Krise enthalten sein. Während das Bürgertum in der Zäsur des siebzehnten Jahrhunderts die Krise als konstitutives Element seiner Eigendefinition nimmt, geht es Spinoza darum, jene komplexe Kraft, die aus dem vorhergehenden Projekt, aus der Fülle der Entwicklung stammt, in verschobener Form zum Tragen zu bringen: eine Philosophie der Zukunft entsteht auf der vorher konstituierten Basis, der revolutionäre Impuls setzt sich fort, die Krise ist ein Hindernis und kein Wesenszug. Das Wesen als solches ist konstruktiv, die Krise wird nur akzeptiert, um sie zu überwinden. Die Unterbrechung ist die Chance zu einem Sprung nach vorne.

Beschränken wir uns auf den eigentlichen philosophischen Bereich. Wir haben gesehen, wie die Ideologie des Marktes sich zuerst in neuplatonischer Form zeigt. Spinoza übernimmt dies derart, daß er – entsprechend den Möglichkeiten der holländischen Anomalie – die Struktur des Neuplatonismus verschärft, um ihn an die Grenze eines Denkens der Erscheinungsform zu drängen. Sobald die Erfahrung und das Denken der Krise eindringen, wird diese Erscheinungsform für eine destruktive Kraft zugänglich, die jegliche Linearität der konstitutiven Prozesse leugnet – und jegliche Spontaneität derselben. An dieser Stelle gibt es zwei Lösungen: die Linearität und die Wesenhaftigkeit der konstitutiven Prozesse durch die Vermittlung und Bestimmung einer Herrschaftsfunktion wiederherzustellen – das ist die Hauptlinie der bürgerlichen Utopie des Marktes (10); oder, und das ist die Spinozianische Richtung, im Verlaufe des Denkens, das von der Erscheinungsform zur Konstitution einer Praxis fortschreitet, den Weg zu einer Überwindung der Krise und zur Fortdauer des revolutionären Entwurfes zu erkunden. Bei Hobbes kennzeichnet die Krise das ontologische Umfeld und übernimmt dieses: bei Spinoza wird

2 Rolltken

die Krise in das ontologische Umfeld hineingenommen. Vielleicht ist genau das der Ursprung des revolutionären, modernen, zeitgenössischen Materialismus. Wie auch immer, hier scheiden sich nun die Modelle der aneignenden Gesellschaft in ontologische Begriffe: bei Hobbes beugt sich die Freiheit der Macht, bei Spinoza die Macht der Freiheit.

Merkwürdig: ein weiteres Mal erweist sich das Denken Spinozas als eine gigantische Anomalie. Tatsächlich ist diese Bestimmung, die wir seinem Denken zusprechen, gleichsam die Verneinung der Geschichtlichkeit. Das Denken Spinozas, absolut hegemonial in dem Augenblick, in dem es den Triumph der revolutionären Ideologie interpretiert, wird zum minoritären Denken, wird aus dem historischen Verlauf bürgerlicher Ideologie ausgeschlossen, sobald es diesen Entwurf der Krise aufnimmt, entwickelt und im emanzipativen Sinn wendet, sobald es auf den revolutionären Inhalten des vorangegangenen Humanismus beharrt. Aber wir wissen ja, wie leer die Geschichte der Ideologie ist! Andererseits wissen wir aber auch, wie stark die Hoffnung auf Wahrheit und Emanzipation ist. Hier zeigt sich das Paradoxe an Spinozas Denken: seine Philosophie erweist sich als eine nachbürgerliche Philosophie. Macherey sagt (96; vgl. 3): eine nachdialektische Philosophie. Das trifft zu: denn die Dialektik ist in Wirklichkeit die Form, in der sich die bürgerliche Ideologie und all ihren Varianten selbst präsentierten – und sei es auch als rein negative Dialektik der Krise oder des Krieges. Die materialistische Übertragung, die Spinoza mit den revolutionären Inhalten des Humanismus vornimmt, trägt sein Denken jedoch über jede dialektische Gestalt hinaus, trägt die menschliche Hoffnung und die verändernde menschliche Praxis über alle dialektische Form hinaus. Über jegliche bestimmte Vermittlung hinaus. Das bedeutet: über den Begriff des Bürgertums hinaus, wie es sich in den vergangenen Jahrhunderten in hegemonialer Weise entwickelt hat.

Damit sind wir bei der einen letzten Reihe von Gedanken angekommen, die wir vertiefen müssen. Die Philosophie Spinozas, insoweit sie humanistisch und revolutionär ist, ist vor allem eine Philosophie der Aneignung. Genau wie die Philosophie von Hobbes. Der Unterschied besteht, wie wir gesehen haben, in der Auseinanderentwicklung des ontologischen Sinnes der Aneignung: bei Hobbes stellt sich diese als Krise dar und wird daher durch Gewalt und Unterwerfung legitimiert. Der Wertmaßstab ist die Kommandogewalt über den Markt. Bei Spinoza löscht stattdessen die Krise den Sinn der neuplatonischen Genesis des Systems aus, überwindet jegliche vorher geschaffene metaphysische Eintracht, zerstört sie und setzt nicht mehr das Problem der Gewalt im Verhältnis zur Freiheit, sondern das Problem einer Konstitution von Freiheit. Diese Auseinanderentwicklung bedingt wieder eine Anzahl neuer Gedanken. Das Hobbessche System ist, kann man sagen, vom Gesichtspunkt der Individualität her nicht zu überwinden. Spinozas Verlagerung des Problems muß daher mit einer Phänomenologie der konstitutiven Praxis einen neuen ontologischen Horizont begründen, auf dem sich diese Phänomenologie halten kann. Dieser ist kollektiv, ist der Horizont der kollektiven Freiheit. Handelt es sich um ein Kollektiv, das nicht auch in seiner Problematik begriffen wird – um eine einfache Übertragung des undeutlichen spontanen Traumes revolutionärer Utopie des Humanismus? Nein. Die Vorstellung der Krise, eingebracht in den ontologischen Prozeß, wirkt darin und setzt alle notwendigen Mechanismen zur Konstitution des Kollektives in Gang. Die Vorstellung der *»multitudo«* verwandelt das ihr charakteristische renaissancehafte, utopische und zweideutige Potential in einen Entwurf und eine Genealogie des Kollektivs, das bewußter Ausdruck und bewußte Konstruktion des Komplexen, der Totalität ist. Die Revolution und ihre Grenze sind daher bei Spinoza das Gebiet, auf dem er die außerordentliche Anstrengung unternimmt, das grundlegende philosophische Problem der nachfolgenden Jahrhunderte herauszuarbeiten und zu prägen: die Schaffung des Kollektivs als Praxis. Von diesem Standpunkt aus ist diese Philosophie Spinozas tatsächlich eine Philosophie ohne Zeitgebundenheit, ihre Gegenwart ist die Zukunft!

Zweites Kapitel
Die Utopie des Kreises um Spinoza

Die Spannung der Ideologie

»Korte Verhandling van God de Mensch en deszelfs Welstand«, 1660: vielleicht ist das Problem der philologischen Kritik, das der Text des »Kurzen Traktats über Gott, den Menschen und sein Glück« aufwirft, überhaupt nicht lösbar.[1] Ich möchte diesen Text dennoch aufnehmen: nicht als den ersten Entwurf zur *Ethik* – auch wenn hier viele beständige Elemente in ersten Ansätzen auftauchen – und auch nicht als »unwiederbringlich verderbten Text« (56, 238-282), sondern vielmehr als wichtiges Dokument für eine ideologische Situation, in der Spinoza sich befindet und an der, zwischen Amsterdam und Rijnsburg, sein Kreis teilhat – und der wahrscheinlich mit einer konfusen Ergebenheit zur Textgestaltung und -verunstaltung beiträgt. Eine ideologische Situation, die charakterisiert ist durch eine ganz pantheistische, ja – in diesem Rahmen – fast mystische Entschiedenheit.

In dieser Hinsicht ist der erste Teil des »Kurzen Traktats« exemplarisch: Stufenweise wird hier die substantielle Identität des Objektes konstruiert. Stufenweise[2]: eine Auffassung der Göttlichkeit als *causa sui*, als absolute Immanenz in den »Dialogen«; die Polemik gegen jegliche anthropomorphe Konzeption der Göttlichkeit dort, wo für eine anthropomorphe Qualifizierung die Annahme einer im allgemeinen metaphorischen oder analogischen Definition des Seins erforderlich ist – und das bedingt wohl im 7. Kapitel eine andere grundlegende Schicht des Textes; drei aufeinanderfolgende Passagen: die absolute, apriorische Identität des Wesens und der Existenz Gottes (1.-2. Kapitel), die Verwandlung der Vorstellung Gottes und der Vorstellung des positiven Unendlichen (3.-6. Kapitel) – und schließlich finden das Wesen Gottes und das Wesen der Natur ihre Identität durch die Identität der Attribute, die sie beide konstituieren (8.-10. Kapitel). Aber dieses Nacheinander ist nur hinsichtlich der Chronologie des Aufbaus eine Abfolge: logischerweise handelt es sich nicht um Etappen, sondern um eine Art Kreis, einen unentwegten Fluß ein und derselben Substanz, der man sich verschiedentlich nähert, die sich aber unermüdlich in ihrer Mittelpunktbezogenheit, in ihrer positiven Unendlichkeit wiederholt. Der Standpunkt der Philosophie ist innerhalb der Substanz, innerhalb ihrer unmittelbaren Wahrnehmung und des unmittelbaren Aufbaus. Hier wird eine ontologische Berührung beschrieben, ein Verhältnis, das der Intensität der mystischen Identität nahekommt. »Alles, von dem wir klar und deutlich einsehen, daß es zur Natur eines Dinges gehört, das können wir in Wahrheit auch von dem Dinge selbst aussagen. Daß aber das Dasein zum Wesen Gottes gehört, können wir klar und deutlich einsehen. Also...« »Die Wesenheiten der Dinge sind *von Ewigkeit an* und werden in alle Ewigkeit unverändert bleiben. Das Dasein Gottes ist Ewigkeit. Also...« (1).

Die Sekundärautoren sind alle betroffen von der außerordentlichen Kraft dieses frühen Spinoza: vielleicht gewährleistet diese Wahrnehmung, daß der »Kurze Traktat« als Text Spinozas gelten kann. Cassirer unterstreicht, daß hier »die allgemeine Methode der Betrachtung, die bisher auch die widerstreitenden Lehren miteinander verband, einer völlig neuen Denkart zu weichen scheint. Die Kontinuität der Fragestellung scheint unmittelbar abzubrechen«, »das, was allseits als Ergebnis betrachtet wurde, wird hier zum Ausgangspunkt«[3] und die mystische Spannung außerordentlich stark. Gueroult geht noch tiefer, auch ohne auf den mystischen Merkmalen zu beharren, wenn er hier, in der Spinozianischen Bestimmung eines absoluten Objektivismus des Seins, eine absolut originale Abzweigung im Bereich der modernen Philosophie erblickt.[4] Auch ich glaube, daß die Utopie des spinozianischen Kreises hier in der Komplexität der sie ursprünglich gestaltenden revolutionären Bestimmungen ihre höchste Spannung enthüllt. Kehren wir zu den Elementen der Spinozianischen Werkstatt zurück: hier finden wir sie allesamt – und besonders der Einfluß des renaissancehaften Naturalismus, vor allem in seiner Brunoschen Version, rührt aus der Begeisterung für die heroische Auffassung des Pantheismus her (139; 8): »Daß nun der Mensch die Vorstellung von Gott hat, ist daraus klar, daß er dessen Attribute erkennt, welche Attribute nicht von ihm hervorgebracht werden können, weil er unvollkommen ist. Daß er nun aber diese Attribute erkennt, ist daraus offenbar, daß er nämlich weiß, das Unendliche könne nicht aus verschiedenen endlichen Teilen zusammengesetzt werden; es könne nicht zwei unendliche Wesen geben, sondern nur ein einziges; daß dies vollkommen und unveränderlich ist, indem er wohl weiß, daß kein Ding aus sich selbst seine eigene Vernichtung sucht, und ferner, daß es sich auch nicht zu etwas Besserem oder in etwas Besseres verwandeln kann, weil es eben das Vollkommene ist, welches es sonst nicht sein würde, oder auch, daß ein solches nicht dem, was von außen kommt, unterworfen sein kann, da es allmächtig ist...« (*TB*, 1)

Besonders beeindruckend ist die allgemeine Tonart des »Kurzen Traktats«, diese unschuldige und radikale Option, die Deleuze (32, 22) als charakteristisch für den absoluten Rationalismus bezeichnet: die Option für das positive Unendliche, die zur unmittelbar qualitativen Bestimmung des Seins führt (keine cartesianische oder mathematische Bestimmung, nicht zurückführbar auf numerische Unterscheidung). Von hier aus ist nur ein kleiner Schritt bis zum Erfassen des religiösen Geistes, der diese erste Aufnahme des Seinsgedankens im spinozianischen Kreis beseelt: tatsächlich identifizieren sich Vernunft und Glaube (in christlichem Sinne) unmittelbar miteinander. Sicher ist diese Identität – die die zweite Phase der holländischen Reform (der allgemein protestantischen) auszeichnet – spannungsgeladen: denn in dieser Identität ist eine extreme Alternative eingeschlossen, entweder Vernunft ohne Christentum oder Christentum ohne Vernunft (88, 227 - 236). Warum sollte man aber den glücklichen Moment dieser Identität nicht akzeptieren, die kurze aber kraftvolle Existenz dieser Utopie, die Klarheit der Qualifizierung als »christlich«, die dem Pantheismus und seiner zugrundeliegenden Beigeisterung anhaftet?

Aber auch damit ist unser Problem noch nicht völlig umrissen. Denn das stellt sich im »Kurzen Traktat« tatsächlich erst, wenn sich die anfängliche Begeisterung über die Wahrnehmung des Seins legt. Betrachten wir z. B. die *Nota* (die sicher in einer späteren Periode bei der Redaktion des Textes hinzugefügt wurden), die Spinoza zur Erklärung des vorher angeführten Textes einfügt: »*Attribute Gottes;* besser wäre, daß er das erkennt, was Gott eigen ist, denn jene Dinge sind nicht Attribute Gottes. Gott wäre freilich ohne sie nicht Gott, ist es aber auch nicht durch sie, weil sie nichts Substantielles ausdrücken, sondern alleine Beiwörter sind, die, um verständlich zu sein, Hauptwörter erfordern.« (1, Anm.) Damit sind wir in der Unbestimmtheit gelandet. Einer tendenziellen Identifikation des Attributs innerhalb des Wesens, wie im Text gegeben, entspricht in der Anmerkung eine adjektivische Bestimmung des Attributs. Daraus entspringt eine Alternative, eben die nämliche, die auf dem Gebiet der religiösen Erfahrung erlebt wurde: entweder ein zweifellos mystischer Entwurf des Seins, der die Göttlichkeit durch den Mechanismus der negativen Bestimmung erfaßt – oder die Abflachung des Seins und der Göttlichkeit, des Attributs und der Welt auf eine einzige substantielle Ebene. Christentum ohne Vernunft oder Vernunft ohne Christentum. Nun, beide Tendenzen sind vorhanden: Spinoza durchschreitet sie jedoch nicht. Im 7. Kapitel bestätigt er aber in bemerkenswert problematischer Umkehr: »Deshalb muß es zwei Arten oder Klassen von Definitionen geben. Nämlich 1. von den Attributen, die eines von selbst bestehenden Wesens sind, welche keinen Geschlechtsbegriff oder irgendetwas, wodurch sie besser begriffen oder erklärt werden, bedürfen; denn da sie Attribute eines durch sich selbst bestehenden Wesens sind, werden sie auch durch sich selbst erkannt. 2. von denjenigen Dingen, die nicht durch sich selbst bestehen, sondern allein durch die Attribute, deren Modi sie sind, und durch welche sie auch als durch ihre Geschlechtsbegriffe verstanden werden müssen, als zu deren Geschlecht gehörig.« (Vgl. dazu 155, 562) Gott, Attribut, Modus: ein wirrer emanatischer Prozeß ist in Gang gebracht, Zeichen der parteiischen, scheuen, unschlüssigen Antwort auf die grundlegende Frage, die mit dem Auftauchen des unendlichen positiven Seins gestellt ist! Dementsprechend gibt es auch eine nominale Auffassung der Attribute, ein »Gott Sagen«, das in keinem Fall der Ausdruck einer grundlegenden Darstellung des Seins ist (131, 63 ff., 150 ff.; 67, 426 f.). *»Natura naturans«* und *»Natura naturata«* (1, 8. und 9. Kapitel) wiederholen das Rätsel einer unauflösbaren Verflechtung von Mystizismus, theologischer Produktivität und ontologischem Emanatismus, der Komplexität der Quellen und der Komponenten des Spinozianischen Gebäudes (67, 345 ff., 564 ff.).

So steht es also: eine positive Utopie, entworfen mit außerordentlicher Kraft, aber unausgeglichen in ihren Begriffen, die zwischen einer mystischen Auflösung und einem logischen und ontologischen Objektivismus hin- und herschwanken und sich nicht von Unschärfe und Unbestimmtheit befreien. Und doch bleibt die innovative Spannung, die aus der ersten Erkenntnis des Seins hervorgeht. Im zweiten Teil des »Kurzen Traktats« versucht sie sich in einer anderen Perspektive, in anderen Dimensionen. Innerhalb der Fülle des Seins konstituiert sich das menschliche Wesen. Das verschärft das Problem mehr als es dieses klärt: einerseits behält die metaphysische Anlage ihre Zwiespältigkeit und entwickelt sich durch die emanatistische Herleitung des »Weges nach unten«; auf der anderen Seite tendiert die Verfeinerung der Erkenntnisstufen, ihr Verlauf vom Schatten der *»Meinung«* und der Wirrnis der *»Erfahrung«* zur fortschreitenden Unterscheidungskraft des *»Glaubens«* und der *»klaren Erkenntnis«*, zur Verfestigung der Absolutheit der rationalen Erkenntnis und der Bestimmtheit des ethischen Wertes auf der Ebene reiner Affirmation (32, 2.-4. Kap.). Wir stehen nun vor dem zweiten Element der Utopie des spinozianischen Kreises: die Auffassung der Erkenntnis als Synthese, mehr noch, als Symbiose von Intellekt, Willen und Freiheit. Die Religiosität dieses Ansatzes zeigt sich hier in dem dringenden Wunsch, das Theoretische und das Praktische zu verbinden, in dem Wunsch, naturgemäß zu leben, weltlich zu leben, das Leben der Heiligen und der Propheten. Noch immer eine religiöse holländische Utopie? Oder Unterweisung in einer Art hebräischer Askese? Oder der klassische Einfluß des Stoizismus der Renaissance? Oder am Ende, schlicht noch immer diese spätrenaissancehafte Haltung, die man bei den Rosenkreuzern und in der reformatorischen Mystik des frühen siebzehnten Jahrhunderts finden kann (91, 99 ff.)? Alles dies ist zweifellos in der Gefühlsdichte des spinozianischen Kreises vorhanden. Aber uns interessiert nicht so sehr diese Intensität als vielmehr die Spannung, die daraus hervorströmt. Eine methodische Spannung in der Erkenntnistheorie, eine konstitutive Spannung auf ethischer Ebene und, konsequenterweise, eine grundlegend innovative Spannung auf ontologischem Gebiet.

Sicher, im »Kurzen Traktat« schält sich die positive Bedeutung der Denkrichtung nicht ohne Schwierigkeiten heraus. Diese bestehen z. B. in dem Streben nach Erkenntnis gegenüber der Methode. Zu Anfang scheint es, als müsse man dem schon auf dem Gebiet der theologisierenden Utopie Betonten kaum etwas hinzufügen: das dauernde Durcheinanderwerfen von *»fides«* (Glauben) und »absolut klarer Erkenntnis« bringt einen Zusammenhang in das Sein, der aus der leidenschaftlichen, rationalen und mystischen Fülle seiner Angst besteht. Jedoch, je weiter sich die Überlegung fortbewegt, um so mehr setzt sich darin der Anspruch der klaren Erkenntnis durch. Der Kausalmechanismus, den die Behauptung der göttlichen Substanz in Bewegung gebracht hat, der absolute Determinismus, den uns der »Kurze Traktat« schon als bestimmt vorweist, muß sich auf dem Gebiet der Erkenntnis ausbreiten. Die Deduktion wird geometrisch, weil die Erkenntnis sich dem deterministischen Rhythmus des Seins angleichen muß und kann. Im geometrischen »Anhang« des »Kurzen Traktats«, bemerkt Gueroult (67, 484 f.), »wird die *causa sui* als das Eigentliche jeglicher Substanz erkannt«: tatsächlich zeigt das Spiel von Axiomen, Voraussetzungen, Beweisen und Folgesätzen im Rahmen eines zusammenhängenden Gewebes, daß alle die Substanzen ontologisch integriert sind. Nun muß aber klar sein: die Integration von Methode und Ontologie erreicht hier nicht die konstitutive Kraft, die die *Ethik* aufweist, und, ganz allgemein, verhindert die Unbestimmtheit des Vorgehens, daß sich der Bruch der pantheistischen Deduktion, der dunklen Pfade des ›Weges nach unten‹ mit aller Klarheit zeigt. Die Ästhetik des Pantheismus hat sich noch nicht verflüchtigt, die konstruktive Macht der Methode ist lediglich angedeutet, die unmittelbare und ursprüngliche Sorge um das substantielle Sein schafft so etwas wie eine weiche Umgebung, innerhalb der die Deduktion eher dahinfließt, als daß sie sich entwikkelt. Es ist jedoch auch wahr, daß dieses ›Sicheinrichten im Absoluten‹ auf der Grundlage jeder späteren Artikulierung die Kraft besitzt, zu einem Denken der Erscheinungsform völlig immanent hinzuleiten, das gesamte erkennbare Universum zu einem echten und konstruktiven Horizont abzuflachen. Das Denken in die Tiefe vertieft sich so lange, bis es paradoxerweise umschlägt in das Denken der Ausdehnung, entwickelt auf ebenem und konstruktivem Gebiet. Die Immanenz dehnt sich so weit aus, bis sie sich als Negation der drei realen Kennzeichen, der drei ontologischen Ausdrucksformen der ›Mehrdeutigkeit, der Eminenz, der Analogie‹ zeigt (32, 40, allgemein 2.-4. Kap.). Was wir hier bemerken, ist sicher ein Impuls, nicht mehr als ein Impuls, aber der Besonderheit des Ursprunges Spinozianischen Denkens absolut eigen.

Auch auf dem spezifisch ethischen Gebiet ist der Impuls zur Ausbreitung der originären ontologischen Spannung gegeben. Und zwar mindestens von zwei Gesichtspunkten aus. Der eine besteht in der Wiederaufnahme der traditionellen Thematik der Leidenschaften (*TB*, II, 5.-14. Kap.). Überraschend ist jedoch die schlichtweg konstruktive

Richtung, die phänomenologische Bestimmung und die besondere Qualität des genealogischen Denkens bei der Arbeit im definitorischen Prozeß. Ein Gewebe, voll des Seins, kompakt, wird der Herausbildung der Leidenschaften und ihrer Artikulation nicht als Ergebnis einer Deduktion aus dem Absoluten gewahr, sondern als Triebfedern einer Konstitution des Absoluten. Das sind Stichworte, sicherlich, und nicht die ausführlichen Argumentationsfiguren der *Ethik*! Aber wiederum zeigt sich die Spannung der Utopie in ihrer Kraft. Noch wichtiger ist eine zweite Perspektive, die sich von ebendieser Konstruktion der Vorstellung der Glückseligkeit her eröffnet. Nun besteht die höchste Glückseligkeit (in der abgelösten Artikulation der von ihr vorausgesehenen Erkenntnis und Freiheit) in der Einheit des Geistes mit der Göttlichkeit, aber zugleich im Gefühl eines konstitutiven Prozesses, einer Vereinigung von Wissen und Freiheit, einer absoluten Gesellschaftlichkeit: »Alle Produkte, die wir außer uns selbst wirken, sind um so vollkommener, je größer die Möglichkeit ist, daß sie mit uns vereinigt werden können, um mit uns eine und dieselbe Natur auszumachen. Dies ist klar, wenn mein einziges Ziel, das ich zu erreichen trachte, ist, die Vereinigung mit Gott schmecken zu können und in mir wahrhaftige Vorstellungen hervorzubringen und diese Dinge auch meinem Nächsten kundzutun. Denn in gleicher Weise können wir alle dieses Heils teilhaftig sein, indem dies in ihnen eine gleiche Begehrung wie in mir hervorbringt; wodurch auch geschieht, daß ihr Wille und der meinige ein und derselbe ist, und wir so eine und dieselbe Natur ausmachen, die stets in allen Stücken übereinstimmt.« (*TB*, II, 26. Kap.; vgl. auch 6., 7., 19., 26. Kap.). Die undeutliche Spannung der Utopie des spinozianischen Kreises geht über die metaphysische Intensität hinaus, die ihn religiös und philosophisch kennzeichnet: die Utopie ist auch eine Utopie dieses Kreises selbst, der Annehmlichkeit (im Original: dolcezza) der Gemeinschaft, an der man teilhat und die man lebt. Diese unmittelbare Menschlichkeit der utopischen Teilhabe ist das Kennzeichen eben dieser theoretischen Projektion.[5] Der Standpunkt der Ontologie ist hier derselbe wie der des Heils, der Gemeinschaft, der konstruktiven Sehnsucht. Angesichts all dessen ist klar, daß jeglicher Rückzug auf die Absolutheit des Negativen – nenne man es nun Übel oder Teufel – überflüssig ist (vgl. *TB*, II, 25. Kap.). Im Bereich dieser Annehmlichkeit, dieser Fülle des Seins, an der man teilhat, scheint sich eben dieser Gedanke der Absolutheit, nicht nur des Negativen, sondern auch des Positiven, zu verflüchtigen. Der Pfad der Synthese von Erkenntnis und Freiheit öffnet sich für die ontologische Einführung der *causa sui*, und wenn in der Erkenntnistheorie dieser Rückgriff zur Methode führt, so drängt er hier zu einer Theorie der *potentia*, der Ausdehnung des praktischen Seins. Das Zeichen, das man undeutlich wahrzunehmen beginnt, ist daher das einer Auflösung der Absolutheit in konstruktive Kraft, in methodische Erkenntnis als Philosophie der Praxis. Ein langer Weg, der zurückzulegen ist, aber die gegebenen Voraussetzungen verlangen diesen Hinweis.

Damit ist der »Kurze Traktat« ein Text des Pantheismus. Das ist seine grundlegende Tonart. Dies zeigt auch die Tatsache, daß im »Briefwechsel« aus dieser Zeit (vgl. 1., 2., 3., 4. Brief) die grundlegenden Themen wiederkehren, und zwar in pantheistischen Begriffen, wenn möglich mit noch größerer Dichte als im »Kurzen Traktat« wiederholt. Für die Bewertung der umfassenden Bedeutung dieser Voraussetzung Spinozas dürfen wir eins nicht vergessen: Wenn auch im siebzehnten Jahrhundert der Pantheismus sich als eine Philosophie entwickelt, welche die ihr von der Renaissance verliehene utopische Bedeutung verloren hat (Giordano Bruno: auf dem Scheiterhaufen verbrannt, die Utopie: tot), so bildet dieser in der holländischen Situation und im Geist des spinozianischen Kreises noch eine Grundlage für den Widerstand gegen die Niederlage. Sicherlich eine unzureichende Grundlage. Aber eine Möglichkeit für den Fortschritt. Man muß ihn durchqueren. Nur so kann man ihn überwinden. So können wir schon im »Kurzen Traktat« einige Prämissen der neuen Strategie lesen. Wo? Wir haben es gesehen. In welcher Hinsicht? Auch dafür haben wir begonnen, einen Weg zu erkennen. *»Causa sui«* gegen *potentia«*, gegen *»methodus«*. Der Pantheismus kann sich nur dadurch überwinden, daß er sich wieder öffnet. Aber er ist Fülle des Seins: sein Sichwiederöffnen kann nur die Konstruktion des Seins sein. Ein Projekt, das die Philosophie mit Methode durchlaufen muß, eine Praxis, welche die Philosophie aufbauen muß. Ohne Vermittlungen, vielmehr durch das Erarbeiten, durch die Konstitution neuer, einzelner, bestimmter Felder der Wahrheit. Spinoza setzt sich instand, die Niederlage zu überwinden, indem er revolutionäre Vergangenheit und lebendige Utopie aufnimmt.

Methode und wahre Vorstellung: Strategie und Abweichung

Der Schritt zur Problematik des »Traktats über die Verbesserung des Verstandes« (1661) ist von manchem Interpreten als eine »vollständige Veränderung des Standpunktes« gedeutet worden (26; besser 2, 23-27) – die aber in den nachträglichen Korrekturen und Anmerkungen zum »Kurzen Traktat« schon erkennbar sei. Inwieweit dies ganz allgemein kaum zutrifft, werden wir sehen; inwieweit es auch für die Anmerkungen zum »Kurzen Traktat« nur beschränkt stimmt, haben wir schon bei der Betrachtung des geometrischen »Anhanges« bemerkt, dem wahrscheinlich fortgeschrittensten Punkt der Ausarbeitung. Meine Hypothese ist nun, daß der »Traktat über die Verbesserung des Verstandes« (künftig der Einfachheit halber »Traktat« genannt) nicht eine Verschiebung des metaphysischen Standpunktes darstellt, sondern ein erster Versuch ist – ein besonders bedeutender, mit einigen Aspekten von relevanter Neuheit, allerdings in der Substanz unabgeschlossen und widersprüchlich –, den ursprünglichen pantheistischen Horizont zu überschreiten. In welcher Weise? Durch den Ansatz, auf erkenntnistheoretischer Ebene alle spezifischen Gesichtspunkte der ersten utopischen Näherung zu sammeln und zu entwickeln, die eine handlungsfähige Öffnung zum Inneren der Seinsfülle bestimmen konnten. Daher dann auch das grundlegende Problem, das den stürmischen Höhepunkt des »Traktats« bildet, das nicht darin besteht, zu einer neuen Darstellung der Metaphysik bezüglich eines neuen Wahrheitsbegriffes (2, 11) zu gelangen, sondern im Gegenteil darin, den ontologischen Bereich freizulegen, um einen neuen Horizont von Wahrheit zu schaffen: von der Macht des Seins zur Macht der Wahrheit aufzusteigen (32, 76 u. pass.). Aber inwieweit ist dieses Freilegen möglich? Welche Ergebnisse sind durch diese methodische Strategie zu erzielen – in einer Situation, in der sich der ontologische Grundriß nicht verändert? Wird sich nicht konsequenterweise für den gegenwärtigen Zustand der Forschung eine Sackgasse ergeben, eine Abweichung von der Bedeutung und der gesamten Denkrichtung, welche die Kraft des Ansatzes auslöscht? Setzt man hier nicht, nach der Erkenntnis von der Undurchführbarkeit der Anlage des »Traktats« (einen neuen Begriff von Wahrheit innerhalb der pantheistischen Seinsfülle zu schaffen), aber auch nur an diesem Punkt[6], die Notwendigkeit einer radikalen Veränderung ebendieser Auffassung des Seins? Diese Fragen überschreiten den Rahmen unserer Arbeit bei weitem. Wir versuchen hier lediglich, die spezifische Vertiefung auszumachen, die der »Traktat« bei der Utopie des spinozianischen Kreises vornimmt.

Wir brauchen jedoch noch eine weitere Prämisse. Denn wenn es stimmt, daß der ontologische Blickwinkel grundlegend bleibt, ist es andererseits auch wahr, daß Spinoza hier eine »eindeutige Position in der Auseinandersetzung über die Methode der Erkenntnis einnimmt, und dadurch typisch für das Denken des siebzehnten Jahrhunderts ist« (155, 564). »Sie fragen mich, welche Irrtümer ich in der Philosophie Descartes' und Bacons erblicke. Obwohl es meine Art nicht ist, die Irrtümer der anderen aufzudecken, will ich Ihnen doch auch hierin willfahren. Der erste und größte Irrtum besteht darin, daß sie so weit von der Erkenntnis der ersten Ursache und des Ursprungs aller Dinge abgeirrt sind. Der zweite, daß sie die wahre Natur des menschlichen Geistes nicht erkannt haben. Der dritte, daß sie die wahre Ursache des Irrtums nicht begriffen haben. Wie überaus notwendig aber die wahre Erkenntnis dieser drei Probleme ist, kann nur verkennen, wem jedes Forschen und jede Schulung fremd ist.« (2. Brief) So Spinoza an Oldenburg. Das Schema der Antwort ist also einfach: es ist vor allem die Rückkehr zur ontologischen Grundlegung der Erkenntnistheorie, zur Tatsache, daß die Logik sich vor der ersten Ursache beugt – bezüglich Descartes, so muß man hinzufügen, daß in seiner Philosophie sich der Geist zu Unrecht in verschiedene Funktionen verdoppelt und sich auf diese Weise der kausalen Bestimmung entzieht; bezüglich Verulam (Bacon) sucht sich der Geist gleichermaßen aus dem ontologischen Determinismus herauszuziehen, wenn er die Dinge *»ex analogiae suae naturae«* (in Analogie zu seiner Natur), lieber noch *»ex analogiae universi«* (in Analogie zum Universum) formt. Die Kritik ist entsprechend deutlich. Aber man muß auch sehen: während die Polemik gegen Descartes in den Briefen dieser Periode stets fortbesteht und entschieden radikale Ergebnisse zeitigt (u. a. im 2. u. 4. Brief; vgl. 2; 12), ist die Diskussion über die Erkenntnistheorie Bacons viel offener und aufgeschlossener gegenüber anderen Einflüssen des empirischen Rationalismus, speziell des Hobbesschen. Einflüsse, die tatsächlich in gewissem Maß weiterbestehen. Das ist aber kein Widerspruch; vergegenwärtigen wir uns die humanistischen und konstruktiven Merkmale der Utopie des spinozianischen Kreises – diese Atmosphäre, die ihn auf glückliche Weise zum Treffen mit Oldenburg und zum ersten wissenschaftlichen Projekt des Londoner Kollegs gebracht hat (138, 7, 226). Es ist kein Widerspruch, vielmehr entspricht es völlig dem konstruktiven und logischen Schema des ontologischen Entwurfes, wie er schon im »Kurzen Traktat« skizziert war. Es handelt sich tatsächlich, wie unter anderen Cassirer und Koyré (26; 91) ausführlich gezeigt haben, um eine logische Auffassung, die sich weithin dem induktiven, vorausschauenden Vorgehen annähert, um eine Begegnung, die sich, ohne metaphysischen Prämissen Raum zu geben, nur auf dem Standpunkt der Erkenntnistheorie ergeben kann, insofern diese als Methode der entwicklungsgeschichtlichen Bestimmung und der funktionalen geometrischen Beweisführung betrachtet wird. Mehr noch: die entwicklungsgeschichtliche Bestimmung und die geometrische Beweisführung werden – sowohl was die englischen Philosophen als auch was Spinoza angeht – in einem physischen Rahmen gesetzt, der mit konstruktiver Macht ausgestattet ist: sei dies der qualitative Zug des natürlichen Verhältnisses als *»sentita«* bei Bacon[7] (was Paolo Rossi und, revolutionär, Marx angenommen haben), sei es der Impuls des Hobbesschen *»conatus«* (22; 112; 12)[8], sei es die – anfängliche – Spinozianische Bejahung der *»potentia«*. In jedem Fall ist die Auffassung des mathematischen Relationismus, der in der poetischen Form des Neuplatonismus entstanden ist und in der Abstraktion des mechanistischen Denkens wiederbelebt wurde, hier der Beständigkeit der physikalischen Verhältnisse und Kräfte unterworfen. Spinoza nun nimmt im »Traktat« und in dessen Umfeld in der Auseinandersetzung des siebzehnten Jahrhunderts Partei für die Erkenntnistheorie, aber nur um den ursprünglich pantheistischen Standpunkt zu vertiefen und zu bereichern.

Damit sind wir imstande, den »Traktat« zu deuten. Wieder befinden wir uns unmittelbar auf dem Gebiet der Utopie: die ersten fünfundzwanzig Paragraphen stellen das Problem der Erkenntnis als Asketik der Glückseligkeit vor und bezeichnen die *»emendatio«*, die Verbesserung, in Begriffen, die nicht zwischen moralischen und kognitiven Elementen unterscheiden, sondern vielmehr deren Zusammenhang hervorheben. *»Emendatio«* ist ein medizinischer Begriff und bezeichnet eine Technik, eine tätigkeitsbezogene Zielrichtung: die Verbesserung des Verstandes ist seine Genesung, denn auf diese Weise erholt sich der Verstand im Sein und gelangt so zur Tugend. Von diesem Standpunkt aus hat man nun auf die stoischen und neustoischen Quellen der Untersuchung Spinozas gepocht: aber kann ein Gemeinplatz einer Epoche eine »Quelle« sein (91)? Die Quelle, der Ursprung dieser Annäherung liegt in Wirklichkeit viel näher – wir können es exakt in jenen Paragraphen erkennen, in denen die vorausgehenden Bedingungen der *»emendatio«* ausgedrückt werden: nichts mehr von der ethischen Gesellschaftlichkeit und der geistigen Gemeinsamkeit, im spinozianischen Kreis erlebt und schon im »Kurzen Traktat« verjährt.

»Das ist also der Zweck, nach welchem ich strebe, nämlich eine solche Natur zu erlangen und zu suchen, daß viele mit mir eben dahin streben, d. h. es gehört auch zu meinem Glücke, mich zu bemühen, daß viele andere dasselbe erkennen, was ich erkenne, damit ihr Verstand und ihr Verlangen vollkommen mit meinem Verstande und mit meinem Verlangen übereinstimmen; und zu diesem Zwecke ist es nötig, so viel von der Natur zu erkennen, als zur Erlangung einer solchen Natur hinreicht; sodann eine solche Gesellschaft zu bilden, wie sie erforderlich ist, damit möglichst viele aufs Leichteste und sicher dahin gelangen können. Ferner muß man sich der Moralphilosophie sowie der Lehre von der Kindererziehung befleißigen; und weil die Gesundheit kein geringes Mittel zur Erreichung dieses Zweckes ist, muß auch eine vollständige Heilkunde gebildet werden; und weil vieles, was schwierig ist, durch die Kunst leicht gemacht wird, und wir damit viel Zeit und Bequemlichkeit im Leben gewinnen können, so darf auch die Mechanik durchaus nicht vernachlässigt werden. Vor allem aber muß ein Mittel erdacht werden, den Verstand zu heilen und ihn, so viel es im Anfang angeht, zu reinigen, damit er die Dinge glücklich und ohne Irrtum möglichst gut erkenne. Daraus kann schon jeder sehen, daß ich alle Wissenschaften auf einen Zweck und ein Ziel hinleiten will, nämlich damit man zu der höchsten menschlichen Vollkommenheit, von der wir gesprochen haben, gelange; und so werden wir alles das, was uns in den Wissenschaften unserm Zweck nicht näherbringt, als unnütz verwerfen müssen, d. h. wir müssen, um es mit einem Worte zu sagen, alle unsere Handlungen wie unsere Gedanken auf diesen Zweck richten.« (*TdIE*, §§ 14-16)

Immer wieder beharrt Spinoza auf ähnlichen Elementen; es geht ihm dabei allerdings nicht so sehr um die Bedingungen, als vielmehr um die konkreten Mittel, die die Erforschung der Wahrheit erlauben können, und er legt hier den Keim zu einer Art »provisorischen Moral«: Gemeinschaftlichkeit und Einfachheit der Sprache, um ein offenes Gehör für die Wahrheit zu gewährleisten; Suche nach Lust im Rahmen der Gesunderhaltung; Erwerb und Benutzung von Geld für die Reproduktion des Lebens (vgl. 91). Kann man diese Asketik anders definieren denn als prosaische Begriffe bürgerlichen Empfindens, einer glücklichen Erfahrung sozialen Lebens, das sich historisch in den Niederlanden konsolidiert hatte? Da ist nichts »provisorisch« in diesen ersten Hinweisen, die Asketik ist durchaus positiv, und auch die Offenheit des »Traktats« – der viel zu oft als Untersuchung über den existentiellen Zweifel und über die mystische Askese eingeschätzt wurde – zeigt sich lediglich im literarischen Sinn als eine Wiederaufnahme nach Art »de contemptu mundi«, der Schriften »über die Weltverachtung«. In Wirklichkeit gewinnt er hier die Ethik nur aus dem Existenten, bringt er das Existente zur Offenbarung seiner selbst. Die Ethik ist hier das Sein, das seine praktische Form zeigt, ist ein ontologischer Gedankengang (wie alle Utopien), auf das Maß des Individuums oder der Gruppe zugeschnitten.

»Hier will ich nur kurz sagen, was ich unter dem wahren Guten verstehe, und zugleich, was das höchste Gut sei. Um das recht zu verstehen, muß bemerkt werden, daß gut und böse nur beziehungsweise Bedeutung haben, so daß ein und dasselbe gut und böse genannt werden kann, je nach verschiedenen Rücksichten, gerade so wie vollkommen oder unvollkommen. Denn nichts kann, nach seiner Natur betrachtet, vollkommen oder unvollkommen heißen; besonders wenn wir wissen, daß alles, was geschieht, nach einer ewigen Ordnung und nach gewissen Naturgesetzen geschehe. Da aber die menschliche Schwachheit jene Ordnung mit ihrem Denken nicht erreichen kann, und der Mensch inzwischen sich eine menschliche Natur vorstellt, die viel stärker als die seinige ist, und er zugleich auch kein Hindernis sieht, eine solche Natur zu erlangen: so wird er dadurch angetrieben, Mittel zu suchen, die ihn zu einer solchen Vollkommenheit bringen können; und alles das, was als Mittel dienen kann, dahin zu gelangen, wird ein wahres Gut genannt; das höchste Gut aber ist, dahin zu gelangen, daß man mit anderen Individuen, wenn es sein kann, eine solche Natur genieße. Was das aber für eine Natur sei, werden wir an seiner Stelle zeigen, daß sie nämlich die Erkenntnis der Einheit sei, welche der Geist mit der ganzen Natur hat.« (§§ 12, 13)

»Cognitio unionis, quam mens cum tota Natura habet«, »Die Erkenntnis der Einheit, welche der Geist mit der ganzen Natur hat«: aber wie wird nun diese Entbergung des Seins vom Standpunkt der Erkenntnis aus gewährleistet, wenn der Geist nun einmal zu dieser emendativen Finalität neigt? Mit welcher Methode soll man die Formen der Erkenntnis auswählen und artikulieren und ausreifen lassen, so daß die praktische Finalität, die Gesundheit und die Glückseligkeit vom Verstand entdeckt werden können? Man beachte: hier ist das

Problem noch nicht – sofern es das im »Traktat« je sein wird – das der Erkenntnis: die Wiederholung der vier Erkenntnisstufen (§§ 18/19), die Exemplifizierung, die Spinoza dazu anführt (§§ 20 bis 25), das ist bis hier eine einfache Aufzählung, völlig untergeordnet unter die ethische Intensität der Annäherung. Viel zu viel wurde auch über diese Klassifizierung diskutiert – *»perceptio ex auditu; perceptio ex vaga experientia; perceptio ubi essentia rei ex alia re concluditur, sed non adaequate«*, »die Wahrnehmung aufgrund des Hörensagens; die Wahrnehmung aufgrund unbestimmter Erfahrung; die Wahrnehmung wo das Wesen einer Sache aus einer anderen Sache erschlossen wird, aber nicht adäquat«; und schließlich die *»perceptio per solam suam essentiam«*, »die Wahrnehmung alleine aus dem Wesen einer Sache« (§ 19), indem man aufsteigende oder absteigende Linien aufspürt (68, 593-608; 91). In Wirklichkeit kann sich das Problem erst nach der Klassifizierung stellen, wo die Erkenntnis als solche sich als relativ selbständige eigene Problematik darstellt, sobald sich dieses gegebene Sein dem Problem einer Konstitution der Wahrheit öffnet.

»Hic sic consideratis videamus, quis modus percipiendi nobis sit eligendus«, »Nachdem wir dieses so betrachtet, wollen wir sehen welche Erkenntnisweise wir zu wählen haben.« (§ 26) Auch diese Ankündigung führt uns in keiner Weise in eine traditionelle Erkenntnisthematik ein. Wir sind auf dem Weg, aber es ist vor allem wiederum ein ontologischer Weg. Das heißt, die Kritik der ersten drei Formen der intellektuellen Wahrnehmung, die zugunsten der Wesens-Erkenntnis ausfällt, ist eine Verteidigung des Seins im wahren und eigentlichen Sinn. »Nur die vierte Art umfaßt das adäquate Wesen einer Sache und ohne Gefahr eines Irrtumes; und darum müssen wir uns hauptsächlich ihrer bedienen.« (§ 29) Warum? Weil nur die vierte Art uns eine unvermittelte Vorstellung der Methode anbietet, eine Begründung der Methode, die nicht auf der miserablen Unendlichkeit der rein erkennenden Nachforschung beruht – eine Methode, die auf der dem Intellekt einwohnenden Kraft aufgebaut ist, ausgestattet mit der konstruktiven und integrativen Kraft eben dieser wesenhaften Natur des Verstandes. Die Metapher – eine der wenigen Metaphern, die im Werk Spinozas enthalten sind, und dies in der Epoche einer ausufernden, barocken Metaphorik (112) – hilft bei der Vertiefung des Sinnes der Untersuchung: mit der vierten Art der Erkenntnis wird die Methode eng an den Stoff der Erkenntnis gebunden, so wie der Hammer, der das Eisen schmiedet, aus bereits geschmiedetem Eisen bestehen muß, und die Fortschrittlichkeit der Methode entspricht ganz der Fortschrittlichkeit der Manufaktur, der Verwandlung der Natur in ein Instrument und durch das Instrument in eine neue Natur – in die zweite, in die geschaffene Natur.

»Aber so wie die Menschen im Anfang mit angeborenen Werkzeugen gewisse sehr leichte Dinge, obwohl mühsam und unvollkommen machen konnten und nach deren Verfertigung andere schwierigere mit geringerer Mühe und vollkommener verfertigten und so stufenweise von den einfachsten Werken und Werkzeugen fortfahrend dahin gelangten, daß sie so viele schwierige Dinge mit kleiner Mühe verfertigten, so macht sich auch der Verstand mit seiner angeborenen Kraft Verstandeswerkzeuge, womit er andere Kräfte zu anderen Verstandeswerken erlangt und aus diesen Werken andere Werkzeuge oder das Vermögen weiter nachzuforschen; und so schreitet er stufenweise fort, bis er den Gipfel der Weisheit erreicht. Daß es aber bei dem Verstande sich so verhalte, ist leicht zu sehen, wenn man nur erkennt, was die Methode der Erforschung des Wahren, und was jene angeborenen Werkzeuge seien, deren es so bedarf, um aus ihnen zwecks weiteren Fortschritts andere Werkzeuge zu schaffen.« (§ 31)

Was muß man dem noch hinzufügen? Daß die ontologische Verfassung der Spinozianischen Utopie sich hier in ihrer allerhöchsten Kraft zeigt? Unnötig: um das zu erkennen genügt es, die nachfolgenden Paragraphen zu lesen, in denen sich der konstitutive Realismus von jeglicher wahrnehmungsbezogenen Voraussetzung löst. *»Habemus enim ideam veram«*, »Wir haben nämlich die wahre Vorstellung (Idee)«. Aber *»idea vera est diversum quid a suo ideato«*, »Die wahre Vorstellung (Idee) ist verschieden von ihrem Gegenstand«. Die Wahrheit ist daher ein Zeichen ihrer selbst, aber die Wahrheit und die objektive Ordnung der Welt müssen erst wieder erarbeitet werden. Die wahre Methode ist die, gemäß der die Wahrheit oder das objektive Wesen der Dinge oder die Vorstellungen – die drei Namen drükken dasselbe aus – gemäß der gebotenen Ordnung erforscht werden (§§ 33-36). Damit befreit sich der objektive Zusammenhang des Wahren von jeglicher Voraussetzung einer Wahrnehmung und wird alleine dem Entwurf der Konstitution unterworfen: wir stehen vor dem absoluten Radikalismus des objektiven Seins. Mehr noch: tatsächlich lebt dieser Realismus in einer Situation, in der er zu seiner Stützung nach nichts anderem als nach sich selbst verlangt, nach der unmittelbar ausdrückenden Wahrheit. Wenn im »Traktat«, wie Gueroult beklagt, die erkennende Synthese nicht bis auf die Ebene der Vollständigkeit des Seins gehoben wird, wenn sie sich nicht über die Definition der göttlichen Natur aufrechterhalten muß, so kommt dies daher, daß die Erkenntnis, ohne zur Befreiung zu gelangen, in ein Knäuel der Realität, der unmittelbar anerkannten Wesen, eingebunden ist: die Erkenntnis kennt hier keine innere Logik, die sie zu den höchsten Ebenen des Seins führt; die höchste Ebene des Seins ist – zum ersten Mal – das gegenwärtige Sein, das unmittelbare Sein (67; 68; 32, 8. Kap.). Wir werden später sehen, worin diese Umkehrung des Pantheismus von einer Philosophie der Tiefe zu einem Denken der Erscheinungsform bedeutsam ist: hier genügt es festzuhalten, daß sie einen Weg darstellt, auf dem der absolute Radikalismus des objektiven Seins sich entwickelt. Mithin beginnt die Methode die Wahrheit zu erforschen, indem sie in der Welt der Vorstellung und des Seins sucht; und zur Wahrheit zu gelangen, eine adäquate Vorstellung zu konstituieren, das bedeutet, das Sein zum Sprechen zu bringen. Die Wahrheit herauszuisolieren ist eine Funktion des Sichbenennens des Seins. In dem Augenblick, in dem die methodische Forschung die adäquate Vorstellung identifiziert, schafft sie die Form, die Norm, gemäß der sich diese ausdrückt, in dem Sinn, daß sich damit das Sein ausdrückt. Die Methode ist von diesem Gesichtspunkt aus reflexive Erkenntnis, und zwar in zweierlei Hinsicht: einerseits insoweit sie sich als Vorstellung der Vorstellung darbietet, als Norm des Seins, das spricht; auf der anderen Seite, weil sie es auf diese Weise der Erkenntnis ermöglicht, der Ordnung des Seins zu folgen und aus der Erkenntnis einen Prozeß der Anhäufung von Erfahrungen des wirklichen Seins macht, in Richtung auf das Absolute, den höchsten Punkt des Begreifens der Totalität (§§ 37-42). Sicherlich kann diese objektive Verwurzelung der Wahrheit und diese Wesensgleichheit der Methode und der ontologischen Ordnung paradox erscheinen (§§ 43-46) und kann sich dem Vorwurf der Skeptiker, ihrem Einwand gegen die objektive Gültigkeit der Wahrheit aussetzen (§§ 47/48); aber warum sollte man diesen Hinweis auf Paradoxes oder diese skeptische Unterstellung der Irrealität des Seins aufnehmen, wenn es das ist, was *»ad vitae et societatis usum attinet«*, »zum Nutzen des Lebens und der Gesellschaft dient«, das uns unser Erfassen der Wahrheit bestätigt? Diejenigen, die unseren Weg mit Skepsis betrachten, muß man ansehen, *»tamquam automata quae mente omnino carent«*, »wie Automaten ohne jeglichen Geist«, als kunstvolle Exegeten des Nichtseins (vgl. 96, 43-94). Denn nun hat sich die Utopie verdichtet, hat die höchste Transparenz erreicht.

An dieser Stelle muß sie sich nun zum Programm, zur Strategie ausweiten. *»Resumamus jam nostrum propositum«*, »Kehren wir zu unserer Aufgabe zurück«. Wir haben, sagt Spinoza, vor allem das Ziel bestimmt, auf das wir unsere Untersuchung lenken wollen. Danach haben wir bestimmt, welches die Wahrnehmung ist, die uns am besten gestattet, zur Vollkommenheit zu gelangen. Drittens haben wir bestimmt, welchen Weg der Verstand nehmen muß, um den richtigen Ausgangspunkt und den geeigneten Weg zur Erforschung der Wahrheit zu finden: die Norm der wahren Vorstellung, die Vorstellung der Adäquatheit konstituieren diesen Weg. Aber damit alles bis hierher Gesagte sich gut entwickeln kann, muß man unbedingt den folgenden Regeln gehorchen: I. Die wahre Vorstellung von allen anderen Wahrnehmungen unterscheiden; II. Weitere Regeln entwerfen, um die unbekannten Dinge wahrzunehmen, in Übereinstimmung mit den schon vorhandenen Regeln; III. Eine Ordnung festsetzen, damit man sich nicht wegen unnützer Dinge verausgabt; IV. Diese Methode zur höchsten und vollkommensten Anwendung bringen, bis zur Berührung mit dem vollständigsten Sein (§ 49). Soweit das Programm. Nun ist der »Traktat« ein unvollständiges Werk: Spinoza hat uns nur die Ausführung des ersten Punktes und den Anfang des zweiten hinterlassen. Die Punkte III und IV sind nicht einmal in Angriff genommen. Dennoch ist das Programm klar: man kann es eine Strategie der Annäherung an das hier bestimmte Sein nennen, in einer Perspektive, die die wesenhafte Qualität des Seins durchdringt, um das in der göttlichen Substantialität Unterschiede wieder zusammenzufügen. Die theoretische Askese, die dabei herauskommt, findet ihre praktische Fülle wieder. Eben deshalb zeigt die Vorstellung einer Annäherung des Denkens oder der Realität in dieser theoretisch-praktischen Ununterschiedenheit erneut die sie beseelende konstitutive Spannung. Die Strategie, die der gesamte erste Teil des »Traktats« entwirft (§§ 1-49), ist eine Strategie zur Konstitution des Realen, fest eingefügt in die Utopie der Seinsfülle.

Strategie der Konstitution *gegen* pantheistische Utopie: ist dies möglich? Oder hält hier stattdessen nur die gewaltige Spannung der Utopie, in nunmehr nachgeahmten Formen, die konstruktive Ausdehnbarkeit der Methode aufrecht? Sind wir hier etwa an der Grenze angekommen – nicht nur an einem Hindernis, das man überwinden muß, sondern am Endpunkt der Krise des utopischen Denkens? Das Problem stellt sich Spinoza nicht mit aller Klarheit. Er folgt dem Programm, das er sich gesetzt hat. Aber gerade bei der Entwicklung des Programmes wird die Abweichung zwischen Strategie und Realität immer deutlicher. Die Grundlage der Konstruktivität der Methode besteht, wie gesehen, in der Kraft des Annäherungsprozesses. Aber ist die Vorstellung der Annäherung imstande, die ontologische Kraft, die sie begründet, auch auszudrücken? Oder erweist sie sich nicht als allzuweit in die Zukunft hinein entworfen – mit extremer Bestimmung – und zugleich auf den Bereich eines tiefen, allumfassenden, gleichsam erstickenden Horizonts des Seins festgelegt? Verlangt schließlich eine derartige Vorstellung der Annäherung und der Konstitution nicht gerade, daß diese ontologische Voraussetzung, aus der sie doch hervorgeht, zur Diskussion gestellt wird? Entsteht nicht eine unlösbare Widersprüchlichkeit zwischen der Strategie der Konstitution und der pantheistischen Utopie?

Der zweite Teil des »Traktats« (§§ 50 ff.) durchläuft diesen Widerspruch. Aber von einem Gesichtspunkt aus, der, wenn er auch vielleicht den gebildeten Liebhaber von Spitzfindigkeiten der Erkenntnis-Theorien im siebzehnten Jahrhundert zufriedenstellen kann, doch sicher nicht den Widerspruch lösen kann. Statt der Entwicklung der konstitutiven Instanz vertieft Spinoza eine differenzierende Analyse der Vorstellung, gleichsam um Reinheit, um originale Wahrheit zu gewinnen. Das erste Ziel dabei ist, die wahre Vorstellung von allen anderen Wahrnehmungen zu unterscheiden. Nun gut, das ontologische Substrat der Untersuchung bringt an diesem Punkt eine Art Phänomenologie der Vorstellung hervor. Darin erkennen wir die gesamte

Originalität und die Irreduzibilität der theoretischen Erfahrungen Spinozas. Es gibt da phantastische Stellen voll Reichtum und philosophischer Einbildungskraft. Tatsächlich legt Spinoza zwei grundlegende Dinge fest: erstens die Unterscheidung des Einfachen vom Zusammengesetzten, die Entbergung der wesenhaften Wahrheit – aus der Unordnung – als intuitive Klarheit (und das ist bei der *»idea ficta«*, der »eingebildeten Vorstellung« der Fall: § 52-65; bei der *»idea falsa«*, der »falschen Vorstellung«: § 66-68; der *»idea vera«*, der »wahren Vorstellung: § 69-73); zweitens die Unterscheidung der wahren Vorstellung, oder allgemein des Anzeichens der Wahrheit dort, wo verschiedene Formen der Wahrnehmung miteinander vermengt sind (Vorstellung und Einbildung: § 74-76; *»idea dubia«* ... *»talis cartesiana sensatio«*, »zweifelhafte Vorstellung« ... »von solcher Beschaffenheit ist die cartesianische Empfindung«: § 77-80; Vorstellung, Gedächtnis und Vergessen: § 81-87; Vorstellung, Wort, Imagination: § 88-89) und wo es deswegen nicht so sehr darauf ankommt, verschiedene Stufen der Klarheit zu unterscheiden, als vielmehr unterschiedliche und/oder zusammengehörige Erkenntniskräfte voneinander zu trennen – und darum muß wieder nachgeforscht, erneut wiederbelebt werden. Zum ersten Mal in der Geschichte der modernen Philosophie begründet sich bei Spinoza dieses analytische transzendentale Vorgehen des Erkennens, das seinen Höhepunkt in Kant erleben wird: aber es begründet sich infolge der ontologischen Durchsichtigkeit, in welcher die Erkenntnistatsache immer betrachtet werden muß, auch das phänomenologische Verhältnis der transzendentalen Funktion. Man beachte: dies ist ein Anfang. Außerdem ist dies, wie wir angedeutet haben und bald wieder sehen werden, nicht der Hauptfaden der Untersuchung. Die Abhandlung über die phänomenologische Analyse ist daher bei Spinoza vorläufig und unsicher: dennoch scheint es mir wichtig, hier erneut den qualitativen, abweichenden und wilden Charakter zu betonen, den die Utopie an sich hat. Hier wird die menschliche Totalität ins Spiel gebracht, vom Gefühl bis zur Vernunft, von den Sinnen über die Einbildung zur Vorstellung – und mit fortschreitender Analyse betont sie ihre innere Komplexität, weist ihre Seele vor, zeigt sie die Vernunft in all ihrer wilden Kraft. Die Exemplifizierungen haben hier nicht die elegante Gestalt der barocken Metaphorik, sondern die pluralistische Dichte der malerischen Phantasie eines Hieronymus Bosch. Wenn Deleuze diesbezüglich von einem Wiederauftauchen der in der Tradition von Scotus stehenden Richtung der klassischen Philosophie spricht, trifft er genau den Punkt (32)! Wir müssen nicht erstaunt sein, wenn uns Spinoza ein Material der Analyse vorsetzt, das eine Welt voller Raserei zeigt oder den Umkreis besonders phantastischer oder tatsächlich verrückter Meinungen: eben dieser Näherungsversuch verdeutlicht nicht die abstrakte Aufklärung eines Projekts intellektueller Herrschaft, sondern den Willen zum Wissen, zum Erkennen durch die Totalität der Welt, hin zur großen Außenseite des Wagnisses und des Entdeckens, und zur erhabenen Innenseite des Bewußtseins.

Aber mit alledem wird das grundlegende Bild, das strukturelle Gewebe nicht reicher: weil nämlich die Analyse in ihrer Hauptrichtung von einem einschränkenden Mechanismus geleitet wird. Wir haben bereits gesehen: die Differenzierung weist anfänglich zwei Wege auf, den analytischen und den phänomenologischen. Aber der analytische wird mit einer ontologischen Vorrangstellung ausgestattet. In dem Maße, in dem diese Vorrangstellung allmählich verschwindet, treten wir in den Horizont der erkennenden Abstraktion ein. Angesichts einer derart reichen Welt trennt sich die Erkenntnis lieber ab und entwickelt sich in sich selbst.

»Denn was dasjenige betrifft, was die Form des Wahren ausmacht, so ist gewiß, daß der wahre Gedanke von dem falschen sich nicht allein durch äußere, sondern hauptsächlich durch innere Bezeichnung unterscheidet. Denn wenn ein Handwerksmann sich ein Werk gehörig ausdenkt, ist, wenn ein solches Werk nie dagewesen, noch je dasein wird, doch der Gedanke davon wahr, und der Gedanke bleibt derselbe, ob das Werk da ist oder nicht.« (§ 69, 52)

Die Erkenntnis sucht nach innerer Kennzeichnung der Wahrheit: aber dadurch zerstört sie die reale Erfahrung der *»fabrica«*, des Werkes. Das heißt, daß sich die Produktivität des Wissens, die Wiederaufnahme der Kausalität in das Denken, welche der »Traktat« so kraftvoll ans Licht bringt, zurückzieht, nachdem sie versucht hat, sich nach einem umfassenden Plan in der Welt auszudehnen, nachdem sie jene Strategie entworfen hat: die Produktivität des Erkennens unterwirft sich der Ausschließlichkeit und der Spezifität der Macht und Kraft des Denkens. Hier liegt die Krise des »Traktats«. Sie ergibt sich in dieser Scheidung zwischen der Schaffenskraft des Wissens und der Fähigkeit, diese im Werk zu zeigen. Sie bestimmt sich durch die Tatsache, daß die Vorstellung der Wahrheit – definiert in der intensiven und extensiven Totalität der pantheistischen Ontologie – nicht imstande ist, sich endgültig zu einer phänomenologischen Funktion auszuweiten, sich definitiv als physische Macht darzubieten. Der »Traktat« entwirft viele Themen, die wir später behandeln werden, wenn wir die Ausreifung von Spinozas Denken, die Möglichkeit der Neuentdeckung und der Vertiefung untersuchen. Aber an dieser Stelle ist der Entwurf festgefahren, er erleidet eine Spaltung. Man beachte, wie diese Blockade sich vor allem jedesmal dann zeigt, wenn die Komplexität des Realen so tief in die Seele eindringt, daß diese mit einer stürmischen psychischen Synthese starr und unlösbar auf den Versuch antwortet, zur Trennung der höheren Funktionen fortzuschreiten. Die Methode der Unterscheidung muß daher die Entfernungen beachten: es ist nicht länger das Problem der Seelenschwere, das untersucht wird. Hier entsteht ein Sprung. Das Denken flieht vor einer Komplexität, die ihr als unkontrollierbar geworden ist. Die Seele ist damit erneut zur Passivität verdammt: erneut – nachdem die Erforschung sie sozusagen zu Bett gelegt hatte, damit sie in ihrer Totalität ausdrucksfähige und produktive Kraft zeige. Hatte sie sich zu viel vorgenommen (§§ 81-87)?

Kann aber nun die Konstruktivität der Methode sich nicht doch mit dem Pantheismus vertragen? Auf dieser Stufe der Nachforschung kann sie es nicht. Der phänomenologische Raum, der sich geöffnet hat, schließt sich wieder. Von der Herrschaft, die die Erkenntnis über die Welt beansprucht, gelangt man erneut (und ganz der Tradition entsprechend) zur Herrschaft, die die Erkenntnis über sich selbst hat. Die Vorstellung der Annäherung macht an dieser Stelle der Vorstellung der Verkettung Platz: sicher, das Reale spiegelt sich in der Vorstellung, und daher entspricht die Verkettung der Vorstellungen auch der realen Verkettung.

»... weil nämlich die Eigenschaften der Dinge nicht erkannt werden, so lange man ihre Wesenheiten nicht kennt; wenn wir aber diese übergehen, so kehren wir notwendig die Verkettung des Verstandes, welche die Verkettung der Natur darstellen muß, um und irren von unserem Zweck vollkommen ab.« (§ 95)

Eine doppelte Verkettung: aber das ist selbstverständlich, der Idealismus ist kein Akosmismus. Wenn jedoch der ideelle Punkt nun in seiner eigenen Gewalt ist, dann ist der reale Punkt in der Gewalt der Vorstellung. Das Reale wird nicht geleugnet: es ist auf das Maß der Vorstellung reduziert. Die logische Schlußfolgerung zeigt exakt in dem Augenblick, in dem sie sich in vollkommener Weise aufbauen wollte, die Unfähigkeit, sich am Realen auszurichten: sie wird zur protokollierenden logischen Erfahrung und läßt das Reale zum Protokoll verarmen. Das Gewicht des Ideellen in der Absolutheit der pantheistischen Verkettung hindert das Konkrete, sich als materielle Macht darzustellen. Die Produktivität des Seins ist vollständig der ideellen Produktivität anheimgegeben. Der Aufbau des Seins erscheint als Entwurf zur Konstruktion von logischen Regeln einer metaphysischen Montage. Das Sein ist unveränderlich und ewig nicht als Horizont und positive Norm der Produktion, sondern als formale Norm der Verkettung.

»In Betreff der Ordnung aber, und um alle unsere Wahrnehmungen zu ordnen und zu vereinigen, ist erforderlich, daß wir, so bald es geschehen kann und die Vernunft es fordert, erforschen, ob es ein Wesen gebe, und zugleich wie es beschaffen sei, welches die Ursache aller Dinge ist, damit dessen objektive Wesenheit auch die Ursache aller unserer Vorstellungen sei; und dann wird unser Geist, wie wir sagten, die Natur so vollkommen als möglich wiedergeben. Denn er wird sowohl ihre Wesenheit als ihre Ordnung und Einheit objektiv enthalten. Hieraus können wir sehen, daß es uns vor allem notwendig ist, daß wir stets alle unsere Vorstellungen von physischen Dingen oder von wirklichen Wesen ableiten, indem wir, so weit es dabei möglich ist, nach der Reihenfolge der Ursachen von einem wirklichen Wesen zu einem anderen wirklichen Wesen fortschreiten und zwar so, daß wir nicht auf Abstraktes und auf Allgemeines übergehen oder aus ihnen nicht etwas Wirkliches erschließen, oder daß jene nicht aus einem wirklichen Wesen erschlossen werden. Denn beides unterbricht den wahren Fortschritt des Verstandes. Es ist aber zu bemerken, daß ich hier unter der Reihenfolge der Ursachen und der wirklichen Wesen nicht die Reihenfolge einzelner veränderlicher, sondern nur die Reihenfolge fester und ewiger Dinge verstehe. Denn die Reihenfolge der einzelnen veränderlichen Dinge zu erreichen, würde der menschlichen Schwachheit unmöglich sein, sowohl wegen deren alle Zahl überschreitenden Menge, als wegen der unendlichen Umstände in einer und derselben Sache, von denen jede die Ursache des Daseins oder des Nichtdaseins der Sache sein kann, weil ja das Dasein der Dinge mit ihrer Wesenheit in keiner Verbindung steht, oder wie ich schon sagte, keine ewige Wahrheit ist.« (§ 99/100)

Damit schließt die Analyse des ersten Punktes der Methode. Der Übergang zum zweiten bestätigt die Scheidung, die die Erörterung und ihre reale Dimension bis hierher unmittelbar aufweisen, nicht nur, er verschärft sie vielmehr noch zusätzlich. Von der Unterscheidung zur Bestimmung der Ordnung: aber dieser Weg führt zum Ewigen, denn die Ordnung ist im Ewigen begründet, und die Erkenntnis bewegt sich zu dieser Grenze hin. Daher dann auch eine Analyse der Unmittelbarkeit des Zeichens der Wahrheit und die nachfolgende Herleitung der Regeln – in Wirklichkeit sind sie nichts anderes als die Eigenart des Verstandes beim Erfassen der Wahrheit –, die der Verstand sich selbst bei der Ausarbeitung des methodischen Entwurfes vorsetzt (§§ 102-108). *»Reliqua desiderantur«*, »Das Übrige fehlt«: der »Traktat« ist hier zu Ende. In reinem Idealismus. Die bildende Kraft der Vernunft entwickelt sich ganz aus sich selbst. An dieser Stelle blokkiert sich konsequenterweise die Spinozianische Umkehrung des Cartesianismus.

Spinoza ist sich nun vollkommen des Widerspruchs bewußt, in welchem das im »Traktat« ausgearbeitete methodische Vorgehen gefangen ist. Das methodische Vorgehen war am Ende gänzlich im Verstand eingeschlossen: aber wie kann der Verstand diese ganze Spannung der Utopie aushalten? »Bis hierher haben wir noch keine Regeln gehabt, um Definitionen zu finden, und weil wir dieselben nicht ohne vorherige Erkenntnis der Natur oder ohne Definition des Verstandes und seiner Macht aufstellen können, so folgt daraus, daß entweder die Definition des Verstandes an sich klar sein muß, oder daß wir nichts verstehen können. Dieselbe ist jedoch nicht an und für sich vollkommen klar.« (§ 107) Hier verstehen wir nun, warum der »Traktat« abgebrochen wurde. Auf dieser bestimmten ontologischen Grundlage ist der Idealismus vonnöten, um die Schwierigkeit der Definition zu überwinden. Aber der Idealismus steht gegen die Utopie, die humanistisch und revolutionär ist und sich mit den Dingen auseinandersetzen will. Die Strategie kommt sofort ins Schleudern: man muß reflektieren. Eine

Pause. Spinoza antwortet denen, die auf der Veröffentlichung des »Traktats« bestehen und dabei auf die holländische Freiheit als Garantie für die Möglichkeit zur Publikation verweisen, freundlich: in Wirklichkeit beweisen diese Briefe, daß – diesmal – die ausgebliebene Veröffentlichung des »Traktats« nicht eine Frage der Weisheit ist (vgl. Briefe: 6, 7, 11, 13, 14). Bis zum Brief an Bouwmeester, 1666, schließt Spinoza in aller Eile die Untersuchung über die Methode ab, wobei er den Gesprächspartner auf eine grundlegende Behauptung verweist: »Daraus folgt, daß die klaren und deutlichen Begriffe, die wir bilden, nur von unserer Natur und ihren bestimmten und festen Gesetzen abhängig sind, d. h. schlechthin von unserer Gewalt ...« (*Briefwechsel,* S. 165). Aber das zeigt an, daß sich die Auffassung des Seins gewandelt hat: es zeigt sich als Macht. Eine Veränderung der ontologischen Grundlage gestattet uns nun zu sagen, daß »die Bestimmung des Verstandes absolut klar ist«.

Die ontologische Dichte

Die »Prinzipien« der Cartesianischen Philosophie, in geometrischer Methode dargelegt, mit einem »Anhang«, der metaphysische Überlegungen zusammenfaßt: die *»Cogitata Metaphysica«*, die »Metaphysischen Gedanken«, wurden 1663 gedruckt, mit einem Vorwort von Ludwig Meyer. Ein eher zufälliges Werk, so scheint es: die einzige Veröffentlichung zu Lebzeiten Spinozas, die auch seinen Namen trägt, das Ergebnis einer Reihe von Vorlesungen, die er einem gewissen Casearius gehalten hat (über die Entstehung vgl. 9., 13., 15. Brief). Wenn auch in viel geringerem Maß als Meyer es in seinem Vorwort behauptet, so halten sich die *»Principia«* doch an die Cartesianischen »Principia« und folgen deren argumentativer Linie. Soweit es die geometrische Methode betrifft, die hier zur Darstellung benutzt wird, kann einem ihr artifizieller Gebrauch nicht entgehen – der Grund dafür scheint mir klar: je mehr Spinoza den theoretischen Inhalt des Denkens Descartes' gläubig übernimmt, um so unangemessener, unharmonischer wird die geometrische Methode für die Vorlesung. Darauf werden wir aber noch zurückkommen. Also wirklich ein zufälliges Werk? Es scheint doch nicht so. Wenn das Werk auch vom biographischen Gesichtspunkt aus nur eine Gelegenheitsarbeit ist, vielleicht nicht einmal eine besonders gründliche, so ist seine Bedeutung für die Entstehung des Spinozianischen Denkens und seines Umkreises im allgemeinen außerordentlich zentral. Denn in der Tat repräsentiert das Werk diese Pause in der kritischen Reflexion, die durch die Schwierigkeiten bei dem methodologischen Ansatz des »Tractatus de Intellectus Emendatione« nötig wurde. Tatsächlich sind schon im »Traktat« – vor allem in den Anmerkungen und Beifügungen – die Verweise auf die *Philosophie* recht häufig: und jedesmal, wenn sie vorkommen, sind sie eindeutig dazu da, neue ontologische Möglichkeiten zur Erneuerung der erkennenden Annäherung zu definieren. Es stimmt auch, daß er die Arbeit an dem ersten Entwurf der *Ethik* schon begonnen hatte – seit 1663 wird das im Briefwechsel erwähnt –, und die ersten Lehrsätze des 1. Buches sind ontologisch abgesichert. Dennoch kommt der wesentliche Schritt, den die *Principia* und vor allem die *Cogitata* darstellen, zum Vorschein: hier wird die Pause der Reflexion, die so notwendig für die Entwicklung des Spinozianischen Denkens ist, in ihrer Bedeutung deutlicher – der ontologische Pol der pantheistischen Alternative nimmt kritisches Profil an und kommt zu theoretischer, für die idealistische Tendenz grundlegender Bedeutung. Sicherlich dürfen wir nicht ein Niveau der Selbstkritik erwarten, das den beständigen Fortgang der theoretischen Reifung Spinozas umkehrt. Hier betrifft die Selbstkritik nur die Ergebnisse, besser: die Unvollständigkeit der Erkenntnistheorie und knüpft wieder an eine Theorie des Seins an: es handelt sich um einen Denkprozeß, der nur eine Öffnung zur ausgebreiteten Macht des Seins streift. Eher die Vorbereitung als die Verwirklichung des Übergangs vom ersten zum zweiten Spinoza – wenn mir das Bild gestattet ist, das die Situation nur andeutet und verschwommen kennzeichnet (andererseits, wie wir bald sehen werden, bleibt auch der erste Entwurf der *Ethik* innerhalb dieser Grenzen). Aber es ist wichtig zu betonen, wie sich im Durcheinander von Methode und idealistischer Lösung sofort diese Überlegung einstellt. Die *Principia*, und vor allem die *Cogitata*, stellen die Grundlage wieder her, verlangen wieder nach der ontologischen Dichte der Philosophie.

Ludwig Meyer interpretiert diesen Übergang vom Gesichtspunkt der Problematik des spinozianischen Kreises aus. Im »Vorwort« besteht er auf den drei grundlegenden Punkten des utopischen und revolutionären Anticartesianismus: kein Dualismus zwischen Denken und Räumlichkeit, keine Selbständigkeit der menschlichen Seele, Identität des Verstandes und des Willens. Der Radikalismus Meyers nimmt die Motivationen des spinozianischen Kreises wieder auf, seinen extremen Rationalismus auf humanistischer Grundlage (vgl. 88, 749-750): diesen Inhalt setzt er in Beziehung zur Methode, zur konstitutiven Spannung, die ihm programmatisch zugeschrieben ist, wobei er auf der grundlegenden Bedeutung der Tatsache besteht, daß »durch die Methode (der Mathematiker) die Schlüsse aus Definitionen, Postulaten und Axiomen erwiesen werden«. (§ 1) Armer Meyer, wie weit sind wir in Wirklichkeit von einer adäquaten und überzeugenden methodischen Synthese entfernt! Was hier geschehen ist, die Abtrennung des Entwurfes vom konstitutiven Umfeld, die idealistische Einschmelzung der utopischen Spannung, kann nicht auf formale Weise gelöst werden, und noch weniger auf literarische: und tatsächlich ist die geometrische

Methode der *Principia* kaum mehr als ein literarisches Hilfsmittel. Das hindert nicht, daß die Utopie und ihre Spannung standhalten müssen: aber weil das geschieht, ist es nun erneut der ontologische Stoff, der durchlaufen werden muß. Das Beharren auf der Ontologie angesichts der Krise der Methoden – Krise angesichts der idealistischen Ausflucht –: das hätte der Inhalt des Vorworts sein, darauf hätte es vorbereiten müssen; das war in der Tat die Bedingung, an der die Philosophie und die Hoffnung des Kreises festhielten. Und Spinoza bewegt sich exakt auf diesem Gebiet: in diesen *Principia* und *Cogitata* wie auch gleichzeitig bei der Arbeit an den ersten Lehrsätzen der *Ethik*. Aber nur noch kurze Zeit: zwischen 1664 und 1665 verließ er endgültig Rijnsburg, und damit den Kreis, begab sich nach Voorburg nahe Aia, in eine viel weiträumigere Gemeinschaft: in die politische Gesellschaft – hier wird es die Utopie mit der Realität zu tun bekommen. Und sie wird dies großartig machen.

Wir wollen nicht vorauseilen. Kehren wir zu uns zurück. Was entnehmen wir den *Principia*? Wenig mehr als wir schon im »Kurzen Traktat« gesehen haben, steht im 1. Teil, der dem metaphysischen Teil der »Principia« des Descartes folgt: das besondere Beharren auf der Theorie des Irrtums und des Willens, auf den Definitionen der Freiheit etc. (*Princ.*, I; vgl. 68, 619-625): wir wissen bereits in welchem Sinne. Im 2. Teil zeigt Spinoza einen hohen Grad an Übernahme aus der cartesianischen Physik: auch dies ist wichtig, ebenso wie seine Kritik, die zumindest wie ein Vorgriff auf die wesentlichen Entwicklungen der Physik im 2. Buch der *Ethik* wirkt (vgl. 67, 529-556; 94).[9] Wenn wir uns daran halten, werden wir im allgemeinen nichts Neues aus den *Principia* entnehmen: sie stellen, in ausdrücklicher Auseinandersetzung mit Descartes, eine Wiederaufnahme der grundlegenden und begründenden Themen des »Kurzen Traktats« dar – sie sind lediglich eine Krümmung der Spinozianischen Richtung der Theorie. In den *Cogitata* wird diese Krümmung derart verschärft, daß fast ein Bruch eintritt. Unvorhergesehenerweise, aber mit außerordentlicher Entschiedenheit, entwickelt sich das Denken unmittelbar zum Sein hin und setzt eine Maschinerie des Angriffs gegen jede mögliche Form des Idealismus in Gang. Die Selbstkritik wird nun offenbar. Und damit enthüllen sich erneut die materialistischen Kräfte der Spinozianischen Kritik.

Worum geht es? Über nichts anderes als dies: von Anfang an nehmen die *Cogitata* die Definition des Seins als zentralen Punkt an (*Cogit.*, I). Aber in besonderer Weise: auf der einen Seite haben wir die Definition des Seins in sich selbst (das heißt, daß es sich klar und eindeutig als seiend, notwendig und möglich auffaßt), auf der anderen Seite haben wir eine negative Definition, das heißt eine Unterscheidung des realen Seins vom irrealen, falschen, chimärischen Sein der Vernunft. Nun muß man unter diese zweite große Kategorie des irrealen Seins die Gesamtheit der Denkformen einordnen, durch die wir erinnern, erklären, einbilden, im Gedächtnis behalten. Das Erfassen des wahren Seins muß radikal unterschieden werden von allem, was nicht dem Erfassen des Seins in seiner Unmittelbarkeit dient. Die Tradition der Erkenntnistheorie, wie sie sich um die beiden großen Linien, die platonische und die aristotelische, herum verfestigt hat, bringt gegenüber der rechten Vernunft nur reine Namen hervor. Nicht daß diese Namen unnütz wären: sie sind es in der Form, in der die Tradition der Erkenntnistheorie sie hypostasiert hat; sie sind es nicht mehr, sobald man sie zu ihrer wiedererkannten Funktion bringt, qualitative Anzeige des wirklichen Wesens, Funktion der »allgemeinen Namen« zu sein. Allgemeine Namen, nicht universale Namen. Die Einheit und die unmittelbare Materialität des Seins erlauben keine andere Annäherung. Noch nie wurde in der Geschichte der Metaphysik der Vorgang der Zerstörung des Universalen in solchem Maß wie hier durchgeführt: des Universalen und der Philosophie selbst. Die Instrumente dieser Zerstörung sind wieder zu einem guten Teil die des Skeptizismus, aber sie werden dafür verwendet, die Seinsfülle in ihrer Unmittelbarkeit hervorzuheben. Ein mystischer Mechanismus der negativen Bestimmung des höchsten Wesens? Das will ich nicht sagen.[10] Der Mechanismus des Denkens ist hier eher derselbe, den wir im »Traktat« schon gesehen und den wir im Bezug auf den bürgerlichen Asketismus und auf seine praktischen Motivationen definiert haben: darüberhinaus könnte man sagen, es ist ein Mechanismus, der wieder auf den negativen und kritischen Weg führt, der bei Descartes vom Zweifel zur Behauptung des »ich denke« führt – nur hier ist der Prozeß belebt von der ursprünglichen Annahme des totalen und umfassenden Seins, ist direkt hingewendet zur Verneinung jeglicher idealistischer Ergebnisse. In dieser Hinsicht vertiefen die *Cogitata* die Kritik alles erkennenden Transzendentalen, indem sie dabei die ontologische Substantialität, in welcher Aussageform auch immer, verneinen. Unwesenhafte Namen sind Wesen und Existenz, Wirklichkeit und Möglichkeit und auch Wahrheit und Irrtum: unwesenhafte Namen jedenfalls, so oft sie eine selbständige ontologische Bestimmung beanspruchen, die sie nicht als reine Arten des totalen Seins qualifizieren.[11] Wiederum ein wilder Aspekt im Denken Spinozas: die Art, in der die Zerstörung jegliches Transzendentalen vorangetrieben wird (*Cogit.*, I, 4., 5., 6. Kap.). Wieder also die Spannung der Utopie des spinozianischen Kreises, aber hier schließlich herausgezogen aus jeglichem neuplatonisierenden Ansatz, aus jeglichem Denken der Emanation und der Abstufung des Seins. Nein, das Sein selbst ist in seiner inneren notwendigen Spannung gegeben: zwischen Totalität und Modalität besteht keinerlei Vermittlung, sondern nur eine Spannung, es gibt keine abstrakte, transzendentale Subsumierung, es gibt nur die Spannung des Seins selbst: »das Ding ist das Bestreben, durch welches es selbst sich in seinem Zustand zu erhalten sucht« (*Cogit.*, I). Hier wird ein Gedanke der »Ruhe« des Seins eingeführt (und darauf wird im zweiten Teil der *Cogitata* der Gedanke des Lebens selbst zurückgeführt [2. Teil, 7. Kap.; vgl. 32; 67; 68; 86; 43]), und der ist außerordentlich wichtig, denn er drückt eine erste annähernde Definition der Vorstellung von *»potentia«*, vom Vermögen, aus, eine erste materialistische Anwendung der Funktion der *»causa sui«*, der Ursache seiner selbst, auf die modale Vielfältigkeit, und damit begründet er die Verneinung jeglicher transzendentalen Illusion über die konkrete Totalität des erfahrenen Seins.

Wennn man, wie zurecht geschehen (155, 569-570; 55; 56; 44), das kulturelle Umfeld dieser *Cogitata* bestimmen will, darf man nicht außer acht lassen, daß es sich hier um die reformierte Neuscholastik handelt. Aber statt Denkrichtungen und zweideutige Bestimmungen zu suchen, wird hier eher der Sinn für die Opposition Spinozas herausgebildet. Im Rahmen der Neuscholastik mag das revolutionäre Denken von reformistischen Begriffen beherrscht werden: die Beständigkeit des Seins wird vermittelt im Gedanken eines analogischen Seins, aus dem das grundlegende Transzendentale als Möglichkeit hervorgeht – die Ordnung und die Hoheit des Seins ergeben sich in einer Form, die eine Bewegung des Begreifens innerhalb der umfassenden Hierarchie des Herrschaftsbildes erlaubt (155, 755-777). Bei Spinoza ist die Antwort klar: eben dieser Gedanke der Möglichkeit wird verneint, weil jegliche analogische Vorstellung des Seins verneint wird. Das Sein ist Eindeutigkeit. Dieses eindeutige Sein ist nicht in ein analogisches Sein übertragbar auf dem Gebiet der Erkenntnis: läßt sich jedoch auf diesem Gebiet der Erkenntnis auch nicht als eindeutiges Sein halten. Das heißt, daß uns die reale Analyse ein eindeutig bestimmtes Sein zeigt, das ausschließlich auf ontologischem Gebiet, und daher in Zusammenhang mit seiner Totalität, als solches begehbar ist. Auf dem Gebiet der Erkenntnis stellt es sich als mehrdeutiges Sein dar: es gibt keine Möglichkeit der Übereinstimmung. Die hier freigesetzte Spannung ist daher nur auf dem Gebiet der Praxis zu lösen: auf dem Gebiet der Potenz (im Original: potenza), innerhalb der ontologischen Bestimmung als solcher (*Cogit.*, II). Mit einer einzigen Bewegung zerstört Spinoza die scholastische Vorstellung des analogischen Seins und die idealistische Vorstellung der gedachten Eindeutigkeit: den neuscholastischen Reformismus eines Abbildes der Gewalt und die cartesianische und idealistische Flucht aus der Verantwortlichkeit der Übertragung.

Damit stehen wir vor der höchsten Ausformung der Utopie des spinozianischen Kreises.[12] Sie ist in den *Cogitata* in ihrer ausdrücklichsten und reifsten Form neuformuliert, nach der unbestimmten Näherung im »Kurzen Traktat« und der idealistischen Flucht im »Traktat«. In den *Cogitata* ist die Utopie neu definiert in der Form des ontologischen Paradoxons des Seins und der Modalität, der Eindeutigkeit und der Mehrdeutigkeit. Es ist dieselbe Art der Spannung, die wir im gesamten ersten Entwurf der *Ethik* finden werden. Sicher, hier ist die Anlage viel plumper, aber es ist außerordentlich wichtig, die Entstehung dieses ontologischen Paradoxons und seine nachfolgenden Verfeinerungen aufzuspüren. Das grundlegende entwicklungsgeschichtliche Moment scheint in der nominalistischen, empiristischen, insofern skeptizistischen Kritik des Universalen zu bestehen, und das heißt in der Kritik jeglicher Art der Erkenntnis, die einen gnoseologischen Zusammenhang mit der Realität wiedererlangen möchte. Die Kritik des Universalen stellt daher die zentrale Stelle der Spinozianischen Analyse in ihrer entwicklungsgeschichtlichen Bewegung dar. Wichtig ist hier die Nutzbarmachung Descartes' – im Sinne eines Anticartesianismus. Weil tatsächlich der Mechanismus des Zweifels benutzt wird, nicht zu einer idealistischen Erkenntnis, sondern zum Weg einer Annäherung an das Sein. Die Methode des Rationalismus wird der materialistischen eingeordnet. Sie lebt besonders im Horizont der Totalität. Und der reale Gedanke der *»potentia«*, des Vermögens, konstituiert die einzige Vermittlung. Die innere Vermittlung zum Sein, daher also keine eigentliche Vermittlung, sondern Form der Spannung, Leben des Seins. Sicher, an dieser Stelle ist die Analyse der *»potentia«* nicht entwickelt, sondern nur angelegt und in ihrem begrifflichen Umfang angedeutet. Das metaphysische Paradoxon wird lediglich festgestellt, nicht gelöst. Man muß also weitergehen. Man muß dieses Paradoxon in die Wirklichkeit werfen, dabei seine Gestalt und konstitutive Kraft feststellen. Und auf diesem Weg auch die Krise ermessen – und mit ihr die Möglichkeit einer Philosophie der Zukunft (47).[13]

Drittes Kapitel
Erste Grundlegung

Das Unendliche als Prinzip

Die Existenz ist kein Problem. Die Unmittelbarkeit des Seins zeigt sich in unproblematischen Begriffen dem reinen Verstand. Die Existenz alleine verlangt nicht nach Definition. Die Existenz ist die Spontaneität des Seins. Die Philosophie ist ein System von Bestimmungen, insoweit – direkt und unvermittelt – es die Existenz ausdrückt, den Bauplan der Existenz. Aber die Existenz ist immer qualifiziert, jegliche Existenz ist wesenhaft: jegliche Existenz existiert daher als Wesen. Das Verhältnis von Existenz und Wesen ist die erste ontologische Form: Beziehung und Spannung von anderweitig unvorhersehbaren Namen, denen die Bestimmung des Zusammenhangs Bestand verleiht. Das Ding, die Substanz sind die Grundlage. Daß sich das Sein als komplex erweist, ist das Element, in dem wir leben, der Stoff, aus dem alles gewebt ist. Aber es ist unmöglich, das Ganze unbestimmt zu denken angesichts der Bestimmtheit eines jeden Moments des Existierenden: die Bestimmtheit des Existierenden als Totalität ist seine Unendlichkeit – eine bestimmte Unendlichkeit, positiv, eben Totalität. Auf höherer ontologischer Ebene, aber insgesamt im Zusammenhang mit den Prämissen, ist die Existenz die Spontaneität des Seins als Totalität: die existentiellen Zusammenhänge schließen sich in der Totalität ab, in der bestimmten Abfolge der unendlichen Beziehung, im Ding oder in der absoluten Substanz. Dieses Sicheinschließen der Existenz im Unendlichen ist kein Prozeß: es ist eine Produktion des Unendlichen selbst, insofern es positives Wesen ist. Das Wirkliche ist immer der unendlichen Bestimmung zugeordnet: aber dieses Streben zum Unendlichen muß diese Bestimmung – wechselseitig – ausdrücken, muß sich umwenden als vielfältige Bestimmtheit der produzierten Dinge, ohne daß damit das Unendliche als teilbar begriffen wird. Die ontologische Totalität ist die Bezeichnung für den spontanen Ausdruck des Realen: das Reale ist das Produkt der Spontaneität der unendlichen Totalität. Der Spontaneität der Existenz entspricht die Spontaneität der Produktion. Die spontane und umfassende Entsprechung der einzelnen Existenz mit der totalen Existenz, innerhalb der Spannung des Ausdrucks wie innerhalb des Produktionszusammenhangs, ist das Prinzip und der Begriff der Philosophie.

Die Philosophie spricht, weil das Sein nicht stumm ist. Die Philosophie schweigt nur dort, wo das Sein stumm ist. »Unter Ursache seiner selbst verstehe ich das, dessen Wesen seine Existenz in sich selbst schließt, oder das, dessen Natur nicht anders denn als existierend begriffen werden kann.« »Unter Substanz verstehe ich das, was in sich ist und aus sich begriffen wird; das heißt das, dessen Begriff nicht des Begriffes eines anderen Dinges bedarf, um daraus gebildet werden zu müssen.« »Unter Gott verstehe ich ein schlechthin unendliches Sein, d. h. die Substanz, die aus unendlichen Attributen besteht, von denen jedes ein ewiges und unendliches Wesen ausdrückt.« »Unter Ewigkeit verstehe ich die Existenz selbst, insofern sie aus der bloßen Definition des ewigen Dinges notwendig folgend begriffen wird.« (*Ethik*, 1, 1., 3., 6., 8. Definition) Das Sein drückt seine notwendigen Entsprechungen aus. Diese Rundheit des Seins ist vollständig, gleichermaßen im Ding und in Gott, und die Ewigkeit drückt dies in der angemessensten Weise aus. Anders als in der gesamten zeitgenössischen Philosophie beginnt hier die Philosophie mit der Definition: Realdefinition – das Sein spricht, die Philosophie erklärt einen realen Zusammenhang; genetische Definition – das Sein ist produktiv, die Philosophie verfolgt die Abläufe der Produktivität des Seins; synthetische Definition – das Sein ist logisch zusammengesetzt, die Philosophie entdeckt dies und entwickelt es durch aufeinanderfolgende Synthesen (67, 25-26, 33, 35). Das definitorische Vorgehen ist eine Abfolge ontologischer Beweisfolgen. Die Axiomatik ist ein Gerüst für den ontologischen Beweis: »1. Alles was ist, ist entweder in sich oder in einem anderen. 2. Das, was nicht durch ein anderes begriffen werden kann, muß durch sich begriffen werden. 3. Aus einer gegebenen bestimmten Ursache erfolgt notwendig eine Wirkung; und umgekehrt, wenn es keine bestimmte Ursache gibt, kann unmöglich eine Wirkung erfolgen. 4. Die Erkenntnis der Wirkung hängt von der Erkenntnis der Ursache ab und schließt dieselbe in sich. 5. Dinge, die nichts miteinander gemein haben, können auch nicht wechselweise auseinander erkannt werden, oder der Begriff des einen schließt den Begriff des anderen nicht in sich. 6. Eine richtige Vorstellung muß mit ihrem Gegenstand übereinstimmen. 7. Was als nicht daseiend begriffen werden kann, dessen Wesen schließt das Dasein nicht ein.« (1.-7. Axiom). Sprechen die Definitionen über Dinge, über Substanzen, so umfaßt die Axiomatik eine formale Theorie der ontologischen Verhältnisse, die – in realer, allgemeiner, synthetischer Weise – die Substanzen konstituieren. Die Axiomatik ist nicht ein funktionales Regelwerk, ein Kontext formaler Zusammenhänge, sondern vielmehr ein Antrieb, ein substantieller Bewegungsimpuls: sie enthüllt eine Wirklichkeit, die die Bewegungsregeln erlebt und vorlegt. »Die Definition erklärt im einen Fall das Ding, wie es außerhalb des Verstandes ist, und dann muß sie wahr sein und ist von einem Lehrsatz oder einem Axiom nur insoweit verschieden, als sie sich nur auf das Wesen der Dinge oder der Affektionen der Dinge bezieht, während das Axiom sich sehr viel weiter, nämlich auf die ewigen Wahrheiten erstreckt. Im anderen Fall aber erklärt die Definition ein Ding, wie es von uns gedacht wird oder gedacht werden kann; dann ist sie darin von einem Axiom und einem Lehrsatz verschieden, daß man von ihr nur verlangt, daß sie schlechthin zu begreifen ist, aber nicht wie das Axiom in Rücksicht auf die Wahrheit.« (9. Brief; vgl. aber 4. Brief) Das Axiom unterscheidet sich daher von der Definition, weil es sich auf ein dynamisches Verhältnis erstreckt, bis hin zur Wahrheit. Die Harmonie des Seins umfaßt also den Kreislauf einer äußeren, realen und logischen Dynamik.[1]

So beginnt die *Ethik: in medias res.* Ihr abstrakt begründeter Aufbau ist also nur äußerlich. Die *Ethik* ist in keinem Fall eine Philosophie des Neubeginns. Aber seit der Irritation Hegels durch den definitorischen Beginn der *Ethik* (72) bedeutet für das zeitgenössische Denken die Verneinung einer Philosophie des Neubeginns eine Philosophie der Vermittlung, in ihren verschiedenen Varianten der dialektischen Philosophie oder der Philosophie der Krise. Das heißt, daß die Artikulation vor der Totalität gesetzt wird, zur Basis der Totalität wird: die Spontaneität ist unvorstellbar. Bei Spinoza gibt es keinen Neubeginn, das heißt, es gibt kein Überbleibsel jenes mythischen Denkens, das jede Philosophie benötigt, die Kosmogonie sein will – aber es gibt auch kein Anzeichen von Vermittlung: es ist eine Philosophie der reinen Affirmation, die sich mit wachsender Intensität auf immer substantielleren Ebenen des Seins wiederholt. In dieser Phase ist sie eine totalisierende Philosophie der Spontaneität. In dieser Phase und in diesen Redaktionen der Textformulierung – Redaktionen, die man philologisch (61) nicht voneinander trennen kann, die jedoch im Rahmen der Arbeit zur Anlage und zur Abfassung einer ersten *Philosophia* erkennbar sind, die zwischen 1661 und 1663 niedergelegt und in dieser Fassung wohl um 1665 fertiggestellt wurde.[2] Eine erste Fassung, in der man die vollständige Formulierung, die erste Synthese des Pantheismus des Kreises und der frühen Werke Spinozas wiedererkennt. Ein Pantheismus jedoch, der schon von einer grundlegenden Verschiebung gezeichnet ist: jegliches empirisch auf die historische Bestimmtheit der holländischen philosophischen Diskussion beziehbare Überbleibsel ist ausgerottet, die Intensität der ontologischen Begründung hat einen wesenhaften qualitativen Sprung abgeschlossen. Dieser qualitative Sprung verdankt sich der geometrischen Methode, ihrer ersten vollkommenen und radikalen Anwendung, der – methodisch aufgebauten – Möglichkeit, die Totalität zu Lehrsätzen zu ordnen, ohne die innere Fertigkeit zu zerstören. Die geometrische Methode – kausal und produktiv – ist weder einseitig noch eindimensional: sie entspricht der Vielfältigkeit, welche durch die Eindeutigkeit des Seins hervorgebracht wird. Wir können daher an das Sein von allen Seiten herantreten, innerhalb dieses Kreises von Beziehungen, die – weil das Sein ewig und unveränderlich ist – umkehrbar und wandelbar sind und es konstituieren. Die erste Redaktion der *Philosophie* ist, wenn sie auch vom Standpunkt der kritischen Philologie aus nicht abgetrennt werden kann, allgemein vom theoretischen Standpunkt aus identifizierbar: sie entspricht jener systematischen Deutung, in der sich der Pantheismus mit absoluter ontologischer und methodischer Radikalität zeigt. Die erste Redaktion der *Philosophia* ist die Apologie des Seins, der Substanz, des Unendlichen, des Absoluten, als produktive Zentralität, als eindeutiges Verhältnis, als Spontaneität. Das System ist die Totalität der Verhältnisse, besser, ist das ontologische Verhältnis als solches.

Aber man kann noch etwas hinzufügen. Und zwar: die *Ethik* als Text ist weit davon entfernt, sich einheitlich darzustellen. Ich möchte sagen, daß die *Ethik* nicht nur, wie jeder komplexe philosophische Text, ein Werk ist, das aus verschiedenen Ebenen besteht, das verschiedene Strukturen und verschiedene Artikulationsweisen aufweist (vgl. u. a. 98). Die *Ethik* hat nicht nur eine sozusagen räumliche Dimension: ein Bauwerk in mehreren verschiedenen Stockwerken, ausgestattet mit verschiedenen inneren Beziehungen und unterschiedlich organisiert. Die *Ethik* hat auch eine sozusagen zeitliche Dimension: sie ist ein Lebenswerk, geschaffen in zwei grundlegenden Perioden – von 1661 bis 1665 und von 1670 bis 1675. Aber dieses Leben ist nicht nur das Leben eines Philosophen, sondern das Ausreifen des Seins und seine Vorbereitung in einer problematischen Folge, die den Entwicklungsrhythmus in ihrer eigenen inneren Produktionskraft findet. Der philosophische *Bildungsroman* (im Original deutsch) – von solcher Art ist die *Ethik* in der theoretisch-praktischen Erfahrung Spinozas – und das Ereignis der theoretischen *Darstellung* (im Original deutsch) überlagern einander.[3] Die Spinozianische *Ethik* ist eine moderne Bibel, in der die verschiedenen theoretischen Redaktionen einen Vorgang der Befreiung beschreiben – von der notwendigen und absoluten Existenz des zu befreienden Subjekts an, indem sie die Geschehnisse ihrer *Praxis* in ontologischen Begriffen erlebt und daher die Theorie jeder nachfolgenden Verschiebung der *Praxis* erneut setzt. Die Redaktion der *Philosophia* ist daher die Bestimmung der Existenz, der Existenz als Wesen, als Potenz wie als Totalität. Die aufeinanderfolgenden Verschiebungen oder, vereinfacht, die Verschiebung der siebziger Jahre, folgt der inneren Geschichte des Seins, das – sich selbst – sein neues Problem geschaffen hat.

Im Prinzip gibt es also die Totalität, das Unendliche. Aber es ist nicht im eigentlichen Sinn ein Prinzip: es ist nur ein Anfang. Tatsächlich stellen die ersten acht Lehrsätze des ersten Teils der *Ethik* einfach die

Totalität der Substanz vor, und das ist nicht ein begründendes Prinzip, sondern eben das Muster des ontologischen Systems in seiner zirkularen Komplexität. Im Brief an Oldenburg, mit dem er ihm diese acht Lehrsätze (oder einen Teil davon) schickte, kommentiert Spinoza diese so: »Ich will also beginnen, kurz von Gott zu sprechen. Ich definiere ihn als Wesen, das aus unendlichen Attributen besteht, von denen jedes unendlich ist oder, in seiner Art, höchst vollkommen. Dabei ist zu bemerken, daß ich unter Attribut alles das verstehe, was durch sich und in sich begriffen wird, so daß sein Begriff nicht den Begriff eines anderen Dinges in sich schließt. So wird z. B. die Ausdehnung durch sich und in sich begriffen; dagegen die Bewegung nicht, denn sie wird in einem anderen begriffen und ihr Begriff schließt die Ausdehnung in sich. Daß aber die obige Definition von Gott die richtige ist, geht daraus hervor, daß wir unter Gott das höchst vollkommene und schlechthin unendliche Wesen verstehen. Daß aber ein solches Wesen existiert, ist leicht aus dieser Definition zu beweisen; da es aber hier nicht am Platze ist, will ich den Beweis übergehen. Was ich aber hier beweisen muß, um Ihrer ersten Frage Genüge zu tun, ist das folgende: Erstens, daß in der Natur der Dinge keine zwei Substanzen existieren können, ohne daß sie in ihrem ganzen Wesen verschieden wären. Zweitens, daß eine Substanz nicht hervorgebracht werden kann, sondern daß es vielmehr zu ihrem Wesen gehört zu existieren. Drittens, daß jede Substanz unendlich oder, in ihrer Art, höchst vollkommen sein muß. Ist dies bewiesen, so werden Sie, sehr geehrter Herr, leicht einsehen können, wohin ich ziele, wenn Sie nur dabei meine Definition von Gott im Auge behalten ...« (2. Brief)

Mithin ergibt sich die Totalität in der Form der vollständigen Zirkularität seiner substantiellen Komponenten: es sind dieselben Figuren, die auf jeder Ebene des Seins wiedererscheinen, vom einfachsten Ding bis zur Göttlichkeit. Daraus entspringt die Konsequenz, daß dieses definitorische Miteinander einen Horizont von Wesen betrifft, der gleichzeitig exklusiv, wirklich und unendlich ist. Die Totalität ergibt sich in der Form der Ausschließlichkeit: wie wäre eine nicht exklusive Totalität denn denkbar? »3. Definition: Unter Substanz verstehe ich das, was in sich ist und aus sich begriffen wird, das heißt, dessen Begriff nicht des Begriffes eines anderen Dinges bedarf, um daraus gebildet zu werden.« »6. Lehrsatz: Eine Substanz kann nicht von einer anderen Substanz hervorgebracht werden.« Die Totalität ergibt sich danach als unmittelbare Existenz: aber wie ist es denkbar, daß sie nicht in unmittelbarer Form existiert? »Wenn jemand also sagte, er habe eine klare und bestimmte, d. h. richtige Vorstellung von der Substanz, er sei aber dennoch ungewiß, ob eine solche Substanz da sei, so wäre dies wahrlich dasselbe, als wenn er sagte, er habe eine wahre Vorstellung, er sei aber dennoch nicht gewiß, ob sie nicht falsch sei.« (8. LS, Anm. 2) Die Totalität ergibt sich als unendlich: wie könnte sie endlich sein? »Da endliches Sein in der Tat eine teilweise Negation ist, und unendliches Sein die unbeschränkte Bejahung des Daseins einer Natur, so folgt also allein schon aus dem 7. Lehrsatz, daß jedwede Substanz unendlich sein muß.« (8. LS, Anm. 1) (Lehrsatz 7 lautet: »Zur Natur der Substanz gehört die Existenz«). Totalität ist Substanz: aber wenn die Substanz das Verhältnis ist zwischen Wesen und Existenz, ist Totalität die Bestimmung der unendlichen Präsenz dieses Wesens, das die Ursache ihrer selbst ist, dieses produktiven Wesens, das schon die 1. Definition gesetzt hat. »Die Substanz kann nicht von etwas anderem hervorgebracht werden und ist daher Ursache ihrer selbst, d. h. ihr Wesen schließt notwendig die Existenz in sich, oder zu ihrer Natur gehört die Existenz.« (7. LS, Beweis) Die Existenz ist mithin unbestreitbar, die Existenz ist die Ursache ihrer selbst. Der erste Schritt, der exakt die Definition der Existenz als Wesen und des Wesens als Produktivität, als Spannung zur Totalität darstellt, ist getan.

Damit schließe ich aber noch nicht ab. Sicher, die Kraft dieses Anfangs scheint zuweilen die Untersuchung zu versperren, zu blockieren. Gewöhnlich wird bei Spinoza eine große Begeisterung bezüglich einzelner Punkte der Argumentation festgestellt und zwar allgemein sooft diese das Absolute berührt – eine Begeisterung, die glauben macht, daß diese Punkte sozusagen abgeschlossene Erfahrungen seien, ontologisch vollendet und theoretisch befriedigend. Das Erstaunen über die Entdeckung wird zur Zauberei. Jedoch, es ist derselbe Grund, der hier abschließt – um zu öffnen. Die Methode, würde man von diesem Standpunkt aus sagen, ist dialektisch; aber verwechseln wir nichts: sie ist dialektisch nur, weil sie in die Vielseitigkeit des Seins eingelassen ist, in ihre Ausdehnungskraft, in die ausbreitende und machtvolle Natur ihres Gedankens – die Methode ist daher exakt und eigentlich das Gegenteil der Dialektik. Die Dichte des Seins ist im selben Maß offen, wie sie geschlossen ist: im vorliegenden Fall möchte sie gezwungen werden, verlangt nach einer Bewegungsregel, einer Definition ihrer eigenen Artikulation: allgemein gesagt, der Möglichkeit einer Artikulation. Der Zauber der Methode kann die Untersuchung nicht blockieren. Das hohe Niveau des Anfangs braucht in keinem Fall der Entbergung der Totalität hinderlich zu sein. Andererseits haben eben diese Eingangs-Definitionen der Spontaneität des Seins eine starke Spannung ausgedrückt, sobald sie die Substanz als Totalität vorstellten: die Alternativen »Ursache seiner selbst«-Ursache eines anderen, Freiheit-Zwang, Unendlichkeit-Beschränkung, Ewigkeit-Zeitlichkeit schließen mit der Behauptung des positiven Pols nicht den negativen aus – auch nicht in methodischen Begriffen. Daß jegliche Bestimmung Verneinung sei, ist eine Funktion, die nicht ein Prinzip des Ausschlusses betrifft, sondern ein Prinzip des Vermögens. Oder, besser, es betrifft ein Prinzip der Ausschließlichkeit, insoweit es Gestalt des ontologischen Dynamismus des Vermögens ist. Das Verhältnis zwischen Positivität und Negativität ist die organisatorische Spannung des Vermögens innerhalb der Spontaneität des Seins. Der 9. Lehrsatz lautet: »Je mehr Realität oder Sein ein jedes Ding hat, um so mehr Attribute kommen ihm zu.« Und das ist die bestimmte Spezifizierung des 8. Lehrsatzes: »Jede Substanz ist in notwendiger Weise unendlich«, wo die Intensität des ersten ontologischen Vorgehens die höchste Prägnanz erfahren hat.

Nun, wir werden auf dieses Thema der Spontaneität und der Organisation in Kürze zurückkommen, denn es wirft viele Probleme auf. Betrachten wir das 1. Buch der *Ethik:* nachdem in den ersten acht Lehrsätzen der Gedanke der Substanz bis zu seiner äußersten wesenhaften Intensität entwickelt wurde, führt Spinoza mit dem 9. und 10. Lehrsatz das Problem der Artikulation der Substanz ein, um dann – im 11. bis 15. Lehrsatz – das Thema des Wesens, des Unendlichen und der Göttlichkeit wiederaufzunehmen. In diesem ersten Bündel von Lehrsätzen erscheint das Problem der Artikulation nicht beiläufig, aber im allgemeinen nur bruchstückhaft. Das heißt, es beharrt notwendigerweise auf der Möglichkeit der Artikulation, die der ursprünglichen Struktur der Totalität des Seins innewohnt. Aber das Problem der Dynamik der Totalität, ihre Entwicklung, das heißt die Problematik des Attributs, ist ein Thema, das nach einem kleinen Exkurs unabhängig erörtert wird, und zwar an etwas späterer Stelle. Das Problem der Dynamik der Totalität schließt in der Tat ein, daß der Gedanke des Vermögens nicht nur in seiner intensiven Bedeutung verstanden wird, als wesentliches Prinzip der Selbstbegründung des Seins (insoweit tritt es in den ersten 15 Lehrsätzen auf), sondern auch in seiner extensiven Bedeutung, als Prinzip der Artikulation der Realitätsstufen: und das geschieht in den Lehrsätzen 16-29.[4] Hier, in der Gruppe der ersten 15 Lehrsätze, wird das Thema des Attributs, der Artikulation lediglich in konstitutiven Begriffen der Totalität gesetzt: die Thematik des Attributs als Problem der Namen der Göttlichkeit wird ohne jegliche Einsicht in die Intensität des Seins gelöst. Die Artikulation wird in Wirklichkeit ausgeklammert: sie bleibt allenfalls als Möglichkeit.

Diese Möglichkeit interessiert uns hier sehr. Sie nämlich zeigt an diesem Punkt, daß die Dichte des totalen Seins in jedem Fall die Vielseitigkeit des Seins ist. Das Unendliche als Prinzip ist das aktive Prinzip. Seine Ausschließlichkeit ist die Möglichkeit aller Formen des Seins. An dieser Stelle wird zur Betonung dieser Verschiedenheiten der Totalität, der Gestalten ihrer Produktivität, die Axiomatik eingeführt. »Gott oder die aus unendlichen Attributen bestehende Substanz, von denen ein jedes ewige und unendliche Wesenheit ausdrückt, ist notwendig da.« (11. LS) Die Beweise für die Existenz Gottes sind für Spinoza nichts anderes als eine substantielle Anwendung der Axiomatik, daher der Beweis des unendlichen Reichtums und der vielseitigen Ausdrucksformen des Seins, seines wachsenden Reichtums, je höher der Grad der Vollkommenheit ist. »Denn, weil existieren können

Vermögen ist, so folgt, daß, je mehr Realität der Natur eines Dinges zukommt, es desto mehr Kraft aus sich habe, da zu sein; und daß deshalb das absolut unendliche Existierende oder Gott ein absolut unendliches Vermögen, da zu sein, aus sich habe und darum schlechthin da sei.« (11. LS, Anm.) Daher das Paradoxon der Unteilbarkeit: »13. Lehrsatz. Die schlechthin unendliche Substanz ist unteilbar. Beweis. Denn wenn sie teilbar wäre, so würden die Teile, in die sie geteilt würde, entweder die Natur der schlechthin unendlichen Substanz behalten oder nicht. Wenn das erste gesetzt wird, so wird es also mehrere Substanzen von derselben Natur geben, was widersinnig ist. Wenn das zweite gesetzt wird, wird aber die absolut unendliche Substanz zu sein aufhören können, was widersinnig ist. Folgesatz. Hieraus folgt, daß keine Substanz und folglich keine körperliche Substanz, insofern sie Substanz ist, teilbar sei.« Dies wird exakt zum Zwecke der Definition des Kreislaufs des Seins wiederholt, seiner totalen und vollen produktiven Artikulation.

»14. Lehrsatz. Außer Gott kann es keine Substanz geben und läßt sich keine begreifen ... 15. Lehrsatz. Alles, was ist, ist in Gott, und nichts kann ohne Gott sein oder begriffen werden.« Damit schließt dieser erste Abschnitt. Wenn wir unsere Untersuchung in Paragraphen einteilen wollen, können wir sagen: das Unendliche als Prinzip ist die Vielseitigkeit des Seins; die Dichte des Seins, zentralisiert und offen: beides zugleich; überfließende und folgerichtige Spontaneität in vielfältiger Weise, aber unteilbar. Die unproblematische Existenz wird als Potenz, als Vermögen entwickelt. Das Sein ist eindeutig (vgl. 32). Aber hier, im Rahmen dieser Kategorie der Eindeutigkeit, wird die innere Erörterung wiederbegonnen. Und das läßt sich nicht in Paragraphen einteilen. Denn in der Tat ist eben dieser Gedanke der Kategorie, in seiner theoretischen Blässe, nicht tragfähig. Es ist schon schwer, die Natur einer Methode zu erfassen, die die Wirklichkeit wiedergibt; aber gar im Umfeld der metaphysischen Tradition zum Entwurf der Vorstellung vorzudringen, die die Wirklichkeit erfaßt, scheint schlichtweg unmöglich. Das Paradoxon dieser Spinozianischen Kategorie des eindeutigen Seins besteht darin, daß seine Darstellung von der Totalität des Realen konstituiert ist. Jegliches Anzeichen von Abstraktion wird entfernt: die Kategorie des Seins ist die Substanz, die Substanz ist einmalig, ist das Wirkliche. Sie steht nicht über und nicht unter dem Wirklichen: sie ist in vollkommener Weise das Wirkliche. Sie hat den Geruch und die Spannung der Welt an sich, sie besitzt auf göttliche Weise die Einheit und die Vielgestaltigkeit. Das absolute Sein ist die Erscheinungsform der Welt. »Alles, sage ich, ist in Gott, und alles, was geschieht, geschieht bloß durch die Gesetze der unendlichen Natur Gottes und erfolgt aus der Notwendigkeit seines Wesens ...; daher man auf keine Art sagen kann, daß Gott durch ein anderes leide, oder daß die ausgedehnte Substanz der göttlichen Natur unwürdig sei, wenn sie auch als teilbar angenommen wird, wenn nur zugestanden wird, daß sie ewig und unendlich ist. Doch für jetzt genug hiervon.« (15. LS, Anm.)

Die Organisation des Unendlichen

Spinozas Beweise für die Existenz Gottes, wie sie in der *Ethik* vorgestellt werden, sind außerordentlich wichtig, nicht nur weil sie, wie wir gesehen haben, die Vielseitigkeit des Seins und daher die relative Indifferenz der Beweisführung a priori oder a posteriori bei der Definition der Existenz Gottes in den Vordergrund rücken, sondern auch weil sie das ontologische Argument – den wirklichen Eckstein der Beweisführung – zur höchsten Spannung bringen. Das heißt, wenn in der Ordnung des eindeutigen Seins alles auf Gott hinweist, dann ist alles Gott: das aber hat zur Konsequenz, daß entweder jegliche Artikulation der ontologischen Ordnung verneint wird oder, wenn man in der ontologischen Ordnung eine Staffelung annimmt, man die Eindeutigkeit der Ordnung schwächt und das ontologische Argument auslöscht. In dieser ersten Redaktion der *Ethik* wird die Artikulation des ontologischen Horizontes nicht verneint, die Spontaneität des Seins verlangt nach Organisation – daher ist die ganze Systematik der stärksten Spannung unterworfen. Das Sein verlangt nach Organisation und erhält sie im revolutionären Klima des spinozianischen Kreises auch. Die Eindeutigkeit des Seins und die Dichte der Ontologie werden daher definitorische Varianten, durch die sie angemessene Formen des Ausdrucks suchen – im allgemeinen setzen –, in Begriffen der Organisation innerhalb der Eindeutigkeit des Seins.

Spinoza sieht keinerlei Widerspruch darin, die Zentralität und die Eindeutigkeit des Seins unter die Verschiedenartigkeit der Artikulation zu stellen. Tatsächlich fließen der Dynamismus und das Kriterium der Organisation gemäß der Wesensordnung aus dem Sein heraus: aber das Wesen ist produktiv, ist Ursache, ist Vermögen. Die Organisation des Unendlichen entspricht den Modalitäten des kausalen Mechanismus. »16. Lehrsatz: Aus der Notwendigkeit der göttlichen Natur muß Unendliches auf unendliche Weise (das heißt alles, was Gegenstand des unendlichen Verstandes sein kann) folgen.« »1. Folgesatz. Hieraus folgt, daß Gott die wirkende Ursache aller Dinge ist, die Gegenstand des unendlichen Verstandes sein können. 2. Folgesatz. Zweitens folgt, daß Gott an sich, nicht aber zufälligerweise Ursache ist. 3. Folgesatz. Drittens folgt, daß Gott die schlechthin erste Ursache ist.« (18. LS) Das genügt aber noch nicht. Die wirkende Ursache ist aus sich selbst dynamisch, aber nicht ordnend. Der Markt läßt zwar Werte auftauchen, bestimmt sie aber nicht aus sich selbst heraus. Damit dies geschieht, ist es in allererster Linie nötig, daß der verursachende Mechanismus seine produktive Zentralität in Übereinstimmung, Widerspiegelung, Sicheinsfühlen mit der Realität auflöst: »Gott ist die immanente, nicht aber die vorübergehende Ursache aller Dinge.« (18. LS) In zweiter Linie ist es notwendig, daß der Mechanismus bei solchem Vorgehen seinen immanenten Fluß individualisiert und qualifiziert: »Gott ist nicht nur die wirkende Ursache des Daseins, sondern auch der Wesenheit der Dinge.« (25. LS) Damit befinden wir uns wohl im Mittelpunkt eines der charakteristischsten Spinozianischen Paradoxa: Die Utopie der vollständigen Überlagerung des Geschaffenen (dynamisch) und des Wertes (ordnend) wird durch eine Analyse gesetzt, die eine vorweggenommene Identität aufspaltet (Gott, Eindeutigkeit des Seins) und unter dem Namen der Organisation reproduziert. Das ist die Methode des Spontaneismus, der Bestimmung einer einmaligen, substantiellen Wirklichkeit durch ihre theoretische Verdoppelung (in methodischer wie substantieller Hinsicht).

Im Zusammenhang dieser Methodologie – die in dieser Phase ein Entwurf ist, ein Entwurf mit dem Mittel der Antonomasie – trifft die Beweisführung des 1. Teils der *Ethik* bei seinem Vorgehen weder auf Hindernisse noch auf Schwierigkeiten. Die metaphysische Argumentationsfigur, die diese Methodologie gestattet, vielmehr ausdrückt, ist diejenige des Attributs. »Unter Attribut verstehe ich das, was der Verstand von der Substanz als ihr Wesen ausmachend erkennt.« (4. Def.) Gott drückt sich als Ursache aus, damit pflanzt sich das Unendliche fort: die Ordnung dieser göttlichen Unendlichkeit ist durch den Fluß der Attribute gereinigt. »21. Lehrsatz. Alles, was aus der unbeschränkten Natur eines göttlichen Attributs folgt, hat immer als Unendliches existieren müssen, oder es ist vermöge dieses Attributs ewig und unendlich.« »22. Lehrsatz. Alles, was aus einem Attribute Gottes folgt, inwiefern es durch eine solche Modifikation modifiziert wird, die eben dadurch sowohl notwendigerweise als unendliche Weise da ist, muß auch notwendigerweise da sein.« »23. Lehrsatz. Jeder Modus, welcher notwendigerweise und unendlicherweise da ist, mußte notwendig folgen, entweder aus der unbeschränkten Natur irgendeines göttlichen Attributs, oder aus irgendeinem Attribut, das durch eine notwendigerweise und unendlicherweise daseiende Modifikation modifiziert ist.« Das Attribut ist daher die Vermittlung der Organisation des Absoluten gegenüber der Welt. Es ist der Schlüssel zur Begründung der absteigenden Bestimmung, besser, des Flusses des Seins. Das Verbum, das das Attribut ausdrückt, ist *»sequi«*, »folgen«: es folgt, daß … Die Existenz, die sich als Wesen wiedererkannt hat, erkennt sich als Artikulation, insoweit das Attribut die Spannung deutet und bestimmt, die sich zwischen den beiden grundlegenden Begriffen erstreckt. Aber auch in diesem Fall verliert das Sein nicht seine Vielseitigkeit: die dynamische und qualitative Gesetzgebung, die durch die Aktion des Attributs dargestellt wird, pflanzt sich bis hin zum Sichidentifizieren in der wesenhaften Spezifität der vielfältigen Dinge fort. Das Ding ist immer, am Ende dieses Prozesses, *»ad aliquid operandum determinata«*, »etwas zu wirken bestimmt«: »Ein Ding, das von Gott zu wirken bestimmt ist, kann sich selbst nicht unbestimmt machen.« (27. LS) Aber auf diese Weise ist die Gesetzgebung des Seins bis zu dem Punkt in Gang gesetzt, wo es sich in jedweder Sache begründet, im Horizont aller Dinge, im Vermögen der Sache. »Aus der bloßen Notwendigkeit der göttlichen Wesenheit folgt, daß Gott die Ursache seiner selbst und aller Dinge ist. Demnach ist das Vermögen Gottes, wodurch er selbst und alles ist und handelt, sein Wesen selbst.« (34. LS. Beweis)

An dieser Stelle bestimmen jedoch die fließende Ordnung des Seins und die konstitutive Ordnung des Vermögens, durchgehend verdoppelt hinsichtlich der Identität (»Alles, von dem wir begreifen, daß es in Gottes Macht stehe, das ist notwendig«, 35. Lehrsatz, *gegen* den 36. Lehrsatz: »Nichts ist da, aus dessen Natur nicht irgend eine Wirkung erfolge«), erneut eine starke Spannung. Spinozas Vorgehen bestand darin, einen Prozeß der Unterscheidung der Einheit in Gang zu bringen, um der Totalität des Systems Artikulation zu verschaffen, um Varianten in Richtung auf das Unendliche einzuführen. Dieses Vorgehen hat uns von der gelassenen Spannung der konstitutiven Elemente der höchsten Substanz zur heftigen Spannung des Determinismus der Wirklichkeit geführt. Der Prozeß der absteigenden Emanation des höchsten Seins ist bis zur Wiedererkenntnis des Vermögens der dinglichen Welt gelangt: der Determinismus besteht in dem vollkommenen Zusammentreffen des Abstiegs des Seins und des Auftauchens des Wirklichen. Aber damit findet sich das Problem, zu dessen Lösung man hochgeklettert war, unversehrt am Boden wieder. Der neuplatonische Mechanismus wurde verschoben, bis er sich als einfache Bezugsordnung darstellt. Aber damit ist nichts gelöst: es kam lediglich zu einer gewaltigen Implosion des Systems. Zweifellos ist dies genau das, was die revolutionäre Utopie wieder verlangt. Aber sie verlangt auch wieder, daß die Organisationsregel sichtbar wird, daß die Spontaneität eine Organisationsnorm gewinnt. Die Dimensionen des Problems sind bei diesem Spinoza also effektiv begrenzt – das heißt, daß die Utopie von einem rationalen Organisationskriterium verwendet wird. Das heißt wiederum, daß in diesem Fall nicht so sehr der Prozeß der Verdoppelung interessiert – der ist vorausgesetzt. Vielmehr interessiert das Gesetz dieses Prozesses, denn nur sein Ausdruck kann den Wert der Utopie aufrechterhalten. Kehren wir daher zur Untersuchung des Attributs zurück, schätzen wir die außerordentliche, kritische Bedeutung ein, die ihre Thematik hier annimmt: das Attribut muß die Organisationsnorm sein, muß die ausdrückliche Regel des Prozesses der Verwandlung von Spontaneität in Organisation sein, muß die Logik der Varianten des Unendlichen sein. Ist es das wirklich?

Zweifellos möchte es das sein. In der gesamten ersten Redaktion der *Ethik* sucht das Attribut die Geschlossenheit des Seins zu überschreiten. Es muß darinbleiben, aber es kann nicht darinbleiben, es kann darin bleiben, aber es muß nicht. Das Vermitteln zwischen dem Geschaffenen und dem Wert bringt diese Alternativen und Widersprüche mit sich. Und das sowohl auf dem Gebiet des klassischen Pantheismus, der jegliche Spannung des Existenten aufnimmt und gegen das Zentrum des Seins lenkt, als auch auf dem Gebiet einer Philosophie der Erscheinungsform, mag sie auch noch metaphysisch und die Spannung durch das Sein und seine Fülle abgeflacht sein. Sich als Organisationskriterium der Spontaneität zu setzen, bedeutet also eine gewisse Vermittlung ausüben, Träger einer gewissen Transzendenz oder zumindest einer gewissen Differenz zu sein. Welcher? Dem Einbringen des Attributs in das Spinozianische System folgte eine epochale leidenschaftliche Polemik, wobei zu den offenkundig systematischen Schwierigkeiten noch philologische hinzukamen (vgl. u. a. 116; 158; 122). Wie häufig festgestellt, vollzieht sich die Geschichte des Attribut-Begriffes im Spinozianischen Denken allgemein in einer gewissen Kohärenz. Im »Kurzen Traktat« ist das Attribut ein Name der Göttlichkeit und die Theorie der Attribute ist eher eine asketische Praxis, die Göttlichkeit zu benennen: das entspricht einer Phase, in der das Verhältnis zwischen Spontaneität und Organisation des Seins in der unmittelbaren Erfahrung des asketischen Handelns gelöst wird – Kolakowski hat das belegt.[5] Auch im 4. Brief, an Oldenburg, wird das Attribut bestimmt als *»id quod concipitur per se et in se«*, »das, was in sich und durch sich begriffen wird«: *»id quod in se est«*, »das, was in sich ist«, was in der *Ethik* erscheinen wird, ist hier ausgelassen (vgl. 131, 63 f., 136 f., 150 ff.). Das Verhältnis zwischen Spontaneität und Organisation, zwischen Göttlichkeit und Welt wird durch das Bewußtsein vermittelt. Aber schon im »Kurzen Traktat« ist die Tendenz der Namen, sich zu objektivieren, sich der Substanz anzugleichen, klar. Diese Tendenz verwandelt sich in der *Ethik* in Aktualität: *»Deus sive omnia Dei attributa«*, »Gott oder alle Attribute Gottes« (19. LS).[6] Je weiter der ontologische Horizont ausreift, um so weniger ist der Name Zeichen, sondern Element der unendlichen Architektur des Seins. Der Verstand durchdringt das wirkliche Sein immer mehr. Das philosophische Wort wird immer mehr zum unmittelbaren Ausdruck der inneren Verkettung des absoluten Seins. Wenn in der allerersten Erfahrungswelt Spinozas (ohne Zweifel, wie Wolfson belegt hat) ein gewisser Phänomenismus und Nominalismus ganz traditioneller Art wie in der hebräischen Philosophie zwischen dem Mittelalter und dem Humanismus, zwischen Maimonides und Crescas, gegenwärtig ist (161)[7], so sind in der *Ethik* diese Hindernisse für eine absolute Identität überwunden. »Wenn sich Spinoza auch in den *Cogitata Metaphysica* zur Lehre des Maimonides über die Unvergleichbarkeit der Wissenschaft von Gott und der vom Menschen bekennt, so verwirft er diese in den Lehrsätzen 30 und 32 des 1. Buches, genauso wie er in der Anmerkung des 17. Lehrsatzes den Vergleich des göttlichen und des unendlichen Geistes entsprechend ›Sternbild Hund‹ und ›bellender Hund‹ zurückweist.« (67, 459)

Dennoch befriedigen diese Überlegungen nicht. Wenn tatsächlich das Attribut an jenem abgeflachten Punkt auf das Sein gestellt ist, kommt ein wesentliches Moment der Artikulation des Seins zu kurz. Haben Hegel (vgl. 96) und die ihm folgenden Historiker der Philosophie (67, 462-468) vielleicht recht, wenn sie im Spinozianischen Absoluten eine unüberwindbare Unbestimmtheit ausmachen? Sicher nicht. Nicht zufällig bemerkt man, wenn man die Entwicklungen dieser Deutung verfolgt, daß diese Interpreten, weil sie nicht zur Wahrnehmung des Schlüssels zum Verständnis des Verhältnisses Substanz-Attribut bei Spinoza gelangen, das Problem gerne dadurch lösen, daß sie einen dialektischen Dietrich verwenden und das Verhältnis in Begriffen des absoluten Idealismus überbestimmen (dabei implizit auch noch Spinoza in Schelling hineinzwängen). Solches Vorgehen ist inakzeptabel. Mit welcher Methodologie man auch an die Lektüre herangeht, man kann ihr Objekt nicht einfach außer Acht lassen. Und hier ist das Objekt, trotz aller Schwierigkeiten, die es heraufbeschwört, das Attribut als Überschreitung des Seins. Ein Problem, das man in Spinozianischen Begriffen verstehen muß, und wenn es einen Widerspruch in sich birgt, muß dieser als solcher enthüllt und eingeschätzt werden.

Das Attribut tendiert also zur Identifikation mit der Substanz. Aber, nachdem die Elemente des Problems gegeben sind, muß man auch noch hinzufügen, daß das Attribut nicht anders zur Identifikation mit der Substanz tendieren kann denn als Substantialisierung (Verwurzelung im Sein) dieses überschreitenden Dynamismus der Identität, den dieses (Attribut) darstellt. Lesen wir, was Spinoza an de Vries schreibt: »Wenn Sie sagen, ich habe nicht bewiesen, daß die Substanz (oder das Seiende) mehrere Attribute haben könne, so haben Sie wohl meine Beweise nicht genügend beachtet, denn ich habe zwei aufgestellt. Der erste, daß nichts für uns einleuchtend ist, als daß jedes Wesen unter irgendeinem Attribute von uns begriffen wird, und daß, je mehr Wirklichkeit oder Sein ein Wesen hat, um so mehr Attribute ihm zukommen. Darum muß das schlechthin unendliche Wesen definiert werden usw. Der zweite Beweis, dem ich den Vorzug gebe, ist der: je mehr Attribute ich einem Wesen zuerkenne, um so mehr muß ich ihm auch Existenz zuerkennen, d. h. um so mehr begreife ich es unter dem Gesichtspunkt des Wahren; ganz das Gegenteil wäre der Fall, wenn ich eine Chimäre oder etwas ähnliches mir eingebildet hätte. Sie sagen, Sie könnten kein Denken begreifen, es sei denn unter der Form der Ideen, weil für Sie nach Abzug der Ideen das Denken aufhören würde. Ich glaube wohl, es kommt Ihnen deshalb so vor, weil Sie, indem Sie als denkendes Wesen dies tun, alle Ihre Gedanken und Begriffe beiseite lassen. Kein Wunder also, daß, wenn Sie alle Gedanken beiseitegelassen haben,

Ihnen nachher zum Denken nichts mehr übrig bleibt. Was aber die Sache selbst angeht, so meine ich klar und einleuchtend genug bewiesen zu haben, daß der Verstand, obschon unendlich, zur *natura naturata* und nicht zur *natura naturans* gehört. Was das aber mit dem Verständnis der dritten Definition zu tun hat, kann ich noch nicht einsehen, auch nicht, warum Sie dabei ein Bedenken haben. Die Definition selbst, wie ich sie Ihnen, glaube ich, gegeben habe, lautet doch so: ›Unter Substanz verstehe ich das, was in sich ist und durch sich begriffen wird, d. h. dessen Begriff nicht den Begriff eines anderen Dinges in sich schließt. Dasselbe verstehe ich unter Attribut, außer daß es Attribut genannt wird in Ansehung des Verstandes, der der Substanz eine solche bestimmte Natur zuerkennt.‹ Diese Definition drückt, meine ich, hinreichend klar aus, was ich unter Substanz und Attribut verstanden wissen will.« (9. Brief). Mir scheint, hier wird folgendes exakt deutlich: die Verwurzelung des Attributes im Sein verneint hierbei nicht die Funktion des Überschreitens der Identität. Attribut ist dasselbe wie Substanz – der Unterschied wird nur für den Verstand gemacht. Diese unbegreifliche aber grundlegende Differenz, die – im Verhältnis von Spontaneität und Organisation – die Zeitgenossen als Bewußtsein bezeichnen: diese ist das Attribut. Ein Augenblick von logischer Hervorhebung innerhalb der Eindeutigkeit des Seins, ein Augenblick, der ausreicht um den materiellen Horizont in den Horizont des Wertes zu verwandeln. Rätselhaft oder nur allgemein unklar, diese Funktion? Ich möchte das nicht verneinen. Aber die theoretische Unklarheit kann dabei die systematische Funktionalität nicht aufheben, die Tatsache, daß diese Funktion wesentlich für die Definition der Utopie und ihrer ethisch-politischen Bestimmungen ist.

Mehr noch. Es ist einleuchtend, daß, wenn es unmöglich ist, eine subjektivistische Lösung des Problems des Attributs anzunehmen – besser noch, wenn es (nehmen wir jegliche rein phänomenale Bestimmung aus), wie wir zu zeigen versuchten, lediglich möglich ist, die subjektive Seite des Attributs auf ein Zeichen der Enthüllung des Problems der Artikulation des Absoluten zurückführen, auf das Anzeigen, daß Bewußtsein auftaucht, und daher auf bestimmte Hypothesen der utopischen Verdoppelung – dann wird es konsequenterweise unmöglich sein, die vorgeschlagene Alternative zur Lösung des Problems anzunehmen. Das Attribut ist die produktive Kraft der Substanz, nur eine objektive und dynamische Deutung kann dabei die Natur erklären – so sagt man (grundlegend: 51). Und man muß gleich hinzufügen, daß diese Lesart grundlegende Elemente des Spinozianischen Systems durchscheinen läßt. Es ist das Vermögen, das Vermögen des Seins, es ist die unendliche Ausdehnung der produktiven Kausalität, die hier in den Mittelpunkt der Betrachtung gestellt werden. Auch hier haben wir gesehen, mit welcher Beständigkeit Spinoza die lange Kette des Seins durch eine Analyse des Ausdrucks des Attributs vorzeichnet und wie dieser Ausdruck von der Abstufung substantieller Verfestigung strukturiert wird, der das Vermögen auf verschiedenen Ebenen enthüllt. Nur daß das Problem hier erst beginnt: das heißt, es beginnt, wenn der emanative Prozeß – oder besser, der Prozeß, der zweifellos unter jener philosophischer Tradition leidet – vollständig auf den Bildschirm der Existenz der Welt projiziert wird: hier erreicht die Spontaneität des Seins die Totalität des Vermögens in der vielfältigen Ausbreitung der produktiven Kausalität unter allen existierenden Dingen. Hier stellt sich wieder das Paradoxon des Seins, und die Theorie von der objektiven Form des Attributs kann es nicht erklären: es verneint das Paradoxon allenfalls. Bis hier ist nichts verwirrend: diese Deutung nimmt im vorliegenden Fall unfreiwillig Ergebnisse vorweg, die auch die unseren sein werden. Aber in dieser Vorwegnahme ist auch die untragbare Verneinung eines anderen Aspektes enthalten, der absolut spezifisch für diese Phase des Denkens Spinozas ist: nämlich das dauernde Wiederauftauchen einer Kraft, die den Abschluß des Systems – und damit auch der vom Vermögen hervorgebrachten und ausgestatteten Dinge – gegenüber dem Inneren des Systems, gegenüber seinem produktiven Zentrum vorantreibt. Die objektivistische Deutung des Attributs als Funktion, die die Substanz qualifiziert und sie in ihrer Bestimmung entwickelt, läßt die nach innen gerichtete Reaktion der Bestimmung außer acht. Die Spontaneität ist als solche erklärt, der Geruch der Utopie ist ihr genommen – der genau darin besteht, nämlich in der Tatsache, daß die Spontaneität Organisation will und sie durch die Bewegung des Attributs findet. In der objektivistischen Interpretation übt das Attribut die Vermittlung des Absoluten aus, aber nur in zentrifugaler Richtung: doch die Rückkehr des Systems in sich selbst, die Lust der Utopie wird nicht enthüllt. Die konstitutive Ordnung des Seins endet deshalb damit, daß man sie nur in emanativen Begriffen sieht, was jedoch in Widerspruch zum Gang der Argumentation selbst steht, wohingegen das Ding – letztes Ergebnis des Prozesses – nicht ein herabgewürdigtes Wesen, das um das Nichts einer negativen Grenze des metaphysischen Ausdrucks herumschwingt, ist, sondern vielmehr teilhaftig am Horizont des Vermögens, des erfüllten Seins. Aber dieses Vorgehen widerspricht vor allem dem Geist des Systems, das immer in auswechselbaren und vieldeutigen Begriffen die Ausdrücke des Seins qualifiziert, auf die Substanz zurückführt und letztere nur insofern als erste Ursache definiert, als sie Totalität des Wirklichen ist.

Es ist an der Zeit, diese Überlegungen über das Attribut abzuschließen. Kehren wir zum 19. Lehrsatz zurück: »Gott oder alle Attribute Gottes sind ewig. Beweis. Denn Gott ist die Substanz, welche notwendig da ist, d. h., zu deren Natur das Dasein gehört oder (was dasselbe ist) aus deren Definition folgt, daß sie sei, und deshalb ist er ewig. Ferner ist unter Gottes Attributen zu verstehen, was die Wesenheit der göttlichen Substanz ausdrückt, d. h., das, was zur Substanz gehört: dasselbe, sage ich, müssen die Attribute selbst enthalten. Nun gehört zur Natur der Substanz die Ewigkeit, folglich muß jedes Attribut die Ewigkeit enthalten, und folglich sind alle ewig. Anmerkung. Dieser Lehrsatz erhellt auch ganz deutlich aus der Art, wie ich die Existenz Gottes bewiesen habe. Aus diesem Beweis, sage ich, steht fest, daß Gottes Existenz wie seine Wesenheit ewige Wahrheit sind. Sodann habe ich noch auf eine andere Art die Ewigkeit Gottes bewiesen und habe nicht nötig, dies hier zu wiederholen.« (19. LS., Bew. und Anm.) Von besonderer Wichtigkeit sind dabei die folgenden Aspekte, die auch unsere Untersuchung zusammenfassen. 1. Das Attribut gehört zur Substanz, sie besitzt mit dieser ontologische Identität. 2. Die substantielle Identität der Attribute bringt jedoch keine formale Umkehrbarkeit von Attribut und Substanz mit sich: die Substanz ist eine Unendlichkeit an Attributen. 3. Das Attribut ist demnach eine Spirale innerhalb der Substanz und der Substanz selbst: in seiner Bestimmtheit wird es aus der Vielseitigkeit des totalen Seins weder herausgehoben noch ihr unterworfen, sondern ihrer schlicht teilhaft – wie es der Folgesatz des 19. Lehrsatzes perfekt erklärt, indem er die Beweisfolge der Existenz Gottes auf das Attribut abbildet (96, 97 bis 137; 32, 2., 3. u. 5. Kap.). Wenn dies aber die Bestimmung des Attributes ist, so muß die Korrektheit der strukturellen Bestimmung sich sofort öffnen für die Feststellung der Zweideutigkeit seiner systematischen Anordnung. Das Attribut müßte die Ausdehnbarkeit des Seins organisieren: in Wirklichkeit enthüllt sie diese nur. Das Attribut müßte das Zusammensein der Vermögen ordnen: in Wirklichkeit bringt sie diese nur in Beziehung zueinander. Es hat ein Zeichen des Sein-Müssens, der ontologischen Normativität an sich: aber diese ist nicht bewiesen, sondern nur behauptet, hypostasiert. Von diesem Gesichtspunkt aus, außerhalb dieser ersten Redaktion der *Ethik*, wird uns die Gestalt des Attributs verlöschend erscheinen: in dem Maß, in welchem sich tatsächlich die *Ethik* dem konstitutiven Problem als solchem öffnet, wird das Attribut seine Funktion immer mehr verkümmern sehen. Tatsächlich entwickelt sich die Philosophie Spinozas hin zu einer Auffassung der ontologischen Konstitution, die, indem sie sich auf die Stofflichkeit der dinglichen Welt stützt, jenes zweideutige metaphysische Substrat ausscheidet, welches die emanationistischen Überreste, soweit sie in die neue Kultur übertragen wurden, im allgemeinen zurückbehalten. Zweideutiges, aber im übrigen notwendiges Substrat: notwendig, um im Horizont der Spontaneität des Seins ein Organisationskriterium auszumachen. Irrtum, Hypostase, Rätsel? Auch nicht mehr als die materielle Arbeitsweise der Institutionen der bürgerlichen Welt bis zu den – trüben oder glänzenden – Rückzügen aus ihrer ursprünglichen Epoche vorweist: die Überlagerung einer wertenden Ordnung über das Gewebe der produktiven Beziehungen. Die Spinozianische Utopie liest und interpretiert diese Welt, aber vor allem versucht sie, ihr Rationalität zu bringen. Solange dies der angenommene ontologische Horizont der Philosophie ist, muß das Attribut dazu beitragen, ihn zu organisieren. Die Widersprüche, die Paradoxa sind deshalb in diesem Rahmen lebensnotwendig – solange die Kritik sich nicht wieder öffnet, indem sie die wahre Funktion der Paradoxa offenbart und die Vernunft gegen die Hypostase vordringt. Dies aber würde auch die Krise dieses ontologischen Horizontes enthüllen.

Das Paradoxon der Welt

»Unter Modus verstehe ich die Affektionen der Substanz oder das, was in einem anderen ist, wodurch man es auch begreift.« (Ethik I, 5. Def.) Wie organisiert sich dieses *»Quod in alio est, per quod etiam concipitur«* im unendlichen produktiven Fluß? Das Problem des Organisationskriteriums muß zu einer Auseinandersetzung mit der Welt gelangen: und genau hier haben wir den Beweis für die Unmöglichkeit, durch dieses schon bestimmte Organisationskriterium die lastende Welt zu lenken. Die metaphysischen Formen der spontanen Vermittlung treffen auf die Irreduzibilität des Modus, der Welt der Modi. Bemerkenswert: im 2. Teil der *Ethik* kündigen sich lediglich die Bedingungen der Krise an. Und ich wiederhole, es sind die Bedingungen eines späteren Sprunges nach vorne, einer Neuformulierung des Problems auf höherer Ebene: die Einschätzung der Krise entwickelt sich positiv, durch die Verlagerung des Entwurfes hindurch. Allgemein ergeben sich nun diese Bedingungen, und im einzelnen erscheinen sie in den Prämissen und in den ersten Lehrsätzen des 2. Teils, wo das metaphysische Problem der Welt im Zentrum steht. Es ist die letzte Zusammenfassung der Spinozianischen Metaphysik, der erste Entwurf seiner Physik: grundlegende Vorspiele der Ethik.

Was ist nun die Welt? »Unter Realität und Vollkommenheit verstehe ich dasselbe« (II, 6. Def.): die Existenz der Welt verlangt hinsichtlich ihrer ontologischen Gültigkeit nicht nach irgendwelcher Vermittlung, jedenfalls nicht prinzipiell. Diese ontologische Gültigkeit des Existenten ist um so weitläufiger und dynamischer, je mehr sie der umfassende Horizont der Einzigkeit ist. In sich selbst, in der körperlichen Einzigkeit: »Unter Körper verstehe ich einen Modus, der das Wesen Gottes, insofern er als ausgedehntes Ding betrachtet wird, auf eine gewisse und bestimmte Weise ausdrückt.« (II, 1. Def.). Wesenhaft, und das heißt in der Einzigkeit der Beziehungen, die jedwedes Ding bestimmen: »Zum Wesen eines Dinges, sage ich, gehört das, wodurch, wenn es gegeben ist, das Ding notwendig gesetzt, und wodurch, wenn man es aufhebt, das Ding notwendig aufgehoben wird; oder das, ohne welches das Ding, und umgekehrt, was ohne das Ding weder sein, noch begriffen werden kann.« (II, 2. Def.) Und schließlich, gemeinschaftlich, in der zusammenwirkenden Einheit der auf ein Ziel hin vereinigten Handlungen: »Unter einzelnen Dingen verstehe ich die Dinge, welche endlich sind und eine beschränkte Existenz haben. Wenn mehrere Individuen so in einer Handlung zusammentreffen, daß sie alle zugleich die Ursache einer Wirkung sind, so betrachte ich sie alle insofern als ein einzelnes Ding.« (II, 7. Def.). Die Welt ist daher das vielseitige und umfassende Miteinander der Besonderheiten. Die Axiomatik des 2. Teiles unterstreicht diese Annahme mit großer Klarheit: die Kennzeichen einer hohen metaphysischen Formalität, die die Axiomatik des 1. Teiles bilden (ein Gerüst für die ontologische Beweisführung) sind hier nicht gegeben. Die Axiomatik des 2. Teils ist eher eine Beschreibung, eine Vertiefung der Analytik der Einzigkeit, als ein Ausdruck der Seinsform: »Das Wesen des Menschen schließt nicht eine notwendige Existenz in sich; d. h. nach der Ordnung der Natur kann es eben wohl geschehen, daß dieser oder jener Mensch existiert, als daß er nicht existiert.« (II, 1. LS). »Wir empfinden, daß unser Körper auf vielfache Weise affiziert wird.« (II, 4. LS) »Wir empfinden und nehmen keine anderen einzelnen Dinge wahr, als nur Körper und Modi des Denkens.« (II, 5. LS). Diese Axiome müßten, in dem Maß, in dem sie nicht formale Kriterien des Vorgehens ausdrücken, sondern vielmehr substantielle Bestimmungen des Zusammenhangs der Einzigkeit, eigentlich als »Postulate« bezeichnet werden, wie es dann im 3. Teil geschieht, an derselben argumentativen Stelle – und zwar, weil die Vorstellung des formalen ontologischen Zusammenhangs schon materialiter in den produktiven Mechanismus des Systems verlagert ist, und das heißt schon auf den Horizont – den ersten oder den letzten, das ist die Frage – seiner Produktivität gestellt. Auf jeden Fall auf das Gebiet der Einzelerscheinung.

Verlangt aber nun die Welt der Einzigkeiten nicht Vermittlung? Ist die existentielle Gegenwärtigkeit des Modus für sich selbst ausreichend? Ist also die logisch-metaphysische Ausrüstung, durch welche diese Welt zu entstehen schien, schlicht und einfach eine Machenschaft? Dieses Problem springt sofort ins Auge: die Instabilität, welche der 1. Teil der *Ethik* so kräftig ausgedrückt hatte, zeigt sich unmittelbar. Wenn die Betonung auf den Modus gelegt wird und die Analyse sich der Einzigkeit zuwendet, mit der Liebe, die eine revolutionäre Askese in sie legt, in die Bewegung und den Kampf, den sie ausdrückt, dann muß das Rätsel der Vermittlung der Spontaneität selbst problematisiert werden. Und so stehen wir plötzlich schon auf dem Gebiet der Definitionen und der Axiome des 2. Teils, vor der Verdoppelung des existentiellen Horizontes: auf der einen Seite, wie gesehen, die Welt der Einzigkeit; auf der anderen die des Geistes, des Verstandes, des Denkens. Eine Verdoppelung, die Gegensätzlichkeit ist: »2. Der Mensch denkt.« (II, 2. Axiom). »3. Modi des Denkens, wie Liebe, Begierde oder welche sonst noch mit dem Ausdruck der Gemütsaffekte bezeichnet werden, gibt es nur, wenn es in demselben Individuum eine Vorstellung des geliebten, begehrten usw. Gegenstandes gibt. Es kann aber eine Vorstellung geben, auch wenn es keinen anderen Modus des Denkens gibt.« (II, 3. Axiom) Unterstreichen wir die Passage: »Es kann aber eine Vorstellung geben, auch wenn es keinen anderen Modus des Denkens gibt«: Es ist die Spezifikation der Unabhängigkeit des Denkens, der Vermittlung, des Verlangens nach Organisation des Unendlichen. »Unter Vorstellung verstehe ich den Begriff des Geistes, welchen der Geist bildet, weil er ein denkendes Ding ist.« (II, 3. Def.) »Unter adäquater Vorstellung verstehe ich diejenige Vorstellung, welche, insofern sie an sich, ohne Bezug auf den Gegenstand, betrachtet wird, alle Eigenschaften oder inneren Merkmale einer wahren Vorstellung hat.« (II, 4. Def.) Hier wird aber die Zweideutigkeit des 1. Teils zur Widersprüchlichkeit. Die Welt *»sub specie aeternitatis«* und die Welt *»sub specie libertatis«* finden sich in ein Knäuel von Alternativen verwickelt. Die Anlage des 2. Teils der *Ethik* stellt uns als Alternative vor, was der 1. Teil als Zweideutigkeit erfahren hatte. Warum? Weil zur lebendigen Wirklichkeit der Utopie die Tatsache gehört, daß beide Pole sich in ihrer ganzen Intensität darbieten müssen: nun zeigt sich, was als synthetisch vorgegeben war, als Krise, aber mehr deshalb, weil die Wirklichkeit der Polarität anerkannt wurde, als wegen der Tatsache, daß die Synthese ausdrücklich in der Krise ist. Was sich als Krise abzuzeichnen beginnt, ist hier die Spontaneität des Zusammenfließens der beiden Spannungen: aber all das bleibt vage, wird nicht ausdrücklich wahrgenommen, gleichsam dem Bedürfnis nach Systematik zum Trotz. Und doch muß die Utopie, in ihrer Entwicklung, an diese Grenze gelangen. Aber auch in diesem Fall gerät die Utopie nicht deshalb in die Krise, weil ihre große innere Stärke weicht, sondern weil sie sich einer weiteren Reihe von Tatsachen gegenübersieht oder besser, eben derselben Reihe von Tatsachen, die in ihr hypostasiert waren (37; 14; 78; 115). Das Problem ist nun allgemein gestellt. Die Spontaneität des Prozesses reicht nicht mehr aus, um die Zentrifugalkraft der Substanzen und die Zentripetalkraft des Modus als überlagerte und zusammenpassende Elemente zu zeigen. Ihr Verhältnis ist zum Problem geworden. Die Welt ist ein Paradoxon von Veränderung und Übereinstimmung: Substanz und Modus brechen sich, das eine am anderen und umgekehrt.[8]

Der wirkliche, eigentliche Argumentationsaufbau des 2. Teils der *Ethik*, der mit den Lehrsätzen beginnt, setzt mit dem gerade präzisierten und in den Definitionen und Axiomen implizierten Problem an. Die Lehrsätze, die wir betrachten (1-13 des 2. Teils), betreffen die Herleitung des Wesens des Menschen (vgl. 68; 131). Im Rahmen dieser Bestimmung des Umfelds müßte das metaphysische Drama von Substanz und Modus zu einer Lösung kommen. Das heißt, daß die Spinozianische Option einer positiven Wiederherstellung des organischen Charakters der Utopie und der Wiederdurchsetzung ihrer glücklichen Spontaneität im Ganzen deutlich ist: aber wie viele und welche Probleme wirft das auf! Die metaphysische Beweisführung des 1. Teils hat uns vor den Attributen, als Vermittlung der Modi gegenüber der Substanz, verlassen. Nun aber bricht das Paradoxon auf: die Vereinigung der Attribute, der beiden Attribute (»Das Denken ist ein Attribut Gottes, oder Gott ist ein denkendes Wesen« [II, 1. LS] und gegenüber: »Die Ausdehnung ist ein Attribut Gottes, oder Gott ist ein ausgedehntes Wesen« [II, 2. LS]) schafft eine Dimension der Welt, die keine Hierarchie bildet, vielmehr flach, eben – vielseitig und gleichwertig – ist. Das absolute Wesen wetteifert, eindeutig dargestellt, mit dem göttlichen Wesen – der Existenz Gottes – genauso wie mit allen Dingen, die aus ihrem Wesen hervorgehen. Wir stehen damit an einem grundlegenden Punkt, an einem Punkt, an dem die Vorstellung des Vermögens – als eindeutige Ordnung, als Ablösung jeglicher Vermittlung und Abstraktion (weil sie als solche die Vorstellung des Könnens [potere] ist) – mit enormer Kraft in den Vordergrund rückt. »Der große Haufe versteht unter Gottes Vermögen (Potenz) dessen freien Willen und Recht auf alles, was ist und deshalb gewöhnlich als zufällig betrachtet wird. Denn, sagt man, Gott hat die Gewalt, alles zu zerstören und in nichts zu verwandeln. Ferner vergleicht man Gottes Vermögen häufig mit dem Vermögen der Könige; allein dieses ... haben wir gezeigt, daß Gott nach derselben Notwendigkeit handelt, mit der er sich selbst erkennt, d. h. sowie es auf der Notwendigkeit der göttlichen Natur (wie alle einstimmig annehmen) folgt, daß Gott sich selbst erkennt, mit derselben Notwendigkeit folgt auch, daß Gott Unendliches auf unendliche Weise tue. Ferner haben wir ... gezeigt, daß das Vermögen Gottes nichts als Gottes tatkräftige Wesenheit ist, und daher ist es uns ebenso unmöglich zu begreifen, daß Gott nicht handle, als daß Gott nicht sei. Wenn ich dies hier weiter zu verfolgen Lust hätte, könnte ich ferner zeigen, daß jenes Vermögen, welches der große Haufe Gott andichtet, nicht bloß ein menschliches ist (welches zeigt, daß Gott vom großen Haufen als Mensch oder einem Menschen ähnlich aufgefaßt wird), sondern daß sie sogar ein Unvermögen in sich schließt ... Niemand wird das, was ich meine, recht fassen können, wenn er sich nicht sehr hütet, Gottes Vermögen mit dem menschlichen Vermögen oder dem Recht der Könige zu vermengen.« (II, 3. LS, Anm.) Was soll man zu dieser Stelle sagen? Dieselben Attribute – als Funktion der Vermittlung der Spontaneität des Seins zwischen Substanz und Modi – sind auf waagerechter Ebene, auf der Ebene der Erscheinungsform, wiederaufgenommen worden. Sie stellen keine Vermittlung der Organisation dar, sondern sind einem linearen Horizont untergeordnet (beginnen zu erlöschen), einem Raum, in dem die Einzigkeiten auftauchen. Diese sind nicht durch irgendetwas vermittelt, sondern setzen sich einfach in ein unmittelbares Verhältnis zur Produktion der Substanz. *»Potentia«* gegen *»potestas«*, »Vermögen« gegen »Gewalt«: halten wir diese Passage gegenwärtig – ebenso jene, auf die der 7. Lehrsatz anspielt (bezüglich des Vermögens des kollektiven Handelns bei der Konstitution der Eigentümlichkeit), so stellt dies, wie wir sehen werden, den Hinweis auf einen der bedeutendsten und aussagekräftigsten Punkte der Spinozianischen Philosophie der Zukunft dar. Kehren wir aber zu unserem Beweis zurück. »Das formale Sein der Vorstellungen erkennt Gott nur als seine Ursache an, insofern er als denkendes Wesen betrachtet wird, und nicht insofern er durch ein anderes Attribut ausgedrückt wird, d. h. die Vorstellungen sowohl der Attribute Gottes als der einzelnen Dinge erkennen nicht die Gegenstände selbst, oder die wahrgenommenen Dinge als notwendig wirkende Ursache an, sondern Gott selbst, insofern er ein denkendes Wesen ist.« (II, 5. LS) Der Modus ist mithin die Welt: die wirkende Ursache verlangt für ihren Ausdruck nicht nach irgendwelcher Vermittlung. »Die Ordnung und die Verknüpfung der Vorstellungen ist dieselbe wie die Ordnung und Verknüpfung der Dinge.« (II, 7. LS) Hier treten die modalen Einzigkeiten unmittelbar in Zusammenhang und legen einen Parallelismus fest, den nur noch eine verzweifelte Suche nach Folgerichtigkeit des Systems im metaphysischen Verhältnis zwischen den zwei Attributen aufzuspüren versuchen kann. Es handelt sich in Wirklichkeit nicht um einen Parallelismus der Attribute, sondern um eine Spannung des Modus gegenüber einer vereinheitlichten und vereinzelten Konstruktion seiner selbst.

In den neueren, scharfsinnigen und philologisch genauen Deutungen des Spinozianischen Paradoxons der Substanz und des Modus wurde versucht, an diesem Punkt zur Rettung der Bedeutung des Attributs eine weitere systematische Unterteilung einzuführen. Nehmen wir an, daß »die denkende Substanz und die ausgedehnte Substanz ein und dieselbe Substanz ist, welche bald unter diesem, bald unter jenem Attribute gefaßt wird. So ist auch der Modus der Ausdehnung und die Vorstellung dieses Modus ein und dasselbe Ding, aber auf zwei Weisen ausgedrückt.« (II, 7. LS, Bew.). Wir würden uns vor einem Parallelismus befinden, so sagt man, der in erster Linie ein Parallelismus des Denkens und der Ausdehnung ist – ein Parallelismus, der auf einer *ratio essendi*, einem Seinsgrund, aufgebaut sei, die außerhalb des Erkennens liegt; andererseits setzt man einen Parallelismus von Modus und Vorstellung des Modus, gemäß einer *ratio cognoscendi*, einem Erkenntnisgrund, einen Parallelismus innerhalb der Erkenntnis, der auf gnoseologischer Ebene das »wiederholt«, was ontologisch begründet ist (u. a. 67; 68). Aber ist es bei diesem Spinoza möglich, müssen wir fragen, die gnoseologische Ordnung von der ontologischen zu trennen? Kann man auf diese Weise das Paradoxon abschaffen, das das unmittelbare Verhältnis Substanz-Modus enthüllt? Darf man diese Kraft zum Umsturz des metaphysischen Verhältnisses, des im vorliegenden Fall auftauchenden emanationistischen Zusammenhanges, verneinen? In Wirklichkeit handelt es sich nicht um eine »Wiederholung«, sondern um eine »Rückführung« der Entstehung des Seins auf die Gegenwärtigkeit des Seins, auf eine großartige und machtvolle einzigartige Gegebenheit (32; 96). Jeglicher Versuch, dieser Gewalt des Paradoxons und der nachfolgenden Umkehrung der Begriffe zu widerstehen, ist außerstande, nicht der Folgerichtigkeit, sondern der Kraft und der Trefflichkeit der ersten systematischen Spinozianischen Formulierungen in der ersten Redaktion der *Ethik* Rechnung zu tragen. In dem Maße, in dem die ontologische Überlegung fortschreitet und sich der Wirklichkeit annähert, zerstört sie Straßen, Brücken und jegliche Überreste des beschrittenen Weges. Diese Attribute und der ontologische Prozeß sind dabei, sich auszulöschen. Aber der Prozeß hört hier nicht auf. Für jetzt ordnet er sich hier, in der ersten und grundlegenden Verschärfung des Pantheismus, ein: wenn Gott alles ist, ist alles Gott. Der Unterschied ist wichtig: auf der einen Seite ein idealistischer Horizont, auf der anderen Seite materialistische Potenzialität.

Mithin enthält die Entwicklung der Utopie Spinozas die Tendenz zu einer horizontalen Verkürzung des Mechanismus metaphysischer Produktion. Es ist unglaublich, welche Geschwindigkeit Spinoza seinem *»prolixum methodum«*, seiner trefflichen Methode, beim Vorgehen in diesem Sinn auferlegt. In wenigen Lehrsätzen des 2. Teiles ergibt sich diese Entwicklung in radikalen Begriffen. Die ontologische Gesamtheit der Substanz entfaltet sich schnell. »Die Vorstellung eines in der Wirklichkeit daseienden einzelnen Dinges hat Gott zur Ursache, nicht insofern er unendlich ist, sondern insofern er, als durch eine andere Vorstellung eines in der Wirklichkeit existierenden einzelnen Dinges affiziert betrachtet wird, dessen Ursache Gott auch ist, insofern er von einer anderen dritten Vorstellung affiziert ist, und so ins Unendliche fort.« (II, 9. LS) Auf diesem Gebiet der Einzigkeit erweist sich das ausgedehnte, prozeßhafte Unendliche, das Unbestimmte als nicht im Widerspruch stehend zu dem mächtigen, handelnden Unendlichen: und so ergibt sich das Sichauflösen der menschlichen Substantialität in einzelne Zusammenhänge nicht als Widerspruch zu seiner einzelnen Existenz. »Das erste, was das wirkliche Sein des menschlichen Geistes ausmacht, ist nichts anderes, als die Vorstellung eines einzelnen in der Wirklichkeit existierenden Dinges.« (II, 11. LS) Die Einzigkeit ist kein Widerspruch zur göttlichen Substantialität, mit dem Unendlichen als Prinzip: vielmehr ist sie um so göttlicher, je mehr sie einzig, ausgebreitet, ausbreitend ist – nur an dieser Stelle kann sie in der Tat ausschließlich in der Göttlichkeit gedacht werden. Noch nie hat sich die Utopie mit derartiger Intensität neu zusammengesetzt – so als gelangte sie nahe an die Bestimmung der eigenen Negation! »Der menschliche Geist ist ein Teil des unendlichen göttlichen Verstandes; und wenn wir demnach sagen, der menschliche Geist fasse dies oder jenes auf, sagen wir nichts anderes, als daß Gott, nicht insofern er unendlich ist, sondern insofern er durch die Natur des menschlichen Geistes ausgedrückt ist, oder insofern er das Wesen des menschlichen Geistes hat, diese oder jene Vorstellung hat« (II, 11. LS, Folgesatz): das bedeutet, daß die Konstitution der einzelnen Wirklichkeit von der Beharrlichkeit in der göttlichen Produktion bestimmt wird. Gott ist die Umkehrung der Transzendenz, selbst wenn sie nur einfache logische Transzendenz wäre. Gott ist die Welt, die sich konstituiert. Es gibt dabei keine Vermittlung: die Einzigkeit stellt den einzigen wirklichen Horizont dar. Gott lebt die Einzigkeit. Der Modus ist die Welt und ist Gott.

Der 13. Lehrsatz des 2. Teils der *Ethik* stellt die äußerste Grenze der paradoxen Ableitung der Welt in der ersten Redaktion des Spinozianischen Systems dar. Mit dem 13. Lehrsatz zeigt sich der Schritt von der Metaphysik zur Physik als Umkehrung des philosophischen Horizontes. »Der Gegenstand der Vorstellung, welche den menschlichen Geist ausmacht, ist der Körper oder ein gewisser, in der Wirklichkeit vorhandener Modus der Ausdehnung, und nichts anderes.« (II, 13. LS) Man beachte gut, die Umkehrung ist wirklich vorhanden: von der Tätigkeit des Geistes sind wir zur Tätigkeit des Körpers gelangt. »Hieraus folgt, daß der Mensch aus Geist und Körper besteht, und daß der menschliche Körper, so wie wir ihn wahrnehmen, existiert.« (II, 13. LS) Die gesamte Thematik des idealistischen Rationalismus, die für das gegenreformatorische Denken so charakteristisch ist, verliert an Bedeutung: der Materialismus der Welt ist grundlegend, ebenso wie die Vorstellung des Modus konstituierend ist – und beide Funktionen ergeben sich innerhalb einer ursprünglichen und unauflöslichen Einheit, die von der substantiellen Ordnung der Welt gewährleistet wird. Daher ist die Körperlichkeit grundlegend: »Wir ersehen hieraus nicht nur, daß der menschliche Geist mit dem Körper vereinigt, sondern auch, was unter Vereinigung des Körpers und Geistes zu verstehen sei. Aber adäquat oder genau wird dieses niemand einsehen können, wenn er nicht vorher die Natur unseres Körpers adäquat erkennt.« (II, 13. LS). Nun ist die Erkenntnis des Körpers vollständig und absolut physisch: die träge Bewegung der galileischen Physik wird zum Netz der Grundlegung und Entwicklung der Welt aus der Einzigkeit (vgl. 13. LS, 68, 103-190; 130; 45; 94). »1. Axiom. Alle Körper sind entweder in Bewegung oder in Ruhe. 2. Axiom. Jeder Körper bewegt sich bald langsamer, bald schneller.« (II, 13. LS, 1., 2. Ax.) Daher unterscheiden sich die Körper voneinander aufgrund der Gesetzmäßigkeiten und der aktuellen Bestimmungen von Bewegung und Ruhe, Schnelligkeit und Langsamkeit. Die Reihe der Kausalbeziehungen wird ausgedehnt auf einen unbestimmten Horizont wirkender Bestimmungen. »Hieraus folgt, daß ein bewegter Körper solange in Bewegung bleibt, bis er von einem anderen Körper zum Ruhen bestimmt wird, und daß ein ruhender auch solange ruht, bis er von einem anderen zur Bewegung bestimmt wird.« (13. LS, 3. Lehrsatz, Folgesatz) In diesem rein mechanischen Horizont ist das Problem offenbar das Problem der Form, in welcher sich die Beziehungen der Bewegung und/oder der Ruhe, der Einfachheit und/oder der Vielfalt der Bewegung stellen, um dieses relativ stabile Miteinander zu konstituieren, das man individuelle Einzigkeiten nennt. Wie formt sich die

Gestalt (im Original deutsch), könnten wir fragen. Die Antwort Spinozas hängt absolut mit der mechanistischen Anlage zusammen und steht im Einklang mit der Verneinung der Substantialität des Individuums: »Wenn mehrere Körper von gleicher oder verschiedener Größe von den übrigen so eingeengt werden, daß sie aufeinander liegen, oder so, daß, wenn sie sich mit denselben oder mit verschiedenen Graden der Schnelligkeit begegnen, sie einander ihre Bewegungen im bestimmten Verhältnis mitteilen: so sagen wir, daß jene Körper miteinander verbunden sind und alle zusammen einen Körper oder ein Individuum bilden, welches sich von den übrigen durch diese Verbindung der Körper unterscheidet.« (II, 13. LS, 3. Lehrsatz, Def.). Die Form der Individualität ist vollständig konstituiert (und ihrer Bewegung untergeordnet – die im Ganzen existentiell ist, das heißt, sie beinhaltet die Antwort nicht nur auf die Frage *quid sit*, was sie sei, sondern auch *an sit*, ob sie sei) von der Quantität, von Verhältnis von Quantität und Bewegung, der Richtung von Quantität und Bewegung. Die Allgemeinheit dieser Form der Einzigkeit ist absolut. »Hieraus sehen wir also, wie ein zusammengesetzes Individuum auf viele Weisen affiziert werden und nichtsdestoweniger seine Natur bewahren kann. Und bis jetzt haben wir unter Individuum das begriffen, was nur aus Körpern, welche sich durch die bloße Bewegung und Ruhe, Schnelligkeit und Langsamkeit voneinander unterscheiden, d. h. das, was aus den einfachsten Körpern zusammengesetzt ist. Wenn wir uns aber ein anderes denken, das aus mehreren Individuen von verschiedener Natur zusammengesetzt ist, so werden wir finden, daß es auf mehrere Weisen affiziert werden und dennoch seine Natur bewahren könne. Denn da ja ein jeder Teil derselben aus mehreren Körpern besteht, so wird also ein jeder Teil ohne irgendeine Veränderung seiner Natur sich bald langsamer, bald schneller bewegen und folglich seine Bewegungen geschwinder oder langsamer den übrigen mitteilen können. Wenn wir uns überdies eine dritte Gattung von Individuen denken, welche aus denen der zweiten Gattung zusammengesetzt sind, so werden wir finden, daß sie ohne irgendeine Veränderung ihrer Form auf viele andere Weisen affiziert werden können. Und wenn wir so bis ins Unendliche fortfahren, werden wir leicht einsehen, daß die ganze Natur ein einziges Individuum ist, dessen Teile, d. h. alle Körper ohne irgend eine Veränderung des ganzen Individuums, auf unendliche Weise verschieden sind.« (II, 13. LS, 7. Lehrsatz, Anm.)

Nun gut, der Stoff der Utopie hat sich vollständig in seiner extremen inneren Alternative entwickelt. Der emanationistische Fluß, von dem die Analyse ausging (155, 582), hat sich zur synchronen konstitutiven, strukturalen Kraft entwickelt: die Funktion des Attributs aufrechtzuerhalten und zu organisieren, ist entsprechend der Vertiefung des Paradoxons des Modus verschwunden – sie besteht in dieser begründeten Fähigkeit (und Spannung) der Welt, in der Bewegung des individuellen Mikrokosmos hin zu Makrokosmos. Die extremen Alternativen (der spontanen Totalität des Göttlichen und der unbestimmten Vielfalt der kausalen Bewegung) leben in einer Opposition miteinander, in der nur die Absolutheit ihre gegenseitige Ergänzung garantiert. Die Polarität löst sich nur auf der Grundlage der Absolutheit des Gegensatzes auf. Sieht man die Sache von der Seite aus, daß diese Spinozianische Entdeckung in die wissenschaftliche Auseinandersetzung seiner Zeit eingebracht wurde, so ist dennoch klar, daß der Mechanizismus hier als Form der Wahrheit der Welt angenommen wurde. Aber in der paradoxen Form, in der das Problem des Mechanizismus aufgeworfen wird, besteht die unableitbare Originalität des Ansatzes: tatsächlich ist im Gegensatz zu den reinen Mechanizisten oder Descartes (19; 112)[9] hier der Mechanizismus nicht Element der linearen Konstruktion der Welt, wie bei den Mechanisten, und auch nicht der Stoff, auf dem – auf der Seite der unbestimmten Verläufe der Ursachen – die Herrschaft der unendlichen göttlichen Macht ausgeübt wird, wie bei Descartes. Bei Spinoza ergibt sich der Mechanizismus gleichermaßen als Grundlage und als Grenze der Produktionsmodi: es ist genau die ausschließliche Übernahme des Mechanizismus auf der Grundlage der Produktion, die dabei die Grenze verifiziert. Die Grenze, die in der von der gegenwärtigen Unzulänglichkeit der paradoxen Synthese geoffenbarten Notwendigkeit besteht, das kausale Vorgehen von der Ordnung synchroner strukturaler Konstitution, auf die man es bisher angewendet hat, überzuführen in die Funktion der im eigentlichen Sinn konstitutiven, historisch fortschreitenden, organisativen Kraft der Welt und des Absoluten selbst. Die revolutionäre Kraft der Spinozianischen Utopie hat die Grenze der absoluten Position erreicht, der stärksten analytischen Vertiefung und einer totalitären Bestimmung der Vereinbarkeit all der historisch konstitutiven Komponenten. Diese Absolutheit hat nun die Eigenschaften einer übermenschlichen Spannung angenommen. Es ist, als wenn sich ein schreckliches Gewitter zusammengebraut hätte, das gerade vor dem Blitzschlag steht. Ein Werk von außerordentlich komplexer Synthese, das alle revolutionären Komponenten des Jahrhunderts enthält, ist im Bild des Absoluten und seiner Alternativen verdichtet. Dieses Zusammensein der verschiedenen Ebenen des Seins wurde auf eine einzige Ebene des Seins zurückgeführt und dort in Spannung gebracht. Der Horizont des Mechanizismus ist zu einer absoluten Bedingung der ontologischen Öffnung geworden. Und der Freiheit? »Ich gehe nunmehr zur Auseinandersetzung dessen über, was aus der Wesenheit Gottes oder des ewigen und unendlichen Wesens notwendig folgen mußte; und zwar nicht alles... sondern ich werde nur das zeigen, was uns zur Erkenntnis des menschlichen Geistes und seiner höchsten Glückseligkeit gleichsam an der Hand leiten kann.« (II, Vorrede; vgl. a. 68, 9) Damit begann der 2. Teil. Tatsächlich muß das Paradoxon der Welt zum Paradoxon der Freiheit reifen.

Viertes Kapitel
Die Ideologie und ihre Krise

Der Spinozismus als Ideologie

In der Geschichte des modernen und des zeitgenössischen politischen Denkens erscheint Spinoza – zumindest von Zeit zu Zeit wieder – als Mitbegründer der bürgerlichen Ideologie (in geringerem Maße auch des liberalen oder sozialistischen Denkens). Ich spreche von der bürgerlichen Ideologie, insofern ich sie nicht nur in den politischen Formen betrachte, die sie von Mal zu Mal organisieren, sondern als Grundlage und Struktur jener wirkungsvollen Mystifikation der sozialen Organisation der Produktion, die die Vorstellung des Marktes darstellt. Man könnte unter diesem Gesichtspunkt ohne Zögern von der spinozianischen Tradition als einer konstitutiven Komponente der kapitalistischen Ideologie sprechen: seien wir aber lieber vorsichtig, denn wenn auch unzweifelhaft *typisch* kapitalistische Elemente in der ideologischen Verklärung des Denkens Spinozas vorkommen, so ist die Funktion der Ideologie doch viel nuancierter und artikulierter.

Wir haben gesehen, daß der Entwurf des spinozianischen Kreises und die erste Redaktion der *Ethik* für die revolutionäre Utopie des Bürgertums repräsentativ sind. Die Reife und die Entwicklungsanomalie der Niederlande erlauben es, daß sich die Utopie in einer Form zeigt, die in Vielseitigkeit und Kraft bei weitem jeden früheren Entwurf überragt, auch wenn sie sich noch im Fahrwasser des humanistischen und Renaissance-Denkens hält und dessen Intensität wiederholt. Das logische Netz der Utopie breitet sich über die Bestimmung der Entsprechung von Totalität und Vielheit. Die entschiedene Option – das *Kunstwollen* (im Original deutsch) sozusagen –, die die Utopie konstituiert, fixiert die logische Entsprechung in ideeller Homologie, in Hypostase. Aber das löst das Problem nicht – denn vielmehr umfassen die Begriffe der Entsprechung (wie wir darzulegen versucht haben) totalitäre Tendenzen, schließen die Fähigkeit zu einer absoluten Opposition ein, aufgrund einer Ausdehnung des Horizontes der Totalität und des Radikalismus' der Vielfältigkeit. Die Utopie ist überschritten, auch wenn sie in dieser Überschreitung ihre Kraft findet.

Derart, daß jegliche organisatorische Vermittlung schwindet und die neuplatonische Thematik der Qualifizierung einer Hierarchie des Prozesses verlöscht. So daß, auf der anderen Seite, die Utopie einer inneren und äußeren Prüfung ihrer besonderen Wirkung unterworfen wird und in der von ihr konstituierten Spannung in sich das Vermögen zu ihrer eigenen Verneinung und ihrer eigenen Überwindung (jedoch nicht dialektisch!) miteinschließt und andeutet.

Das alles wird von der Ideologie aufgehoben. Die Spinozianische Utopie wird nur um dessentwillen angenommen, was sie verneint: sie wird vorgestellt als Organisationsmodell.[1] Die antagonistische Entsprechung des Wirklichen, die bei Spinoza immer weiter wächst, bis sie sich als das Rätsel der Homologie der Totalität festsetzt, um sich danach notwendigerweise der Prüfung des Wirklichen zu öffnen und der praktischen Lösung des Rätsels – diese homologe und rätselhafte Entsprechung wird als Wert genommen. Wird zum Wertungs-Kriterium, zur Organisationsgestalt. Sie ist Vorstellung des Marktes. Eines wirklichen Horizontes, der das Wunder der Übertragung der Produktivkräfte in bestimmte Produktionsverhältnisse, der Organisationszusammenhänge in Herrschaftsbeziehungen, der Einzigkeit und der Freiheit in die Totalität und Notwendigkeit der Werte deutet. Der Horizont ist der Tausch: aber Spinoza beschreibt keinen gegenseitigen und freien Austausch wie im mechanischen Sein, sondern einen Austausch als Wert, als Hierarchie, als Herrschaft – solcherart ist das vom Spinozismus beschriebene Sein. Der Determinismus erfaßt das Zeichen der Vermittlung: von der Arbeit der Vielen zur Totalität. Aufgrund dieser Vorstellung des Marktes, der Mystifikation der wirklichen Verhältnisse, die seine Vorstellung umfaßt, organisiert sich also die pantheistische Ideologie der spinozistischen Tradition: die menschliche Hoffnung, gebunden an die Produktionsaktivität, beschlossen und eingezwängt in die Herrschaft des Wertes. Und von dieser Vorstellung aus entwickeln sich die Ideologien, die die Freiheit – als individuelle Bestimmung auf dem Markt – in der notwendigen Allgemeinheit auf der Grundlage der politischen Gewalt mystifizieren (1; 48; 9). Eine neue Ebene der Vermittlung, ein neuer Lehrsatz des Rätsels der Auflösung der Individualität in der Totalität. Das Paradox der *potentia* und der *potestas*, des menschlichen Vermögens und der Gewalt des Absoluten – und damit das politische Absolute der Gewalt – wird linear interpretiert, entsprechend den Zusammenhängen der Homologie. Die bürgerliche Revolution, als von der kapitalistischen Entwicklung auferlegte politische Form der sozialen Revolution, nimmt den Spinozismus – die Ideologie der Homologie von Individualität und Allgemeinheit, von Freiheit und Notwendigkeit, von Arbeit und Wert – als Mystifikation an, um sich auf ihr zu gründen.

Sicher, hier wird ein anderes wichtiges konstitutives Element der bürgerlichen Ideologie erneut ins Gedächtnis gerufen: das Denken von Hobbes. Bei dem englischen Philosophen wird die unmittelbar politische Form der Forderung nach kapitalistischer Aneignung mit hoher Perfektion in die Tradition des Vertragsdenkens übersetzt. Das Verhältnis und die Hierarchisierung des Vereinigungs- und des Unterwerfungsvertrages – das heißt der Organisation und der Ausbeutung des Wertes und des Mehrwerts – sind ebenso rätselhaft, wenn man sie in rein theoretischen Begriffen betrachtet, wie es die erfolgreiche Explosion der Vorstellung des Marktes bei Spinoza ist. Nicht zufällig währt der Streit der Historiker darüber ewig: was ist der Hobbessche Vertrag? Vereinigung, Unterwerfung, Vertrag zugunsten eines dritten? Und welches ist die Natur der Verpflichtung, die daraus entsteht? Und die Grundlage der Normativität: ist es reines Sein-Müssen, auf göttliche Weise begründet (Hobbes war aber doch Atheist, oder nicht?), oder ist es stattdessen ein positivistisches Kriterium? Usw. usw. (113). Und doch haben die Zeitgenossen sofort verstanden und Hobbes nicht auf einen *doctor subtilis* reduziert und auch nicht zu einem Nachfahren des mittelalterlichen Kontraktualismus. Es gehört nicht viel dazu, in seinem System das Fundament einer Wissenschaft zur Konstruktion eines kapitalistischen Bildes der Staatsmacht zu erkennen – apologetisch, wenn man will, aber funktional und technisch angepaßt. Bei Spinoza ist es anders: der reale Spinoza (nicht der ideologische) greift die Verbindungen der Hobbesschen Definition der Gewalt an, überwindet sie und durchläuft dabei wieder die genetische Analyse, um die gegenwärtige Unvollständigkeit, die Widersprüchlichkeit einer eventuellen, bei Hobbes real gewordenen Abschließung und im Gegensatz dazu die Möglichkeit einer Öffnung dieser konstitutiven Abfolge für eine Philosophie der Zukunft zu beweisen. Nun vergißt der Spinozismus diesen Ansatz Spinozas und zerstört ihn: stattdessen verbindet er die wissenschaftliche, mystifizierte aber wirkungsvolle, Definition von Hobbes mit der Ideologie – der Ideologie der spontanen und automatischen Synthese des Einzelnen mit der Totalität, welche diese Ideologie aus dem metaphysischen Teil der *Ethik* herauszuholen vermeint.

Im Mittelpunkt solchen Vorgehens steht Rousseau. Die Literatur hat oftmals die verschiedenen starken Einflüsse erwähnt, die das Denken Spinozas auf das von Rousseau ausgeübt hat (33; 93; 46; 53). Tatsächlich ist die Vorstellung der »volonté générale«, des Gemeinwillens, als Grundlage der modernen Souveränitätsidee, der Rechtskräftigkeit, der liberal-demokratischen Begründung des Staates, nicht denkbar, wenn nicht das Rousseausche Paradoxon des Gemeinwillens und das Spinozianische Paradoxon des Seins miteinander verbunden werden. Die Spinozianische Substanz ist die feingewebte Metaphysik des Rousseauschen Gedankens vom Gemeinwillen. Aber es reicht nicht, bei dieser einfachen und gelungenen geschichtlichen Beziehung stehenzubleiben. Wie schon bemerkt wurde, ist die Vorstellung des Gemeinwillens in der Tat vielleicht wichtiger für die Geschichte der Metaphysik als für die moderne und zeitgenössische Theorie des Staates (vgl. Fester, Ritter und die Literatur über den Einfluß des französischen revolutionären Denkens auf die Entwicklung des deutschen Idealismus!). Diese stellt nämlich tatsächlich ein genealogisches Schema der Ausbildung des dialektischen Entwurfes des Absoluten dar. Von der Kantianischen Vorstellung der menschlichen Gemeinschaft (64) bis zum Streit zwischen Jacobi und Mendelssohn (84) und zur Schellingschen Abstraktion des Absoluten und zu ihrer dialektischen Verkürzung bei Hegel bestimmen stets die gelungene Linearität und die Übertragung der Einzigkeit in die Totalität den philosophischen Rahmen und mystifizieren ihn funktionell – wobei sie ihm jedoch ein menschliches Aussehen zugestehen (73). Das Bürgertum hat sein Verhältnis zum Staat immer als mühselige Vermittlung erfahren; die Geschichte der ursprünglichen Akkumulation ist die Geschichte einer politischen Vermittlung – damit entsteht das unglückliche bürgerliche Bewußtsein und seine kritische Unbestimmtheit (70). Zwischen Gemeinwillen und Hegelschem Absoluten vollendet sich nun die Übertragung der Arbeit in die Totalität, die politische Vermittlung: ein ontologisches Argument für die Politik, für den Staat. Die Vermittlung ist unmittelbar. Nicht im Sinne der Punktualität und der Gleichzeitigkeit (ein Pistolenschuß, würde Hegel sagen): nicht in diesem Sinne, sondern weil sich das vielfältige System der Vermittlung, wie es auch beschaffen sein mag, auf einem ontologisch einheitlichen, kontinuierlichen, homogenen Gebiet entwickelt. Der Mechanismus der Verneinung schafft das Sein: *»omnis determinatio est negatio«*, jede Bestimmung ist Verneinung, und umgekehrt. Es gibt keinen weiteren Widerstand gegen die Herrschaft des Bürgertums: das spinozistische Absolute interpretiert dabei die Hegemonie. Das Rätsel des Marktes zeigt und setzt sich daher als leuchtendes Gesetz für das Funktionieren juristischer und ethischer Kategorien. Das Bürgertum kann den Staat im Rahmen dieser seiner juristischen und politischen Verwandlung als seine unmittelbare Ausstrahlung betrachten. Die Abschaffung der wirklichen Welt, die Verdoppelung der Welt in ein juristisches und ein politisches Bild: das ist die Wirkung dieser Operation, das ist der große und bedeutende Inhalt des Spinozismus als Ideologie. Ohne Spinoza, ohne diese ideologische Verkürzung seines Denkens, ohne den daraus hervorgehenden extremistischen Totalitarismus, ist selbst die juristische und politische Diktatur des Jakobinismus kaum denkbar, dieses dem Bürgertum so teure revolutionäre Vermächtnis![2]

Aber das genügt noch nicht. Der Spinozismus als Ideologie ist so weit vorangetrieben, daß er hinderlich ist, auf jeden Fall enorme Schwierigkeiten in die Denkbarkeit eines nicht als Horizont der Vermittlung aufgefaßten politischen Horizontes einbringt. Nicht nur die Vorstellung des Marktes, sondern auch die Vorstellung der Krise des Marktes ist in der Tat der Vermittlung in das Sein, der pantheistischen Präfiguration unterworfen. Nehmen wir tatsächlich an, daß die Entsprechung und die Homologie der Marktkomponenten bestrit-

ten würden, daß die Spontaneität des Verhältnisses beseitigt sei: die politische und philosophische Einbildungskraft kann angesichts der Vorstellung der Krise des Marktes lediglich neue Pläne vorspiegeln, die – wenn sie sich in Inhalte verwandeln – die Form der Organisation und der Unterordnung, der Identität und der Homologie der Gewalt beibehalten! Der Spontaneität der Synthese steht ihre Freiwilligkeit entgegen, der von unsichtbaren Gesetzen geordneten Anarchie die sichtbare Ordnung des Planes (87). Zur letzteren Alternative: die Ordnung des Planes selbst kann zerbrechen angesichts einer reicheren und antagonistischen Wirklichkeit. Aus der Perspektive des Spinozismus folgt daraus jedenfalls die Notwendigkeit, die Einheit wiederherzustellen: die Einheit als Entwurf – die reine Form wiederholt das Axiom der Homologie! Auch die Philosophien der *Krisis* folgen der Logik des Spinozismus. Es gibt keine Befreiung außerhalb der Totalität, wiederholt ein Denken, das in der formalen Umkehrung der Krise das klassische Adagio vorspiegelt: Entsprechung von Individuum und Universum, Herrschaft des Universalen. Ein Bild von sozialem Leben wie ein Bild von der Entwicklung der Wissenschaft, das sich nicht innerhalb der Vorstellung der Gewalt bzw. der Vorstellung der Totalität bewegt, ist undenkbar. Die Freiheit der *potentia*, des Vermögens, und ihre Nichtreduzierbarkeit auf den dialektischen Prozeß der Vermittlung sind innerhalb des Spinozismus, innerhalb der Ideologie des Marktes, innerhalb des Totalitarismus der Wissenschaft unmöglich. So wird Spinoza – der verstümmelte und in den Spinozismus verwandelte Spinoza – auf Rousseau zurückgestutzt; erneut wird dann auch Marx (und die Entdeckung des Klassenkampfes als Grundlage für die Krise des Marktes) auf Rousseau zurückgeführt und verpfuscht; und Rousseau selber wird auf dem harten Feld der kapitalistischen Notwendigkeit zur Mystifikation der *potentia* in *potestas* zusammengestutzt.[3]
Aufhebung des Denkens Spinozas, wurde gesagt – und speziell die Aufhebung der antagonistischen Potentialität, die die Elemente der Utopie in seinem Denken auch und besonders in der Phase des Triumphes der Utopie besitzen. Antagonistische Potentialität der Komponenten: bei Spinoza ist das Wirkliche nicht manipulierbar, nicht dialektizierbar, es ist für keinerlei theoretische Manöver formbar – seine Vielseitigkeit ist nicht Dialektik, die Bestimmung ist Negation im eigentlichen Sinn, hier und jetzt, weder Möglichkeit noch Aktualität eines logischen Umkippens. Das Denken Spinozas ist Denken des Seins nur nachdem es als ontologisches Denken festgelegt wurde, radikal ontologisch, materialistisch, dinghaft. Der Horizont Spinozas kennt keine Hypothesen über die Leere, über die abstrakte Möglichkeit, über den Formalismus: er ist Philosophie der Fülle, der materialen Festigkeit des Angenommenen, der Bestimmtheit, der Leidenschaft. Die Spinozianische Utopie zu ideologisieren, sie in einen Festpunkt des bürgerlichen Denkens zu verwandeln, ist nur dort möglich, wo die Fülle der Spinozianischen Erkenntnis der Sache, der Dinge, der

Seinsweisen und der Substanz zurechtgefeilt und verdünnt wird zu einem Schatten, zu einem Abziehbild der Wirklichkeit – und nicht mehr die wahre und unmittelbare Wirklichkeit ist. Gerade im 13. Lehrsatz des 2. Teils, den wir eben untersucht haben, wird diese Materialität des Dinges so radikal ausgedrückt, daß nur noch die Form der paradoxen Beweisführung Sinn ergibt. Die Fülle: das heißt, das Feste, Bestimmte, Unverwischbare jeglicher existentiellen Erscheinung. Dagegen sucht die Ideologie des Spinozismus die Sicherung eines idealen, absoluten Horizontes, die politische Synthese der Souveränität (als Identität des Staates), Vermittlung. Wenn er sich solches jemals hätte vorstellen können – der Spinoza, dem wir gegenüberstehen, ist schon im Angesicht der Krise des Marktes in seinen Briefen an Oldenburg (1663) derart auf die Bestätigung der ontologischen Bestimmtheit des Einzelnen und auf die Dynamik der Totalität aus, daß er (übereilt, zu übereilt) die Wahrscheinlichkeit des Vorhandenseins physikalisch leeren Raumes geleugnet hat, wie es Boyle experimentierend wollte – aber man muß sagen, ohne irgendeine Einsicht: Bestimmtheit einer jeglichen metaphysischen Dimension (11., 13., 14., 16. Brief)?

Barocker Spinoza?

Dennoch gibt es eine Stelle, an der Spinoza mit dem Spinozismus zusammenzuhängen und eine ideologische Version seines Systems auszudrücken scheint. Zu beobachten ist das während der letzten Zeit in Rijnsburg, zwischen 1663 und 1664. Die Daten sagen in Wirklichkeit nicht sehr viel aus: die holländische Krise hat zweifellos schon begonnen, der Seekrieg mit England naht und drückt noch weiter auf die Krise der schweren außenpolitischen Verwicklungen (89; 90; 16). Aber Spinoza nimmt am politischen Leben noch nicht unmittelbar teil, wie es dann mit seiner Übersiedlung nach Voorburg (1664) geschehen wird. Sichtbar sind jedoch die Gründe für den Abschied von Rijnsburg: die Periode der Reflexion, die der Vertreibung aus der jüdischen Gemeinde folgte, und der Gestaltung der Spinozianischen Utopie ist abgeschlossen, die Übersiedlung von Rijnsburg nach Voorburg zeigt die Notwendigkeit an, sich in eine Situation zu begeben, in der die Verifizierung der Utopie in der Wirklichkeit möglich würde, eine Umgebung zu finden, in der das Bewußtsein und der Zusammenhang mit dem objektiven Geist der Zeit unmittelbarer sein würde. Das ist der Inhalt des Wunsches nach Voorburg umzuziehen (42, 8-33). Hier müssen wir aber nur die Situation betrachten, in welcher die Entscheidung zur Übersiedlung reift und die theoretische Bedingung, innerhalb derer sich diese Entscheidung bestimmt: wir müssen sozusagen die Notwendigkeit dieser Zufälligkeit klären.

Der Höhepunkt der ersten Redaktion der *Ethik* ist zweifelsohne der 13. Lehrsatz des 2. Teils. Der Gegensatz von Substanz und Modus ergibt sich in der Tat auf einer Ebene solcher Absolutheit und Spannung, daß das Umschlagen des Horizontes der Substanz in die Erscheinungsform der Modalität, und umgekehrt, an jeder Stelle möglich ist. In diesem Augenblick ist die ursprüngliche Vielseitigkeit des Seins zur Zerbrechlichkeit seiner Richtungen geworden. Da gibt es keine Option mehr auf Vorrang in diesem Fluß der Eindeutigkeit: da ist Beharrlichkeit in der Bestimmtheit dieser Polarität, aber da ist auch die Möglichkeit der Umkehr, des Umkippens. Das System lebt in einem labilen Gleichgewicht, der letzten Möglichkeit einer inneren Einheit der Utopie, dort, wo ihre Komponenten realistischerweise anerkannt sind. Infolge der dringenden Notwendigkeit, sich dem Wirklichen gegenüberzustellen, die ontologische Bestimmung der Elemente erneut zu artikulieren, den praktischen Zugang zum System zu betonen, jenseits der abstrakten Möglichkeit der vollständigen Umkehrbarkeit der Faktoren, sucht die Theorie nun nach einer Lösung. Sicher, das System möchte sich auch mit dieser Zerbrechlichkeit arrangieren, sich mit seiner einfachen Umwertung begnügen und ihr eine absolute Spannung der Überwindung geben – dies wäre jedoch nur eine gedachte ideelle Vermittlung des Paradoxons als solchem, seiner Beharrlichkeit und nur dieser. Solcherart ist das Bild, das das Barock von der Wirklichkeit entwirft – und dies ist eine sehr mächtige Zeitströmung (112). *»Gestern die menschliche Göttlichkeit, heute wenig Land; / gestern Altar, heute Grab, oh ihr Sterblichen! / Die Federn, selbst der wirklichen Adler, / sind Federn: wer das leugnet, irrt sehr«*. (65, 16-17). Aber auch wenn die spanische Kultur bei Spinoza vielleicht einen Platz hat (27; 137; 157; 108, Kap. 1), so steht die holländische Kultur mit ihrem Geruch von Pech und Stahl doch jenseits dieser Poesie. Spinoza auch: viel wahrscheinlicher hört man bei ihm, wenn er sich bei spanischer Poesie aufhält, den Einfluß, Gleichklang und Nachhall der Renaissance-Gesänge über die *natura naturans*, die schaffende Natur, eines Lope de Vega und eines Francisco de Quevedo.[4] Aber wenn das im allgemeinen zutrifft, – und dies ist um so mehr der Fall, je weiter wir der Entwicklung des Systems folgen –, dann ist jedenfalls wahr, daß wir – beim Abschluß des ersten Entwurfs der *Ethik* – einen Augenblick großer Unsicherheit des Entwurfes erleben. Er wird von einer Lösung im barocken Stil und mit ideologischer Bedeutung angezogen, wenn nicht gar beherrscht, wird berührt, wenn nicht gar fest umfangen.

Wir besitzen einen Text, den 12. Brief, an Ludwig Meyer, datiert aus Rijnsburg vom 20. April 1663, der ein hierfür überaus bedeutsames Dokument darstellt. Ein barockes Dokument? Sehen wir ihn an. »Um nun damit einen Anfang zu machen, will ich mir Mühe geben, auf die Fragen, die Sie mir in Ihrem Brief vorlegen, zu antworten. Sie bitten mich also, ihnen die Resultate meiner Gedanken über das Unendliche mitzuteilen.« Die Analyse des Gedankens des Unendlichen gerät zu einer komplexen Definition, die drei Paare umfaßt: 1.1 »Das, was seiner Natur zufolge oder vermöge seiner Definition sich als unendlich darstellt« und 1.2 das Unendliche, »das keine Grenzen hat, aber nicht vermöge seines Wesens, sondern seiner Ursache«; 2.1 »was unendlich heißt, weil es keine Grenzen hat« und 2.2 das Unendliche als »das, dessen Teile wir, auch wenn es begrenzt ist, und wir sein Maximum und sein Minimum haben, nicht mit irgendeiner Zahl vergleichen und durch sie erklären können«; 3.1 das Unendliche als »das, was wir allein erkennen, aber nicht vorstellen können« und 3.2 »das, was wir uns auch vorstellen können« (12. Brief). Dabei müssen wir sofort betonen, daß die Bestimmung 1.2, d. h. das Unendliche, dann in 2.1 und 2.2 spezifiziert wird: diese beiden bestimmen das Unbestimmte tatsächlich als unbestimmtes Extensives (das keine Grenzen hat) und unbestimmtes Intensives (unbestimmt unterteilbar). Das Definitionspaar 3.1 und 3.2 soll hier außer Betracht bleiben. Die Untersuchung erstreckt sich in der Tat auch nur auf die vier ersten Bestimmungen: die Unterscheidung des Unendlichen und Unbestimmten wird so zurückgeführt auf die Unterscheidung von Substanz und Modus, von Ewigkeit und zeitlicher Dauer. Bis hier stehen wir noch auf dem Boden der *Ethik*, des 13. Lehrsatzes im 2. Teil: Unendliches und Unbestimmtes offenbaren, genau wie Substanz und Modus, die Polarität der Welt. Die ontologische Differenz ist festgelegt, aber die Begriffe der Differenz bleiben in einem absolut eindeutigen Horizont. An dieser Stelle bricht die Instabilität ab: das wesenhafte Unendliche bekommt die Form des hinsichtlich des existentiellen Unbestimmten hervorragenden Seins. »Daraus geht klar hervor, daß wir die Existenz der Substanz durchaus verschieden von der Existenz der Modi denken. Daher kommt der Unterschied von Ewigkeit und Dauer. Unter dem Begriff der Dauer können wir nämlich nur die Existenz der Modi erklären, die der Substanz aber nur unter dem Begriff der Ewigkeit usw., des unendlichen Teilhaftigseins der Existenz oder (dem Latein zum Trotz), des Seins *(essendi)*. Aus alledem geht klar hervor, daß wir die Existenz und die Dauer der Modi, sobald wir, wie es gewöhnlich geschieht, bloß ihr Wesen, aber nicht die Ordnung der Natur ins Auge fassen, nach Belieben (und zwar ohne darum unsern Begriff von ihnen irgendwie aufzuheben) bestimmen, daß wir sie kleiner oder größer denken und sie in Teile zerlegen können.« (12. Brief) Was geschieht hier? Eine gnoseologische Differenz tritt ein, nämlich die zwischen Verstehen und Einbilden und die Bestimmung der – in 3.1 und 3.2 aufgetauchten – Erhebung des ersteren aus dem zweiten, um die wirkliche Unterscheidung eindeutig zu bestimmen. Die instabile Korrespondenz, an der das Verhältnis zwischen substantiellem Sein und modalem Sein festgemacht war, ist zerbrochen: die größere ontologische Würde des Verstehens gegenüber dem Einbilden klassifiziert das Sein erneut, setzt den Vorrang des Unendlichen gegenüber dem Unbestimmten, sprengt die Beharrlichkeit des eindeutigen Seinsflusses – sie führt wieder eine gnoseologische Vermittlung in ein globales Verhältnis ein, das sich bis hier durch die Verneinung jeglicher Vermittlung aufgebaut hatte[5] (und sei sie auch ontologisch, wie die vom Attribut ausgeübte). Das Unendliche und der Verstand versuchen, die Utopie eindeutig zu bestimmen: sie stellen sich dar als Kriterien zur Festlegung dieses vielseitigen Seins, das sich um die beiden tendenziell austauschbaren Polaritäten herum bewegt, im Reich der Utopie. Sprechen wir daher über die ideologische Funktion einer fundamentalen Vernunft: denn in dieser Verdoppelung des Verstandes gegenüber der Welt entwickelt sich ein Bild der Überbewertung der Substanz und der Unterbewertung der Welt, die durchaus funktional ist für die Verfestigung eines Verhältnisses der Gewalt, zur Bestimmung einer aus dem offenen und freien Fluß der Selbstorganisation des Wirklichen losgelösten Herrschaft. Alle die Kennzeichen, die zur Beschreibung der modalen Wirklichkeit dienen, wie das Maß, die Zeit und die Zahl, werden auf eine niedrigere Ebene des Seins zurückgeführt, herabgestuft, bis an die Grenze des Nichts. Dagegen »gibt es vieles, an das man mit der Imagination, der Einbildungskraft auf keine Weise, sondern bloß mit dem Verstand heran kann, z. B. Substanz, Ewigkeit u. a.; wenn man das mit derartigen Begriffen, die bloße Hilfsmittel der Imagination sind, erklären will, dann tut man nichts anderes, als wenn man sich Mühe gibt, mit seiner Imagination unsinniges Zeug auszudenken.« (12. Brief).

Ziemlich brutal werden wir in diesem Brief über das Unendliche auf das Gebiet des völlig traditionellen Pantheismus zurückgeworfen – auf das Gebiet jener ersten kapitalistischen Ideologie der Akkumulation, die der Neuplatonismus in adäquater Form schafft. Man hat in dieser Blockade der Spinozianischen Utopie eine vorauslaufende Darstellung der historischen Phase gesehen, in welche der holländische Kapitalismus in die Rezession des letzten Jahrhundertviertels eintrat: die Phase des Geldmarktes – das kapitalistische und monetäre Sein dreht sich um sich selbst und beleuchtet mit seinem schummrigen Licht die Produktionsweisen und Arbeitsformen wie Planeten. Die Kategorien des Seins scheinen an diesem Punkt die Kategorien der speziellen Ware »Geld« nachzuahmen.[6] Ich glaube nicht, daß man aus dieser Unterbrechung des Denkens Spinozas derartige Konsequenzen ziehen könnte – gerechtfertigt wären sie nur auf einer exakten analytischen Ebene. Ich glaube stattdessen, daß diese ideologische Version des Seins eine momentane Variante einer viel tieferliegenden Krise ist, die das Denken Spinozas zu überwinden trachtet. Barocker Spinoza? Nein. Diese Unbegreiflichkeit der Krise auf der Grundlage der Verschärfung ihrer Begriffe, worin das Barock im eigentlichen Sinn besteht, konstituiert keine Entwicklungsrichtung des Spinozianischen Denkens, sondern lediglich ein Moment des Stillstandes, ein Zeichen zum Weitergehen.

Es muß stets bewußt bleiben, daß die Krise den gesamten Rahmen der anfänglichen Utopie erfaßt. Eine glückliche Utopie von universaler Entsprechung, die sich auf der Spontaneität des Marktes und der offenen Entwicklung erhebt: aber nun, da die soziale Krise voranschreitet und der Horizont seine optimistische Tönung verliert, muß sich die Utopie der Wirklichkeit öffnen. Die Möglichkeiten und Ansätze können an dieser Stelle tatsächlich unbestimmt sein: und es ist nicht gesagt, daß sie es auf positive Weise erreichen. Eine dieser Möglichkeiten ist ganz allgemein die barocke der Umwandlung der Krisenbegriffe selbst, besser gesagt, die ihrer ideellen Umwertung. Eine andere Möglichkeit ist die, welche gerade Ludwig Meyer, Empfänger des Briefes über das Unendliche und Verfasser des Vorwortes zu den *Cogitata*, ohne Zweifel einer der engsten Teilnehmer des spinozianischen Kreises, am Ende wählt: der Weg der extremistischen Überhöhung des utopischen Ideals, ihre abgetrennte Steigerung in der christlichen Gemeinschaft, der millenaristischen Überhöhung. In der *Philosophia S. Scripturae Interpres* organisiert der extreme Rationalismus das biblische Ideal der Befreiung – die Natur regiert die Heilige Schrift, um sie zu verwirklichen.[7] In beiden Fällen, der barocken Lösung oder der chiliastischen, geht es darum, die Verschärfung der Utopie niederzuschlagen. Die Ungreifbarkeit eines rationalen Rahmens der Welt, gekennzeichnet von der Vollkommenheit des Seins und der vollkommenen Entsprechung ihrer Komponenten, erstreckt sich in der Krise drastisch entweder auf die phantastische Vorlage eines Plan-Dramas der formalen Neubildung oder auf die terroristische Ausführung des Planes (insofern rational, auch wenn sie quäkerhafte Gestalt annimmt).

Spinoza durchschreitet die Krise der Utopie, ohne vor den daraus resultierenden Verschärfungen zurückzuweichen. Besser noch, er versucht nicht, aus dieser bestimmten Krise auszubrechen, indem er die Bezugspunkte des theoretischen Rahmens unangetastet läßt: vielmehr stellt er den gesamten Rahmen in Frage. Wir werden gleich sehen wie. Was den Brief über das Unendliche angeht, so stellt dieser lediglich eine Pause da, einen ekstatischen Moment der Rekonstruktion der Geschichte des Entwurfes. Vielleicht mag das eine Erfahrung barocker Umwertung sein! Aber bis zur Feststellung eines »barocken« Spinoza wäre es doch noch weit. Nicht zufällig kehrt Spinoza, gegen Ende seines Briefes über das Unendliche – in der Wiederaufnahme der Kritik an den Kausalbeweisen der Existenz Gottes –, zu einigen beständigen Elementen seines Denkens zurück. »Ich möchte hier nur noch im Vorübergehen bemerken, daß die neueren Peripatetiker, meines Erachtens wenigstens, den Beweis der Alten vom Dasein Gottes schlecht verstanden haben. Denn so wie ich ihn bei einem gewissen Juden namens Rab Ghasdaj (Has Crescas) finde, lautet er ganz anders, weil dieser folgendermaßen beweist: wenn es einen Fortgang der Ursachen bis ins Unendliche gibt, dann wird auch alles, was ist, verursacht sein; nun kann aber keinem Verursachten zukommen, daß es vermöge seiner Natur notwendig existiert; folglich gibt es in der Natur nichts, zu dessen Wesen es gehört, notwendig zu existieren; dies ist aber widersinnig, folglich auch jenes. Der Schwerpunkt dieses Arguments liegt nicht darin, daß es unmöglich ist, daß es in Wirklichkeit ein Unendliches oder einen Fortgang der Ursachen bis ins Unendliche gibt, sondern bloß darin, daß angenommen wird, die Dinge, die ihrer Natur nach nicht mit Notwendigkeit existieren, würden nicht zum Existieren bestimmt von einem Dinge, das seiner Natur nach mit Notwendigkeit existiert, und das Ursache, nicht verursacht ist.« (12. Brief) Was bedeutet das? Es bedeutet, daß das kausale Verhältnis nicht von seiner hypothetischen Freiheit her gedacht werden kann, sondern nur von seiner sicheren Notwendigkeit aus. Was hat es aber für einen Sinn, irgendein Herausragen in der Seins-Ordnung zu denken? Bedeutet dieser Angriff auf den Kausalbeweis nicht eigentlich das Gegenteil einer Analyse der Erkenntnis des Unendlichen, die damit aufhört, daß sie am Ziel ist, d. h. daß die Eindeutigkeit des Seins in Vorzug gesetzt wird? Nein, Substanz und Modus stehen einander nicht wie Realität und Irrealität gegenüber, wie Verstand und Imagination. Sie fügen sich nicht zu einer emanatistischen Ableitung. Vielmehr konstituieren sie eine Polarität. Die Krise besteht in der Entdeckung der Unmöglichkeit einer linearen und spontanen Vermittlung dieser Polarität. Exakt in der Krise der konstitutiven Kraft, der inneren Spannung der Utopie selbst.

Die kritische Schwelle

Um 1664 steckt der Spinozianische Entwurf also in der Krise. Eine stellenweise akute Spannung scheint sich in der Tat des Systems bemächtigt zu haben – aber in einer wilden Weise, denn diese Spannung zeigt sich nicht in der Perspektive innersystematischen Gleichgewichtes, sondern sie entwickelt sich vielmehr nach außen hin. Kann das Barock hier eine Lösung sein? Nein, denn Barock besteht nur in einer hypostatischen Festlegung, in der idealistischen Verdoppelung der Pathologie des Verhältnisses. Und das ist das Gegenteil des humanistischen Anspruchs, des Realismus der frühen utopischen Perspektive Spinozas. Sicher, nach innen ist die Befriedigung des Systems nicht mehr möglich, außer man opfert das Vermögen und die Bestimmtheit eines seiner beiden Pole: daher kann sich die philosophische Forschung sozusagen nur nach außen ausbreiten. Aber das eigentümliche Gebiet des neuen Entwurfes muß durch seine Öffnung nach außen, durch den logischen Kampf, der sich im System entwickelt, vorangekündigt werden, und es ist dieses Beharren auf dem Kampf, das Spinoza von jedem Ansatz der Hypostase, des Idealismus und des Barock abhält, auch wenn er sich einen Weg auferlegt, der von dem bis jetzt schon zum Vorschein gebrachten problematischen Gebiet ausgeht.

»Das ist das Eigentümliche von Spinozas Pantheismus, daß er zugleich Ausdruck eines logischen Kampfes ist.« (26, 111) Wenden wir uns also diesen Elementen der Krise zu. Die Vielseitigkeit des Seins hat sich durch einen Dualismus, eine Polarität blockiert. Diese Polarität kann sich möglicherweise erneut im Umlauf des Seins verkehren – wie wir gesehen haben, ist die Tendenz zu einer Philosophie der Erscheinungsform, zu einem Umsturz der Auffassung der Substanz auf der Ebene der Modi, zum Aufbau eines realistischen Horizonts stark. Aber sie ist nicht eingetreten. Vielmehr sind gegenteilige Tendenzen am Werk – Tendenzen zur emanatistischen Wiederherstellung, zur Verneinung eben des geometrischen Horizontes. Man hat behauptet, daß diese *Sackgasse* von einer »scholastischen« Grenze des Denkens Spinozas herrühre: »Das eigentliche *Scholastische* dieser Darstellung liegt nicht in der Nachahmung des mathematischen Beweisverfahrens, sondern in dem Inhalt desjenigen Grundbegriffes, von dem Spinoza seinen Ausgang nimmt. Der *Substanzbegriff* der mittelalterlichen Philosophie wird von ihm, ohne jeden Versuch der Kritik, herübergenommen und an die Spitze gestellt.« (26, 106) Nun, fährt Cassirer fort, ist dieser Gedanke der Substanz unbestimmt, und sobald er versucht, seinen Inhalt zu greifen, erscheint er bisweilen als »Existenz«, bisweilen als »Gesamtheit« der einzelnen Bestimmungen, »Ordnung der Einzelwesen«: am Ende scheint die Positivität des Substanzgedankens in der mathematischen Abhängigkeit zu liegen, die die Dinge ein für alle Mal untereinander festsetzen (26, 107-112). Wenn mithin die Existenz, die Totalität, die Immanenz die grundlegenden Kennzeichen der Substanz sind, so ist das Problem jedoch nicht gelöst, auch nicht, wenn diese Kennzeichen sich in einer Ordnung vom ontologischen Standpunkt aus wachsender Bedeutung verstehen, denn im allgemeinen sind diese Elemente nicht in einer bestimmten Art in der Substanz gesetzt. Es ergeben sich auch Widersprüche, wenn man betrachtet, wie die Dinge sich von diesem Gedanken der Substanz her produzieren sollen. Tatsächlich finden wir bei Spinoza nirgendwo eine Entscheidung zwischen den beiden Standpunkten, einem dynamischen, aufgrund dessen die Substanz eine Kraft ist, und einen statischen, aufgrund dessen die Substanz lediglich eine lineare Übereinstimmung ist. »Das ›operari‹ geht in das reine mathematische *›sequi‹* über« (26, 114): die beiden Aspekte der Philosophie Spinozas, der naturalistisch-renaissancehafte und der methodisch-mathematische, laufen unentwegt auseinander. Trotz alledem, auch angesichts dieser enormen Schwierigkeiten, bereichert Spinoza in jedem Fall den Gedanken der Substanz ganz außerordentlich. Wenn Spinoza in der Tat diese formale und mathematische Auffassung des Seins, die er doch geahnt hat, nicht zu Ende bringt, so rührt das daher, daß »die Motive der ersten Ansicht weiterwirken, und sie sind es, die selbst einem mathematischen Rationalismus ein neues Gepräge geben« (26, 114). Bei Spinoza füllen sich der Gedanke der Substanz und der Ursache, nachdem sie geometrisch definiert wurden, mit neuer Wirklichkeit: »Die neue Physik erschließt zugleich die Möglichkeit der Metaphysik.« (26, 114). Zum Abschluß sagt Cassirer dann: »Die Lehre von der Unendlichkeit der Attribute aber bildet einen jener Bestandteile des Systems, der diesem inneren Bildungsprozeß widerstanden hat. Sie bezeichnet am deutlichsten den Widerstreit, in welchem der Spinozismus zuletzt verharrt und in dem er verharren muß, sofern er es unternimmt, seinen eigentlichen Grundgedanken von der strengen deduktiven Verknüpfung alles Seins in der Form des *Substanzbegriffes* auszusprechen. Der Dualismus der Auffassung wird nunmehr unverkennbar: auf der einen Seite eine universelle und allbefassende Regel, die jede besondere Seinsbeschaffenheit von sich ausschließt, auf der anderen ein ›Ding aller Dinge‹, das die unendliche Fülle aller Eigenschaften in sich trägt und bewahrt; hier der reine Gedanke vom notwendigen Zusammenhang alles Wirklichen, dort wiederum das ›Ens realissimum‹ der Scholastik.« (26, 121).

Wir haben uns lange bei dieser Deutung Cassirers aufgehalten, weil sie ohne Zweifel das grundlegende Problem der Krise des Spinozianischen Denkens berührt: der logische Kampf, den die getrennten Teile im Inneren einer anfänglichen vereinenden Tendenz untereinander eröffnen. Damit wird das Ende der humanistischen Utopie festgestellt, es ist die philosophische Aufnahme ihrer Krise. Aber bei Cassirer ist die Bedeutung der kritischen Wahrnehmung präjudiziert durch die Eingeschränktheit und durch die Vorurteile, die seine Interpretation leiten; darüberhinaus auch durch die unstatthafte metaphysische Verallgemeinerung und durch die traditionsgebundene Färbung seiner Ausführungen. Es ist unglaublich, daß er z. B. die Erschöpfung der Attributs-Thematik an dieser Nahtstelle der Forschung Spinozas nicht bemerkt, und das zeigt, wie weit die mystifizierende Gewalt der akademischen Interpretations-Tradition auch die intelligenteren Deuter beherrscht! Jedenfalls wird dieser Punkt wahrgenommen. Aber in Wirklichkeit wird die kritische Schwelle bei Spinoza in viel spezifischeren Begriffen berührt, angesichts eines viel bestimmteren Problems: dem Problem des Geistes, gleichbedeutend mit dem Problem des Menschen und seiner Erkenntnis der Glückseligkeit – das ist das praktische Problem. Wir befinden uns wieder in der ersten Redaktion der *Ethik*, innerhalb dieser Menge von Lehrsätzen, die dem 13. des 2. Teils folgen, d. h. die dem Augenblick folgen, wo die höchste und irreduzible Bewertung der Materialität der einzelnen, modalen Existenz sich ergeben hat und gleichzeitig zum ersten Mal die Möglichkeit eines Prozesses der Seins-Konstitution von der Kraft der Modalität her dargelegt wird. Wenn das stimmt, war es unvermeidlich, daß an dieser Stelle gleichsam durch aufeinanderfolgende Brecher die Fortdauer einer alten, aber immer wieder erneuerten spirituellen Vorstellung des Geistes, des Denkens, des Menschen mit wilder Kraft zerbarst. Das Auftauchen der einzelnen materialen Modalität und seiner Kraft der Existenz, seiner konstitutiven Perspektive ist zu deutlich gewesen, als daß eben dieses Auftauchen nicht skandalös und verunsichernd gewirkt hätte. Gegen diese Behauptung werden die Motive des »Kurzen Traktats« und des »Traktats über die Verbesserung des Verstandes« wiederholt. Es ist eine große, letzte Forderung des utopischen Humanismus, die den 2. Teil der *Ethik* durchzieht – die aber schon an dieser Stelle der Systematik, wie wir sehen werden, überwunden ist.

Sehen wir uns dieses Vorgehen näher an. Wir haben vor allem eine Gruppe von Lehrsätzen (14-23), in denen sich die Deduktion der Imagination, der Einbildungskraft entwickelt (68, 190-256; 131 II). Das heißt, daß diese beschriebene materielle Einzigkeit die Synthese von Körper und Geist, in der der Mechanismus der materiellen Selbstkonstitution endet, in die erste Erkenntnisform verwandelt. Hier vollzieht sich eine aufregende Erfahrung: das Denken erlebt die Affektionen des Seins in ihrer Individualität und verwandelt sie in Vorstellung. Eine zwar verworrene, aber dennoch reale Vorstellung: Vergrößerung der Erkenntnisräume entsprechend der schlechthin wahren Erkenntnis, Grundlage und Entwurf für einen erkennenden und operativen Prozeß in der Welt der Leidenschaften, definitiver Abschluß jeglichen »Weges nach unten« (vom Absoluten zu den Modi) und Andeutung eines »Weges nach oben«, eines konstitutiven Weges. In den nachfolgenden Lehrsätzen (24-31; vgl. 68, 260-323) wird diese Erkenntnisart eingehend geklärt. Die imaginative Erkenntnis erlebt die Affektionen des Körpers, der Äußerlichkeit, der Zeitdauer, indem sie phänomenologisch der Intensität und der Festigkeit folgt. Die Individualität fixiert sich in sich selbst in dem Maß, in dem sie die wirkliche Welt durchläuft.

Aber an dieser Stelle wird diese großartige Erfahrung, deren gesamte vorangehende Entwicklung uns getragen hat, erneut gleichsam Abtönung, einfaches Helldunkel der herausragenden Momente reiner verstandesmäßiger Erkenntnis. Es gab da einen Augenblick, in dem tatsächlich die Individualität und die Einzigkeit als solche aufgetreten waren: die verworrene – aber wirkliche – Erkenntnis war das Anzeichen ihrer ontologischen Konsistenz. Das Bündel von Bildern, von verworrenen Erkenntnissen zerstörte den ontologischen Grundpfeiler der Einzigkeit nicht, sondern war konstituierend für ihn. »Ich sage ausdrücklich, daß der Geist weder von sich selbst noch von seinem Körper noch von den anderen Körpern eine adäquate, sondern nur eine verworrene Erkenntnis habe, so oft er die Dinge nach der gewöhnlichen Ordnung der Natur auffaßt, d. h. so oft er von außen, nämlich durch die zufällige Begegnung mit den Dingen bestimmt wird, dies oder jenes zu betrachten, und nicht so oft er von innen, nämlich dadurch, daß er mehrere Dinge zugleich betrachtet, bestimmt wird, ihre Übereinstimmungen, Verschiedenheiten und Gegensätze zu erkennen, denn so oft er auf diese oder andere Weise innerlich dazu bestimmt wird, betrachtet er die Dinge klar und bestimmt, wie ich unten zeigen werde.« (29. LS, Anm.) Aber nun kommt das Gewicht der

Tradition, der gewundene und einschmeichelnde Idealismus des »Traktats«, kommen eben die Mißverhältnisse des 1. Teils der *Ethik* von neuem mit aller Kraft zum Vorschein (vor allem in den Lehrsätzen 32-44 des 2. Teils). Die inadäquate Erkenntnis ist bis an die Grenze der Irrealität verschoben. Nicht die Intensität des ontologischen Kontakts, sondern ein Rhythmus sukzessiven Abstiegs des Seins legt den Sinn der Wahrheit fest. Falschheit ist Beraubung in der Ordnung des Seins. Die Welt ist auf diese Weise nicht nur erkenntnismäßig verdoppelt in einen wirklichen Horizont und einen der Vorstellung, sie ist vielmehr nach einer absteigenden Wertordnung der Wahrheit organisiert. Wahrhaftig alle Rätsel des Pantheismus, wahrhaftig (in Spinozianischen Begriffen) eine absurde Auffassung der Wahrheit – die sozusagen zweimal verdoppelt ist, einmal in eine idealistische Ordnung bezüglich des Wirklichen, zum anderen in eine fließende Hierarchie der idealen Wahrheit.[8] Nachdem sie auf die Ebene des eindeutigen Seins gestellt wurden, unterliegen Einbildungskraft und Verstand einer idealistischen Einteilung. Es ist der schon im *12. Brief* festgestellte Prozeß. Aber hier, in der *Ethik*, gibt es schon wieder andere Probleme: diese Umkehrung, wenn sie nicht schlichtweg ein letzter Widerstandsakt gegen einen bedrängenden Prozeß ist, erscheint wie eine Intrige des Verstandes. Folglich kommt das System nicht ins Gleichgewicht: es stürzt eher in eine Reihe von Widersprüchen. Die augenscheinlicheren davon sind in dem eigentlich epistemologischen Teil dieser Untersuchung registriert, wo Spinoza, ohne dabei einen Widerspruch zu erkennen, gleichzeitig eine nominalistische (an der Erfahrung der Welt festgemachte) und eine apodiktische Erkenntnis setzt, gleichzeitig eine radikale Kritik der Transzendentalien und eine erkenntnismäßig »wahre« Näherung, die aber diese Transzendentalien substantiell wiederholt (*Ethik*, II, 40. LS, Anm. 1 und 2). Wenn »das, was allen gemeinsam und was gleicherweise im Teil wie im Ganzen ist, das Wesen keines einzelnen Dinges ausmacht« (II, 37. LS), wenn auf der anderen Seite wir mit Hilfe von Allgemeinbegriffen erkennen, die nichts mit dem Transzendentalien des Seins (II, 40. LS, Anm. 1) zu tun haben, dann ist die Forschung nach einer Hierarchie der Erkenntnisformen reinweg illusorisch und widersprüchlich.

Auf diese Weise sehen wir die von Cassirer wahrgenommene große historisch-theoretische Widersprüchlichkeit konkretisiert und bestimmt. Aber da wir sie auf bestimmte Weise benutzen, haben wir einen Vorteil gegenüber Cassirer – und zwar gerade genug, um zu verstehen, daß dieser Widerspruch nicht in jeder Hinsicht so entschieden ist. Das Labyrinth, das hier bestimmt wird, ist in der Tat viel weniger verwickelt als man meinen möchte. Es berührt gewiß die großen Bestimmungsmerkmale der Methode und der Welt-Auffassung, aber in Wirklichkeit konzentriert es sich auf die Doppelsinnigkeit von Substanz und Modus, wesentlich nur auf diese. Das ist ein antinomischer Komplex, der, wie Dunin-Borkowski (44) unterstreicht, eine extreme Antithese setzt: »Nur Modi – keine Substanzen. Nur Ideensysteme – keine Intellekte als Fakultäten«.[9] Dieser antinomische Komplex wird schließlich auf die Ebene der problematischen Operativität gebracht, denn im selben Augenblick, in dem er mit solcher Radikalität gesetzt wird, sinkt sozusagen die Spannung und gibt Raum für die strukturalen Elemente des Entwurfes.

Logischer Kampf – Labyrinth – kritische Schwelle. Da sind wir am springenden Punkt. Schon die letzten Lehrsätze des 2. Teils nähern sich dem Problem, entschärfen andeutungsweise den antinomischen Komplex, schlagen eine Lösung vor. Die Erkenntnis als Intuition – das ist der Punkt: daher nicht mehr formale Übereinstimmung, nicht mehr Synthese von Totalität, Teilen, kein Entwurf der Utopie mehr: »Es liegt in der Natur der Vernunft, die Dinge unter der Form der Ewigkeit aufzufassen« (II, 44. LS, FS 2). *»Sub quadam aeternitatis specie«* (68, 609-615): um anzufangen. Alle Dinge. Daher: »Jede Vorstellung irgendeines wirklich existierenden Körpers oder eines einzelnen Dinges schließt notwendig das ewige und unendliche Wesen Gottes in sich.« (II, 45. LS). Und sollte das noch nicht klar genug sein, so kommentiert dies die Anmerkung: »Ich verstehe hier unter Existenz nicht die Dauer, d. h. Existenz, wie sie abstrakt und gleichsam als eine gewisse Art der Quantität begriffen wird. Denn ich spreche von der Natur als Existenz selbst, welche den einzelnen Dingen deshalb beigelegt wird, weil aus der ewigen Notwendigkeit Gottes Unendliches auf unendliche Weise folgt. Ich spreche, sage ich, von der Existenz der einzelnen Dinge selbst, insofern sie in Gott sind, denn obwohl ein jedes von einem anderen einzelne Dinge bestimmt wird, auf gewisse Weise dazusein, so folgt doch die Kraft, wodurch jedes im Dasein beharrt, aus der ewigen Notwendigkeit der Natur Gottes.« (II, 45. LS, Anm.). Das heißt, daß die göttliche Absolutheit durch diese höhere Form der Erkenntnis, die sich in der ontologischen Identität der Dinge bestimmt, der Welt zugeschrieben ist, für die Welt enthüllt wird in ihrer einzigartigen Vielheit. Und daß diese nichts anderes sein kann als die Lösung des Problems, belegt auch die nachfolgende Argumentation Spinozas (47.-49. LS): Die Einzigkeit ist frei. Die Freiheit ist Form des Einzel-Seins. Die Identität des Einzel-Seins ist seine praktische Natur. Die Notwendigkeit ist kein Gegensatz zur Freiheit, sondern nur das Zeichen der ontologischen Absolutheit der Freiheit. Die Notwendigkeit nimmt der Welt nicht die Einzigkeit, indem sie sie gegen das Absolute hinausdehnt, sondern gibt stattdessen der Welt die Einzigkeit zurück und begründet und bestimmt sie absolut. In der Anmerkung zum 49. Lehrsatz, mit dem die *Ethik* schließt, vertieft Spinoza im Rahmen einer heftigen Polemik gegen alle Theorie vom freien Willen in außerordentlich wirkungsvoller Weise seine Theorie der Freiheit. Die Freiheit ist die Form der Einzigkeit des Menschen insofern sie praktisches Wesen des Geistes ist, insoweit sie imstande ist, das Sein zu schaffen. Der Geist und der

Wille, die Intuition und die Freiheit sind die Lösung jeglicher Antinomie des Absoluten, und sie fegen dabei eben die Bedingungen weg, indem sie die Entstehung des absoluten Seins an das *»operari«* der Modalität heften: *»sub quadam aeternitatis specie«*. Die Antinomie ist damit nicht »überwunden«, sondern weggefegt, verwandelt in den Horizont einer handlungsbezogenen Phänomenologie.

Die Spinozianische Selbstkritik der Utopie, die in der ersten Periode der eigentlichen Philosophie zustandekommt, gelangt so zu ersten Resultaten. An dieser kritischen Schwelle wird schlicht und einfach eine metaphysische Neubegründung des Systems gesetzt. Durch ein ontologisches Vorgehen, das erstens darin besteht, daß die Substanz, die die Dynamik der Attribute sichert, den genealogischen Prozeß (des Wesens) in die Krise führt; zweitens darin, daß die Wesenheiten, die erneut die Attribute hervorbringen, den Produktionsprozeß der Dinge in die Krise führen. Der »Weg nach unten«, der auf diese Weise vorgestellt wurde, widersetzt sich nicht den Ergebnissen des Prozesses der Konstitution, er unterliegt der Ungleichartigkeit der Ziele. Denn tatsächlich ist die Wirkung des »Weges nach unten« nicht die Organisation des Unendlichen, sondern das Paradoxon der Welt, der Dualismus von Substanz und Modus. An dieser Stelle hätte sich ein philosophisches Vorgehen ganz ähnlich dem der anderen Philosophien der Epoche – der größte Teil davon im Umfeld des cartesianischen Rationalismus – entwickeln können: tatsächlich aber ergibt sich hier ein logischer Sprung von gewaltiger Tragweite. Entsprechend dem Dualismus hypostasiert Spinoza ihn nicht, noch vermittelt er ihn, sondern er kehrt die göttliche Absolutheit um zur Welt der Modi.[10] Wenn sich die Synthese ergeben sollte, dann als einzelne und plurale Realität der Modi. Der »Weg nach unten« erweist sich als *pars destruens*, als zerstörender Teil, jeglicher emanatistischer Metaphysik, jeglicher renaissancehaften Utopie. Vom Standpunkt der Ideologie aus muß die Undeutlichkeit des kapitalistischen Mythos und seine reformistische Übertragung, die die Philosophien des cartesianischen Rationalismus vorschlagen, angegriffen und zerstört werden. Die Antinomien des Marktes und des Wertes treten in den Vordergrund: gegen sie sucht die unendliche Produktivität der menschlichen Arbeit eine neue Organisation.[11]

Es stimmt also nicht, daß hier die biographische Umstellung, der Umzug von Rijnsburg nach Voorburg, allgemeine Bedeutung erhält. Der systematische Bruch, die neue metaphysische Grundlage, als kritische Schwelle des Vorgehen festgelegt, implizieren eine wirkungsvolle Unterbrechung, eine reale Zäsur der philosophischen Entwicklung. Das Wiederherstellen eines allgemeinen Horizontes, der die ontologische Prägnanz des Modus, das Vermögen der Welt bewahrt und entwickelt, impliziert eine Reihe völlig neuer phänomenologischer und kritischer Instrumente. Die Philosophie der Welt, die Physik des Modus müssen, um eine neue Metaphysik zu schaffen, sich in die Welt einbringen, die Ethik des einzelnen und pluralen Modus anerkennen und hervorheben. Auf der Ethizität des Modus bestehen, bedeutet, dabei die Phänomenologie zu durchlaufen. Nach der Entwicklung einer *pars destruens* von solcher Radikalität, nach der Identifikation eines festen Stützpunktes, von dem aus sich die metaphysische Perspektive wiedereröffnen läßt, erfordert die Ausarbeitung der *pars construens*, des schaffenden Teils, ein praktisches Vorgehen. Die Ethik konnte sich nicht im Entwurf, in einer Metaphysik des Modus und der Wirklichkeit konstituieren, wenn sie sich nicht in die Geschichte, in die Politik, in die Phänomenologie des einzelnen und des kollektiven Lebens einfügte: wenn sie nicht daraus neue Nahrung zog. Sie mußte die Welt der Imagination und der Leidenschaften durchlaufen, um daraus die Materie und die konstitutive Kraft der Wiederherstellung der Welt zu machen. Der ontologische Horizont, der die kritische Entwicklung der ersten Redaktion der *Ethik* hervorgebracht hat, muß nun eine dynamische Materialität finden, auf der er seine eigene Kraft entfalten kann. Warum sollte von diesem Standpunkt aus die Bemerkung verwundern, daß Spinoza mitten in der Ausarbeitung der *Ethik* alles hinwirft und mit politischer Arbeit beginnt (denn die Kritik der Bibel und der Theologie in dieser Zeit ist unmittelbare politische Arbeit)? Einige Interpreten betonen die zentrale Rolle der politischen Arbeit bei Spinoza[12]: aber es ist der zentrale Ort der Ontologie, ich betone: der Ontologie, der hervortrat. Alles, was bis dahin geschehen ist, führt hierhin: die Entwicklung der metaphysischen Analyse, die innere Kritik der Utopie, die Identifizierung der kritischen Schwelle beim Auftreten der irreduziblen Ethizität des Modus. Nun ist es die Geschichte, die die Ontologie begründen muß, oder, wenn wir so wollen, es ist die Ontologie, die sich in der Ethik und der Geschichtlichkeit auflösen muß, um zur konstitutiven Ontologie zu werden. Die Geschichte ist die Politik: »Diese Lehre fördert auch nicht wenig die allgemeine Gemeinschaft, insofern sie lehrt, auf welche Weise die Bürger zu regieren und zu leiten sind, daß sie nämlich nicht knechtisch, sondern frei, das, was das Beste ist, tun.« (II, 49. LS, Anm.)

Bleibt noch ein allerletzter Punkt. Nämlich der wilde Charakter auch dieser Unterbrechung des metaphysischen Aufbaus. Das Vermögen der ontologischen Umkehrung, die Bestimmung der Vortrefflichkeit der Welt, das Beharren auf der Ethik als der konstitutiven Kraft; all das hat tatsächlich eine innere Entschlußkraft und eine derart totale Form in sich, daß die komplexe Gestalt von Spinozas Denken völlig beziehungslos zur heiteren Mäßigung des Denkens seiner Epoche steht. Unverhältnismäßig und übermenschlich. Ein ungezähmtes Vorgehen. Ich möchte nicht noch einmal die materialen, historischen Eigentümlichkeiten dieses Verhaltens unterstreichen. Aber, großer Gott, es muß präsent bleiben: andernfalls blieben der Riß, die Wunde, die Spannung, die Spinoza in das westliche Denken einbringt, unverständlich. Und auch die Hoffnung.

Fünftes Kapitel
Systematische Zäsur

Imagination und Konstitution

»Als ich eines Tages, da es schon zu tagen begann, aus schwerem Traume erwachte, blieben mir die Bilder, die ich im Traume gehabt hatte, so lebhaft vor Augen, als wären sie wirkliche Dinge, und namentlich war es das Bild eines schwarzen und aussätzigen Brasilianers, den ich noch nie zuvor gesehen hatte. Dieses Bild verschwand zum größten Teil, wenn ich, um mich durch etwas anderes abzulenken, meine Augen auf ein Buch oder sonst etwas richtete. Wenn ich aber dann wieder die Augen von einem solchen Gegenstand abwandte und sie ohne Aufmerksamkeit auf irgendetwas richtete, dann erschien mir das Bild desselben Negers wieder mit der gleichen Lebhaftigkeit und so wiederholt, bis es mir allmählich aus dem Gesicht verschwand.« (17. Brief) Spinoza und Caliban, könnte man auf Anhieb zu diesem Brief vom 20. Juli 1664 »an den gelehrten und weisen Peter Balling« sagen. Aber, ganz abgesehen von der ungehörigen Ironie gegenüber Balling – der durch ein Vorzeichen des (dann tatsächlich eingetretenen) Todes seines kleinen Sohnes noch immer erschüttert war –, weiß man, welch vielschichtige Persönlichkeit Caliban ist. Derart vielschichtig, daß das Problem »Caliban« – das Problem der befreienden Kraft, der natürlichen Imagination (der Einbildungs- oder Vorstellungskraft) – im Rahmen der höchsten Abstraktion der philosophischen Überlegungen auftritt. »Ich meine, daß die Wirkungen der Imagination, die von äußeren Ursachen ausgehen, niemals Vorzeichen zukünftiger Dinge sein können, weil ihre Ursachen nicht künftige Dinge in sich schließen« (17. Brief) Das hindert nicht, daß »die Wirkungen unserer Imagination aus der Beschaffenheit (constitutio) des Körpers oder des Geistes entstehen.« (17. Brief). Imagination und Konstitution: die Imagination durchzieht also das Wirkliche. »Wir sehen auch, daß die Imagination einzig von der seelischen Verfassung (constitutio) bestimmt wird, weil sie ja erfahrungsgemäß in allen Dingen auf der Spur des Verstandes schreitet und ihre Bilder und Worte durch die gleiche Ordnung verkettet und miteinander verknüpft, wie der Verstand seine

Beweise, und zwar so sehr, daß man nahezu nichts verstehen kann, von dem nicht die Imagination sich unmittelbar auch ein Bild macht.« (17. Brief) Aber dieses Durchströmen des Wirklichen durch die Imagination wirft unendliche Probleme auf. Zuerst muß ich betonen, daß ich in dieses Meer der Imagination eingetaucht bin: es ist das Meer der Existenz selbst. Ein großer Unterschied zur Tiefe des Meeres, in welches das Subjekt durch den Cartesianischen Zweifel der »Meditationes« getaucht ist: *»Tamquam in profundum gurgitem ex improviso delapsus«*, »gleichsam unvermutet eingetaucht in die Tiefe des Meeres«. Dort, bei Descartes, ist der Stützpunkt, den die forschende Unruhe sucht, ein Fixpunkt, ein Anfangspunkt und eine Gewähr des Erkennens – hier, bei Spinoza impliziert dieses Wiedererkennen der existentiellen Situation, ihrer dunklen Vielfältigkeit, keinerlei Bezug zu etwas anderem, Höheren, Transzendentalen. Die Welt der Modi – der Horizont der Meereswellen, wie man in Spinozianischer Metaphorik sagen könnte – ist jedenfalls wirklich. Das zweite Problem dieses Entwurfes ist: wenn die Wirkungen der Imagination von der Konstitution der Seele herrühren, in welcher Weise hat dann die Imaginationskraft an der Konstitution der Seele teil? Und in welchem Maß nimmt, bei solcher Lage der Dinge, die Imagination, zusammen mit der Seele, an der Konstitution der Welt und an ihrer Befreiung teil? Erneut das Problem Caliban.

Dieser Brief, diese Hypothesen überschreiten die Grenzen der ersten Redaktion der *Ethik*. Einige Autoren wollten darin Überreste eines systematischen, aber unvollständigen und unausgeführten Entwurfes sehen (dies ist z. B. die Position Gueroults, in 68, 572-577; gegen 6, 259 ff.). Aber das ist unannehmbar, wenn wir andere Briefe derselben Periode betrachten (1664-1665; 18.-24. Brief), die unmittelbar auf denjenigen an Balling folgen: Briefe an den »gelehrten und weisen Herrn G. de Blyenberg«. Als »ehrenhafter Handelsmann«, aber vor allem als guter Christ gibt Blyenberg dem Caliban den Namen »Adam«. Die Fähigkeit Adams, Böses zu tun, so hebt Blyenberg zurecht hervor, ist auf der Grundlage der *Principia* Spinozas tatsächlich unverständlich, ebenso wie die Imagination Calibans: sind Wille und Imagination konstitutiv oder nicht? »Weder Sie noch Herr Descartes scheinen diese Sache zu lösen, indem Sie sagen, das Böse sei ein *Nicht-Seiendes*, bei dem Gott nicht mitwirkt.« (18. Brief) Die Antwort Spinozas ist äußerst drastisch – und sie beweist, wie total die Verständnislosigkeit für diese Nahtstelle seines Denkens bei denen ist, die die Setzung der Problematik des Imaginationsvermögens als Eckstein der zweiten, der abschließenden Redaktion der *Ethik* ausklammern. »Was nun mich angeht, so kann ich nicht zugeben, daß Sünde und Böses etwas Positives sind, geschweige denn, daß etwas gegen den Willen Gottes sei oder geschehe. Im Gegenteil, ich bestreite nicht nur, daß die Sünde etwas Positives ist, sondern ich behaupte sogar, daß wir nur uneigentlich, nach menschlicher Redeweise, sagen können, wir sündigen gegen Gott, genau so wie wenn wir sagen, die Menschen beleidigen Gott.« (19. Brief) »Ich nehme beispielsweise den Entschluß oder den bestimmten Willen Adams, von der verbotenen Frucht zu essen. Dieser Entschluß oder dieser bestimmte Wille für sich allein betrachtet, schließt so viel Vollkommenheit in sich, wie er Radikalität ausdrückt. Das kann man daraus erkennen, daß wir bei den Dingen nur dann Unvollkommenheit wahrnehmen können, wenn wir andere Dinge ins Auge fassen, die mehr Realität haben. Deshalb können wir dem Entschluß Adams, solange wir ihn an sich betrachten und ihn nicht mit etwas Vollkommenerem, einen vollkommeneren Zustand Zeigenden vergleichen, keine Unvollkommenheit finden; ja man kann ihn sogar mit unendlich vielen anderen Dingen vergleichen, die im Hinblick auf ihn weit unvollkommener sind, wie Steine, Baumstämme usw. Das gibt tatsächlich auch jeder zu, denn man betrachtet alles mögliche, was man bei den Menschen verabscheut und mit Widerwillen sieht, bei den Tieren mit Bewunderung, wie beispielsweise die Kriege der Bienen oder die Eifersucht der Tauben usw., die man bei den Menschen verachtet, und trotzdem hält man die Tiere deshalb für vollkommener. Da dem so ist, so folgt klar daraus, daß die Sünden, da sie nur Unvollkommenheit anzeigen, nicht in etwas bestehen können, was eine Realität ausdrückt, wie Adams Entschluß und seine Ausführung.« (19. Brief) In dieser Seinsfülle bewegt sich die Wahrheit. Es ist daher nicht möglich, das Sein absolut zur Beraubung und Verneinung herabzuwürdigen, denn »das Beraubtsein bedeutet nicht die Handlung des Beraubens, sondern nur den einfachen und bloßen Mangel, der an sich nichts ist. Sie ist bloß ein Gedankenvorgang oder ein Modus des Denkens, den wir bilden, wenn wir die Dinge miteinander vergleichen. Wir sagen z. B., ein Blinder ist des Gesichtes beraubt, weil wir ihn uns als nicht sehend vorstellen ...« (21. Brief) »Beraubtsein ist demnach nichts anderes, als etwas von einem Ding zu verneinen, was nach unserem Urteil zu seiner Natur gehört, und Verneinung ist nichts anderes, als etwas von einer Sache zu verneinen, was zu seiner Natur gehört. Daraus wird klar, daß Adams Verlangen nach irdischen Dingen nur im Hinblick auf unseren, aber nicht auf den Verstand Gottes böse war.« (21. Brief) Das Problem besteht darin, daß wir nicht glauben, unsere Freiheit bestünde in einer gewissen Zufälligkeit oder Indifferenz; vielmehr bestehe sie »in einem Modus des Bejahens oder Verneinens, so daß wir desto freier sind, je weniger willkürlich wir etwas bejahen oder verneinen.« (21. Brief)[1]

Fassen wir zusammen. Der Anspruch der Welt der Modi setzt unmittelbar auf der Ebene der Erkenntnis ebenso wie auf der Ebene des Willens das Problem der Wirklichkeit der Imagination und der Freiheit. Eine konstitutive Wirklichkeit, die nicht mehr von der Göttlichkeit geschenkt und in ihrem Prozeß der Emanation angesiedelt ist – Caliban, alias Adam, setzt das Problem der Wirklichkeit nicht mehr als Totalität, sondern als dynamische Partialität, nicht als absolute Vollkommenheit, sondern als relative Beraubung, nicht als Utopie, sondern als Projekt. Die gnoseologische und ethische Verfassung der modalen Wirklichkeit tritt in den Vordergrund. Aber das bedeutet einen totalen Bruch mit jeder früher ausgearbeiteten Logik, und wir dürfen uns an dieser Stelle nicht wundern, wenn der »Traktat über die Verbesserung des Verstandes« unvollständig bleibt. »Aus Zeitmangel«, wie sich Spinoza entschuldigt?[2] Tatsache ist, daß sich schon in Voorburg das Problem einer Logik stellt, die den konstitutiven Prozessen der Wirklichkeit folgt. Ist der Entwurf noch nicht hinreichend klar? Sicherlich. Aber er kann nicht mehr zurückgenommen werden. An dieser Stelle können wir die Tendenz lediglich bestimmen, aber noch nicht beschreiben; wir können ihre Tragfähigkeit ermessen, aber noch nicht das Vorgehen beschreiben. Mit Sicherheit ist hier jedenfalls eine äußerst tiefgreifende systematische Zäsur eingetreten, und von nun ab ist dies der Horizont der Konstitution der Wirklichkeit und ihrer absoluten Bestimmung bei Spinoza.

Beachten wir jedoch noch etwas anderes. Dieselbe Auffassung, welche die konstitutive Kraft des Seins leugnet und die modale Bestimmung der Welt mystifiziert, indem sie sie in der idealischen Indifferenz ertränkt – und »obgleich eine Maus gerade so wie ein Engel, und Trauer gerade so wie Freude von Gott abhängig sind, so kann doch eine Maus nicht eine Art Engel und Trauer nicht eine Art Freude sein« (23. Brief); das reicht, um jegliche Wahrscheinlichkeit zu zerstören – eben diese Auffassung fordert, in der Form der Theologie, wieder die Gültigkeit der Imagination. Im Laufe des Streits mit Blyenberg über die Natur der Freiheit sieht Spinoza sich gezwungen, dieses Problem anzugehen. Gott erscheint als König und Gesetzgeber, die Mittel zur Gesundheit sind mit den Namen von »Gesetzen« bezeichnet, Gesundheit und Verderben werden wie Belohnung und Strafe in ein moralisches Universum gesetzt, das in anthropomorphen Gestalten die Notwendigkeit und Bestimmtheit der Erkenntnis und des menschlichen Handelns auflöst und auf diese Weise ihre absolute Gültigkeit zerstört (vgl. 19. Brief). Und doch baut diese verderbte Imagination tatsächlich die Welt auf! Sie ist kraftvoll, weil sie Tradition, sie ist umfangreich, weil sie Gewalt, sie ist verheerend, weil sie Krieg ist – und sie ist die Magd all dessen, so daß das Unglück des Menschen und seine Unwissenheit, der Aberglaube und die Sklaverei, das Elend und der Tod sich diesen nämlichen imaginativen Fähigkeiten einfügen – die andererseits den einzigen Horizont eines menschlichen Zusammenlebens und einer positiven historischen Bestimmung des Seins konstituiert. Eine die Welt durchdringende metaphysische Neubestimmung kann daher die Auseinandersetzung mit dieser Gewalt der theologisch-politischen Wirklichkeit nicht ausklammern. Die Wahrheit und die menschliche Fähigkeit, sie und die Freiheit für das Leben zu schaffen, zu unterscheiden vom Gesamt des von der Imagination in der Welt bestimmten Unglücks, wird auf diese Weise zum ersten Akt einer die ethische begründenden logischen Reform. Und einer politischen? Notwendigerweise ja. Theologisch und politisch sind austauschbare Begriffe.[3] Sicher, die humanistische Revolution hat schon in gravierender Weise die mittelalterliche Rechtfertigung der Gewalt angegriffen. Aber sie hat sie nicht ausgelöscht: so daß sich dieser erneuert – weniger als Legitimation der Gewalt, als vielmehr als Aberglaube und Konservierung, als Irrationalität und als Blockade. Als Obskurantismus.

Ein törichter Krieg ist im Gange (der 2. holländisch-englische Seekrieg 1665-1667), gleichsam Siegel des Niederschlags dieser ernüchternden Diagnose. Ein merkwürdiger Dialog spielt sich zwischen den Kriegführenden ab. Aus London schreibt Oldenburg an Spinoza: »Täglich erwarten wir hier Nachrichten über eine zweite Seeschlacht, wenn sich nicht etwa Ihre Flotte wieder in den Hafen zurückgezogen hat. Die Tapferkeit, mit der, wie Sie meinen, bei Ihnen gekämpft wird, ist eine tierische, nicht eine menschliche. Denn wenn die Menschen der Leitung der Vernunft folgten, würden sie sich nicht gegenseitig zerfleischen, das liegt ja auf der Hand. Aber was klage ich. Solange es Menschen gibt, wird es auch Laster geben. Aber auch diese währen nicht immer und werden zwischendurch von Besserem aufgewogen.« (29. Brief). Spinoza schreibt nun aus Voorburg an Oldenburg: »Ich freue mich, daß die Leute Ihres Kreises als Philosophen leben, ihrer selbst und ihrer Republik eingedenk. Was sie in der letzten Zeit erarbeitet haben, will ich erwarten, wenn einmal die Kämpfer am Blut sich gesättigt haben und sich ausruhen, um ein wenig frische Kräfte zu sammeln. Wenn jener berühmte Spötter zu unserer Zeit noch lebte, würde er sicherlich sterben vor Lachen. Mich bewegen diese Wirren weder zum Lachen noch auch zum Weinen, sondern vielmehr zum Philosophieren und zum besseren Beobachten der menschlichen Natur. Denn ich halte es nicht für recht, über die Natur zu spotten und noch viel weniger, über sie zu klagen, wenn ich denke, daß die Menschen wie alles übrige nur ein Teil der Natur bilden, und daß ich noch nicht weiß, wie jeder Teil der Natur mit seinem Ganzen zusammenstimmt und wie er mit den übrigen Teilen zusammenhängt. Bloß aus diesem Mangel an Erkenntnis kommt es, wenn ich etwas in der Natur, das ich nur zum Teil und nur aus dem Zusammenhang herausgerissen begreife und das mit unserem philosophischen Geiste gar nicht übereinstimmt, wenn ich das vordem dem Anscheine nach nichtig, ungeordnet, sinnlos fand. Jetzt aber lasse ich jeden nach seinem Sinne leben, und wer will, der möge für immer für sein Glück sterben, wenn ich nur das meine wahre leben darf.« (30. Brief) Das scheint zunächst ein libertinistischer Ausruf, ist aber tatsächlich die Vorbemerkung zu folgendem Programm: »Ich verfasse eben eine Abhandlung über meine Auffassung von der (Heiligen) Schrift. Dazu bestimmen mich: 1. die Vorurteile der Theologen; diese Vorurteile hindern ja, wie ich weiß, am meisten die Menschen, ihren Geist der Philosophie zuzuwenden; darum widme ich mich der Aufgabe, sie aufzudecken und sie aus dem Sinne der Klügeren zu entfernen; 2. die Meinung, die das Volk von mir hat, das mich unaufhörlich des Atheismus beschuldigt: ich sehe mich gezwungen, diese Meinung womöglich von mir abzuwehren; 3. die Freiheit, zu philosophieren und zu sagen, was man denkt; diese Freiheit möchte ich auf alle Weise verteidigen, da sie hier bei dem allzugroßen Ansehen und der Frechheit der Prediger auf alle mögliche Weise unterdrückt wird.« (30. Brief)

Der *Tractatus theologico-politicus*[4], der Theologisch-politische Traktat, besitzt in seiner Entstehungsgeschichte, eine außerordentliche zentrale Stellung im komplexen Wechselspiel des Denkens Spinozas. Ein wenig haben das alle Interpreten schon erkannt, aber in recht banaler Art. Natürlich mußten sie alle diese Unterbrechung in der Entwicklung der *Ethik* bemerken, die der Entwurf des »Theologischen Traktats« zwischen 1665 und 1670 darstellt. Und es ist auch klar, daß diese chronologische Zäsur die Dinge nicht so läßt, wie sie einmal waren, wenn die Arbeit an der *Ethik* wiederaufgenommen werden wird: der Horizont hat sich erweitert, die politische Materie – mit dem Reichtum, den sie für das leidenschaftsbestimmte und das ethische Leben darstellt – wird in der metaphysischen Untersuchung zurückgewonnen. Aber es genügt nicht, dies zu erkennen. Es ist tatsächlich kein Zufall, daß trotz dieser Einsicht die *Ethik* in jedem Fall als einheitliches Werk gelesen wird. Die Unterbrechung, die der »Theologische Traktat« darstellt, mag wie eine Nebensächlichkeit erscheinen. Tatsächlich aber haben wir eine Unterbrechung vor uns, die eine Neubegründung ist. Gerade der Stoff des »Theologischen Traktats« zeigt uns das – über die von uns schon durchgeführte Analyse der Krise der ersten Redaktion der *Ethik* hinaus; über die Analyse der neuen ethischen Denkrichtung in ihrer zweiten Phase, mit der wir uns noch befassen werden, hinaus (vgl. 148; 145; 17; 21; 140; 166; 20; 41; vgl. a. 133; 46; 5). Im »Theologischen Traktat« werden die theologischen und physikalischen Grundlagen des 1. und 2. Teils der *Ethik* sozusagen beiseitegeschoben. Es ist, als ob sich, von dem Punkt aus, zu dem die Philosophie bis hier geführt hat, eine neue Welt enthüllen würde, undurchdringlich für die alten Instrumente, aber mit ihnen auch weder zu beurteilen noch abzuschätzen. Bisher haben wir, vor allem in den Briefen, eine Stimmung festgestellt. Mit dem »Theologischen Traktat« wird logischerweise klar, daß man sich der Welt der Imagination und der Geschichte, der Religion und der Politik – so wie sie konkret sind – vom Standpunkt der rationalen Theologie und Physik nicht nähern kann. Möglicherweise wird das auch noch so sein, wenn wir das Gewirr dieses realen Komplexes erstmals durchdrungen haben. Nun, vom Beginn des Neuen an, das das Wirkliche setzt: welches Orientierungszeichen kann die alte metaphysische *tranche* haben? Muß diese nicht selbst der Kraft der wirklichen Veränderung unterworfen werden? Hier wird die Unterbrechung unmittelbar zur Neubegründung. Und die historischen und theoretischen

Fäden, die wir aufzuwickeln begonnen haben, verschlingen sich hier aufs neue. Eine neue Logik, im Rahmen der Welt der Imagination, der Welt *tout court*, schließlich: dies bedeutet aber, die Welt herabzusetzen, ihre Wirklichkeit sich entwickeln zu sehen und sie gleichzeitig auszuschalten, insofern sie sich dem Fortschritt der Wahrheit widersetzt. Und diese Diskriminierung berührt auch das System, seinen Fortgang, seine Entwicklung. Wir werden sehen, wie sehr. Zunächst jedoch läßt er das beiseite – er arbeitet also wirklich an einer Neubegründung, täuscht sie nicht nur vor.

Im Anschluß an die Höhepunkte des 2. Teils der *Ethik* müssen die ersten Kapitel des »Theologischen Traktats« zweifellos verwundern. Ein enormer Reichtum an technischen Erkenntnissen ist hier zusammengetragen: technisch-theologische Erkenntnisse, philologische, linguistische, politische.[5] Die Bibliothek Spinozas klärt uns darüber auf. Aber dies ist sofort eingebunden in einen polemischen Vorsatz: »Theologisch-politischer Traktat, wo in einer Anzahl von Untersuchungen gezeigt wird, daß die Freiheit zu philosophieren nicht allein unbeschadet der Frömmigkeit und des bürgerlichen Friedens und der Frömmigkeit aufgehoben werden kann.« (*TTP*, Titelei) Ein polemischer, aber bestimmter Plan. Tatsächlich – betrachten wir nun die ersten sechs Kapitel, die eben diesen Charakter tragen – ist die Polemik auch Entbergung der Wirklichkeit und, unmittelbar und automatisch, Setzung des logischen Problems der Imagination. Die vorgestellten Themen (1. Kap. »Über die Weissagung«; 2. Kap. »Von den Propheten«; 3. Kap. »Über die Berufung der Juden, und ob die prophetische Gabe ihnen allein eigen gewesen ist«; 4. Kap. »Über das göttliche Gesetz«; 5. Kap. »Weshalb die gottesdienstlichen Gebräuche eingeführt wurden, und über den Glauben an die Geschichten; weshalb und für wen derselbe nötig«; 6. Kap. »Über die Wunder«) werden einer logischen Behandlung unterworfen, d. h. einem in phänomenologischer Richtung orientierten Untersuchungsschema: um das Niveau der von der Imagination konstituierten Wirklichkeit festzuhalten.

Damit werden zwei Ebenen der Beweisführung betont. Die erste (a) können wir »von der Offenbarung zur Institution« nennen, und sie ist in ihrem Aufbau chronologisch, genealogisch. Sie geht von den polemischen Themen (gegen den Aberglauben und den religiösen Fanatismus) aus, um (a 1) die gnoseologische Verfassung derselben zu bestimmen: in Kapitel 1, 2, 3 stützt sich der polemische Ansatz auf das Szenarium der uns nun schon bekannten Anklage religiöser Entfremdung und theologischer Mystifikation. Aber (a 2) hier versetzt sich die Analyse vom Boden der geoffenbarten Erkenntnis auf das Gebiet der historischen Wirklichkeit. Die theoretische Klärung hat nichts mehr zu tun mit der Herrschaft der ideologischen Schatten, sondern mit der Wirklichkeit der historischen, wirkenden Mystifikation. Diese ergibt sich im 4. Kapitel. Schließlich (a 3) verlagert sich die analytische Richtung in den Kapiteln 5 und 6 erneut: hier kommt nun die

Entwicklungsgeschichte der Institutionen, die historisch konstitutive Funktion der Imagination zur Betrachtung. Diesem chronologischen Rhythmus unmittelbar synchron zugeschaltet ist jedoch eine Untersuchungsebene, die wir »von der Illusion zur Konstitution« nennen können (b). Sie durchläuft die verschiedenen Untersuchungsphasen mehr oder weniger aktiv und artikuliert sich theoretisch in drei Punkten: (b 1) die Analyse und Bestimmung der Imagination als konstitutiver Kraft von Irrtum und Illusion; dem folgt (b 2) die Betonung der zwiespältigen, schillernden, fließenden Bedeutung der Imagination als transzendentaler Kraft; der dritte Aspekt (b 3) wird von der – zugegeben unterschiedlichen – Analyse des ontologischen Fundaments der imaginativen Tätigkeit verwirklicht. Wir treten in die Ordnung des wirklichen Seins ein. Diese sechs Kapitel bilden ein einigermaßen organisches Ganzes[6], gleichsam einen 1. Teil des »Theologischen Traktats«, und das 4. Kapitel konstituiert darin einen Brennpunkt, sowohl in chronologischer wie in synchronischer Hinsicht, das Kernstück von (a) und die Synthese von (b).

Halten wir diese Bemerkungen gegenwärtig und kommen wir zur Hauptsache. In den ersten drei Kapiteln des »Theologischen Traktats« (a 1) wird das Problem einer Analyse und Kritik der Weissagung behandelt, das heißt der Offenbarung insoweit sie dem israelischen Volk durch die Propheten ausgedrückt wurde. Unmittelbar gesetzt wird die Verneinung jeglicher spezifischer ontologischer Verfassung der prophetischen Wahrheit (b 1). Wenn jedoch jede Wahrheit in ihrem Fundament die göttliche Macht vorfindet, könnte man sagen, daß die Weissagung »durch Gottes Vermögen geschehen sei, allein dies würde nur ein leeres Geschwätz sein; es wäre ebenso, als wenn ich das Wesen einer einzelnen Sache mittels eines transzendentalen Kunstausdruckes erklären wollte; denn durch Gott ist alles gemacht. Da das Vermögen der Natur nur das eigene Vermögen Gottes ist, so erkennen wir offenbar Gottes Vermögen so weit nicht, und es ist also töricht, auf Gottes Vermögen sich zu berufen, wenn man die natürliche Ursache eines Gegenstandes, d. h. Gottes Vermögen selbst nicht kennt.« (*TTP*, I). Der Horizont der Weissagung kann daher ein anderer sein, als der der reinen Imagination. Folglich ergibt sich, auf dem Gebiet der reinen Abstraktion, »da die menschliche Imagination ihrer Natur nach keine Gewißheit für die Wahrheit ihrer Bilder gibt, wie sie bei jeder klaren und deutlichen Vorstellung statthat, vielmehr jener Kraft, wenn man ihren Bildern Glauben schenken soll, noch die vernünftige Überlegung hinzutreten muß, daß die Weissagung an sich keine Gewißheit haben kann.« (*TTP*, II). Nun wird die prophetische Imagination als Ausdruck einer *»directio dei«*, einer *»Anweisung Gottes«*, angesehen und von den Hebräern als eigentlicher Anruf des auserwählten Volkes aufgefaßt. »Ich will daher«, fügt Spinoza hinzu, »erklären, was ich unter der Regierung Gottes, unter dem äußeren und inneren Beistand Gottes, unter der Auserwählung Gottes und endlich unter

Schicksal verstehe. Unter Regierung Gottes verstehe ich die feste und unveränderliche Ordnung der Natur oder die Verkettung der natürlichen Dinge; denn ich habe schon gesagt, daß die allgemeinen Naturgesetze, nach denen alles geschieht und sich bestimmt, nur die ewigen Beschlüsse Gottes sind, welche immer die ewige Wahrheit und Notwendigkeit einschließen. Es ist daher dasselbe, ob ich sage, alles geschieht nach den Gesetzen der Natur, oder alles ordnet sich nach dem Beschluß und der Leitung Gottes. Ferner ist die Macht aller natürlichen Dinge nur das Vermögen Gottes, durch das allein alles geschieht und bestimmt wird; daraus folgt, daß alles, was der Mensch, der ja selbst nur ein Teil der Natur ist, zu seiner Unterstützung und Erhaltung tut, oder alles, was die Natur ohne sein Zutun ihm bietet, ihm alles nur vom göttlichen Vermögen zukommt; sei es, daß sie durch die Natur des Menschen oder durch die Dinge außerhalb des Menschen wirkt. Man kann daher mit Recht alles, was die menschliche Natur nach ihrer Macht zu ihrer Erhaltung vermag, die innere Hilfe Gottes, und alles, was sonst aus der Macht äußerer Ursachen ihm Nützliches zufällt, die äußere Hilfe Gottes nennen. Hieraus ergibt sich auch, was unter der Erwählung Gottes zu verstehen ist. Denn da jedermann nur handelt, wie es die vorbestimmte Ordnung der Natur mit sich bringt, d. h. nach Gottes ewigem Ratschluß und Leitung, so folgt, daß jedermann sich nur die Lebensweise wählen und das bewirken kann, wozu Gott ihn besonders beruft, und wie er ihn vor anderen zu diesem Werk und zu dieser Lebensweise ausgewählt hat. Endlich verstehe ich unter Schicksal nur die Regierung Gottes, soweit sie durch äußere und unerwartete Ursachen die menschlichen Angelegenheiten bestimmt.« (*TTP*, III) Auf dieser Grundlage besteht die konkrete Tätigkeit der Imagination schlicht im Zusammenfügen der historischen Elemente, die aus Wirkungen der in der menschlichen Natur selbst angelegten Ursachen bestehen. Die Mittel zur Auswahl hängen wesentlich vom menschlichen Vermögen ab. »Und deshalb müssen diese Güter nicht als die besonderen eines Volkes, sondern als die gemeinsamen des menschlichen Geschlechtes angesehen werden; man müßte sich denn einbilden, daß die Natur ehedem verschiedene Gattungen von Menschen hervorgebracht hat.« (*TTP*, III) Die Imagination ist Illusion: die Ethizität ist Vermögen, göttliches und natürliches Vermögen. Diese Argumentationsweise scheint ein reiner »Wechselschritt« der anfänglichen pantheistischen Anlage zu sein, und so wird sie auch von vielen Interpreten gesehen.[7]

Mir scheint jedoch, daß der unmittelbare Anschluß der zweiten Phase der Analyse, d. h. der Vertiefung der kritischen Funktion, den Rahmen grundlegend verändert (b 2). Die Weissagung ist also Imagination, und die Imagination ist Illusion: Wachen oder Träumen – der prophetische Zustand –, Horchen, Kontemplation, Wahnsinn? (*TTP*, I) »Wenn die Dinge so liegen, so fragt es sich, woher konnte den Propheten die Überzeugung von Dingen kommen, die sie nur mit der Imagination und nicht nach den festen Regeln der Vernunft erfaßten?« (*TTP*, I) Das heißt, daß das Problem in der besonderen Natur der Wirkungen prophetischer Imagination besteht, im Paradoxon des wesenhaften Nichts, das historische Gewißheit und historisches Sein schafft. In diesem Augenblick wird die kritische Funktion zur phänomenologischen. Die Imagination rechtfertigt ihr wirres und unbestimmtes Sein, indem sie sich innerhalb der natürlichen *potentia* formt, in der Entwicklung und Mehrung des menschlichen *operari*. Damit zeigen sich zwei Ebenen: die eine ist statisch, und auf ihr setzt die Imagination eine zwar partielle, aber positive Bestimmung ihrer eigentümlichen Inhalte; die zweite ist dynamisch, und auf ihr sind die Bewegungen und Wirkungen der Imagination zur Funktion ethischer Konstitution der Welt aufgewertet.[8] Das Politische erweist das Theologische. Und damit stellt sich, auf moderne Weise, das Problem des »falschen Bewußtseins«! Wir müssen deshalb diesem Prozeß folgen, der die Illusion als kraftvolle Tätigkeit erweist, wir müssen ihre innere Wahrheit und Unwahrheit feststellen und unterscheiden. Das instrumentelle Paradoxon der »freigeistigen« Religionskritik wird damit (die Imagination ist Illusion) zugleich in der Umkehrung der von ihr konstituierten Form (... und die Illusion konstituiert das Wirkliche) akzeptiert: aber die spinozianische Umkehrung der konstitutiven Tätigkeit vermeidet die Gefahr des Skeptizismus und jeglichen skeptizistischen Ansatz – die konstitutive Tätigkeit ist tatsächlich nicht einfache politische Tätigkeit, ist keine doppelte Wahrheit, ist vielmehr ontologisches Vermögen. Die Lehre der Offenbarung bezieht sich zweifellos *»ad hominem«*, auf den Menschen, illusorisches Zeichen einer verborgenen Wahrheit, aber gerade das Tätigsein der Illusion macht sie wirklich und damit wahr (*TTP*, II). Auf dieser Ebene wird unmittelbar die Umwandlung bekräftigt, welcher der Begriff der Politik unterliegt: Nicht mehr List und Herrschaft, sondern Imagination und Konstitution. Die erste Form, in der sich diese Synthese zeigt, ist die eines »göttlichen Paktes«, besser, der illusionären göttlichen Gestalt des Gesellschaftsvertrages. »Die menschliche Fürsorge und Wachsamkeit vermag viel für die Schonung des Lebens und für den Schutz vor Schaden durch andere Menschen und durch Tiere. Kein besseres Mittel lehrt in dieser Beziehung die Vernunft und die Erfahrung, als eine Gesellschaft mit festen Gesetzen zu bilden, einen bestimmten Landstrich einzunehmen und alle Kraft für die Gesellschaft, gleich wie für *einen* Körper, zu verwenden. Denn zur Bildung und Erhaltung solcher Gesellschaft gehört keine geringe Klugheit und Wachsamkeit; deshalb wird eine solche Gesellschaft sicherer, beständiger und den Unfällen des Schicksals weniger ausgesetzt sein, wenn sie vorzüglich von klugen und wachsamen Männern gegründet und regiert wird, während eine, die nur aus ungebildeten Menschen besteht, größtenteils vom Glück abhängt und weniger Bestand hat. Dauert sie doch länger, so dankt sie dies nicht ihrer, sondern fremder Leitung, und wenn sie große Gefahren überwindet, und ihre Angelegenheiten gut gehen, so muß sie Gottes Regierung bewundern und anbeten, insofern dann Gott durch verborgene äußere Ursachen, und nicht insofern er durch die Natur der Seele der Menschen wirkt; denn dann begegnet ihr etwas ganz unerwartetes gegen die Regel, was in Wahrheit als ein Wunder gelten kann.« (*TTP*, III) Diese Gesellschaft wird also aus der Illusion der göttlichen Gerechtigkeit heraus bewertet; die Weissagung – und sogar das Wunder – werden zum Ränkespiel des politischen Systems, und die Offenbarung wird zur Sozialordnung umfunktioniert und in dieser Eigenschaft erneuert (*TTP*, III). Damit sind wir am Rand dieser, für uns durch die polemische und die phänomenologische Phase sichtbar möglichen, unmittelbar und expliziert politisch-konstitutiven Schicht der Untersuchung angekommen, die wir mit (b 3) bezeichnet hatten. In den ersten drei Kapiteln des »Theologischen Traktats« wohnen wir einfachen absichtsvollen Anspielungen bei – wie dem Auftreten des Verhältnisses *»jus-potentia«* (*TTP*, II, vgl. a. XVI), Recht-Vermögen oder *»societas-imperium«*, Gesellschaft-Herrschaft (was in sich eine Ordnungsvorstellung birgt: »Der ganze Zweck der Gemeinschaft ist ... die Sicherheit und Bequemlichkeit des Lebens; ein Ordnungsgefüge kann aber nur mit Gesetzen bestehen, denen jeder unterworfen ist; und wollten alle Glieder einer Gemeinschaft den Gesetzen Lebewohl sagen, so würden sie damit die Gemeinschaft auflösen und die politische Ordnung zerstören.« [*TTP*, III]). Es ist ein Näherungsversuch, aber schon er zeigt die Hinreifung dieser Verinnerlichung konstitutiven Vermögens zur Entwicklung des Wirklichen, die die Thematik der Imagination zuerst derart mühsam und äußerlich vorgesetzt hatte.

Gehen wir damit zum 4. Kapitel des »Theologischen Traktats« über: hier beginnt sich das Problem der Konstitution tatsächlich in explizierten Begriffen zu stellen (a 2). Das heißt, daß die Dichte des bisher angenäherten Prozesses auf eine theoretische Ebene übertragen und dort theoretisch erklärt wird (b 3). Wir haben von einem konstitutiven – dunkel gefaßten – Einbringen der menschlichen *potentia* in die natürliche und göttliche gesprochen: wie erklärt sich dieses Einbringen, wie diese Synthese? Halten wir gegenwärtig, daß das Problem von der Schwierigkeit einer Unterscheidung zwischen göttlichem und menschlichem Gesetz nicht so kompliziert ist, wie allzu viele Kritiker meinen. »Das Wort ›Gesetz‹ an sich bezeichnet das, wonach jeder einzelne, seien es alle oder einige einer Gattung, auf dieselbe feste und bestimmte Weise handelt; es hängt entweder von der Naturnotwendigkeit oder von dem Belieben der Menschen ab. Ersteres folgt aus der Natur oder Definition des Gegenstandes selbst mit Notwendigkeit; das Gesetz aus dem Belieben der Menschen, was eigentlich das ›Recht‹ genannt wird, ist dagegen das, was die Menschen zur Sicherheit und Bequemlichkeit des Lebens oder aus anderen Gründen sich und anderen auferlegt haben.« (*TTP*, IV)

Der Unterschied ist damit klar. Und zwar stellt sich das Problem von eben der Intensität her, der gegensätzlichen Intensität der beiden Bedeutungen von »Gesetz«. Der konstitutive Entwurf muß sich am Vermächtnis der ersten Redaktion der *Ethik* erweisen und sich mit ihm konfrontieren: tatsächlich stellt sich dort der Widerspruch, das Paradox der gleichzeitigen Anwesenheit des göttlichen Absoluten und des modalen Absoluten. Wie ist diese doppelte Absolutheit zu vermitteln? Oder besser: hat es überhaupt Sinn, dieses Problem der Vermittlung aufzuwerfen? Im 4. Kapitel wird keine klare Antwort auf diese Problematik geboten. Auf der einen Seite wird die Möglichkeit-Notwendigkeit einer Vermittlung dargelegt. Spinoza spricht in der Tat von einem »göttlichen natürlichen Gesetz«, dessen Eigenschaften die menschliche Universalität, die Einsehbarkeit, das Angeborensein, die ethische Natur sind. (*TTP*, IV) Das ist Rechtsnaturalismus.[9] Aber auf der anderen Seite – wohl mit mehr Kraft und vor allem mit einer überaus großen Möglichkeit zu weiterer theoretischer Entwicklung – wird das Problem der Vermittlung beiseitegeschoben. Beiseitegeschoben wird die Hypothese »Rousseau«. Wie schon in der Metaphysik gesehen, wo sich die Krise des Spinozianischen Denkens ergeben hatte, wird das Absolute zur konstitutiven Kraft der Positivität, erstreckt sich auf die Erscheinungsform der Konstitution der Welt. »Wenn ich auch zugebe, daß alles nach allgemeinen Naturgesetzen sich zum Dasein und zum Wirken in scharfer und fester Weise bestimmt, so meine ich doch, daß diese Gesetze von den Entscheidungen der Menschen abhängen.« (*TTP*, IV) Gesetz: menschliche Entscheidung. Wenn das Gesetz mit theologischen Anspielungen beladen wird, hängt das in dieser Perspektive alleine von der Notwendigkeit ab, die Wirksamkeit eindeutig zu bestimmen. Um es mit einem modernen Autor zu sagen, die positive Natur der Gesetze muß in eine spezifische, auf den Horizont der Werte des 17. Jahrhunderts bezogenen Sphäre der Neutralisierung des sozialen Konflikts gestellt werden – und diese Sphäre war eben noch theologisch.[10] Was ich aber bekräftigen möchte, ist dieses erste umfangreiche Auftauchen des konstitutiven Vermögens der menschlichen Tätigkeit. Was die Imagination als Wirklichkeit der Illusion vorsetzte, ist hier in die Positivität des Willens, der Freiheit übertragen, in das Anzeigen eines Konstitutionsprozesses. Im 5. und 6. Kapitel (a 3) vertieft sich diese Perspektive schließlich und nimmt jene rein produktiven und sozialen Eigenschaften an, die den Positivismus definieren: aber damit sind wir inmitten eines neuen Horizontes der Untersuchung angelangt und werden sehen, wie sich dieser in die nachfolgenden Paragraphen hineinverlängert.

Das bisher Gesagte reicht jedenfalls aus, um die Richtigkeit der Eingangsbehauptung zu belegen. Und das heißt, daß die Imagination das Gebiet darstellt, auf dem die Notwendigkeit für eine umfassende Umkehr der Metaphysik Spinozas auftritt. Der »Theologisch-politische Traktat« ist nicht eine zweitrangige oder nebensächliche Episode:

er ist stattdessen der Punkt, an dem sich die Metaphysik Spinozas verwandelt. Es ist daher zutreffend, wenn man sagt, daß das Politische ein grundlegendes Element des Spinozianischen Systems ist: aber nur wenn man gegenwärtig hält, daß das Politische selbst eben das Metaphysische ist. Es ist kein Blendwerk, sondern die Seele der Metaphysik. Das Politische ist die Metaphysik der Imagination, ist die Metaphysik der menschlichen Konstitution des Wirklichen, der Welt. Die Wahrheit lebt in der Welt der Imagination, es ist möglich, adäquate Vorstellungen zu haben, die zwar nicht die Wirklichkeit erschöpfen, aber offen und konstitutiv für die Wirklichkeit sind; auf wahrhaft gewaltige Weise ist die Erkenntnis, ist das Sein nicht nur aufgefunden, sondern es ist selbst Aktivität, Vermögen; es gibt nicht nur die Natur, sondern auch noch eine zweite Natur, Natur der unmittelbaren Ursache, geschaffenes Sein: Diese Bestimmungen, von den Interpreten unter Schwierigkeiten mit dem statischen Bild des Spinozismus in unbeweglicher Form der kosmischen Analogie zur Dekkung gebracht (68, 572-586), stellen sich jedoch adäquat innerhalb dieser neuen Öffnung seiner Philosophie. Die Tätigkeit der Imagination erreicht eine ontologische Verfassung. Sicher nicht, um die Wahrheit der Weissagung zu beglaubigen, wohl aber, um die Wahrheit der Welt zu festigen, und die Positivheit, die Produktivität, die Sozialität der menschlichen Tätigkeit.[11] Denn diese stellt das Absolute dar. Darin besteht die systematische Zäsur, aber darin besteht vor allem die enorme Modernität dieses Denkens. Caliban ist in der Tat ein zeitgenössischer Held.

Philologie und Taktik

Eine neue Logik, die das Existierende durchzieht in der von der Imagination geschaffenen Form der Welt, und die in ihr die Wahrheit von der Unwahrheit unterscheidet: so spezifiziert sich der Aufbau des »Theologisch-politischen Traktats« vom 7. Kapitel an, d. h. nach der Untersuchung der metaphysischen Natur der Imagination. Der erste Bereich der Analyse ist die Welt der prophetischen Imagination, im vorliegenden Fall die apostolische. Konsequenterweise wird der zweite Bereich – immer noch von den Regeln der Imagination bestimmt – der sein, den wir die soziale Welt nennen, das ist die Gesamtheit der Beziehungen, die sich innerhalb und zwischen der bürgerlichen Gesellschaft und dem Staat erstrecken. Die Analyse zur Interpretation der apostolischen Offenbarung im 7.-10. Kapitel muß sich (wie schon die bereits vorher zur hebräischen Prophetie entwikkelten substantiellen Inhalte), so wie es historisch geschehen ist, als die prophetische Imagination zu einer Sozialordnung geführt wurde, an der im 11.-15. Kapitel durchgeführten Analyse der Prinzipien und der Bedingungen der Sozialität orientieren. Beschäftigen wir uns der Reihe nach mit diesen beiden Untersuchungsbereichen.

»Ehrgeiz und Verbrechen haben es dahin gebracht, daß die Religion nicht mehr in der Befolgung der Lehren des Heiligen Geistes, sondern in der Verteidigung menschlicher Erfindungen besteht, und daß die Religion nicht in der Liebe gefunden wird, sondern in Aussaat von Uneinigkeit unter den Menschen und in Ausbreitung des erbittertsten Hasses, der mit dem falschen Namen göttlichen Eifers und brennenden Verlangens beschönigt wird. Mit diesen Übeln verband sich der Aberglaube, welcher die Menschen Vernunft und Natur zu verachten lehrt und sie nur das bewundern und verehren läßt, was jenen beiden widerspricht. Es kann daher nicht verwundern, wenn man zur Erhöhung der Verehrung und Bewunderung der Heiligen Schrift sie so auszulegen sucht, wie sie der Vernunft und Natur am meisten widerspricht. Deshalb träumt man von verborgenen tiefen Geheimnissen in der Heiligen Schrift; man erschöpft sich in Auffindung derselben, d. h. des Unsinns, und vernachlässigt dabei das Nützliche. Alles, was sie so in ihrem Wahnsinn erfinden, wird dem Heiligen Geist zugeschrieben und mit der größten Anstrengung und Leidenschaft verteidigt.« (*TTP*, VII) Von diesen gefährlichen Illusionen muß man sich daher befreien. Wir müssen die natürliche Logik umwandeln in eine Technik der historischen Unterscheidung des Wahren und des Falschen (hermeneutisch) und in eine Technik der logischen Unterscheidung nützlicher und zerstörender Handlungen (exegetisch), die die Imagination uns auf dem gesamten Horizont der Offenbarung vorstellt. »Um es kurz zu sagen, die Art der Bibelerklärung unterscheidet sich nicht von der der Naturerklärung, sondern stimmt mit ihr ganz überein. So wie die letztere vorzüglich darin besteht, das einzelne in der Natur passend zusammenzustellen, um aus diesen festen Unterlagen die Begriffe der natürlichen Dinge abzuleiten, so müssen auch bei der Bibelerklärung die zuverlässigen Tatsachen zusammengestellt und daraus, als den sicheren Unterlagen und Prinzipien, die Meinung der Verfasser der Bibel in richtige Folgerungen abgeleitet werden.« (*TTP*, VII) »Deshalb muß man die Erkenntnis von beinahe alledem, was die Heilige Schrift enthält, aus ihr selbst entnehmen, ebenso wie bei der Naturerkenntnis diese von der Natur entnommen werden muß.« (*TTP*, VII) Aber diese historische Erkenntnis wird von der Funktion integriert, die an der Heiligen Schrift als »natürliches Licht«, das auf seine Materie fällt, geübt wird. Es gibt also zwei Ebenen für die Anwendung der Kritik: die eine, die wir hermeneutisch nennen, ist ein Gebiet, auf dem wir, *juxta sua propria principia,* gemäß ihrer eigenen Prinzipien (»deshalb ist die allgemeine Regel für die Bibelerklärung, der Schrift keine Lehre zuzuschreiben, die aus der Geschichte der Bibel sich nicht klar ergibt« [*TTP*, VII]), den Prozeß nachvollziehen, durch den sich die Offenbarung ausdrückt. Entsprechende technische Instrumente stehen der hermeneutischen Tätigkeit zur Verfügung: vor allem die linguistische Analyse;

dann die typologische Rückführung der einzelnen Bücher der Heiligen Schrift auf allgemeine Argumente; schließlich die Analyse des kulturellen Kontextes (18; 13; 118; 59). In zweiter Linie muß sich die exegetische Analyse zu ihrer Vollendung der hermeneutischen eröffnen: »Erst nachdem man eine solche Geschichte der Bibel rekonstruiert hat und fest sich vorgenommen hat, nur das als Lehre der Propheten anzunehmen, als was aus dieser Geschichte folgt oder deutlich hergeleitet werden kann, ist es Zeit, sein Augenmerk auf den Geist der Propheten und des Heiligen Geistes zu lenken. Auch dazu ist eine ähnliche Weise und Ordnung nötig, wie sie angewendet wird, wenn man die Natur aus ihrer Geschichte erklären will. So wie man bei der Erforschung der natürlichen Dinge vor allem darauf bedacht ist, die allgemeinsten und der ganzen Natur gemeinsamen Punkte zu ermitteln, d. h. die Bewegung und die Ruhe mit den Gesetzen und Regeln, welche die Natur stets beobachtet und nach denen sie ununterbrochen wirkt: und so, wie man von da allmählich zu dem mehr Besonderen vorschreitet, ebenso muß auch aus der Geschichte der Heiligen Schrift zunächst das Allgemeinste ermittelt werden, was die Grundlage und der Boden für die ganze Bibel ist und das, was in ihr als die ewige und allen Sterblichen heilsamste Lehre von allen Propheten empfohlen wird.« (*TTP*, VII) Es ist offensichtlich, welche zentrale Rolle die Vernunft im Rahmen der exegetischen Tätigkeit einnimmt: die Hermeneutik enthüllt den realen Stoff, den die Exegetik unterscheidet. In welchem Sinn und nach welchen Kriterien? Nach einem einzigen: dem des natürlichen Lichtes. »Man wird unzweifelhaft bemerken, daß dieses Vorhaben kein Licht außer dem natürlichen verlangt. Denn das Wesen und die Kraft dieses natürlichen Lichts besteht vorzüglich in Ableitung und Folgerung der dunklen Dinge aus bekannten oder aus solchen gegebenen Schlüssen, und mehr verlangt meine Auslegung nicht. Ich gebe zu, daß sie nicht für die sichere Aufklärung allen Inhaltes der Bibel zureicht; allein dies ist nicht ihre Schuld, sondern kommt davon, daß der wahre und rechte Weg, den sie zeigt, noch niemals gebahnt, von den Menschen nicht betreten und deshalb im Lauf der Zeiten sehr steil und unwegsam geworden ist ...« (*TTP*, VII)

Mithin wird das natürliche Licht wieder instandgesetzt. Durch diese Bestimmung nimmt Spinoza im exegetischen Entwurf mindestens drei bedeutende Stränge der revolutionären Kritik, die seine Arbeit vorbereiten, auf und begründet sie: die eigentliche Bibelkritik[12], die philosophische Kritik der Offenbarung und der Neubegründung des natürlichen Lichts (20) und schließlich die politische Forderung nach individueller Freiheit des Denkens und der Kritik: »Man muß sehen, daß die Gesetze Mosis, als das einheimische Recht, notwendig zu ihrer Erhaltung einer öffentlichen Macht bedurften; denn könnte jeder das öffentliche Recht nach seinem Belieben auslegen, so könnte kein Staat bestehen; er würde sich sofort auflösen, und das öffentliche Recht zu einem privaten werden. Mit der Religion verhält es sich aber ganz anders. Sie besteht nicht sowohl aus äußerlichen Handlungen als aus der Einfalt und Wahrhaftigkeit der Seele und gehört deshalb nicht zu dem öffentlichen Recht und zur Staatsgewalt.« (*TTP*, VII; vgl. 48; 145; 146; 147; 148). Drei gleicherweise mächtige Bestimmungen des revolutionären Denkens des Humanismus konstituieren hier die Grundlage der Untersuchung. Unmittelbar bekräftigt wird dabei die Besonderheit der Spinozianischen Forderung nach dem natürlichen Licht. Es überwindet tatsächlich seine eigenen genetischen Bestimmungen. Das natürliche Licht, die Vernunft, stellt sich ab sofort nicht einfach als analytische Fassungskraft dar, vielmehr als konstitutive Kraft; nicht einfach als interpretative Funktion, sondern als konstruktive Instanz. In der hermeneutischen Tätigkeit hat die Vernunft tatsächlich das Sein gemäß der stufenweisen Ordnung durchlaufen, in der die Wahrheit auftaucht. Die Kritik Spinozas an der exegetischen Methode des Maimonides (*TTP*, VII; vgl. 80) auf diesen Seiten des »Theologischen Traktats«, kann nicht den tiefen Einklang der Interpretationstechnik Spinozas mit der Methodologie des mittelalterlichen Hebräertums verbergen (20, 281-282; 105): das heißt, daß sich hier die Erhöhung der rationalen Funktion (und dabei sind die mystischen Verschleierungen der hebräischen Tradition ausgelöscht) in einem ontologischen Zusammenhang ergibt. Die historische Exegese der Heiligen Schrift ist in Wirklichkeit eine historisch-hermeneutische Analyse der Vernunft. Das natürliche Licht beleuchtet die eigentliche geschichtliche Entwicklung, indem sie in die Analyse der Heiligen Schrift eintritt. So daß wir an dieser Stelle die Begegnung und die grundlegende Vereinigung des revolutionären Anspruchs der Renaissance-Intelligenz mit der Stärke des ethischen Konstruktivismus der jüdischen Tradition feststellen können. Der Realismus der letzteren verkörpert sich eindeutig im modernen Rationalismus.[13] Eine weitere Prämisse der Utopie des spinozianischen Kreises verwirklicht sich – während die Totalität dieses Modells schwerwiegender Kritik unterworfen wird. Das alles schafft Raum für überaus bedeutende Konsequenzen: das Verhältnis zwischen Methode und Ontologie verkehrt sich bezüglich des cartesianischen und allgemein idealistischen Denkens des 17. Jahrhunderts. Die Methode bewegt sich innerhalb der Ontologie, sie ist in keinem Fall formal – die Wiederherstellung des natürlichen Lichts ist historisches und menschliches Werk, und es ist gleichzeitig eine Enthüllung der Wirklichkeit, die die kollektive, ontologisch besetzte Kraft dieser menschlichen Aneignung zeigt. Eine Aneignung, die das Sein erneuert. Die ontologische Dichte des Spinozianischen Denkens findet durch die Hermeneutik der Offenbarung eine innere Dynamik, die die Entwicklung der Vernunft darstellt (grundlegend hierfür 98).

Wir müssen erneut betonen, welche Zäsur diese Seiten des »Theologisch-politischen Traktats« gegenüber der ersten Anlage des metaphysischen Denkens darstellt. Hier hat eine echte Umkehr stattgefunden. Es sei aber gleichzeitig auch unterstrichen, daß die Umkehr zunächst noch vorläufig ist, eine Veränderung des Standpunkts, und daß sie sich bis jetzt auf nebengeordneten, wenn auch sehr wichtigen Ebenen hinsichtlich der von der Philosophie geforderten Aufgabe bewegt: die materialistische Grundlage eines ethischen Horizontes. Sinnvollerweise sollte man auch vermerken, daß Spinoza die Vorläufigkeit der ontologischen Erneuerung selbst wahrgenommen hat. Es gibt eine Reihe von Briefen an Johannes Hudde über das ontologische Prinzip, die zeitgleich mit diesen Passagen des »Theologischen Traktats«, 1666, verfaßt sind (34.-36. Brief). Darin wird der Ontologismus derart vorangetrieben, daß er zu einer explosiven Mischung wird: auf der einen Seite das absolute Sein gegen die Vervollkommnung (womit die Beweisführung a posteriori der Existenz Gottes in der *Ethik* vervollständigt wird: »Weil Existieren-Können Vermögen ist, so folgt, daß, je mehr Wirklichkeit der Natur eines Dinges zukommt, es desto mehr Kraft aus sich habe zu existieren.« [*Ethik*, 1, 11. LS, Anm.]); auf der anderen Seite das Überfließen des Seins und das Übermaß seiner Vollkommenheit durch die Welt – aber in positiver, machtvoller, konstruktiver Weise: »Alles, was notwendige Existenz einschließt, kann keine Unvollkommenheit in sich haben, sondern muß bloße Vollkommenheit ausdrücken. Ferner, da es nur aus der Vollkommenheit kommen kann, daß ein Wesen aus eigenem Genügen, aus eigener Kraft existiert, so folgt daraus, wenn wir annehmen, daß ein Wesen, das nicht alle Vollkommenheit ausdrückt, aus seiner Natur heraus existiert, daß wir dann auch annehmen müssen, auch jenes Wesen existiere, das alle Vollkommenheit in sich faßt. Denn wenn ein mit minderem Vermögen begabtes Wesen aus eigenem Genügen existiert, wieviel mehr existiert dann ein mit größerem Vermögen begabtes.« (35. Brief) Fundamental ist hier der Sinn des Prozesses der Vollkommenheit des Seins als Weg nach oben, von den Einzelwesen hoch: hier wird die neuplatonische Vorstellung vom Abstieg des Seins, der Sprache der Beraubung, ausdrücklich in Frage gestellt. Und da nun das Vermögen des vielfältigen Universums so beschaffen ist, besteht die logische Notwendigkeit, es in Richtung auf die Absolutheit zu befördern – nicht durch Vermittlung, nicht durch irgendwelche mysteriöse Dialektik, sondern durch eine Übertragung, Ortsverlagerung, einen Sprung auf eine andere Ebene, oder was dasselbe ist, die Verneinung der (vorhandenen) Ebene. Paradox, fast absurd, drückt sich Spinoza aus: »Da sich all das so verhält, folgt daraus, daß es nur ein Wesen geben kann, nämlich Gott, das durch eigene Kraft existiert. Denn wenn wir einmal, nur um so zu sagen, die Annahme machen, die Ausdehnung schlösse die Existenz in sich, dann muß sie auch ewig und unbegrenzt sein und schlechthin keine Unvollkommenheit, sondern bloß Vollkommenheit ausdrücken. Dann wird auch die Ausdehnung zu Gott gehören oder etwas sein, das Gottes Natur in irgendeiner Art ausdrückt; denn Gott ist ein Wesen, das nicht nur in einer bestimmten Hinsicht, sondern das in seinem Wesen schlechthin unbegrenzt und allmächtig ist.«

(36. Brief) Das Absolute drückt sich daher nunmehr in einer Form aus, die implizit eine Umkehrung des Rahmens systematischer Auslegung fordert: die absolute Erscheinungsform des Vermögens verlangt, in einem neuen metaphysischen Szenarium dargeboten zu werden. Auch die Methode neigt dazu: »die klaren und deutlichen Begriffe, die wir bilden, sind nur von unserer Natur und ihren bestimmten und festen Grenzen abhängig, d. h. schlechthin von unserem Vermögen« – ein Vermögen, das verfeinert wird durch »beharrliches Nachsinnen und standhaften Sinn und Vorsatz« (37. Brief), durch das ethische Leben als Bedingung der Wiederaneignung des Seins.

Nachsinnen, standhafter Sinn und Vorsatz reichen jedoch nicht aus, um hier bei Spinoza den Widerspruch zwischen der ontologischen Dichte der hermeneutischen Methode und der metaphysischen Definition des Seins zu lösen. Daher können wir im »Theologisch-politischen Traktat« ohne Zweifel in der Methodologie den höchsten Punkt sehen, auf dem sich die Untersuchung bewegt. Von da an verläuft die Untersuchung ohne Gleichgewicht zwischen diesen beiden Möglichkeiten: eine phänomenologische Forschung, die den Entwurf des Seins bereichert, während sich die Ebenen der ontologischen Bestimmung vorläufig auf dem Gebiet der Erscheinungsformen einrichten – das jedoch noch nicht die ihm zustehende konstruktive Kraft wiedererlangen konnte.

Kehren wir zum Text des »Theologischen Traktats« zurück. Was bedeutet es, in das Gewebe der prophetischen Imagination einzudringen, um darin die Positivität des historischen Prozesses zu unterscheiden? Es bedeutet, die Befreiung der Vernunft zu preisen, aber gleichzeitig ist es auch die Feststellung der konstitutiven Bedingungen der wirklichen Befreiung. Schon im 5. und 6. Kapitel, beim Abschluß der philosophischen Kritik der prophetischen Offenbarung, war das Problem gestellt worden: die reale und positive Funktion der historischen Entwicklung der Vernunft, das Element, um im Meer des imaginär Existentiellen Unterscheidungen zu treffen, ist die Konstitution des Kollektiven. »Die Gemeinschaft ist nicht nur gut zum Schutz gegen die Feinde, sondern zur Beschaffung vieler Dinge, und selbst notwendig.« (*TTP*, v)[14] Die Funktion der Offenbarung besteht daher darin, das Soziale zu konstituieren und zu organisieren. »Wären daher die Menschen von Natur so angewöhnt, daß sie nur das wahrhaftig Vernünftige verlangten, so brauchte die Gesellschaft keine Gesetze, sondern es genügte die Unterweisung der Menschen in den moralischen Lehren, um freiwillig und von selbst das wahrhaft Nützliche zu tun. Allein die menschliche Natur ist ganz anders beschaffen; denn alle suchen zwar ihren Vorteil, aber nicht nach Vorschrift der gesunden Vernunft, sondern sie begehren in der Regel nur die Dinge im Antrieb von Lüsten und Affekten der Seele, ohne Rücksicht auf die Zukunft und andere Dinge; und sie entscheiden danach über den Nutzen. Deshalb kann keine Gesellschaft ohne oberste Gewalt und Macht und folglich nicht ohne Gesetze bestehen, welche die Begierden der Menschen und die zügellose Hast mäßigen und hemmen.« (*TTP*, v) Mehr noch: die Funktion der Offenbarung erlaubt ein begründetes Sich-Zusammenschließen, sie ruft eine »gemäßigte Gewalt« hervor, das heißt, eine in wirkungsvoller Weise zur Artikulation der Stichhaltigkeit des Zusammenschlusses und der Notwendigkeit der Herrschaft fähige Gewalt. Das Gleichgewicht und die Mäßigung dieses Verhältnisses sind grundlegend, sind schlechthin die Bedingung für die Setzung der Gewalt (*TTP*, v). Tatsächlich ist das Interessante an Spinozas Definition des Kollektiven der Charakter des Übereinstimmens. Eine Vorwegnahme im Sinne des Kontraktismus? Vielleicht.

Nachdem die hermeneutische Analyse mit eben diesen Artikulationen des Seins die Normen der Vernunftentwicklung gesetzt hat, reifen auch die Bedingungen der Gesellschaftlichkeit (als Bedingungen der wirklichen Befreiung) heran. Die Schatten des Imaginären zerteilen sich historisch, bleiben als Positivität der Imagination zurück. Die Kapitel 11-15 des »Theologisch-politischen Traktats« werden zur Projektion der schon in den vorangegangenen Kapiteln als möglich definierten Positivität der Imagination. Dort verwandelt sich die von der Hermeneutik ausgebildete ontologische Bürde entschieden in eine konstitutive Kraft, in einen konstitutiven Horizont der kollektiven Bedingungen der Befreiung. Das ist ein außerordentlich kraftvoller Prozeß von wachsender Intensität. Konstitutiv. Hier muß man diese Funktion betonen, denn oft löscht die Kritik die ontologische Tragfähigkeit dieses Begriffes *»constitutio«* aus, indem sie ihn eher auf den Begriff »Verfügbarkeit« und »menschliche Anlage« zurückführt, anstatt auf konstruktive und strukturale Tätigkeit (vgl. 68, 196, 572; dagegen: 98; 99; 100). Diese Reduktion – naheliegend in allen pantheistischen Deutungen, die die aktive eindeutige Bestimmung des Seins auf dem modalen Horizont prinzipiell verneinen – ist speziell an der von uns betrachteten Nahtstelle völlig unhaltbar. Gegen diese Interpretationen reicht eigentlich das in den Kapiteln 11-15 sichtbare Vorgehen, das sich auf die konstitutive Positivität des Gehorsams gründet. Gehorsam also: das ist der Vorgang, der Begriff, der Religion und Gesellschaft verbindet. Um die Gestalt des normativen Gehorsams zu bestimmen, nähert sich Spinoza dieser in der Analyse des Akts der Übereinstimmung. Schon die anfängliche und knappe Bestimmung der »gemäßigten Gewalt« deutet diesen Weg an. »Indes läßt sich die menschliche Natur nicht unbedingt zwingen, und wie der Tragiker Seneca sagt, die gewalttätige Herrschaft dauert nicht lange, wohl aber die gemäßigte.« (*TTP*, v) Nun besteht die positive Funktion der religiösen Imagination vor allem in der Verbreitung des Gehorsams. Auf den verschiedenen historischen Entwicklungsstufen. Mit der Lehre der Apostel erhebt sich die Funktion der Religion über das, was die prophetische Lehrtätigkeit erreicht hatte: hier die nationale Religiosität, dort die universelle. Die Verinnerlichung des religiösen Bewußtseins, die im Christentum statthat, verallgemeinert die politische Definition des Gehorsams: der Glaube zeigt sich als apriorische Form des politischen Gehorsams – als inneres Element der Pflicht. Nicht eines vereinzelten Gehorsams, sondern eines allgemeinen, Gestalt des Politischen, konstitutives Element des Konsenses. Die Imagination bleibt von nun an als eine kollektive Dimension übrig, die ideologisch wie struktural ist – eine universelle Religion als Legitimation des Gehorsams, Gehorsam als Verwirklichung des Gesellschaftlichen, des Kollektiven.

Das Problem der Konstitution des Kollektiven tritt immer ausdrücklicher hervor und seine Lösung wird in den von uns betrachteten Kapiteln immer begeisterter. Die beiden Elemente, die die Legitimation der gesellschaftlichen Organisation als historische Wirkungen der Entwicklung der Vernunft konstituieren, werden gegenwärtig gehalten: auf der einen Seite die Verallgemeinerung des Inhalts der Religion, auf der anderen Seite der immer deutlichere Ausdruck der konstitutiven Funktion religiöser Imagination. Hier nun an erster Stelle der Inhalt der Religion. Die an der Lehre der Apostel festgemachte hermeneutische Analyse führt zu einer Reduktion des Inhalts der Religion auf einige einfache Prinzipien und vor allem zu einem allerersten: »Daß wir nun das göttliche Gesetz in diesem Sinne unverdorben erhalten haben, ist nicht zweifelhaft. Denn die Heilige Schrift selbst ergibt unzweideutig und leicht, daß ihr Kern ist, Gott über alles zu lieben und den Nächsten wie sich selbst.« (*TTP*, XII) Aber diese reduktive Tätigkeit ist keine Verarmung des religiösen Bewußtseins: sie ist einfach die Unterscheidung der Imagination und der Bestimmung ihrer produktiven Bewegungen. Sie ist die Grundlegung eines deistischen Gesetzbuches: einer Reihe von Bestimmungen – »sehr wenige« und »sehr einfache« – die sich unmittelbar aus dem natürlichen Licht ableiten (*TTP*, XIII). Welche historische institutionale Folge der Tätigkeit religiöser Imagination wird damit beschrieben? Nichts anderes als die Bestimmung des Gehorsams als apriorische Bedingung der Gemeinschaftlichkeit, des Kollektiven – und das bedeutet, vom Leben und der Reproduktion der Menschen zu reden. Die Offenbarung spricht von übernatürlichen Dingen, Gott paßt sich den Einbildungen und den Meinungen an! Das verwundert nicht, denn die Propheten und die Apostel »sprechen nach der Auffassung der Menge, welche die Schrift nicht gelehrt, sondern gehorsam machen will« (*TTP*, XIII). Der Anspruch eines deistischen Gesetzwerks artikuliert sich daher eng mit der Feststellung der politischen Funktion der Religion: die Imagination hat die Grundlage der Gemeinschaftlichkeit geschaffen, indem sie dem Zusammenschluß den – theologisch begründeten – Gehorsam als Herrschaftslegitimation auferlegt. Daher wird man unter »Glauben« nichts anderes verstehen, als »von Gott nur das zu wissen, ohne welches der Gehorsam gegen Gott wegfällt, sowie das, was mit Annahme dieses Gehorsams zugleich anzunehmen ist« (*TTP*, XIV). »Es folgt endlich, daß der Glaube nicht sowohl wahre als fromme Regeln erfordert, d. h. solche, welche die Seele zum Gehorsam bewegen.« (*TTP*,

XIV) »Der Glaube eines jeden kann nur nach seinem Gehorsam oder Ungehorsam und nicht nach der Wahrheit oder Unwahrheit für fromm oder gottlos gehalten werden.« (*TTP*, XIV) »Wie heilsam diese Lehre, wie notwendig sie für die Gesellschaft ist, wenn die Menschen in Eintracht und Frieden leben wollen, wie viele Ursachen zu Unruhen und Verbrechen sie beseitigt, das überlasse ich jedermanns Urteil zu entscheiden.« (*TTP*, XIV)

Was wir bisher verfolgt haben, ist eine Reihe von Prinzipien, die sich so darstellen: erstens, von der nationalen Religion zur universellen katholischen Religion; dann die Grundlegung der allgemeinen Religion und die Offenlegung ihres Inhalts: des Gehorsams; sodann folgt ein deistisches Gesetzwerk zum Beweis der logischen Ausdehnbarkeit der Kategorie; schließlich, in dem Maß, in dem der Gehorsam sich als Grundlage des Gedankens der normativen Verpflichtung darstellt: die Trennung der Religion von der Philosophie, des Glaubens von der Vernunft, und die Bestimmung der befreienden Würde der Vernunft.[15] Wenn wir das feinmaschige Gewebe dieser Schritte betrachten und auf der Grundlage der reinen Vernunft rekonstruieren, haben wir einen Grundriß der Religion als Imagination. Und dieser ist folgendermaßen organisiert: zuerst die Unterscheidung der negativen Imagination, die zum Aberglauben wird, von der Imagination als Positivität, die zum Gehorsam wird; der Gehorsam ist die positive Form der Imagination, denn sein Inhalt ist der Friede, die Möglichkeit, einen Vertrags-Konsens zwischen den Menschen festzusetzen; also setzt sich der Friede als Grundlage des bürgerlichen Zusammenschlusses und stellt ein höheres Gut des menschlichen Lebens dar; jegliches Übersteigen dieser Werte, jegliche Trennung von ihnen kann nur in Form einer höheren Begründung und Verwirklichung als der von der Vernunft bestimmten geschehen. Wir befinden uns hier also in einer theoretischen Entwicklung im aufklärerischen Sinn. Die Vernunft durchdringt die Imagination, setzt dabei einen Wahrheitsinhalt frei, während die Imagination die Positivität des Existierenden, und daher der Vernunft selbst, schafft. Hier werden einige Anmerkungen eingefügt. Nämlich: das Verhältnis zwischen dem durchschrittenen phänomenologischen Horizont, der beschriebenen konstitutiven Funktion und dem herausgearbeiteten Wahrheitsinhalt ist noch immer äußerst problematisch. Dieses Verhältnis kommt bei der Trennung der negativen Imagination – der Grund für Krieg und Unsicherheit (vgl. 20!) – und der für den Frieden und die Gesellschaftlichkeit konstitutiven positiven Imagination zustande: aber diese Trennung ist vertikal, führt wieder eine überragende Hochachtung des rationalen Seins ein. Zwar stimmt es, daß »wir unbedingt folgern, daß die Heilige Schrift weder der Vernunft, noch diese jener anzupassen ist« (*TTP*, XV): das hindert nicht, daß diese Trennung den Vorrang der Vernunft gegenüber dem Glauben fördert. Und dies, selbst wenn die Vernunft das phänomenologische Gewebe der Imagination durchlaufen hat: in der Tat hat die historische

Hermeneutik der Vernunft ihre massivsten Grenzen gefunden. Worin? Erneut in einer Auffassung des Seins, die nicht vollständig auf der Erscheinungsform der Existenz vereinheitlicht ist: In der Fortdauer dualistischer Reste in der komplexen Entwicklung des Entwurfes.

Wir sind dabei, einen Prozeß zu verfolgen und sind an einer Zwischenstation angekommen. Eine überaus starke Tendenz zur Definition der grundlegenden *paliers* einer neuen ontologischen Ordnung beginnt sich innerhalb einer Zäsur des Spinozianischen Systems auszudrücken. Und dies sind die Grundsteine der neuen Struktur: ein völlig eindeutiger ontologischer Horizont, innerhalb dessen die rätselhaften Dualismen des Pantheismus abgeflacht sind auf das Niveau totaler Gleichwertigkeit; eine konstitutive Dynamik, die die fortwährende Umwandlung des Seins besorgt und dieses in materiell begründete Begriffe umsetzt; eine kollektive, soziale Dimension der ontologischen Praxis. Der Hermeneutik der Vernunft hat uns kraftvoll auf diesem Gebiet voranschreiten lassen, indem sie die Dringlichkeit der Lösung verifiziert hat, die die Krise und die ontologische Problematik der ersten Redaktion der *Ethik* in die Forschung eingebracht haben. Aber die Philologie des Seins hat bis hierher ihr Ziel noch nicht zu erreichen vermocht: das heißt, das strategische Ziel hat sich nicht am Ende des philologischen Teils des »Theologischen Traktats« ergeben. Ein dualistischer Rest, eine schwierige Problematik ist noch immer vorhanden. Die Rückführung des Glaubens auf die apriorische Bedingung der Gesellschaft hat zur Lösung des Problems nicht ausgereicht. Der phänomenologische Näherungsversuch, überaus effektiv gegenüber der prophetischen Offenbarung, wird des Untersuchungskomplexes nicht Herr. Hier können wir, glaube ich, den Krisenpunkt der Untersuchung Spinozas in diesen Kapiteln ausmachen, den Punkt, an dem ein taktischer Rückzug gegenüber dem strategischen Entwurf eintritt: und zwar dort, wo sich eine universalistische, typisch rechtsnaturalistische Perspektive ergibt – das heißt dort, wo die Kritik der apostolischen Lehre nicht zur völligen Konkretisierung ihrer Wirkungen in historischer Dimension gelangt (die Kritik im Falle der hebräischen Prophetie war, das muß gesagt werden, radikaler), sie aber dennoch auf einem Gebiet der universalen Bedeutung anordnet. Die christliche, apostolische Lehre ist der Inhalt des natürlichen Lichts, ist eine Reihe universaler, einfachster Prinzipien, ist die Grundlage eines deistischen Gesetzeswerkes. Nun ist der Rechtsnaturalismus eine Sperre für den konstitutiven Entwurf. Offenbar nimmt Spinoza diese Sperre wahr, wenn er den Glauben vom Standpunkt der Herstellung von Gehorsam aus, und den Gehorsam als Herstellung von Gesellschaftlichkeit zu betrachten versucht: aber das kann höchstens das logische Vermögen des Rechtsnaturalismus auf das formale, transzendentale Vermögen reduzieren, beseitigt jedoch nicht die Erhabenheit seines Prinzips. Der Positivismus der Imagination hält vor dem Transzendentalismus der rechtsnaturalen Vernunft inne. Man kann diese taktische

Sperre angesichts der herausragenden Ergebnisse, die die Entwicklung des »Theologischen Traktats« bis hier gezeitigt hat, leicht rechtfertigen, aber es bleibt eine Sperre, ein offenes Problem, das wir nun im Bereich der Bestimmung der systematischen Zäsur erneut betrachten müssen.

Eine letzte Betrachtung, wobei wir etwas zurückgehen. Dieser taktische Rückzug, den der Rechtsnaturalismus im Verlaufe eines ausdrücklich zum Erfassen der konstitutiven Dynamik gedachten Untersuchungsprozesses zeigt, bringt uns zum logischen Entwurf des Universalen in der *Ethik* zurück. Nun ist, wie wir gesehen haben, die Polemik gegen das Universale und jede Form des transzendentalen Logischen in der *Ethik* außerordentlich heftig. Die Erkenntnis wird ohne Zögern gegen die Intuition des Konkreten, des ontologisch Bestimmten gelenkt: die logische Kommunikation basiert auf »Allgemeinbegriffen«, die nichts mit dem Universalen zu tun haben, sondern stattdessen Verallgemeinerungen der nominalistischen Definition der allgemeinen Eigenschaften der Körper sind. Es ist ein positiver Rationalismus, den Spinoza mit der Lehre von den Allgemeinbegriffen (vgl. 68, 324 ff.) ausarbeitet, gegen den Platonismus und jegliche realistische Konzeption des Universalen. Die Kritik hat betont, wie wichtig der Einschlag dieses nominalistischen Entwurfs im Denken Spinozas war – eine echte und wirkliche Basis der Umkehrung, eine logische Möglichkeit, die Positivität in ihrer materiellen Dynamik wahrzunehmen (32, 252-267)! Derart, daß in der *Ethik* diesbezüglich (wenn auch wahrscheinlich nur in dieser Hinsicht) die Gelegenheit zur Entwicklung der konstitutiven Thematik vorbereitet war. Dem standen viele andere Elemente entgegen, vor allem der der kritischen Auffassung des erhöhten Seins. Aber nicht sicher die kritische Auffassung des Universalen. Damit sind wir am Paradoxon des »Theologisch-politischen Traktats« – zumindest des bisher betrachteten Teils: mitten in einer beschwerlichen konstitutiven Suche sperrt sich die Forschung und weicht taktisch zurück, gerade an einem Punkt, wo alles zum Voranschreiten vorbereitet war. Der »Theologische Traktat« kennt nicht die »Allgemeinbegriffe«, sondern verwendet stattdessen die Universalien. Der Rechtsnaturalismus, die Theorie des natürlichen Lichts und des Deismus schauen hervor, und dies genügt, um in das vielfältige Werk Spinozas eine Problematik wiedereinzuführen (die Problematik der Universalien), die eindeutig überwunden schien. Blockierung der Untersuchung, ihr Gegenteil! Aber schon bald, in den Kapiteln 16-20, wie wir im nächsten Paragraphen sehen werden, vertieft sich die Analyse gerade gegenüber diesen Grenzen. Wir werden sehen. Aber ein gewisser Rechtsnaturalismus (paradoxerweise und, wenn man will, gleichsam in Klammern) ist hier jedenfalls wiedereingeführt: er wird die Trefflichkeit des politischen Denkens der folgenden Jahrhunderte ausmachen und besonders die Grundlagen für die abenteuerlichen Verkehrungen des Spinozismus liefern. Zumindest in jener besonders verbreiteten Form, deren Stereotyp durch Bayle und die anderen holländischen Autoren des 17. Jahrhunderts verkörpert wird und die die Irrationalität des Glaubens mit der rationalen Gewißheit des natürlichen Universalen verbindet (88, 250-280; 119; 92; 129). Die rousseausche Synthese des Spinozismus wird später kommen: aber sie wird eben dieses Paradoxon voraussetzen, das man aus der Spinozianischen Hermeneutik herauslesen zu können glaubte. Es war jedoch kein Rechtsnaturalismus, es sei denn als taktischer Rückzug, als momentanes Aussetzen der grundlegenden Linie des Entwurfes – und jedenfalls im Widerspruch sowohl zur nachfolgenden Entwicklung des Denkens Spinozas, wie auch gegenüber der ersten Abfassung der *Ethik.* Nein, Spinoza ist kein Rechtsnaturalist, es sei denn beiläufig.

Der Horizont des Krieges

Wir hätten diesen Paragraphen auch so betiteln können: Jenseits des Rechtsnaturalismus, jenseits des »beiläufigen« Rechtsnaturalismus. Tatsächlich, kaum beginnt man mit dem 16. Kapitel (»Bisher habe ich die Philosophie von der Theologie zu trennen und die Freiheit, zu philosophieren, darzulegen gesucht, welche die Theologie jedem zugesteht. Es ist deshalb Zeit, zu untersuchen, wie weit in einem guten Staat diese Freiheit, zu denken, und, was man denkt, zu sagen, geht. Um dies ordentlich zu tun, muß ich über die Grundlagen des Staates handeln und vorher über das natürliche Recht eines jeden, ohne noch auf den Staat oder die Religion Rücksicht zu nehmen« [*TTP,* XVI]), rückt schon die Beiläufigkeit einer rechtsnaturalistischen, rationalistischen und idealistischen Auffassung in den Vordergrund, die in den vorangegangenen Kapiteln anzuklingen schien. »Unter Recht und Einrichtung der Natur verstehe ich nur die Regeln der Natur jedes einzelnen, vermöge deren jedes natürlich bestimmt ist, in bestimmter Weise zu existieren und zu wirken.« (*TTP,* XVI) Hier setzt sich dagegen eine zwar rationalistische, aber naturalistische, tendenziell materialistische Auffassung durch. »So sind z. B. die Fische dazu bestimmt, zu schwimmen, und daß die großen Fische die kleinen verzehren. Deshalb bemächtigen sich die Fische mit dem höchsten natürlichen Recht des Wassers, und deshalb verzehren die großen die kleinen. Denn sicher hat die Natur, an sich betrachtet, das höchste Recht zu allem, was sie vermag, d. h. das Recht der Natur geht so weit wie ihr Vermögen; denn die Gewalt der Natur ist die Gewalt Gottes selbst, der das höchste Recht zu allem hat. Weil nun das gesamte Vermögen der ganzen Natur nur die Summe der Vermögen aller einzelnen ist, so folgt, daß jeder einzelne das höchste Recht auf alles hat, was er vermag, oder daß das Recht eines jeden sich so weit ausdehnt, als sein besonderes Vermögen sich erstreckt. Und weil es das höchste Gesetz der Natur ist, daß jedes Ding in seinem Zustande, so viel es vermag, zu beharren sucht, und zwar nur seinetwegen und nicht eines anderen wegen, so folgt, daß jeder einzelne das höchste Recht dazu hat, d. h. zum Dasein und Wirken so, wie er natürlich bestimmt ist. Auch erkenne ich hier keinen Unterschied zwischen den Menschen und den anderen Geschöpfen der Natur an, und auch nicht zwischen den vernünftigen Menschen und anderen, welche die wahre Vernunft nicht kennen; auch nicht zwischen den Blödsinnigen, Wahnsinnigen und Gesunden. Denn was jedes Ding nach den Gesetzen seiner Natur tut, das tut es mit dem höchsten Recht, da es handelt, wie es von Natur bestimmt ist und nicht anders kann.« (*TTP*, XVI) Gier und Kraft konstituieren das individuelle natürliche Recht. Kann man fragen: ist das Rechtsnaturalismus? Da die Analogien und die unmittelbaren Einflüsse von Grotius bis zu Hobbes[16] sich bei diesen Formulierungen häufen, könnte man behaupten, daß wir hier vor einer pessimistischen Version des Rechtsnaturalismus stehen. Mir scheint das nicht so. Das spezifisch Spinozianische vermeidet und lehnt in der Tat allen Anschein von grundlegenden Kennzeichen der rechtsnaturalistischen Philosophien ab, das heißt, die absolute Auffassung der individuellen Begründung und die absolute Auffassung des vertragsmäßigen Vorgehens – diesen absoluten Grundlagen widersetzt sich im Denken Spinozas eine Physik der Gesellschaft, das heißt, eine Mechanik der individuellen Antriebe und eine Dynamik der gemeinschaftsstiftenden Verhältnisse, deren Charakteristik darin besteht, sich nie völlig abzuschließen, vielmehr in ontologischen Verschiebungen fortzuschreiten. Die – in der philosophischen Historiographie bekannte – Schwierigkeit, den Rechtsnaturalismus Spinozas unter die verschiedenen Arten des Rechtsnaturalismus einzuordnen, leitet sich daher aus einem einzigen radikalen Grund ab: das soziale, rechtliche und politische Denken Spinozas ist nicht rechtsnaturalistisch. Während das rechtsnaturalistische Denken grundlegend eine Analytik der Leidenschaften darstellt, besteht der Rechtsnaturalismus in Spinozas Denken in einer Phänomenologie derselben; während das rechtsnaturalistische Denken, in der Vertragstheorie und der Theorie des Absolutismus, von einem dialektischen Anspruch durchsetzt ist, ist Spinozas Denken offen für eine konstitutive Problematik.

Der Beweis für diese prinzipielle Unterscheidung des Spinozianischen Denkens vom Rechtsnaturalismus ist nicht so sehr in der ersten Definition des individuellen Naturrechts feststellbar (wie gesehen), als vielmehr in der nachfolgenden Passage, die sich mit dem Vertrag befaßt. »Auch wenn man bedenkt, daß die Menschen ohne gegenseitige Hilfe nur elend und ohne die notwendige Ausbildung der Vernunft leben ... so erhellt, daß die Menschen, um sicher und möglichst gut zu leben, sich vereinigen müssen, und so es bewirken, daß sie gemeinsam das Recht auf alles haben, was jeder von Natur hat, und daß sie nicht mehr durch die Kraft und die Begierde des einzelnen, sondern durch das Vermögen und den Willen aller bestimmt werden. Dies wäre jedoch vergeblich erstrebt worden, wenn sie nur den Antrieben ihrer Begierden folgen wollten, da nach den Gesetzen dieser jeder zu Verschiedenem getrieben wird; deshalb mußten sie fest bestimmen und übereinkommen, nur nach dem Anspruch der Vernunft, dem niemand bei gesundem Verstande zu widersprechen wagt, alles zu leiten, und die Begierde, soweit sie etwas zum Schaden eines anderen verlangt, zu zügeln und niemandem das zu tun, was man will, daß einem selbst nicht getan werde, und das Recht des anderen endlich gleich dem seinen zu verteidigen. Wie nun dieser Vertrag zu schließen ist, damit er gültig und fest sei, ist nun zu untersuchen.« (*TTP*, XVI) Nun ist es auf den ersten Blick der von der Vernunft organisierte Gemeinnutzen, der das Bündnis bestimmt, und damit der Übergang vom Zustand der antagonistischen Natur zum künstlichen und befriedeten Zustand, den der Vertrag konstituiert. Aber ist dieser vom Vertrag geschaffene Staat wirklich künstlich und erdichtet? Wenn das so wäre, befänden wir uns in höchstem Rechtsnaturalismus. Aber es trifft nicht zu, und deshalb befinden wir uns nicht innerhalb des Rechtsnaturalismus. Der Übergang von der Individualität zur Gemeinschaft geschieht tatsächlich nicht durch eine Transformation des Vermögens und auch nicht durch Rechtsübertragung, sondern im Rahmen eines konstitutiven Prozesses der Imagination, der keine logische Zäsur kennt. Der Staat – wenn auch auf vertraglicher Grundlage bestimmt – ist nicht erdichtet, er ist vielmehr eine natürliche Bestimmung, eine zweite Natur, konstituiert von der mitwirkenden Dynamik der individuellen Leidenschaften, die zu diesem Zweck von der Tätigkeit jenes anderen grundlegenden natürlichen Vermögens, der Vernunft, unterschieden wird. Verlagerung des Vermögens. Diese Handlung setzt sich phänomenologisch und in der Verflechtung von Imagination und Vernunft zusammen; so werden der pessimistische Individualismus wie die Vertragsdialektik oder der absolutistische Organizismus von Hobbes vermieden – gegen den die Polemik unmittelbar gerichtet ist (*TTP*, XVI, vgl. auch 50. Brief).

Nehmen wir also die Lektüre des Textes von Spinoza wieder auf und sehen wir zu, daß wir uns nicht in Terminologien verstricken, die mit rechtsnaturalistischen Wörtern das völlig verdecken, was überhaupt nicht rechtsnaturalistisch ist – Terminologien, die jedoch für die Zeitgenossen gleichsam urplötzlich wieder einen präzisen metaphysischen Sinn und einen zum rechtsnaturalistischen Zusammenhang widersprüchlichen Ausdruck erhalten, bis hin zu einer Identifikation der konstitutiven Spannung. Mehr noch: »Da ich schon gezeigt habe, daß das natürliche Recht eines jeden so weit geht wie sein Vermögen, so folgt, daß, so viel wie jeder von seinem Vermögen auf den anderen gezwungen oder freiwillig überträgt, so viel tritt er ihm auch von seinem Recht ab. Danach hat derjenige das höchste Recht über alle, der auch die höchste Gewalt hat, alle zu zwingen und durch Furcht vor hohen Strafen, die alle allgemein fürchten, zu bewältigen. Dieses Recht wird er nun so lange behalten, als er dieses Vermögen, alles, was er will, auszuführen, behält; ohnedem wird er nur bittweise befehlen, und niemand wird weiter, als er Lust hat, ihm gehorchen.

In dieser Weise kann ohne allen Widerstreit des natürlichen Rechts eine Gesellschaft sich bilden und jeder Vertrag immer treulich gehalten werden; wenn nämlich jeder all sein Vermögen auf die Gesellschaft überträgt, die damit das höchste natürliche Recht auf alles, d. h. auf die höchste Gewalt allein behalten wird, und jeder wird aus freiem Willen oder aus Furcht vor harter Strafe zu gehorchen gehalten sein. Dieses Recht der Gesellschaft heißt ›Demokratie‹; sie ist also zu definieren als die allgemeine Versammlung der Menschen, welche gemeinschaftlich das höchste Recht auf alles, was sie kann, besitzt. Daraus folgt, daß die höchste Gewalt durch kein Gesetz verbunden wird, sondern daß alle ihr in allem gehorchen müssen. Denn dies mußten alle stillschweigend oder ausdrücklich ausmachen, als sie ihre Gewalt, sich zu verteidigen, d. h. all ihr Recht, auf sie übertrugen.« (*TTP*, xvi) Das erste terminologische Paradoxon ist: absolute Gewalt = Demokratie. Aber das bedeutet nur eines: und zwar, daß der Übergang keine Übertragung des Rechts mit sich gebracht hat (oder allenfalls in scheinbarer Weise), sondern nur eine Verschiebung des Vermögens, nicht eine Zerstörung, sondern eine vielfältigere Organisation der Antagonismen. Das Verhältnis zwischen der Ausübung der Gewalt und dem Ausdruck der Übereinstimmung ist nicht in irgendeiner Synthese der Gewalt versteckt: es ist ein jedenfalls offenes Verhältnis – »kein Vertrag kann Kraft haben außer durch seinen Nutzen; fällt dieser weg, so fällt auch der Vertrag, welcher dann als ungültig aufgehoben wird« (*TTP*, xvi). Nun ist die demokratische Regierung »die natürlichste und die, welche der Freiheit, welche die Natur jedem gewährt, am nächsten kommt. Denn in ihr überträgt niemand sein natürliches Recht auf einen anderen so, daß er niemals später gefragt zu werden braucht; sondern die Übertragung geschieht an die Mehrheit der ganzen Gemeinschaft, von der er einen Teil bildet. So bleiben alle sich gleich, wie in dem natürlichen Zustande.« (*TTP*, xvi). Dies (über die Bestimmung des abgrundtiefen Unterschieds hinaus, die hier vom Mechanizismus und Organizismus des Hobbesschen Denkens trennt) bedeutet eben noch etwas anderes: eine Rückkehr, indem die Untersuchung von der Natur der individuellen Tätigkeit – dem Ausgangspunkt des Prozesses – zurückgelenkt, die Beständigkeit wiederbestätigt wird, jedenfalls aber das Fehlen der Lösung der Beständigkeit, die der Prozeß aufweist, erneut bestimmt wird – es heißt, die Bedeutung dieses ungestümen Stroms von der Individualität zum Vertrag zu präzisieren (umzuwandeln?), den die ersten Seiten des 16. Kapitels unter Verstrickung in rechtsnaturalistische Terminologie beschrieben hatten. Dieser Antagonismus der Individualität, von der der Prozeß ausgegangen war, behält seinen Charakter also auch auf der Ebene der entfalteten Gesellschaftlichkeit. Die Individualität erscheint hier wieder als absolutes Recht. »Niemand wird seine Gewalt und folglich auch sein Recht auf einen anderen so übertragen können, daß er aufhört, ein Mensch zu sein; und es wird nie eine solche Gewalt geben, die alles so ausführen kann, wie sie will.«

(*TTP*, XVII) Und weiter: »Um indes die Grenzen, wie weit die Rechte und die Gewalten der Herrschaft sich erstrecken, richtig einzusehen, ist festzuhalten, daß die Macht des Staates nicht bloß darin besteht, daß sie den Menschen durch Furcht zwingen kann, sondern in allem, wodurch sie überhaupt sich Gehorsam verschaffen kann; da nicht der Grund des Gehorsams, sondern der Gehorsam die Untertanen macht.« (*TTP*, XVII) So daß nicht der Absolutismus die politische Gesellschaft konstituiert, sondern die Selbstorganisation der Vermögen der Individualitäten, die tätige Widerstandskraft, die sich vernunftgemäß in Gegengewalt verwandelt, welche sich kollektiv in aktiver Übereinstimmung entwickelt, übereinstimmende Praxis, die sich in der realen Konstitution ausdrückt. Der natürliche Antagonismus baut die konkrete Geschichtlichkeit des Sozialen auf – indem er der konstitutiven Macht der kollektiven Imagination und ihrer materiellen Dichtigkeit folgt. Nicht das Absolute, auch nicht das demokratische, ist Ergebnis des Prozesses, sondern eine kollektive Konstitution des Wirklichen.

Fassen wir zusammen, und kommen wir zu den letzten Problemen, die sich aus dieser ersten Betrachtung ergeben. Die Entwicklung der Untersuchung Spinozas – dies ist die erste Bemerkung, die gemacht werden muß –, weit davon entfernt, rechtsnaturalistische Schemata zu wiederholen, versucht sich jedoch in diesem ersten expliziten Ansatz der politischen Theorie auf eine konstitutive Dynamik zu stützen. Die These der Vergesellschaftung, im Vorangegangenen durch die Analyse der Wege der Imagination getragen, sucht auf politischem Gebiet nach einer Überprüfung und einer Lösung ihrer vielfältigen Antinomien. Der genetische Rhythmus des Sozialen wird auf dem Gebiet der individuellen Antagonismen in besonders vielfältiger Art dargestellt, und die verschiedenen Verlagerungen zeigen sich äußerst kräftig im Bereich eines konstitutiven Entwurfs. So gesehen, haben wir ohne Zweifel bis hierher den ersten Anti-Hobbes gelesen, den die Geschichte des abendländischen Denkens uns bietet. Ein Anti-Hobbes, der sich beim hobbesschen Realismus der Beschreibung der Natur-Gesellschaft aufhält, sogar damit kokettiert (und diese vielleicht, wie wir weiter unten sehen werden, als adäquate Beschreibungen der historischen Bedingungen erfaßt), der aber entschieden darauf abzielt, die logischen Funktionen dieses Systems zu zerstören – besonders die dialektische Triebkraft, welche die Übertragung des individuellen Rechts auf das absolute Recht gestattet. Aber dies zu begreifen und einer konstitutiven Dynamik gegenüberzustellen bedeutet nicht nur, einen Anti-Hobbes zu begründen, sondern gleichzeitig auch, einen Anti-Rousseau zu fördern. Wie wir gesehen haben, entsteht genau an dem Punkt der dialektischen Übertragung des Individuellen ins Absolute das politische Wunder (und die Mystifikation) der bürgerlichen Ideologie des Staates. Der realistische Mystizismus des Hobbes und der utopische Asketismus Rousseaus waren vielleicht in der Ideologie des spinozianischen Kreises gegenwärtig: nun ist es eben diese Selbstkritik, die beide angreift und sie aus dem spekulativen Spinozianischen Horizont entfernt – für jetzt und immer.[17] Die Rückkehr lohnt nicht. Wichtiger ist die Tatsache, daß Spinoza beim Angriff auf diese beginnende ideologische Tradition eine ebenfalls starke und theoretisch alternative Erfahrung geltend macht: eine Erfahrung, die sich auf die Namen Machiavelli und Althusius beruft (62). Machiavelli: »Nur durch Soldaten, denen sie Sold zahlen, können die Fürsten das Volk unterdrücken; auch fürchten sie nichts mehr als die Freiheit der Soldaten, die zugleich Bürger sind, und durch deren Tapferkeit, Arbeit und Aufwand von Blut die Freiheit und der Ruhm des Vaterlandes gewonnen worden sind.« (*TTP*, XVII)[18] Althusius: nur der Widerstand, das heißt die Entwicklung und die Organisation des Widerstandsrechtes konstituiert Souveränität – damit ist offensichtlich der Gedanke der Souveränität in dem der Konstitution (im juristischen Sinne)[19] impliziert. Diese von der Bürde der Revolutions- und Freiheitskämpfe, vom republikanischen Denken des Humanismus bis hin zu den protestantischen Monarchisten bestimmten Quellen klingen in dieser Spinozianischen Bestimmung des Gesellschaftsvertrages als »Gewalt und Willen aller« (*TTP*, 16. Kap., vgl. 155, 578 ff.) nach – gleichsam eine vorweggenommene, schwerwiegende polemische Gegenposition zur *»volonté générale«*!

Daraus erwachsen nun mehrere schwerwiegende Probleme. Sie betreffen alle den nämlichen Gedanken der Konstitution, den hier mit solcher Kraft aufzutauchen beginnt. Tatsächlich ist der Prozeß der Konstitution hier offensichtlich vor allem als negative Funktion sichtbar: was bedeutet – und das beweist eben diese Form der Darstellung mit ihrem ermüdenden Hin- und Herschwanken, mit dem unsicheren logischen Verlauf der Definition (und der nachfolgenden unpräzisen Terminologie, die bei Spinoza so ungewohnt ist) – daß der Prozeß, genau besehen, so abläuft: a) als Aufstellung des Problems der Gestalt des Verhältnisses von Individualität und Sozialität und als Anspielung auf seinen abstrakten Weg; b) als Zerstörung jeglicher Möglichkeit einer Hypostase der Synthese, als Beharren auf seiner historischen Eventualität und auf den vielseitigen Eigenschaften des Konsenses; c) als Anzeichen einer grundlegenden Schwierigkeit bei der Lösung des Problems: denn tatsächlich ist der Mechanismus der ontologischen Verlagerung des Vermögens von der individuellen auf die soziale Ebene zwar angedeutet, aber diese Andeutung bleibt zunächst in der Leere der metaphysischen Imagination, die den Prozeß im Ganzen tragen kann. Daher die momentane Unfähigkeit (die, wie wir sehen werden, den gesamten »Theologischen Traktat« betrifft), andere Probleme zu thematisieren und auftauchen zu lassen. Zu ihrer Identifikation ist es jedoch nützlich, sozusagen von innen heraus die Grenzen des konstitutiven Prozesses zu verfolgen. Stets muß dabei das Thema des Vertrages im Auge bleiben: die Schwierigkeit tritt im wesentlichen angesichts der Unfähigkeit des Vertrags, auf wirkungsvolle Weise eine Verpflichtung herzustellen, auf.[20] Nun haben viele Autoren diese innere »Grenze« des Spinozianischen Denkens belegt (143; 144; 103): aber ist es wirklich eine Grenze? Wenn, wie es oft geschieht, diese »Grenze« in Beziehung zur gedanklichen Zweckbestimmung gesetzt wird, welche das politische Denken zur juristischen Bestimmung des modernen Staates verwendet (Hobbes und Rousseau als Archetypen), so trifft für Spinoza diese Kennzeichnung nicht zu: er sucht etwas anderes. Das Denken Spinozas ist kein »liberales« Denken, in keiner Hinsicht, stellt in keiner Weise eine Begründung für den Rechtsstaat dar; da ist nichts zu sehen von der »sublimen« Linie Hobbes-Rousseau-Kant-Hegel! Die Grenze, und diesmal gibt es keine Anführungsstriche, besteht also lediglich in der momentanen Unfähigkeit, das Wesen des Vertrags in einem angemessenen systematischen Dynamismus einzuschließen: sie liegt innerhalb der noch nicht überwundenen Zäsur des Systems, in der Schwierigkeit, den Vertrag auf das konstitutive Vermögen der Imagination zurückzuführen (u. a. Dilthey, vgl. 36; 81; 77). Wenn Spinoza in seinen letzten Lebensjahren, und jedenfalls im Augenblick der höchsten Reife seines Systems, im »Politischen Traktat« (1675 bis 1677), die im »Theologischen Traktat« dargelegte Vertragstheorie aus der konstitutiven Argumentation herausnimmt, bringt er außerdem die systematische Anlage damit in Zusammenhang – was auch immer die Grenzen der neuen Formulierung sein mögen. Vonnöten war aber ein Vorgehen über die gegenwärtige Systematisierung hinaus. In diesem Augenblick haben wir jedoch nur zwei Elemente der Überlegung vor Augen: auf der einen Seite das von Grund auf antagonistische Verhältnis zwischen Vermögen, verfeinert, aber jedenfalls nicht im konstitutiven Prozeß (im Entwurf desselben) gelöst; andererseits den rigorosen Ausschluß jeglicher hypostatischer Auffassung des Verhältnisses. Man beachte gut: ich habe nicht gesagt, daß die antagonistische Auffassung der sozialen Wirklichkeit aus dem Mittelpunkt der späteren Ausreifung des Systems beseitigt sei – vielmehr wird sie zum genauen Gegenteil. Beseitigt ist die kontraktualistische Gestalt und die durch sie erzeugte optische Täuschung: der Spinozianische Rechtsnaturalismus. Und weil dies geschah, mußte die spinozianische politische Untersuchung ihre relative Selbständigkeit aufgeben und wieder zu einem Aspekt, zu einer Konsequenz der systematischen Entwicklung werden: die wahre Politik Spinozas ist seine Metaphysik.

Im Augenblick sind wir von dieser Schlußfolgerung noch weit entfernt. Die Probleme, die der »Theologisch-politische Traktat« im Anschluß an die Thematik der bis hier von uns aufgespürten Begründung setzt, werden in einer der aktuellen Mehrdeutigkeit und Unlösbarkeit des Entwurfes angemessenen Weise angegangen. Jedenfalls wird die nunmehr auf solide Weise gewonnene Dimension eines konstitutiven Entwurfs von den konkreten Schwierigkeiten der Ausführung unterschieden. Diese Schwierigkeiten folgen in den nachfolgenden Kapiteln des »Theologischen Traktats« einem diskontinuierlichen Schema, das heißt, sie gehen von einem einzigen Problem aus – das auf politischer Ebene nicht lösbar ist –, strahlen von dort aus, wobei sie die politische Autonomie der Argumentation beibehalten, und scheitern einzeln – nicht in einer konsequenten Abfolge, sondern jeweils gemäß der speziellen Besonderheit ihres Ansatzes. Schließlich wird keiner dieser Ansätze zur Fortsetzung der Analyse nützlich sein. Aber da sie alle aus einem einzigen Problem entstehen, dem der ontologischen Konstitution des Wirklichen, tragen sie zur Bereicherung des logischen Wesens, zur Beschreibung der systematischen Komplexität bei. Welches sind nun diese Ansätze? Es sind 1) ein positivistischer Vorschlag (im juristischen Sinn); 2) eine Vertiefung der historischen Phänomenologie des Kontraktualismus; 3) ein ohne Zweifel politischer Vorschlag, der realistisch sein will, der zuletzt aber regressiv ist, konservativ und von oligarchischen Zuschnitt; 4) eine Bekräftigung des Laizismus in der Thematik des *»jus circa sacra«*, des Rechts im »Heiligen Raum«; 5) eine schöne ethisch-politische Forderung nach *»libertas philosophandi«*, der Freiheit des Philosophierens. Erinnern wir uns erneut daran, daß diese Themen sich nicht in irgendeiner logischen Abfolge stellen, sondern Bedeutung nur haben hinsichtlich des Problems, auf das sie sich beziehen, und sehen wir sie uns nun von dem Punkt aus an, an dem sie entspringen, und nicht von den Ergebnissen her, die sie hervorbringen, jedenfalls in ihrer Einseitigkeit und in ihrer systematischen Inkonsequenz hervorbringen.[21]

Der juristische Positivismus Spinozas ist eine Versuchung, zumindest in der Form, in der er in dieser letzten *tranche* des »Theologischen Traktats« erscheint. »Die Gerechtigkeit ist der beharrliche Wille, jedem das, was ihm nach dem bürgerlichen Recht zukommt, zu geben; Ungerechtigkeit ist es, wenn man unter dem Schein des Rechtes einem anderen nimmt, was ihm nach dem wahren Sinn der Gesetze gebührt.« (*TTP*, XVI) Die Gültigkeit des Gesetzes ist auf der Grundlage der Gerechtigkeit errichtet (*TTP*, XVI; vgl. 20, 405-408). In diesem Augenblick wird nun der positivistische Konventionalismus ausdrücklich eingesetzt zur Lösung der ontologischen Beschränkung, welche die Entwicklung der konstitutiven Perspektive gefunden hat. Auf welche Weise ist nun, nach meiner Meinung, diese Lösung gleichzeitig partiell und doch Versuchung? Sie ist partiell, weil der hier bestimmte juristische Positivismus rein legalistisch ist – er nistet sich in einem sterilen phänomenologischen Horizont ein, stellt eine Positivität der Herrschaft dar, die sich ausschließlich und absolut auf formalem Gebiet festigt (vgl. 98; 99; 100). Die ontologische Grenze belastet die Ebene der Geschichtlichkeit und läßt den Inhalt der theoretischen juristischen Untersuchung verarmen. Gleichzeitig ist dieser Positivismus eine Versuchung in dem Maß, in dem er auf eine in den ontologischen Artikulationen und Bewegungen des konstitutiven Prozesses ausgelöste Positivität des Rechts anspielt. Der Annäherungsversuch Spinozas an das Problem des Rechts fordert diese Ergänzung der Analyse.

Eine Ergänzung der Analyse, mit der Spinoza auf den unmittelbar folgenden Seiten zu beginnen versucht (*TTP*, XVI). Wenn, sagt er, der Naturzustand, den wir uns »ohne Religion und ohne Gesetz« denken müssen, sich in den »Zustand der Religion« verwandelt – und wir haben gesehen, wie die Imagination dies zustandebringt –, dann müssen wir ebenso die Norm dieses historischen Vorgangs begreifen und sie »im ausdrücklichen Vertrag« ausmachen, der auch den Zustand der Religion konstituiert. »Dieses Versprechen oder die Rechtsübertragung auf Gott ist ebenso geschehen, wie ich sie für eine gemeinsame Gesellschaft dann angenommen habe, wenn die einzelnen sich ihres natürlichen Rechts entäußern wollen. Mit einem ausdrücklichen Vertrag oder mit einem Eid.« (*TTP*, XVII) Vertrag mithin als Norm der gesellschaftlichen Transformation? Geschichte als Fluß und Auswechslung der unterschiedlichen vertraglichen Phasen, immer stärker von der Herrschaft der Vernunft gezeichnet? Wie abstrakt der Vorschlag ist, springt sofort in die Augen. Aber auch, daß diese Anmerkungen kaum Spinozianisch sind – eben dort, wo das Denken Spinozas als phänomenologischer Anspruch und als konstitutiver Wille betrachtet werden muß. So daß auch diese Annäherung an eine historische Phänomenologie des Kontraktualismus ein mißlungener Ansatz ist, ein exzentrischer Hinweis. Dennoch bereichert auch er den Rahmen. Denn wir stehen auf diese Weise tatsächlich wieder vor dem unbezwingbaren Reichtum der Welt der Imagination, vor dieser weltlichen und unersättlichen Auffassung von der Ungleichheit und Vielfältigkeit des phänomenologischen Seins – vor dem machtvollen Wiedererscheinen der Konzeption des eindeutigen Seins, als Reichtum, als unbezwingbare Herrschaft des Lebens.

Auf diesem Gebiet des unbezwingbaren Seins geht die Untersuchung Spinozas jedoch in Ermangelung einer hinreichend ontologischen Alternative hin und her, sie kommt und geht. Jetzt kehrt sie zurück, wechselt die Umgebung; nachdem sie den Weg des ontologischen Vermögens angedeutet hat, verweilt sie im Bereich der Erscheinungshaftigkeit des Existenten, bei der Kasuistik des Politischen. Im 18. Kapitel »werden aus dem Staat und der Geschichte der Juden einige politische Prinzipien abgeleitet« (*TTP*, Titel des 18. Kap.). Hier wird die Beweisführung in einer zusammenhanglosen Materie, in der die Analogie den Platz der idealen Verknüpfung einnimmt, auf abwegige Weise verschwendet. Da wird eine Neuregelung der historischen Erfahrung des jüdischen Staates vorgetäuscht, und darin drükken sich eine Reihe von Maximen aus, die eher an die zeitgenössischen gelehrten Büchersammlungen erinnern, als an den logischen Stil des Spinozianischen Denkens (vgl. auch 44. Brief). Wenn darin der Übergang von der politischen Theorie zur politischen Analyse bestünde, würde es sich um einen völlig gescheiterten Ansatz handeln. Selbst die Verherrlichung der niederländischen Regierungsform ist hier völlig konservativ. Im allgemeinen nun »bestätigen diese Beispiele, was ich gesagt habe, daß die Verfassung eines Reiches notwendig festzuhalten ist und ohne Gefahr des gänzlichen Unterganges desselben nicht geändert werden kann.« (*TTP*, XVIII). Es könnte sein, daß z. B. das Mißverhältnis, das zwischen der – sicher etwas rhetorischen – Verherrlichung der republikanischen Erfahrungen und der gewiß rückschrittlichen Tendenz der politischen Vorschläge auftritt, von Spinozas starkem Wunsch herrührt, dem oligarchischen *Milieu* zu entsprechen, dem er von Voorburg aus die Hand reicht! Und es steht außer Zweifel, daß sich in diesen Jahren das Regime de Witts durch den immer schwächeren Schutz der republikanischen Illusion abnutzte – so daß die Analogie zwischen Spinozianischem Text und politischer Wandlung, und damit die Funktion des Textes, tatsächlich besteht.[22] Aber es trifft auch zu, daß damit (auf theoretischer Ebene) die Untersuchung nicht nur nicht vorankommt, sondern sogar rückwärts schreitet. Im positiven Sinn ist in diesem Kapitel die zeitweilige Rückwendung der Aufmerksamkeit auf reale historische Momente, auf ihre Beschreibung und Untersuchung, zu verzeichnen.[23] Auch die Unbezähmbarkeit der konkreten Geschichtlichkeit? Vielleicht ja, aber hier ist die Geschichtlichkeit undurchschaubar geworden.

Auf diese Weise liest man fast mit einem Seufzer der Erleichterung die beiden letzten Kapitel des »Theologisch-politischen Traktats«, das neunzehnte (wo »gezeigt wird, daß das oberste Recht in Religionsangelegenheiten bei der Staatsgewalt sein müsse, und daß der äußere Gottesdienst dem Frieden des Staates angepaßt werden müsse, wenn man Gott recht gehorchen wolle« [*TTP*, Überschr. 19. Kap.]), und das zwanzigste (wo »gezeigt wird, daß in einem Freistaat jedem erlaubt ist zu denken, was er will und zu sagen, was er denkt« [*TTP*, Überschr. 20. Kap.]). Nicht, weil in diesen Kapiteln das Problem der Konstitution besser angegangen würde, nicht weil der systematische Faden wiedergefunden und weitergesponnen würde, sondern weil sich hier die progressiven Tendenzen des Spinozianischen Denkens positiv und frei ausbreiten. Eine radikale politische Option für den weltlichen Staat und die Freiheit des Denkens greift in definitiver Weise Platz. Aufklärerische, kämpferische, persönlich verpflichtende Kapitel. »Sowohl in Hinsicht auf die Wahrheit der Sache wie die Sicherheit des Staates und die Vermehrung der Frömmigkeit ist man deshalb zur Annahme genötigt, daß das göttliche Recht oder das Recht über die geistlichen Dinge von dem Beschluß der höchsten Staatsgewalt abhängig sein und sie der Ausleger und Beschützer derselben sein muß; woraus folgt, daß sie auch der Diener des Wortes Gottes ist, welcher das Volk durch das Ansehen der höchsten Gewalt die Frömmigkeit lehrt, wie sie nach ihrem Beschluß dem allgemeinen Wohl angepaßt ist.« (*TTP*, XIX; vgl. auch 20, 473-477; 144) Bezüglich der Freiheit des Denkens, »habe ich gezeigt, 1) daß den Menschen die Freiheit, das, was sie denken, zu sagen, nicht genommen werden kann; 2) daß diese Freiheit ohne Schaden für das Recht und das Ansehen der Staatsgewalt jedem zugestanden und von ihm geübt werden kann, sobald er sich nur hütet, damit etwas als Recht in den Staat einzuführen oder etwas gegen die geltenden Gesetze zu tun; 3) daß jedweder diese Freiheit haben kann ohne Schaden für den Frieden des Staates, und ohne daß ein Nachteil entstände, dem man nicht leicht entgegentreten könnte; 4) daß jeder diese Freiheit auch unbeschadet der Frömmigkeit haben kann; 5) daß die Gesetze, welche über spekulative Dinge erlassen werden, ganz unnütz sind; 6) endlich habe ich gezeigt, daß diese Freiheit nicht bloß ohne Schaden für den Frieden des Staates, die Frömmigkeit und das Recht der Staatsgewalt bewilligt werden kann, sondern daß dies auch zur Erhaltung derselben geschehen muß.« (*TTP*, xx)

Wir können nun ein komplexes Urteil über dieses Kapitel bei Spinoza abgeben. Vom systematischen Standpunkt aus stehen wir inmitten der metaphysischen Zäsur, des theoretischen Paradoxons. Der konstitutive Entwurf hat im »Theologisch-politischen Traktat« versucht, die Krise aufzubrechen, doch ohne Erfolg. Die Imagination konstituiert ein begehbares Gelände, aber ohne ontologische Neubegründung bewältigt sie die Schwere der Aufgabe nicht. Dennoch sind in der Zäsur Möglichkeiten und Bedingungen der Überwindung verdichtet. Zwischen der ersten Redaktion der *Ethik* und dem »Theologisch-politischen Traktat« ist ein theoretischer Fortschritt nur im Sinne einer methodologischen Anhäufung und einer homogenen Synthese der analytischen Momente, die sich getrennt gebildet hatten, zu verzeichnen: sicher, aber wie wichtig ist diese Anhäufung! Zum ersten Mal wird der geometrische Konstruktivismus an die ontologische Fülle der spinozianischen Physik angekoppelt, und dies im großen Umfang, und er wird in einem konstitutiven Modell erprobt, aus dem jeglicher Einfluß des alten pantheistischen Deduktivismus beseitigt ist.[24] Und damit wird auch jegliche Möglichkeit des Hineinschlitterns in die provisorischen Tugenden und Moralien der Renaissance-Krise, von der doppelten Wahrheit bis zur heuristischen Taktik, von der Doktrin der zwei Zeiten bis zur Ideologie der bürgerlichen Vermittlung, ebenfalls ausgeschaltet. Eine mächtige Methodologie erscheint nunmehr, gegründet auf der Strenge der produktiven Kausalität, aggressiv und unbezähmbar. Aber, und dies ist noch wichtiger, innerhalb der im »Theologischen Traktat« vorgefundenen Zäsur materialisiert und vertieft sich der Sinn und die Definition des Seins. Die Zäsur ist nicht nur methodologischer Art, kann es nicht sein. Die vielseitigen Eigenschaften des eindeutigen Seins, auf denen sich die Methodologie bewährt hat, treten nun in jeder Hinsicht und auf allen Ebenen auf. Das Sein im »Theologisch-politischen Traktat« ist polemisch, ein Horizont des Krieges erscheint hier. Wenn der konstitutive Entwurf die Wirklichkeit nicht zu fassen bekommt, befindet man sich offenbar in einer Lage, die man nur von einer Spieltheorie her charakterisieren kann: und es ist »in der Einsamkeit des Landlebens« nicht verwunderlich, daß Spinoza an solchem Denken Spaß hat.[25] Es handelt sich gewiß um ein Spiel: Parteien, Gegensätze, alternative Strategien – »der ehrliche Spieler begründet seine Möglichkeiten zu gewinnen oder zu verlieren bzw. die Wahrscheinlichkeit hierfür auf der Grundlage der Gleichheit mit der des Gegners« (38. Brief). Aber das hier vorgelegte Spiel ist wohl noch dichter, Überrest aus vielfältigem Scheitern des konstitutiven Versuchs im »Theologisch-politischen Traktat«. Horizont des Krieges, wurde gesagt – das heißt, ein ontologisch trächtiger Horizont fortwährender Streifzüge des Vermögens gegen die Konstitution, von Kreuzungen und Spannungen und Antagonismen, die eine Physik der Geschichtlichkeit beschreibt. Beschreibt in der Erscheinungsform des eindeutigen Seins, das vorwärts drängt – nicht zufrieden mit seiner erleichterten Horizontalität, seiner schönen und lebendigen Ebenheit: von hier, von dieser neuen Grundlage aus, wird der Horizont der Befreiung rekonstruiert. Der Weg, der von der Utopie zur Krise führt, ist von Spinoza mutig zurückgelegt worden, wobei er den anfänglichen Rahmen, das zentripetale Bild des Seins zerstört, ohne aber in irgendeiner Weise von der aus diesem Ideal genährten revolutionären Initiative abzulassen. »Aus den oben dargelegten Grundlagen des Staates folgt deutlich, daß sein Zweck nicht ist, zu herrschen, die Menschen in der Furcht zu erhalten und fremder Gewalt zu unterwerfen, sondern vielmehr den einzelnen von der Furcht zu befreien, damit er so sicher als möglich lebe, d. h. so, daß er sein natürliches Recht zum Dasein ohne seinen und anderer Schaden am besten sich erhalte. Ich sage, es ist nicht der Zweck des Staates, die Menschen aus vernünftigen Wesen wilde Tiere oder Automaten zu machen; sondern ihre Seele und ihr Körper sollen in Sicherheit ihre Verrichtungen vollziehen, sie sollen frei ihre Vernunft gebrauchen und weder mit Haß, Zorn oder List einander bekämpfen, noch in Unbilligkeit gegeneinander verfahren. Der Zweck des Staates ist also die Freiheit.« (*TTP*, xx, Staat hier als »Respublica«) Nun ist es diese Freiheit die rekonstruiert, die konstituiert wird: innerhalb und von einem Horizont aus, der uns nichts anderes garantiert als die Absolutheit der modalen Vielfalt, und der die unbezähmbare Herrschaft der Imagination als einziges zu verwirklichendes Sein setzt. Die Krise der Metaphysik hat die Untersuchung zu einer Wende, zur Überprüfung am Politischen verpflichtet. Aber die Probleme, die das Politische ausgemacht hat, der Horizont des Krieges, auf dem die Untersuchung sich blockiert hat, verweisen erneut auf die Ontologie. Kein Problem, und schon gar nicht das der Befreiung, kann außerhalb der Ontologie Raum für seine Lösung finden. Nun sind – und sei es auch nur in Form der Zäsur – alle Begriffe an dieser grundlegenden Nahtstelle der systematischen Entwicklung, die der »Theologisch-politische Traktat« darstellt, gesetzt. Die Politik ist die Seele der philosophischen Krise und Entwicklung Spinozas. Aber die Lösung, die Wiederaufnahme und die Verwirklichung der konstitutiven Instanz: all dies verweist notwendigerweise auf die Ontologie. Erneut.

Sechstes Kapitel
Die wilde Anomalie

Maß und Mißverhältnis

Als Spinoza 1670 das »Vorwort« zum »Theologisch-politischen Traktat«[1] schrieb, diesen anonym veröffentlichte und in derselben Zeit nach Aia übersiedelte, war die auf die Krise der ersten Redaktion der »Ethik« folgende Zwischenphase erkennbar beendet. Eine Zwischenphase, jedoch zentral in der Entwicklung des Spinozianischen Denkens. Die erklärte Absicht des »Theologischen Traktats« war der Kampf gegen den monarchischen Absolutismus und die Verteidigung und Ausdehnung der Freiheit der Republik. »Wenn es in monarchischen Staaten als das wichtigste Geheimmittel gilt, und es da vor allem darauf ankommt, die Menschen in Irrtum zu erhalten und die Furcht, mit der man sie bändigt, unter dem glänzenden Namen der Religion zu verhüllen, damit sie für ihre Sklaverei, als wäre es ihr Glück, kämpfen und es nicht für schmählich, sondern für höchst ehrenvoll halten, ihr Blut und Leben für den Übermut eines Menschen einzusetzen, so kann doch für freie Republiken nichts Unglücklicheres als dies erdacht und versucht werden, da es der allgemeinen Freiheit geradezu widerspricht, wenn das freie Urteil des einzelnen durch Vorurteile beengt oder sonst gehemmt wird.« (*TTP*, Vorw.) Aber wir wissen, und dieses »Vorwort« bekräftigt es, daß die Zerstörung der vorher ausgebildeten Einheit nach einer Norm für die Wiederherstellung des Sozialen verlangt, und daß die Norm der Konstitution des Sozialen ontologisch begründet sein muß. Wir wissen, daß die alte Welt – die Reaktion der Oranier drängt auf ihre Restauration – ihre Rechtfertigungsgrundlage in einer bestimmten Kirche und in einer bestimmten Theologie hat, der Theologie der strengen Scholastik des Calvinismus, und daß das monarchische Interesse den Fanatismus des Volkes und sein theologisches Abbild, den religiösen Finalismus, organisiert: und das heißt, nach Spinoza, daß die Legitimationsgrundlage in verdorbener Imagination und sicherlich in der *»superstitio«*, im Aberglauben, besteht. »Wenn die Menschen alle ihre Angelegenheiten nach einem festen Plan zu besorgen vermöchten, oder wenn das Glück ihnen immer günstig wäre, so würden sie in keinem Aberglauben befangen sein.« (*TTP*, Vorw.) Aberglaube – eine unmittelbar politische Bedingung. »Die Ursache, aus der der Aberglaube entspringt, durch die er erhalten und genährt wird, ist die Furcht.« (*TTP*, Vorw.) Und die Menschen, »von ungewissen Glücksgütern maßlos angezogen«, werden Beute der Torheit und der Wahnvorstellungen, und das bringt sie unter die absolute Gewalt des Monarchen. Die Reaktion zerschlagen heißt also die Leere im Verhältnis *»metus«-»superstitio«*, Furcht-Aberglaube aufzuspüren – aber es bedeutet vor allem, die Sicherheit der Gesellschaft zu konstituieren, indem man einen Entwurf der Freiheit und der Vernünftigkeit entwickelt. »Nachdem ich diese Freiheit, welche das geoffenbarte göttliche Gesetz jedem gewährt, dargelegt, gehe ich zu dem zweiten Teil der Untersuchung über und zeige, daß diese Freiheit auch ohne große Gefahr für den Frieden des Staates und die Rechte der höchsten Staatsgewalt bewilligt werden kann, ja muß, und ohne Gefährdung des Friedens und ohne Schaden für den Staat nicht genommen werden kann. Ich beginne zum Beweis dessen mit dem natürlichen Recht jedes einzelnen. Dies erstreckt sich so weit, als sein Begehren und seine Gewalt reicht, und niemand ist nach dem Naturrecht gehalten, nach eines anderen Willen zu leben, sondern jeder ist Herr über seine Freiheit. Ich zeige ferner, daß niemand dieses Rechtes verlustig geht, außer wenn er seine Macht, sich zu verteidigen, auf einen anderen überträgt, und daß derjenige notwendig und unbedingt dieses natürliche Recht erhalte, auf den der Andere das Recht, nach seinem Willen zu leben, zugleich mit der Gewalt, ihn zu verteidigen, übertragen hat. Damit zeige ich, daß die Inhaber der höchsten Staatsgewalt ein Recht auf alles haben, so weit ihre Gewalt reicht; daß sie allein die Bewahrer des Rechts und der Freiheit sind, und daß die übrigen in ihrem ganzen Handeln nur die Anordnungen jener zu befolgen haben. Allein da niemand sich der Macht, sich zu verteidigen, so begeben kann, daß er ein Mensch zu sein aufhört, so folgere ich daraus, daß niemand seines natürlichen Rechts ganz beraubt werden kann, und daß die Untertanen manches gleichsam nach dem Naturrecht behalten, was ihnen ohne große Gefahr für den Staat nicht genommen werden kann, und was ihnen deshalb stillschweigend zugestanden wird, oder was sie denen gegenüber, die die Staatsgewalt innehaben, ausdrücklich sich vorbehalten.« (*TTP*, Vorw.)

Zwei Entwürfe liegen hier vor: einerseits zeigt sich das Verhältnis *»metus«-»superstitio«* als Verrohung und Sklaverei der Gewalt, und das heißt eben: Theologie – verdorbene Imagination – Monarchie; andererseits entfaltet sich die *»cupiditas«*, die Begierde, zur *»libertas«*, Freiheit, und zur *»securitas«*, Sicherheit, und das heißt: Philosophie – produktive Imagination – Republik. Man kann sicherlich nicht leugnen, daß Spinoza für eine Seite Partei ergreift. Seine gesamte Philosophie drückt hier einen Standpunkt aus, eine Parteinahme zugunsten der Wirklichkeit. Die politische Entscheidung begründet, bedingt und treibt den metaphysischen Entwurf: die weltliche Republik zu legitimieren und den Gottesstaat zu begründen, die Republik des Geistes. Für den, der die revolutionäre Tradition des Humanismus von den florentinischen Kanzlern bis zu den protestantischen Republikanern kennt, wird das nicht befremdlich sein: Es ist eine Tradition, die Spinoza erneuert. Die Anomalie, das Mißverhältnis des Entwurfes von Spinoza zeigen sich anderswo: in der Tatsache, daß er hier diese *»spes«*, Hoffnung, gegen die *»metus«*, Furcht, die *»libertas«*, Freiheit, gegen die *»superstitio«*, den Aberglauben, diese Republik gegen das monarchistische Absolute setzt und erneuert, während sich das gesamte Zeitalter entgegengesetzt bewegt. So daß sich das rationale Maß, das den revolutionären Inhalt der Untersuchung Spinozas konstituiert, als Mißverhältnis gegenüber dem historischen Konkreten darstellt. Maß und Mißverhältnis der Spinozianischen Forderung: die politische Theorie saugt und projiziert diese Anomalie in das metaphysische Denken. Die Metaphysik, in die vorderste Linie des politischen Kampfes gebracht, enthält in sich die disproportionale Proportion, das maßlose Maß, das für den ganzen Spinoza typisch ist. Aber von welchem Punkt aus können dieses Maß und dieses Mißverhältnis, die Proportion und die Disproportion definiert werden? Wer besitzt den Begriff der Vernunft, wenn die Vernunft benutzt wurde, um das renaissancehafte Maß der Welt zu zerstören? Wer bewegt sich in der Disproportion – derjenige, der das Verhältnis zwischen dem Unendlichen und dem Unbestimmten leugnet und sich der barocken Zügellosigkeit hingibt, oder der, welcher das Vermögen dieser Synthese bestimmt und preist? Sicher ist also die Philosophie Spinozas für sein Zeitalter anomal und auch in den Augen der vorherrschenden Kultur ungezähmt und wild. Es ist die Tragödie jeder Philosophie, jedes ungezähmten Eintretens für die Wahrheit, die sich gegen die Zeit stellt: gegen diese Zeit und gegen diese Wirklichkeit. Aber die Tragödie kann sich machtvoll zur Zukunft hin öffnen.

Die Veröffentlichung des »Theologisch-politischen Traktats« löst heftige Polemiken aus (4; 95; 154; 88). Der »Jude von Voorburg« oder von Aia steht im Mittelpunkt, bekannt trotz seiner Anonymität.[2] Nicht daß diese Angriffe unerwartet gekommen wären, das zeigen auch deutlich die unendlichen Vorsichtsmaßnahmen, die Spinoza schon zur Verteidigung seines Werkes unternommen hatte, die Anonymität der Veröffentlichung und der Versuch, eine holländische Übersetzung zu verhindern (vgl. 30. u. 44. Brief). Aber die Heftigkeit der öffentlichen Reaktion ist teilweise verletzend und erniedrigend: die Professoren, die ihn angreifen, »scheinen mir die Waren so wie die Trödler zum Verkauf zu stellen, die ja auch das Schlechte immer zuerst vorzeigen. Der Teufel, sagt man, ist schlau; mir scheint aber, daß der Geist dieser Leute ihn an Schlauheit noch weit übertrifft.« (50. Brief). In Wirklichkeit war es die Enthüllung der Anomalie, die für Spinoza unerwartet kam, die Enthüllung seiner eigenen Tiefe, seiner denkerischen Dichte. Es ist eine Enthüllung für das theoretische Bewußtsein Spinozas. Mehr noch: es gibt nichts Mächtigeres als die Rebellion eines Unbekannten, nichts Ungebührlicheres als den Gegenangriff der ethischen Klarheit und des rationalen Maßes. Es war alles theoretisch bereit, aber *»la réfonte de l'Ethique«*, – wie A. Koyré in seiner Analyse dieser Jahre schreibt (91) – ist schwer vorstellbar jenseits der Emotionsgeladenheit dieses Zusammenpralls, dieser Enthüllung des Mißverhältnisses des Entwurfes.

»Lambertus van Velthuysen an den hochgelehrten und hochgeehrten Herrn Jacob Ostens«, aus Utrecht, vom 24. Januar 1671: ein Utrechter Professor rezensiert den »Theologisch-politischen Traktat«. Man beachte, Velthuysen ist ein Republikaner und stützt de Witt, seine Rezension ist daher außerordentlich wichtig, denn sie übersteigt die Grenzen der Parteienspaltung, innerhalb derer sich Spinoza, guten Glaubens, zu verbergen sucht. Es ist ein besonders wichtiger Brief, weil er eine wütende Attacke darstellt, die das Mißverhältnis des »Theologischen Traktats« und den epochalen Unterschied, nicht nur den theoretischen und politischen, aufzeigt, der sich ihm entgegenstellt. Nun, »ich weiß nicht, wer er ist, und welche Lebensstellung er hat, ist mir unbekannt, aber es interessiert mich auch nicht. Daß er kein beschränkter Kopf ist und sich mit den religiösen Kontroversen unter den Christen in Europa nicht bloß obenhin und vorübergehend beschäftigt und vertraut gemacht hat, beweist der Inhalt des Buches selbst zur Genüge. Der Verfasser des Buches hat die Überzeugung gewonnen, daß er in der Prüfung der Meinungen, die die Menschen entzweien und in Parteien spalten, zu einem besseren Ergebnis gelangen würde, wenn er die Vorurteile aufgäbe und ablegte. Darum hat er sich vollauf Mühe gegeben, seinen Geist von allem Aberglauben freizumachen; er ist aber, um sich davor zu schützen, allzu sehr ins Gegenteil verfallen, und um den Fehler des Aberglaubens zu vermeiden, hat er, wie mir scheint, alle Religion aufgegeben. Auf jeden Fall kommt er nicht über die Religion der Deisten hinaus, deren es (bei den schlechten Sitten des Jahrhunderts) überall eine sehr große Zahl gibt und namentlich in Frankreich, wo gegen sie Mersenne eine Abhandlung veröffentlichte, die ich mich erinnere, seinerzeit gelesen zu haben. Ich glaube aber, keiner hat wohl von allen Deisten so böswillig und so schlau und verschlagen jene abscheuliche Sache befürwortet als der Verfasser dieser Abhandlung. Außerdem hält sich dieser Mensch, wenn mich meine Auffassung nicht täuscht, gar nicht in den Grenzen der Deisten, und läßt den Menschen nicht einmal den geringsten Rest von Gottesdienst.« (42. Brief) Das ist der Anfang, aber es ist auch der Refrain und die Schlußfolgerung des Angriffs, gestützt – muß man sagen – auf bemerkenswerte argumentative Beigaben. Es wäre allerdings nicht der Mühe wert, den Brief weiter zu analysieren, wenn darin nicht die Ebene der reinen Rezension schon bald überschritten würde und nicht einige substantielle Elemente, die in diesem Augenblick schon für die zweite Grundlegung der *Ethik* in Arbeit sind, enthüllt – und kritisiert – würden. Velthuysen betont und denunziert tatsächlich die Veränderung des metaphysischen Standpunkts, der im »Theologischen Traktat« zum Vorschein kommt und schon auf spätere Entwicklungen vorbereitet: ein Standpunkt, der, unter formaler Respektierung des Kultus, eine Auffassung der Religion vertritt, die »spontan und ohne irgendein Lehramt« entspringt und sich entwickelt, eine derart umfassende Praxis der Freiheit, daß die Rolle der Staatsorgane darauf zurückgedrängt wird, »dafür Sorge zu tragen, daß Gerechtigkeit und Rechtschaffenheit im Staate blühe« (42. Brief). Mithin ein metaphysisch atheistischer Standpunkt, das heißt ein ontologisch konstitutiver. Schlußfolgerung: Spinoza fördert »in verdeckten und geschminkten Argumenten den reinen Atheismus«: er baut die Welt außerhalb der Gottesfurcht auf, außerhalb der – jedenfalls für die religiöse Erfahrung und das religiöse Denken substantiellen – Regel der göttlichen Transzendenz und der menschlichen Zufälligkeit. Man muß hinzufügen – und das ist der Gedanke, den Velthuysen dunkel spürt –, daß auf dieser Basis der »Theologische Traktat« auch das Werkzeug für den konstitutiven Atheismus geschaffen hat – die ethische *»cupiditas«*, die Begierde, drückt sich in der ontologischen *»potentia«*, dem ontologischen Vermögen, aus und beide zusammen konstituieren den Gedanken der Aneignung (nicht im hobbesschen Sinn mit Begriffen, die schon von Anfang an von der absolutistischen Tendenz, vom Vorurteil der Transzendenz der Pflicht, verfälscht sind, sondern in reinen und klaren Begriffen) – diesen für die Revolution des Verhältnisses zwischen Mensch und Natur, zwischen Mensch und Gott (vgl. auch 113) grundlegenden Begriff. Darüber jedoch später.

Blicken wir hier lieber auf die Antwort Spinozas. Er reagiert (im Brief an Ostens) mit außerordentlicher Heftigkeit. Die Ironie anderer polemischer Antworten verstummt hier. »Schriftchen« nennt er Velthuysens Rezension, »verkehrte Deutung«, entwickelt »aus Böswilligkeit oder aus Unwissenheit«. Mein ganzes Leben ist Zeugnis meiner Rechtschaffenheit, fährt Spinoza fort, also bin ich kein Atheist! Eine merkwürdige Argumentation, in der Tat, aber durchaus üblich und vor allem klug in jener Zeit. Jedoch: »Ich glaube aber zu sehen, worin es bei diesem Menschen hapert. Er findet nämlich in der Tugend und dem Verstande selbst nichts, das ihn ergötzt, und er würde lieber nach dem Antrieb der Affekte leben, wenn nicht dabei das eine im Wege stünde, daß er die Strafe fürchtet. Er enthält sich also der schlechten Handlungen und führt die göttlichen Gebote aus, nur widerwillig und schwankend wie ein Sklave, und erwartet für diesen Sklavendienst mit Belohnungen von Gott bedacht zu werden, die viel angenehmer noch sind als die Gottesliebe selbst, und zwar um so mehr, je mehr das Gute, das er tut, ihm zuwider ist, und er es widerwillig ausführt. Eben darum glaubt er auch, daß alle, die von dieser Furcht nicht zurückgehalten werden, zügellos leben und alle Religion abtun.« (43. Brief) »Und wo hat der Herr Velthuysen gefunden, daß ich Gott dem Fatum unterwerfe? Und wo den Anarchismus in religiösen Dingen?« Man muß sich sofort fragen, inwieweit diese Antwort überhaupt das Verdienst der Velthuysenschen Kritik am »Theologischen Traktat« ist, inwieweit sie nicht vielmehr das Bedürfnis einer Verteidigung des Gesamtentwurfes wahrnahm und entwickelte. Es ist kein Zufall, daß die Polemik vor allem gegen den Finalismus der religiösen Auffassung Velthuysens angeht, gegen dieses letzte rationale Blendwerk des theologischen Aberglaubens! Aber sie ist auch das letzte Hindernis für den Vorschlag Spinozas, einen »Weg nach oben« einzuleiten, eine konstitutive Praxis auszuarbeiten. Die Grundlagen dieser Praxis offenbaren sich, gerade in dieser polemischen Episode, in ihrer besonders extremen Ausdehnung: Spontaneität und Großzügigkeit des Handelns, unmittelbare göttliche Bestimmung der Annäherung, ontologischer Status der Trennung des Richtigen. »Wahrhaftig, um wieviel besser und vortrefflicher die Gedanken des Thales von Milet waren als eben dieses Schriftstellers, das zeigt sich schon aus der folgenden Überlegung. Alles, sagt er, ist unter Freunden gemeinsam: die Weisen sind die Freunde der Götter und den Göttern gehört alles: darum gehört alles den Weisen. Auf die Art hat sich dieser weise Mann mit einem Wort selbst zum reichsten gemacht, mehr indem er den Reichtum großgesinnt verachtet, als indem er ihm gierig nachjagte.« (44. Brief) Spontaneität, Großzügigkeit, Reichtum des unendlichen Seins: wir konnten sie schon in der anfänglichen Utopie bei Spinoza würdigen; damals aber noch in einer unbestimmten Art, als Chiffren der Totalität und der Vollkommenheit der ontologischen Synthese der Welt. Hier ist das völlig anders. Hier ergibt sich unterhalb des Stereotyps der Untersuchung innerlich ein Standpunkt der Subjektivität, des Seins-Aufbaus. Die Fülle der renaissancehaften Auffassung der Welt beginnt einer ontologischen Philosophie der Praxis zu dienen.

Aber mit alledem verstehen wir noch immer nicht so recht die Tragweite der Umkehr im Spinozianischen Denken; wir müssen sie daher sozusagen in ein Spannungsverhältnis zur Dramatik der kulturellen und politischen Krise bringen, die die Niederlande in diesen Jahren durchlaufen haben. Nicht, daß man die politische Krise von 1672, die Restauration der Oranierherrschaft – und die grauenvolle Ermordung de Witts am 20. August – als entscheidendes und auslösendes Element der zweiten Phase im Denken Spinozas ansehen könnte, selbst wenn die Emotion bei unserem Autor hohe Wellen schlug: *»ultimi barbarorum«*, »Die Schlimmsten der Barbaren!«[3] Auch kann man, denke ich, dem Besuch von Haarlem und der Vorstellung, daß dieser eine mögliche Rückkehr Spinozas in das *politische Milieu* darstellen würde, nicht mehr als nur episodenhafte Bedeutung beimessen (vgl. die zit. Biographien, bes. 95). Viel wichtiger und tiefgreifender scheint mir die Reflexion Spinozas aus diesen Jahren über die Misere des Kriegsgeschehens, über diesen fortwährenden Krieg, der das oligarchische Regime aushöhlte und ebenso die holländische Demokratie (vgl. den Briefwechsel in dieser Zeit). Entscheidend ist schließlich die Reflexion über die Religionskämpfe und ihre Wesensgleichheit mit dem politischen Regime, die den gesamten »Theologischen Traktat« durchzieht und die – den Vergleich zwischen Dämon und Gott benutzend – gegen den religiösen und sektiererischen Übergriff auf das geordnete demokratische Zusammenleben opponiert.[4] Alle diese Elemente muß man zusammen betrachten und in ein Spannungsverhältnis mit der inneren Ausreifung seines Denkens bringen, mit seiner neuen Projektion auf die Wirklichkeit nicht mehr in kontemplativen Begriffen, sondern in denen des Wiederaufbaus. Das heißt, die Krise der äußeren Welt stellt eine Analogie zur Krise der inneren Welt dar. Aber diese Analogie zerbricht schon in dem Augenblick, in dem sie sich setzt: weil sich das politische Geschehen auf eine allgemeine Stabilisierung des *ancien régime* in Europa zubewegt, während die Philosophie Spinozas, die wirkliche Philosophie der *Krisis*, sich dieser repressiven Befriedigung entgegenstellt, diesem Gleichgewicht von ursprünglicher Akkumulation und Merkantilismus, das die Hoffnung raubt und schließlich die humanistische Revolution herabwürdigt und institutionalisiert.

Die historische Zeit trennt sich von der realen Zeit der Spinozianischen Philosophie. Das Mißverhältnis, in der Krise bewußt geworden, reorganisiert seine Entwurfs-Begriffe. Es definiert sich als solches eben durch Unterscheidung, durch Abtrennung: eine wahrhaft neue Methode bei einem Autor, der erklärt hatte, daß »es nicht seine Art sei, die Fehler anderer aufzudecken«. Es gibt nun drei Punkte, auf denen sich die neue konstruktive Basis verfestigt. In einem Brief, der etwas später liegt (2. Juni 1674), der aber in seiner Kürze sehr dicht und als Zusammenfassung und Spezifizierung der grundlegenden kritischen Passagen bedeutsam ist, erklärt Spinoza diese Punkte. Dieser politische Aspekt steht an erster Stelle, auch wenn nunmehr das Denken ganz der Wiederherstellung der metaphysischen Ordnung zugewendet ist. »Was die Staatslehre betrifft, so besteht der Unterschied zwischen mir und Hobbes, nach dem Sie mich fragen, darin, daß ich das Naturrecht immer unangetastet lasse, und daß ich der höchsten Obrigkeit in einer jeden Stadt nur so viel Recht den Untertanen gegenüber zuerkenne, als dem Maße von Macht entspricht, um das sie den Untertanen überragt, als welches immer im Naturzustande der Fall ist.« (50. Brief) Dies ist eine erneute Bekräftigung der Ergebnisse des »Theologischen Traktats«. Sie birgt ein enormes Potential in sich: indem er sich vom Unterwerfungs-Vertrag löst, verwandelt der Mechanismus die Natur, das genetische Denken wird zum produktiven Denken auf einem Horizont, den die *»potentia«* offenhält. Aber diese Bestimmung erhält ihre volle Bedeutung und ihre angemessene Entwicklung nur, wenn sie in den metaphysischen Rahmen zurückgeführt wird, der die Bedingungen ermöglicht. Und tatsächlich wird sofort der zweite Punkt gesetzt: wenn nur ein metaphysischer Rahmen der Erscheinungsform die Freiheit erlaubt, dann muß die Begründung des Vermögens in sich die globale Ausdehnungskraft der Göttlichkeit in der Welt aufnehmen. »Was weiter den Beweis angeht, den ich im Anhang zu den geometrischen Beweisen der ›Prinzipien‹ Descartes' aufstelle, daß nämlich Gott nur sehr uneigentlich einer und einzig genannt werden könne, so erwidere ich, daß ein Ding allein in Hinblick auf seine Existenz, aber nicht in Hinblick auf sein Wesen eines und einzig genannt wird; denn wir können erst dann die Dinge unter Zahlbegriffe bringen, wenn wir sie unter eine gemeinsame Gattung gebracht haben. Wer beispielsweise einen Pfennig und einen Taler in der Hand hat, wird sie nicht unter dem Begriff der Zweizahl denken, es sei denn, daß er sie mit demselben Worte, etwa Geldstücke oder Münzen, bezeichnen kann; denn alsdann kann er sagen, er habe zwei Geldstücke oder Münzen, weil er ja nicht nur den Pfennig, sondern auch den Taler als Geldstück oder Münze bezeichnet. Daraus geht also klar hervor, daß man kein Ding eines oder einzig nennt, außer nachdem man ein anderes Ding gedacht hat, das (wie gesagt) mit ihm übereinstimmt. Da nun aber Gottes Existenz Gottes Wesen ist, und da wir uns von seinem Wesen keine allgemeine Vorstellung bilden können, so hat sicherlich derjenige, der Gott als einen oder als einzig bezeichnet, von Gott keine wahre Vorstellung, oder er redet uneigentlich von ihm.« (50. Brief) Die Göttlichkeit ist so beschaffen, daß die Bezeichnung »Einheit« ein Pleonasmus wäre. Auch das letzte Merkmal der traditionellen theologischen Darstellung der Göttlichkeit schwindet. Stattdessen erscheint der Zusammenhang der unendlichen, vom Göttlichen hervorgebrachten Mächtigkeit. Ein totaler Horizont, der nicht einmal mehr eine logische Transzendenz anerkennt. Das Göttliche ist die Gesamtheit der potentiellen Kraft. Hier ist das Denken Spinozas völlig zum Denken der Erscheinungsform geworden. Dritter Punkt: die umfängliche Ausbreitung der Vorstellung der Göttlichkeit impliziert – und hier ist die politische Perspektive grundlegend für die Anregung und die Organisation der Näherung – die Verlagerung des methodischen Einordnungspunktes. Hinsichtlich dieser göttlichen Totalität geht es um die konkrete Bestimmung. Nun, »bezüglich dessen, daß die Gestalt eine Negation und nicht etwas Positives ist, so ist es offenbar, daß die gesamte Materie, als unbegrenzt betrachtet, keine Gestalt haben kann, und daß die Gestalt nur in endlichen oder begrenzten Körpern Platz haben kann. Wer nämlich sagt, daß er eine Gestalt begreife, der zeigt eben damit an, daß er ein begrenztes Ding, und in welcher Art es begrenzt ist, begreift. Diese Bestimmung bezieht sich also nicht auf die Sache, soweit ihr Sein in Frage kommt; im Gegenteil bedeutet sie gerade ihr Nichtsein. Da also Gestalt nichts anderes ist als Bestimmung und Bestimmung Verneinung ist, so wird sie nichts anderes sein können als eine Verneinung.« (50. Brief) Das Paradoxon der Welt, das zwischen Einheit und Vielfalt besteht, ist nicht länger ein Paradoxon: seine metaphysische Erweiterung schafft Platz für die konkrete Bestimmung. Das Konkrete, als das einzige Gebiet der Wirklichkeit, ist eine Frucht der paradoxen Bestimmung. Man beachte: hier wird die Bedeutung des Vorgehens sicher nicht von der Tatsache festgelegt, daß die Negation das Prinzip der Bestimmung spezifiziert. Dieses Verhältnis Verneinung-Bestimmung kennen wir seit dem »Kurzen Traktat«. Das hier auftretende grundlegende Element des Vorgehens (im 37. Brief, allerdings nur als Anspielung, schon vorweggenommen) besteht in folgendem: daß die »Verneinung« nicht länger der Beraubung untergeordnet ist, daß die Bestimmung sich nicht mehr begreift als Element eines Mechanismus des Abstieges und/oder des metaphysischen Widerstandes, jedenfalls nicht innerhalb der Relativität der Teilbereiche der Totalität. *»Non opposita sed diversa«*, nicht entgegengesetzt, sondern verschieden (was, sozusagen als »Slogan«, über der Deutung Deleuzes und Machereys stehen könnte!). Das Böse, der Irrtum waren immer auf dem durch den emanativen Rhythmus vorherbestimmten Bereich einer Verneinung gepreßt, die als Verhältnis, als Relativität, als Beraubung verstanden wurde. Nun erlaubt die Methode, daß man sich der Bestimmung in ihrer konkreten Unmittelbarkeit zuwendet, um sich dann zur Totalität hin zu entfalten. Die Verneinung ist absolut: eben Bestimmung – nicht Übertragung metaphysischer Bedeutungen.

Wie transparent kann das Sein vor uns werden! Aber diesmal ist es nicht die Transparenz und die Vielseitigkeit einer objektiven Totalität, wie es im Reich der Utopie der Fall war; stattdessen wurde die Hypothese des methodischen und ontologischen Zusammenhanges, der klärenden und konstitutiven Erkenntnis, geschaffen. Durch sie können die »Gespenster oder Geister« zurückgedrängt werden, von denen die Masse glaubt, daß sie die Materie und ihre Lebenskraft enthüllen: denn »Gespenster« nennen wir »die Dinge, die uns unbekannt sind« (52. Brief)[5]; aber kaum tritt die Vernunft auf den Plan, erscheint uns jegliche Auffassung der Welt, die die konstitutiv erfolgende Annäherung von Vernunft und Sein nicht hinreichend notwendig und streng vornimmt, als Objekt des Aberglaubens und des Nichtwissens. Das Sein ist transparent, weil die Erkenntnis angemessen ist. Es gibt da keine Vermittlung zwischen dem Endlichen und dem Unendlichen, es gibt keinen freien Willen, der das Notwendige und das Zufällige vermittelt, es existiert keine Trennwand zwischen der Wahrheit und dem Existierenden. Das Sein ist hier also transparent in seiner Bestimmung insoweit es immer bestimmt ist und jegliche produktive Vermittlung der Bestimmung ausschließt. »Die Autorität des Platon, Aristoteles und Sokrates gilt bei mir nicht viel. Ich hätte mich gewundert, wenn Sie Epikur, Demokrit, Lucretius oder einen der Anhänger des Atomismus angeführt hätten. Es wäre nicht verwunderlich, wenn die Leute, die verborgene Qualitäten, absichtsvolle Arten, substantielle Formen und tausend andere Hirngespinste ersonnen haben, auch Gespenster und Schatten sich ausgedacht und alten Weibern Glauben geschenkt hätten, um die Autorität des Demokrit zu schwächen, auf dessen Ruhm sie so neidisch waren, daß sie alle seine Bücher, die er mit so viel Beifall herausgegeben hatte, verbrannten. Haben Sie Lust, diesen Glauben zu schenken, welche Gründe haben Sie dann, die Wunder der heiligen Jungfrau und aller Heiligen zu leugnen, die von so vielen hochberühmten Philosophen, Theologen und Historikern beschrieben worden sind, daß man auf hundert von diesem kaum einen von jenen anführen kann?« (56. Brief; vgl. 156)[6] Ein wirklich und wahrhaft materialistischer Horizont konstituiert also mit Hilfe der Transparenz des Seins und seiner »Erscheinungshaftigkeit« die Möglichkeit von weltlichem Handeln.

Hier kann die Untersuchung schließen. Das Mißverhältnis, welches das Denken Spinozas bezüglich des allgemeinen Verlaufs des politischen und philosophischen Denkens des Zeitalters charakterisiert, taucht in der Tat zunächst in absoluten Begriffen auf. Die metaphysische Bewegung der Konstitution gelangt, indem sie ihre eigenen Bedingungen begründet, zur Bestimmung eines materialistischen Horizonts. Konstitutiv. Wir dürfen nicht die »Entdeckung« der Dialektik erwarten, um mit den materiellen Existenzbedingungen zur Synthese der natürlichen, geschichtlichen und menschlichen Produktion zu gelangen (vgl. 96). Das, was die erste analytische Annäherung an die Definition der Bewegungen der Imagination enthüllt hat – und das ist die Vielfalt der wirklichen und materiellen Artikulation der Vernunft –, wird von nun an vom philosophischen Bewußtsein als erstes, ausschließlich metaphysisches Problem empfunden. Die Ethik ist das Gebiet, auf dem sich konstitutive Funktion und reale – besser gesagt, außerhalb jeglichen auch nur entfernt idealistischen Ansatzes liegende, also materielle – Bedingungen neu bilden müssen.[7] Die erste Redaktion der *Ethik* wird in dieser Situation nicht kritisiert: sie wird schlichtweg umgekehrt. Es eröffnet sich die Möglichkeit, daß sie als problematisches Gerüst einer Darstellung der »Erscheinungsform« – das heißt als materialistische Darstellungsform – und einer praktischen Wiederherstellung der Welt gedeutet werden könnte. Wenn die erste Redaktion der *Ethik* eine Alternative enthielt, ist diese hier aufgelöst: nur der »Weg nach oben« ist gangbar, der konstitutive Weg. Nichts ist bei einer strukturalen Analyse der *Ethik* wahrer und leichter, als in diesen verschiedenen Ebenen Träger und Multiplikatoren dieser anfänglichen Alternative aufzuspüren (68). Das ist es also nicht, was wir leugnen. Im Gegenteil, wir behaupten, daß diese »Verdoppelung« (und Wiederholung) der Ebenen Ergebnis einer theoretischen Wahl ist: des Materialismus, und einer praktischen Bestimmung: der konstitutiven Spannung. Die zweite Redaktion der *Ethik* und ihre schließliche Gestalt (mindestens die von den *Opera posthuma* gelieferte), erarbeitet zwischen 1670 und 1675, sind die Besiegelung dieses Entwurfs. Und hier ahnt man noch immer seine Anomalie. Denn dieser Entwurf steht wirklich außerhalb jeglichen Maßes hinsichtlich der kulturellen Bestimmungsmomente der Zeit: in seinem Atheismus, in seinem Materialismus, in seinem Konstruktivismus stellt er die verteufelte, wilde Philosophie dar, die Fortdauer des revolutionären Traums des Humanismus, organisiert als Antwort auf seine Krise, als Vorwegnahme neuer Kampfbewegungen, als Projektion einer großen Hoffnung. Darauf muß man bestehen: das Mißverhältnis rührt nicht so sehr von der – relativ – unproportionierten Beziehung zu der Krisenzeit her, als vielmehr von der absoluten Organisation, die das Bewußtsein der Krise dem Entwurf aufprägt, um sie zu überwinden. Der höchste Glaube an die Göttlichkeit wird umgewendet – wird organisiert in der materialen Umwandlung auf dem geschichtlichen Horizont. Die höchste Sorge des Vermögens beginnt, während sie jegliche Vermittlung zurückweist und zur reinen und einfachen materiellen Form wird, nicht nur die Bahnen der produktiven Imagination zu durchlaufen, sondern darin das bestimmte Gewebe wiederaufzubauen, die Mächte in konstruktive Kraft umzuwandeln, in die zweite Natur. Mit der zweiten Begründung der *Ethik* erreicht die *natura naturata*, die geschaffene Natur, totale Hegemonie über die *natura naturans*, die schaffende Natur. Was anderes kann dies sein als das Werk des Dämons?

Aneignung und Konstitution

Die Transformation des Spinozianischen Denkens wird von jenem Punkt versinnbildlicht, an welchem die theoretische Kontinuität abbricht, die sich in der Entwicklung des ersten metaphysischen Ansatzes der *Ethik* (vom emanativen Horizont zur synchron-strukturalen Konstitution) ergeben hatte: das System wendet sich nun einer diachronethischen Konstitution zu. Die erste Organisation des Unendlichen hatte sich zwischen Utopie und Paradoxon festgefahren, indem sie auf der Spontaneität des Verhältnisses zwischen Vielfalt und Einheit und auf der pantheistischen Vervollkommnung dieses Spannungsverhältnisses beharrte: die Neugestaltung des Systems verneint nicht die Spontaneität, aber sie leugnet das Problem des Verhältnisses, nimmt das Unendliche als Grundlage der Vielfalt und betrachtet die Vervollkommnung als einen offenen materialistischen Horizont. Hier stellt sich die grundlegende Anomalie seines Denkens gegenüber seinem Zeitalter, und zwar in der Ausschaltung des Problems des Verhältnisses zwischen dem Unendlichen und dem Unbestimmten, der Grundlage aller rationalistischen Philosophien mit idealistischer Tendenz. Die Anomalie besteht in der radikal antifinalistischen Perspektive dieser Philosophie, dort, wo man – wie Spinoza – jedes metaphysische Zeichen finalistisch deutet, das der Initiative der Menge eine transzendentale Synthese überordnet. Und wäre diese Transzendenz auch rein logisch! Es ist eine historische Bedingung, die damit zerbrochen wird: und eine revolutionäre Handlung, die sich vollendet. Der Finalismus ist stets die Hypostase eines vorgefaßten Entwurfes, ist die Projektion des Systems in der historischen Welt verfestigter Verhältnisse auf eine unauflösbare Naturordnung; er ist die Verteidigung von Ordnung und Kommando (50). All das haben wir schon gesehen, und wir nähern uns dem Augenblick, in dem wir die zweite Grundlage der *Ethik* in ihrer Komplexität zu rekonstruieren haben werden. In diesem Paragraphen müssen wir zum Abschluß der Vorbemerkungen nur noch sehen, wie die zur neuen Fusion fertigen Elemente in diesem Brennpunkt des Prozesses sich sozusagen spontan vorbereiten.

Das Problem besteht aus mehreren Elementen, die vorbereitet, auch einzeln festgelegt, aber noch nicht miteinander verbunden sind. Die Methode ist noch nicht dem Gesamt der ontologischen Figuren angenähert, das ebenfalls, in der Sonderheit derselben, zur Konstitution beigetragen hat. Und das ist eine schwierige Situation, denn auf der einen Seite ist die methodische Einheit (ontologisch verwurzelt) eine grundlegende Notwendigkeit von Spinozas Denken, auf der anderen Seite fehlt noch der Anhaltspunkt, von dem aus diese Einheit in der neuen Perspektive praktikabel wird. Der konstitutive Entwurf ist noch immer ein Gesichtspunkt. Auch die bisher dagegengehaltene Thematik hat in ihrer Herleitung selbst kein solides Gewebe angeboten, auf dem der Entwurf materiell zu erneuern wäre. Die Imagination! Sicher, diese stellt, bei Spinoza und im gesamten Zeitalter, jenes zwielichtige und fließende Gelände dar, auf dem die Methode ihre Fähigkeit zur Anwendung und zur Synthese erprobt, diese Vermischung von Natur und Vernunft, die den Leidenschaften Raum gibt: Die Erneuerung des Stoizismus im 16. Jahrhundert hatte dieses Umfeld gesetzt und ihm besondere Bedeutung beigemessen, und das 17. Jahrhundert folgt dieser Spur (vgl. 112). Die Leidenschaft also. Hinsichtlich der Thematik der Imagination bringt die Problematik der Leidenschaften die praktische Bestimmung näher, denn im ungeordneten Gesamt der Natur und der Vernunft steckt der Wille, daher entspringt das Element der Auswahl, der Alternative, möglicherweise des Bruchs. Das ist also der Punkt, auf dem sich eine Perspektive der Konstitution organisieren kann, nachdem nicht nur das Gebiet und der Standpunkt bestimmt wurde, sondern auch das Subjekt des Konstituierens: der Mensch, mit seiner Imagination und seiner Leidenschaftlichkeit, die zwischen Erkenntnis und Willen vermitteln – der Mensch als Aktivität. Die Methode ist hier auf die Ontologie anwendbar. In der Vernunft identifizieren sich Intelligenz und Willen, es gibt keine Vorstellung außer im Akt der Bestimmung oder der Verneinung. Die Methode ist Aneignung.[8]

Und dennoch kann man das Problem des Stützpunktes auch dadurch noch nicht als gelöst bezeichnen. Wenn wir das Zeitalter noch einmal betrachten, bemerken wir, daß das Denken des 17. Jahrhunderts, von Descartes bis zu Hobbes, die Thematik der Aneignung der Welt durch die Leidenschaften innerhalb von Perspektiven erörtert, die eben diesen Begriff der Aneignung mittelbar oder unmittelbar aufheben. Für Descartes ist die Aneignung an die Herrschaft der Mechanik gebunden und wird unwesentlich für die Befreiung des Menschen. Der Dualismus ist nur hypotetisch auf die Ebene der Leidenschaften vermittelt und seine Herausforderung erneuert sich eher auf dem Gebiet der rationalen Theologie denn auf anthropologischem (165). »Ich weiß zwar, daß der hochberühmte Cartesius, obwohl auch er annahm, daß der Geist eine unbeschränkte Macht über seine Handlungen habe, dennoch die menschlichen Affekte aus ihren ersten Gründen zu erklären und zugleich den Weg anzugeben versucht hat, wonach der Geist eine unumschränkte Herrschaft über die Affekte erlangen könnte; aber nach meiner Ansicht wenigstens hat er nichts als den Scharfsinn seines großen Geistes gezeigt...« (Ethik, III, Vorrede) Für Hobbes ist die Aneignung jedoch grundlegend und seine Physik ist effektiv die Grundlage einer Metaphysik. Aber ist diese Metaphysik auch adäquat? Muß sie nicht am Ende, indem sie wieder die Transzendentalität der Pflicht einführt – wenn nicht die gesamte Physik –, ganz sicher jedoch ein glaubwürdiges Bild des Menschen ablehnen (113; 76)? Ist nicht das Verhältnis zwischen Leidenschaft und Konstitution gezwungen, gleichsam aus Angst vor den inliegenden Wirkungen, erneut die Abtrennung des menschlichen Horizonts zu organisieren? Das Problem besteht also in der Tatsache, daß die Philosophie des 17. Jahrhunderts auf der einen oder der anderen Ebene das Kriterium einer Vermittlung der Leidenschaften als Grundlage für ihre eigene Definition einführt. Die Mehrdeutigkeit und das Schwanken der Leidenschaften konstituieren keinen gangbaren Weg, sondern nur eine Schwierigkeit, die es zu überwinden gilt. Die neustoischen Strömungen bringen erneut die materialistische Thematik der Leidenschaften, interpretieren dabei jedoch wieder die idealistische Thematik einer Kontrolle der Leidenschaften. »Viele, die über die Affekte und die Lebensweise der Menschen geschrieben haben, scheinen nicht von natürlichen Dingen, welche den allgemeinen Gesetzen der Natur folgen, zu reden, sondern von Dingen, die außerhalb der Natur liegen. Ja, sie scheinen den Menschen in der Natur wie einen Staat im Staate zu fassen. Denn sie glauben, daß der Mensch die Ordnung der Natur mehr störe als befolge, und daß er die unumschränkte Macht in bezug auf seine Handlungen habe und anders nicht, als nur von sich selber, bestimmt werde. Die Ursache des menschlichen Unvermögens und der menschlichen Unbeständigkeit legen sie nicht dem allgemeinen Vermögen der Natur, sondern ich weiß nicht welchem Fehler der menschlichen Natur bei, welche sie darum beweinen, verlachen, verachten oder, was am häufigsten geschieht, verwünschen, und wer das Unvermögen des menschlichen Geistes recht beredt oder witzig zu verspotten weiß, wird wie für göttlich gehalten.« (*Ethik*, III, Vorrede) Die Philosophie des 17. Jahrhunderts nimmt im allgemeinen diese Haltung ein. Die Aneignung der Natur durch die Leidenschaften – diese ideologische Versinnbildlichung des kapitalistischen Marktes und der ursprünglichen Akkumulation – muß sich der Notwendigkeit der sozialen und staatlichen Organisation des Wert-Flusses beugen. Man sagt, daß diese Auffassung die Philosophie verweltliche! Wer wollte das leugnen. Aber gleichzeitig drückt sie Teilhabe an einem bestimmten Bild der Macht aus – und diese Teilhabe verneint die Kreativität des bis hier entdeckten materialistischen Gewebes, oder sie mystifiziert zumindest die Natur und ihre Wirkungen. Imagination, Leidenschaft, Aneignung werden gleichermaßen substantielle Elemente der bürgerlichen Ideologie des Marktes – der Ordnung unterworfene Kreativität – dem Mehrwert unterworfener Wert?[9] Damit wird ein Finalismus begründet, anders als der traditionelle der Theologie, aber nicht weniger wirkungsvoll: die Mehrdeutigkeit der Leidenschaften wird aufgelöst in einer vermittelnden Praxis der Aneignung, Aneignung in einem sozialen Ordnungsschema, das diese Aneignung voll bestimmt – das ist typische Dialektik, ein Prozeß der Vermittlung, der überhaupt nichts schafft, denn seine Norm ist implizit, ist konstituiert, ist »formale Ursache« und nicht »Wirkursache«. Die Transzendenz beherrscht die Vermittlung, und sei es auch nur in logischer, transzendentaler Form; die Aneignung ist »legitimiert« (dem Universalen unterworfen), das heißt innerhalb ihrer eigenen Definition selbst umgeleitet und mystifiziert. Nicht zufällig ist nun mit dieser Wiedererfindung der Vermittlung, dieser Neuauflage des Finalismus, dieser Restauration der Transzendenz die antihumanistische und reaktionäre Richtung der Philosophie des 17. Jahrhunderts verbunden: sie entspringt unmittelbar aus der katholischen oder reformierten Apologetik und findet dabei im theologischen Cartesianismus und im politischen Hobbesianismus eine adäquate Grundlage für die Erneuerung der Tradition – der Theologie als Raison des Staates.[10]

Wenn bei Spinoza die Methode als Aneignung definiert wird, wird eine ganze philosophische Welt beiseite gelegt. Prämisse ist die radikal eindeutige Auffassung des Seins, die Argumentation (auf dem Gebiet der Ideologie) ist der radikale Atheismus, die Schlußfolgerung ist ein materialistischer Begriff des Menschen. Auf die Auffassung des Seins zurückzukommen lohnt hier nicht. Auch nicht auf das, was die theologische Kritik betrifft, außer um darauf hinzuweisen, daß bei Spinoza die inneren Spannungen gegenüber den radikaleren »Erfahrungen« der religiösen Befreiung des Zeitalters eine Lösung zu finden scheinen: auf Seite des Judentums ebenso wie auf der des Protestantismus. Erfahrungen, nicht Ideologien, nicht Doktrinen, so wurde gesagt: weil gerade die Annäherung selbst die theologische Vermittlung zurückweist, als feindselig und fremdartig ansieht – die religiösen Erfahrungen, die dem Denken Spinozas näherkommen, die es durchziehen oder sich gar mit ihm identifizieren: auch sie sind Aneignung, Aneignungen der Göttlichkeit (vgl. 88, 227-236, Einl.; 165). Der ontologische Antiplatonismus Spinozas hält Schritt mit seinem theologischen Antichristentum. Daher der materialistische Begriff des Menschen als Aktivität, als aneignendes Vermögen. Im Menschen muß sich die Verschmelzung der Elemente erweisen, besser, diese Implosion der Prämissen, die uns, indem sie sich abkühlen und klären, das Instrument des konstitutiven Entwurfes anbieten. Das Verhältnis zwischen Mensch und konstitutivem Horizont wird von einer Reihe bereits festgelegter metaphysischer Bedingungen vorbereitet. Stellen wir sie nebeneinander und sehen wir, wie sie die Definition des Menschen als Tätigkeit der Aneignung vorbereiten. Erstens wird der Mensch in die Natur gestellt: die Umkehrung der metaphysischen Perspektive hat uns die unlösbare Vereinigung Mensch und Natur bestätigt, aber diese Umkehrung hat nach ihrem Sinn und Verlauf den Menschen dabei nicht zum Ausdruck der Natur, sondern zum Schöpfer der Welt gemacht. Das Vermögen des Universums und der Göttlichkeit überprüfe ich nun im konstitutiven Vermögen der Welt und erfahre sie als Qualifikation der Existenz. »Es wird ohne Zweifel verwunderlich erscheinen, daß ich die Fehler und Torheiten der Menschen nach geometrischer Methode zu behandeln unternehme und das in bestimmter Ordnung dartun werde, wovon sie immerfort schreien, daß es der Vernunft widerstreite, eitel, wahnsinnig und abscheulich sei. Mein Grund aber ist dieser: es geschieht nichts in der Natur, was man ihr als Fehler anrechnen könnte, denn die Natur ist immer dieselbe und überall eine, und ihre Kraft und ihr Tätigkeitsvermögen sind dasselbe ... Ich werde also die Natur und die Kräfte der Affekte und die Macht des Geistes in bezug auf dieselben nach derselben Methode behandeln, mit welcher ich im vorigen über Gott und den Geist gehandelt habe, und die menschlichen Handlungen und Triebe ebenso betrachten, als wenn von Linien, Flächen oder Körpern die Frage wäre.« (*Ethik*, III, Vorrede) Zweitens wird der Mensch in die Erkenntnis gestellt: ich beschreibe die Welt nach konventioneller Art durch Allgemeinbegriffe, aber bald erfasse ich die Wirklichkeit – in dem Maß, in dem ich mich fortwährend der Vorstellung und der Wirklichkeit annähere – als einigen Prozeß und wende darauf bewußt meine Vernunft an. Zwischen der Imagination und der Intuition schaffe ich auf diese Weise nicht nur die Wahrheit, sondern auch meine Freiheit. Die Wahrheit ist Freiheit, Umkehrung, Befreiung. Das metaphysische Vermögen der menschlichen Setzung ist gleich der Transformationsmethode, die aus dieser von der Vernunft und vom Willen hervorgebrachten einheitlichen Tätigkeit herstammt. »Unter Tugend und Verstand verstehe ich dasselbe, d. h. Tugend, insofern sie sich auf den Menschen bezieht, ist die Wesenheit oder die Natur des Menschen selbst, insofern er das Vermögen hat, einiges zu bewirken, was bloß durch die Gesetze seiner

Natur verstanden werden kann.« (*Ethik*, IV, 8. Def.) Mithin beginnt sich das aneignende Vermögen des menschlichen Wesens mit außerordentlicher Klarheit zu enthüllen: die Bedingungen sind wieder – metaphysisch, formal – vereint. Nun müssen sie sich effektiv in bestimmter Art vereinigen, damit der konstitutive Prozeß nicht nur als allgemeine Machenschaft des Seins, sondern als Entwicklungsgeschichte, als sich entfaltendes Vermögen angesehen werden kann. Erneut Imagination, Leidenschaft, Aneignung: aber nun ist Gewähr, daß sie nicht in den circulus vitiosus der Philosophie des 17. Jahrhunderts fallen, sondern vielmehr vorbereitet sind zur Beherrschung der Unmittelbarkeit und zur unmittelbaren Konstitution der Wirklichkeit der Welt.[11]

Das Wesen des Menschen. »Dieses Streben *(conatus)*, auf den Geist allein bezogen, heißt Wille, aber auf Körper und Geist zusammen bezogen, nennt man es Trieb, welcher also nichts anderes ist als die Wesenheit des Menschen selbst, aus dessen Natur das, was zu seiner Erhaltung dient, notwendig folgt; und daher ist der Mensch dieses zu tun bestimmt. Auch ist zwischen Trieb und Begierde kein Unterschied, nur daß Begierde sich meist auf die Menschen bezieht, insofern sie sich ihres Triebes bewußt sind. Man kann sie daher so definieren: *Begierde ist Trieb mit dem Bewußtsein desselben.* Aus diesem allen ist also entschieden, daß wir nichts erstreben, wollen, begehren noch wünschen, weil wir es für gut halten, sondern vielmehr, daß wir deshalb etwas für gut halten, weil wir es erstreben, wollen, begehren und wünschen.« (*Ethik*, III, 9. LS, Anm.) Das Wesen des Menschen ist daher *»appetitus«*, Trieb: die Welt wird bestimmt vom *»appetitus«*, und von der *»cupiditas«*, der Begierde. Die Einheit der Vernunft (Verstand und Wille) und die Einheit von Vernunft und Körper werden zusammen gesetzt. Darum qualifizieren der Trieb und die Begierde. Aber das Qualifizieren ist ein statisches konstitutives Vermögen. Während die konstitutive Bestimmung, die der Mensch von der Welt gibt, dynamisch ist. Der Horizont, auf dem das konstitutive Vermögen des Menschen sich befreit, ist offen. Die Welt ist das, was noch nicht ist. Sie ist Zukunft. Ist diese Projektion. Auch das ist menschliches Wesen, grundlegendes Element der Definition. »Die Begierde ist die Wesenheit des Menschen selbst, insofern sie vorgestellt wird als von irgend einer gegebenen Affektion derselben bestimmt, etwas zu tun.« (*Ethik*, III, Def. d. Affekte 1) Begierde steht bei Spinoza für Leidenschaft, aber auch für Aneignung: »Trieb ist die Wesenheit des Menschen selbst, insofern er bestimmt ist, das zu tun, was zu seiner Erhaltung dient« (*Ethik*, III, Def. d. Affekte, Erläuterung), das heißt, daß die Begierde das Wesen des Menschen in der dynamischen Ordnung der Reproduktion und der Konstitution entfaltet. Hier entsteht fürwahr eine positive Philosophie, überaus hart in ihrer konstruktiven Schärfe. Eine Philosophie der Lust, wie mancher Leser sie nennen wollte (32; 165)? Wahrscheinlich. Sicher ist, daß wir hier endlich eine Basis der Rekonstruktion erreicht haben, die unsere Perspektive auf das Mißverhältnis ausgedehnt hat, sei es in logischen oder in ethischen Begriffen (dagegen jedoch Gueroult, vgl. 68, 547-551).

Da ist noch etwas anderes. Der Mensch, haben wir gesehen, ist nicht »ein Staat im Staate«. Die Natur ist nicht ein förderalistischer und in seinem Aufbau konfuser Staat, wie es die Niederlande sind. Sie ist eine kollektive Wesenheit, jedoch ein Prozeß, der die Selbstkonstitution der Individualität als kollektive Wesenheit erlebt. »Unter einzelnen Dingen verstehe ich Dinge, welche endlich sind und eine beschränkte Existenz haben. Wenn mehrere Individuen so in einer Handlung zusammentreffen, daß sie alle zugleich Ursache einer Wirkung sind, so betrachte ich sie alle insofern als ein einzelnes Ding.« (*Ethik*, II, 7. Def.) Diese Passage, logisch bereits vorweggenommen im 2. Buch der *Ethik*, hat hier eine außerordentliche Bedeutung. Die materialistische Bestimmung des konstitutiven Prozesses wird tatsächlich von dieser letzten Modalität charakterisiert: dem Kollektiven, der Menge. Von historischem Standpunkt aus total wird der Bruch mit dem starren Individualismus der allgemein unscharfen Auffassungen, speziell der Hobbesschen, im 17. Jahrhundert.[12] Vom systematischen Standpunkt aus hat die Spinozianische Bestimmung des Kollektiven gewaltige Wirkungen: sie erlaubt dem Begriff des Vermögens eine umfassende Entwicklung. Nehmen wir an, daß die Entwicklung des leidenschaftlichen und sozialen Lebens nicht unmittelbar bei der Entwicklung des Kollektiven artikuliert würde: dann würde eine ethische und soziale Vorstellung entspringen, in welcher sich der konstitutiven Wirksamkeit des Vermögens als einzige bestimmte Möglichkeit die logische oder politische, jedenfalls transzendentale Vereinigung des Prozesses der Individualität wirkungsvoll entgegenstellen würde. Aber das ginge gegen die Spinozianischen Prämissen: der konstitutive Prozeß ist nicht vorstellbar außerhalb der Hypothese seiner inneren kollektiven Qualifikation. »Denn niemand wird das, was ich meine, recht fassen können, wenn er sich nicht sehr hütet, das Vermögen Gottes mit der menschlichen Natur oder dem Recht der Könige zu vermengen.« (*Ethik*, II, 3. LS, Anm.) Das heißt: die Entwicklung des göttlichen Vermögens in der Welt, der aneignenden Spannung, die sich in der Individualität ausdrückt, ist nicht möglich, wenn wir – wie es sich durch die absolutistische Metaphorik andeutet – denken, daß dieses Vermögen durch transzendente oder transzendentale Vermittlungen beherrscht oder geleitet werden kann. Die Metapher des Gottkönigtums läuft in der Philosophie des Zeitalters und speziell in der cartesianischen darauf hinaus (vgl. 112), die Unmöglichkeit einer ontologischen Vermittlung der Einheit und der Vielfalt anzuzeigen. Und man muß gegenwärtig halten, daß der Gedanke des Kollektiven nichts anderes ist als eine – ontologische – Bestimmung des Verhältnisses Vielfalt-Einheit. Die Spinozianische Zurückweisung der absolutistischen

Metaphorik des Königlichen ist daher das Zeichen, daß das Kollektive als ontologische Lösung genommen wird. Das »Dekret«, in dem sich die ursprüngliche Einheit zusammenfaßt (oder besser: in dem sie sich ausdrückt), die »Gleichzeitigkeit von Geist und Trieb« (*Ethik*, III, 2. LS, Anm.) – diese (synchrone) Selbstdekretierung der Natur, die reinen Tisch mit jeglichem Parallelismus macht, gilt auch auf historischer Ebene, wo das Kollektiv »gleichzeitige« Form der zeitlichen Konstitution des Menschen ist. Es ist grundsätzlich der Wille in seiner dynamischen Synthese mit dem Verstand, der diese Enthüllung des Fortschreitens der Vernunft vom Individuellen zum Kollektiven erzwingt, ohne Auflösung der Kontinuitäten, die nicht an der inneren Mechanik des Vorgehens, der Physik der Qualifikation, teilhaben – aufgrund eben der Tatsache, daß das Wesen des Prozesses aktiv und expansiv ist (*Ethik*, II, 49. LS, Anm.). Der konstitutive und expansive Materialismus des Vermögens fordert daher eine kollektive Bestimmung. Damit hat der Komplex der konstitutiven Bedingungen den höchsten Punkt der Verschmelzung erreicht.

Kommen wir zum Schluß. Aneignung gegen Konstitution: alle Bedingungen scheinen auf eine Ebene der Verschmelzung gebracht, die selbst Bestimmungs- und Qualifikationsmomente für die Form und Tätigkeit des Vermögens in der Welt wird. Wenn wir nun für einen Augenblick wieder auf das offenbar leidenschaftlichste Dokument der Polemik Spinozas gegen den Finalismus schauen, den »Anhang« des 1. Teils der *Ethik*, spüren wir die Bedeutung des Vorgehens, dem wir beiwohnen. Der polemische *animus* des »Anhangs« ist nun in der Tat durch die Vorstellungen der Aneignung und der Konstitution in einen produktiven *animus* verwandelt worden. Die Alternative in der Vorstellung der Wahrheit besteht nicht mehr in der Wahl zwischen dem finalistischen Heidentum und der Bestimmung der Norm an sich, welche die mathematischen Wahrheiten beinhalten, – vielmehr besteht sie in einem weiteren Schritt von der Wahrheit an sich zur konstitutiven Wahrheit, von der Anpassung des Verstandes und der Dinge zur angemessenen Funktion der materialen Konstitution. »Die Gesetze der Natur waren so umfassend, daß sie zur Herstellung alles dessen, was von einem unendlichen Verstande begriffen werden kann, ausreichten.« (*Ethik*, I, Anh.): Die Bedingungen dieser Vorhersage, die einen der höchsten Punkte darstellt, auf den sich die erste Redaktion der *Ethik* erhebt, sind nun als operative Voraussetzungen gegeben.

Produktivkraft: eine historische Antithese

Kehren wir zum Gedanken der Aneignung zurück, und sehen wir ihn diesmal in enger Beziehung zu dem Paar »Leidenschaft-Interesse«, das sich mit der Entstehung der politischen Ökonomie ausschließlich in den Mittelpunkt stellen wird. Nun besteht die Gewichtigkeit dieses Paares in seiner historischen Bestimmung: politische Ökonomie, Bürgertum, Kapitalismus – Kategorien, die alle schlichtweg undenkbar sind außerhalb einer Begründung im Rahmen der Leidenschaften, wo das egoistische Interesse und seine Bestätigung nicht das grundlegende Element konstituieren (76; 10). In neuerer Zeit sind wir allmählich so weit gekommen, alles aus der Moderne des Denkens auszuschließen, was nicht das Interesse, oder mindestens die Materialität der Leidenschaft als theoretisch bestimmenden Inhalt annimmt. Wobei das der Realität entspricht: wenn die moderne Geschichte die Geschichte der Genesis und der Entfaltung des Kapitals ist, dann verarbeitet die Thematik Leidenschaft-Interesse diese Geschichte struktural; und jedes Denken, zumal jede metaphysische Position, die sich vom Interesse als Arbeit für die Totalität abzukoppeln versucht, erweist sich damit als völlig unzureichend.[13] Dennoch haben wir auch damit die Reihe der Probleme nicht gelöst, die durch den Begriff der Aneignung entstehen – auch die reichhaltige Sekundärliteratur vermag diese Probleme nicht zu lösen. Mehr noch: wird die Reduktion der Aneignung auf das Interesse nicht eine unzulässige Operation sein, völlig apologetisch, mystifizierend und dazu auch noch verspätet? Das ist der Punkt: die Analyse der Ausdehnung und der Intensität, der Näherungsfähigkeit und die historische Bestimmung der Kategorie »Aneignung«.

Wenn nun die Aneignung eine Revolution in der Ordnung der Ideologie und des Lebens selbst im modernen Zeitalter bedeutet, die tatsächlich eine humanistische Auffassung von der Eroberung der Natur und der seit dem späten Mittelalter ausgebrochenen und der Geschichte der abendländischen Kultur eingepflanzten Veränderung der Welt qualifiziert – so wird sich der kategoriale Begriff, ausgehend von dieser epochalen und gewaltigen Ausdehnung, schärfen und bestimmen, indem er alternative Bedeutungen annimmt und, in der von ihm beschriebenen historischen Parabel, nicht nur ideale Unterschiede qualifiziert. Im 17. Jahrhundert stehen wir am Ursprung der allgemeinen Ausdehnung des Begriffes, aber gleichzeitig auch am Ursprung seiner verschiedenen und alternativen Qualifizierung. Aneignung ist nämlich das Transzendentale der kapitalistischen Revolution, die Machenschaft der verknüpfenden Subsumption, der jene definiert: die praktische Fähigkeit, die schaffende Kraft übernehmen die natürlichen Bedingungen, geben sie abstrakt und beweglich wieder, verwandeln sie in zweite Natur, in neue Produktivkraft. Aber diese neue Welt stellt sich nun in ideologischen Begriffen als vereinende und allgemeine Kraft dar: tatsächlich ist sie strukturell eine gespaltene Welt. Sobald die ersten Krisen auftreten, sobald die Ideologie und ihre kollektive Emphase sich auflösen, zeigt die Wirklichkeit die Aneignung auf das egoistische Interesse reduziert und die kapitalistische Revolution als politische Konservierung oder reine funktionale Transformation der Herrschaftsstrukturen. Die Revolution ist unter Vermittlung gezwungen und die Vermittlung der Rekonstruktion von Herrschaft zugeordnet. Während die Aneignung das Transzendentale der Produktivkräfte bleibt, registriert die Thematik der Interessen eindringlich das Niveau der neuen Produktionsverhältnisse. Im zyklischen Voranschreiten der kapitalistischen Entwicklung geraten die Produktivkräfte und die Produktionsverhältnisse in einen Widerspruch: ein Widerspruch, der alleine die nachfolgenden Jahrhunderte verständlich macht.

Aber die Philosophie beunruhigt das nicht! Dieser grundlegende Widerspruch, den die Wirklichkeit immer dramatischer verzeichnet, läuft neben der Hauptlinie der philosophischen Historiographie her. Die Rationalität, der Wert, die Kreativität bleiben allesamt in der Verherrlichung der kapitalistischen Produktionsverhältnisse stecken: die Produktivkräfte und die daraus hervorgehenden Widersprüche werden dem philosophischen Prozeß lediglich als Nebensächlichkeiten einverleibt. Wir werden natürlich mehr oder minder umfassende und kräftige Formen der Mystifikation bekommen: der Idealismus strebt nach einer Mystifikation *tout court* der Identität der Produktivkräfte und der Produktionsverhältnisse, er wiederholt ohne Unterlaß die ursprüngliche revolutionäre Illusion der kapitalistischen Einheit der Produktion – indem er sie vorsätzlich gegenüber der strukturellen Krise des Verhältnisses hypostasiert. Der Empirismus dagegen bringt bezüglich der Ideologie Ernüchterung hervor, akzeptiert aber zynisch die Umkehrung der explikativen Terminologie und versucht die Widersprüche der Produktionsverhältnisse durch die Hochschätzung der Wirksamkeit ihrer Entwicklung zu rechtfertigen. Dagegen: kann man angesichts dieser wohlüberlegten historischen Synthese eine Kontinuität von Verweigerung und Rebellion beschreiben? Kann man erkennen, daß der reale Verlauf des Klassenkampfes, der stets notwendig wieder auftauchenden Bewegung der Produktivkräfte, im Rahmen derselben Metaphysik einen Weg der Verweigerung und der Abweichung, der Zerstörung der Mystifikation und der theoretisch-praktischen Alternative entwirft? Gibt es eine Denkrichtung, die ausgehend von der humanistischen Revolution und unter Wahrung der anthropologischen Zentralität des Begriffes der Aneignung, die Krise der Revolution leugnet und sich weigert, die Aneignung der Ordnung des Kapitalinteresses, der ideologischen Individualisierung ihrer Bewegung zu beugen? Und die stattdessen das materielle, kollektive, konstitutive Vermögen der Aneignung neu betont? Wenn man von der erstarrten philosophischen Historiographie ausgeht, kann das alles nicht einmal als elegante Fragestellung zugelassen werden. Dennoch vermag die Geschichte der Philosophie mit all ihrer Wichtigtuerei, mit all ihrer fortwährenden fiebrigen Werkelei, ihrer kritischen Reparaturarbeit, die schwarzen Löcher, die allzu vielen Leerstellen in ihrer Beweiskraft nicht zu verstecken. Und auch die philosophische Rhetorik stolpert über diese schwarzen Löcher, wenn sie nicht gar hineinfällt (vgl. 28)!

Um so mehr gegenüber Spinoza. Die Metaphysik Spinozas stellt in der Tat die ausdrückliche Erklärung dar, daß die Entwicklung der Produktivkräfte nicht auf irgendwelche Ordnung reduziert werden kann. Und schon gar nicht auf die bürgerliche Ordnung. Die Geschichte der Produktionsverhältnisse muß notwendig das 17. Jahrhundert bevorzugen, denn in diesem Jahrhundert sind die ideologischen Alternativen, welche die kapitalistische Entwicklungsgeschichte begleiten, noch in vollkommener Reinheit sichtbar. Nun ist bekanntlich im 17. Jahrhundert die siegreiche Linie diejenige, welche man später die »bürgerliche« nennen wird. Die kapitalistische Entwicklung – so heißt es – muß sich angesichts des ersten Auftauchens von Klassenkampf mit dem Staat vermitteln: in der Tat vermittelt dieser mit den alten Herrschaftsschichten, indem er ihnen eine neue – rationale und geometrische – Regierungsform gibt: den Absolutismus.[14] Aber gleichzeitig nimmt das entstehende Bürgertum eine andere grundlegende zusätzliche Operation vor, und zwar macht es die Begriffe der Vermittlung dynamisch, indem es gegenüber dem Staat eine Artikulation definiert: die bürgerliche Gesellschaft als Gebiet der Unabhängigkeit, der Selbständigkeit oder der relativen Abtrennung der kapitalistischen Entwicklung und eben dieses Bürgertums als Klasse. Das Wesen will vor der Existenz dasein. Eine totale Abstraktion, die Trennung der Gesellschaft vom Staat, wird mit dem Ziel geltend gemacht, die Dynamik der bürgerlichen Entwicklung zu bestimmen. Das Wesen des Bürgertums wird immer getrennt vom Staat sein: das wird auch so bleiben, wenn es die höchste Hegemonie über den Staat errungen hat – nicht, weil es sich wirklich gegen den Staat setzen kann (hat es aber wirklich irgendeinen Sinn, ein Problem in realitätsbezogene Begriffe zu bringen, das reine Fiktion ist?), sondern weil es sich mit überhaupt nichts identifizieren kann außer mit der eigenen Form der mächtigen Vermittlung der Produktivkräfte. Das Bürgertum wird von Fall zu Fall »für« oder »gegen« den Staat sein, immer in dem Rhythmus, in dem es unproduktive Form (anders gesagt: Produktionsverhältnis) der Organisation für die Herrschaft der Produktivkräfte ist. Weil sie nämlich seit jeher Ausbeuterklasse ist. Aber die kapitalistische Ausbeutung ist die Herrschaft eines Verhältnisses, ist die Funktion einer Organisation – ist Vermittlung, immer und ausschließlich Vermittlung der Produktivkräfte. Sie ist die Individualität der Interessen, die sich dem kollektiven Prozeß der Aneignung – Transformation plus Konstitution – der Natur von seiten der Produktivkräfte überlagert. Sie ist die Mystifikation des Wertes, der die reale Mehrwert-Abschöpfung privatisiert. Sie ist Fetischismus gegen Produktivkraft.

Hobbes-Rousseau-Hegel. Wie schon angedeutet, erlangt die bürgerliche Mystifikation in diesen drei Höhepunkten ihre Vervollkommnung. Bei Hobbes wird die Kategorie der assoziativen (kollektiven) Aneignung ebenso paradox wie wirkungsvoll in die autoritäre Unterwerfung unter den Souverän überführt, der Mechanismus der Mehrwertproduktion vertraut sich dem Wertfetischismus an. Bei Rousseau wird die autoritäre Übertragung der Produktivkräfte auf die Souveränität demokratisch mystifiziert, und die Entfremdung absolut heiliggesprochen. Von da an löst sich die Verbindung von Privatrecht und absoluter Form des öffentlichen Rechts – juristische Begründung der Diktatur des Kapitals. Hegel beseitigt das Paradoxon, dialektisiert es, verteilt darin Momente relativer Selbständigkeit, gibt jedem seinen Arbeitsplatz, um die entfremdete Bedingung im Absoluten zu verklären, um in der Totalität der Entfremdung die Illusion der Freiheit für jedermann neuzubilden. In jedem Fall wird die anfängliche Unterscheidung der bürgerlichen Gesellschaft vom Staat zum Blendwerk der Theorie: eben eine Fiktion, die der historische Prozeß der Theorie zulassen mußte – wovon man sich nun befreit, nachdem die Herrschaft ausgereift ist: es ist also der Staat, der die bürgerliche Gesellschaft produziert. Und es würde sich auch nichts ändern, wenn, wie in den empiristischen Strömungen, an der Unterscheidung zwischen bürgerlicher Gesellschaft und Staat festgehalten würde, weil größere oder kleinere Selbständigkeit der bürgerlichen Gesellschaft sich nicht auf die Art der Definition des Bürgertums auswirkt: in jedem Fall Klasse der Vermittlung für die Ausbeutung – nicht Produktivkraft, sondern Produktionsverhältnis.

Das Denken Spinozas ist die vorauseilende Entmystifizierung all dessen. Nicht nur weil sie die höchste metaphysische Bestätigung der Produktivkraft des neuen Menschen, der humanistischen Revolution ist, sondern auch weil sie die spezifische Verneinung all der großen Trugbilder ist, die das Bürgertum zur Verschleierung der Organisation der eigenen Herrschaft verbreitet. In der Tat kann bei Spinoza das Produktionsverhältnis nicht unabhängig von der Produktivkraft festgelegt werden. Die Zurückweisung gerade des Gedankens der Vermittlung ist eine Grundlage des Spinozianischen Denkens. Sie existiert im Moment der utopischen Entwicklung, bezeichnet dort die Allgemeinheit und die Qualität des modernen Denkens in seiner revolutionären Genesis. Aber sie existiert auch in der reifen Gestalt, nicht mehr utopisch, in der sogenannten zweiten Redaktion der *Ethik* – und das macht die Philosophie Spinozas in seinem Jahrhundert einmalig und anomal. Die Interpreten, die so sehr auf die Identität des Spinozianischen und der Hobbesschen Beschreibung des Naturzustands (vgl. 20)[15] Wert legen, beharren auf etwas Selbstverständlichem, auf dem nämlich, was dem Jahrhundert gemeinsam ist: der Entdeckung des antagonistischen Charakters der kapitalistischen Akkumulation gegenüber der einheitlichen Utopie, die jene in Gang gebracht hatte. Aber sie begreifen nicht die Alternative, die sich auf dem allgemeinen Gebiet einer Philosophie der Aneignung vollzieht, und die sich hier ergebende radikale Opposition, wodurch Spinoza der Anti-Hobbes par excellence ist. Er behält das Thema der Aneignung als zentrales und ausschließliches Thema bei, weist ihre Verkehrung zu einem Horizont egoistischer Interessen zurück – verneint und weist konsequent das von Hobbes ausgedachte Werkzeug zur Übertragung des Begriffes der Produktivkraft in den des Produktionsverhältnisses, das heißt, den Gedanken der Pflicht zurück, und benutzt den Gesellschaftsvertrag – übrigens lediglich in einer ersten Phase – als Schema für einen konstitutiven Prozeß (statt als Motor für eine Übertragung der Macht. Außerdem verneint Spinoza die Unterscheidung bürgerliche Gesellschaft-Staat, diese andere, für die Ideologie des Produktionsverhältnisses funktionale Fiktion. Für Spinoza schafft die Gesellschaft in ihrem Inneren die Funktionen des Kommandos, diese sind von der Entwicklung der Produktivkraft nicht zu trennen. Vermögen gegen Macht (148; 30, 9-14; 165, 236-240; 54). Nicht zufällig mußte dieses Denken Spinozas dem großen effektvollen Funktionär des Bürgertums als »akosmisch« erscheinen – Hegel! Hegel sieht, und zwar zu Recht, die Produktivkraft der Spinozianischen Substanz als absolute Grundlage der modernen Philosophie: »Spinoza ist der Hauptpunkt der modernen Philosophie: entweder Spinozismus oder keine Philosophie.« (75, 163/164) Aber auf der anderen Seite wird in dem Maß, in dem Spinoza den Standpunkt der Produktivkraft behauptet, in dem Maß, in dem er nicht dem schamlosen Spiel der Vermittlung nachgibt, die Folgerung Hegels zynisch: »Er starb den 21. Februar 1677 im 44. Jahre seines Alters an der Schwindsucht, an der er lange gelitten – übereinstimmend mit seinem Systeme, in dem auch alle Besonderheit und Einzelheit in der *einen* Substanz verschwindet.« (75, 160; vgl. 96) Es gab eine Zeit, in der man sich darauf verstand, in der Philosophie zu kämpfen: es waren Alternativen im Spiel, die das Problem der Reaktion oder des Fortschritts, der bürgerlichen Herrschaft und des proletarischen Sklaventums anpackten, das sollte betont werden. Und die Fälschung ist im Kampf ein gebräuchliches Mittel. Orientalismus der Spinozianischen Philosophie: welch ein Unsinn! Die Auslöschung der Einzelheit und der Einzigkeit im Absoluten! Sicher, Spinoza bestand zum Äußersten auf dem Absoluten der Produktivkraft, ebenso wie Machiavelli auf dem Absoluten der sozialen Identität des Politischen und Marx auf dem Absoluten des Antagonismus, der den revolutionären Prozeß des Kommunismus begründete, bestand: aber sicher nicht, um sich eitel zu unterscheiden, vielmehr um – Machiavelli, Spinoza, Marx – die Einheit des menschlichen Entwurfs der Freiheit gegenüber der bürgerlichen Vermittlung anzuzeigen. Aus Machiavelli hat man Machiavellismus herausgezogen, aus Marx den Marxismus: und aus dem Spinozismus versucht man – ohne großen Erfolg – einzelne Wissenschaften herauszuziehen, die der bürgerlichen Totalität der Herrschaft unterworfen sind. Wo sich doch, ganz im Gegenteil, bei Machiavelli gerade die bürgerliche und republikanische Verwurzelung der Kategorie des Politischen in grundlegenden Begriffen ergibt! Und wo doch bei Marx das Thema »Kommunismus« die Beschreibung der kapitalistischen Entwicklung vorwegnimmt und begründet und diese kategorisch als Ausbeutung bestimmt! In jedem Fall stellen Machiavelli-Spinoza-Marx in der Geschichte abendländischen Denkens die unauslöschliche Alternative zu jeder Auffassung bürgerlicher Vermittlung der Entwicklung, jeglicher Unterordnung der Produktivkräfte unter die kapitalistischen Produktionsverhältnisse dar. Diese andere »Richtung« des philosophischen Denkens wird gegenwärtig bleiben als wesentlicher Hintergrund jeglicher Philosophie der Zukunft – dieses »negativen Denken«, das bilderstürmerisch die Zeitalter des Triumphes der bürgerlichen Metaphysik der Vermittlung durchläuft.

Überraschend beim Studium der Stellung Spinozas in der oder gegen die Entwicklung des philosophischen Denkens im 17. Jahrhundert ist vor allem die Tatsache, daß seine Metaphysik, auch wenn man sie als wild begriff, am Ende doch nicht völlig verworfen wurde. Und das hat folgenden Grund: wenn auf der einen Seite der Cartesianismus und dann der große voraufklärerische Empirismus sich weiter um den Aufbau der bürgerlichen Vermittlung der Entwicklung mühen, wenn andererseits die vom Denken Spinozas gesetzten politischen und metaphysischen Probleme nicht ausgelöscht wurden, so mußte all dies doch irgendwie unter Kontrolle bleiben. Hier ist nicht der Ort, um die spezifischen Elemente dieser Kontrollhandlungen aufzuhellen: es mag genügen, wie schon hinreichend von anderer Seite geschehen, als einen der wichtigsten Punkte dieser Verflechtung auf metaphysischem Gebiet das Verhältnis Spinoza-Leibniz zu verfolgen (vgl. neben den Leibniz-Studien Bevalons u. a. 57; 47). Und hier die Unmöglichkeit zu begreifen, Spinoza und die fundamentale metaphysische Auffassung der Produktivkraft innerhalb eines Systems einzuschließen – wenn man die wiederholten Leibnizschen Annäherungsversuche so definieren kann –, das dem konstitutiven Entwurf nicht schließlich einen viel größeren Raum zugestehen würde, als in Wirklichkeit zur Verfügung stünde.[16] Oder, auf politischem Gebiet, die beschwerliche Genesis des modernen öffentlichen Staatsrechts zu rekonstruieren, wo es dem Hobbesschen Kontraktualismus, im allgemeinen vorherrschend und – später – erfolgreich bei seiner Begegnung mit der metaphysischen Umkehrkraft des Rousseauismus, dennoch nicht gelingt – außer auf höchstem mystifizierendem Abstraktionsgrad –, das konstitutive Vermögen der Forderung nach Gesellschaftlichkeit, dieses konstitutive und konstitutionelle Moment des antiabsolutistischen Widerstandes, das das Denken Spinozas so heftig wiederbelebt, zu zerstören, auszulöschen (62). Es ist, als ob die Philosophie des 17. Jahrhunderts eine dunkle Grenze hätte, dazu da, ihre Erbsünde zu verdecken: Die Anerkennung der Kategorie der Aneignung als verratenem Fundament der modernen Philosophie – was einen fortgesetzten *lapsus* enthüllt.

Spinoza ist die klare und helle Seite der modernen Philosophie. Er ist die Verneinung der bürgerlichen Vermittlung und all der logischen, metaphysischen und juristischen Fiktionen, die deren Ausdehnung organisieren. Er ist der Versuch, die Beständigkeit des revolutionären Entwurfs des Humanismus zu bestimmen. Mit Spinoza gelangt die Philosophie zum ersten Mal dazu, sich als Wissenschaft der Vermittlung zu verneinen. Das wird bei Spinoza zum Gefühl einer großen Vorwegnahme künftiger Zeitalter und zur Intuition einer derart radikalen Wahrheit der eigenen Philosophie, daß jedenfalls nicht nur die Verflachung zum Zeitalter hin, sondern offenbar auch die Gegenüberstellung, der Vergleich, verhindert wurde. In Wirklichkeit verstehen sie ihn nicht und fliehen ihn. Leibniz selbst spricht von Spinoza, in einem Brief über die Optik, der einige Kenntnisse voraussetzt, als »Arzt« (45. Brief v. 5. Okt. 1671). Merkwürdig: Arzt, *emendator,* Zauberer; Spinoza wurde in dieser vormodernen Generation abgelehnt, mit der schon der junge Descartes und die gesamte gegenreformatorische katholische oder protestantische Kultur aller Art endgültig abgerechnet zu haben behauptete – als renaissancehaft, revolutionär, magisch, veraltet (vgl. die Arbeiten v. Rossi und Yales). Mich erinnert Spinoza eher an Shakespeare: eine dramatische Anlage, die die Bedeutungen nicht von außen hernimmt, sondern vielmehr aus seinem Inneren heraus die dramatische Form oder den logischen Zusammenprall als Ausdruck des eigenen Vermögens schafft, als Beweis einer revolutionären und unabhängigen Verbindung mit der Erde – im Falle Spinozas ein Vermögen, das Vorwegnahme der Befreiung sein will. Im Absoluten. Maß und Mißverhältnis des spinozianischen Werks, Vollständigkeit des Begriffs der Aneignung, Darstellung der Methode als Konstitution: die Zeitgenossen, befangen in der Definition der bürgerlichen Vermittlung der Entwicklung, können das nur als anomal und widerspenstig begreifen. Und dennoch handelt es sich um die einmalige, nicht vorgetäuschte, Deutung der realen Angst dieses mit antagonistischen und revolutionären Motiven beladenen historischen Zeitlaufs. Für die Zukunft! Während das gesamte Denken eines Zeitalters sich der Niederlage beugt bis zu dem Punkt, wo diese an die großen metaphysischen Spiele des Cartesianismus und den gleißenden Opportunismus der *»libertinage«* gebunden wird; während das Denken des Mechanizismus sich der Wiederherstellung des Bildes der Gewalt widmet, der Schaffung seiner spezialen Herrschaftstechniken, und sich damit dem Auslöschen revolutionärer Hoffnungen verschreibt; und während die Philosophie völlig darin begriffen ist, dem Vermittelnden der bürgerlichen Kultur Existenz zu verschaffen: in dieser Situation ist das Spinozianische Denken »negatives Denken«, insoweit es Kritik und Destruktion des Gleichgewichts der hegemonialen Kultur ist – der Kultur der Niederlage und der Vermittlung. Die Definition des negativen Denkens ist – man weiß es – immer relativ. Das Denken Spinozas ist die Apologie der Produktivkraft. Ein negatives Denken voller Substanz?

Siebtes Kapitel
Zweite Grundlegung

Die Spontaneität und das Subjekt

»Ich werde die menschlichen Handlungen und Triebe genau so betrachten, als wenn von Linien, Flächen oder Körpern die Frage wäre.« (*Ethik* III, Vorw.) Das erklärte Ziel ist reduktiv: sein Universum ist eher physikalisch als geometrisch, eher galileisch als mechanistisch (vgl. 165). Es impliziert eine derartige Körperlichkeit der Bild-Elemente, einen derartig lebendigen Umfang von Aktionen-Reaktionen, daß aus diesem Horizont ein Horizont des Krieges wird. Und dies alles gründet auf eine umfassende Struktur des Seins, die nichts mehr mit einem Modell zu tun hat, das auch nur im geringsten Maß aus der Ebene der Modalität, dem Bereich der Welt extrapolieren würde. »Die Modi drücken sich in ihrem Wesen aus: sie drücken das Wesen Gottes aus, jeder nach dem Grad der Potenz, die sein eigenes Wesen konstituiert. Die Individualisierung des Endlichen kommt nicht aus dem Geschlecht oder der Gattung zum Individuum, vom allgemeinen zum Partikulären; es kommt aus der unendlichen Qualität zur entsprechenden Quantität, die sich in irreduzible, innerliche oder intensive Teile zerlegt.« (32, 182) Die Existenz ist bei Spinoza Ausdehnung, Pluralität der Teile und vor allem Kausalmechanismus. Die Existenz des Modus ist Vielheit, ist das Gesamt der Teile, definiert durch ein bestimmtes Verhältnis von Bewegung und Ruhe. Vom »Kurzen Traktat« über den 13. Lehrsatz des 2. Teiles der *Ethik* bis zu diesem 3. Teil ist die Lehre von der Existenz des Modus beständig und zusammenhängend. »Die Theorie der Existenz faßt bei Spinoza drei Elemente in sich: das *Einzelwesen*, welches ein Grad des Vermögens und der Intensität ist; die *partikulare Existenz*, immer zusammengesetzt aus einer Unendlichkeit ausgedehnter Teile; die *individuelle Form*, das heißt das charakteristische und ausdrückliche Verhältnis, das in Ewigkeit dem Wesen des Modus entspricht, unterhalb dessen sich aber zeitweise ebenfalls eine Unendlichkeit von Teilen zu diesem Wesen verbindet.« (32, 191) Aber das alles müssen wir von innen aus sehen: auch die Philosophie kann nicht die Modalität transzendieren. Ziel des 3. Teils der *Ethik* ist es, genau zur dynamischen, konstitutiven Synthese der Spontaneität der Welt der Modalität durchzudringen, die in der unbestimmten Bewegung ihrer Kausalität, oder des Geistes, als zugleich innere Zurechnung des unendlichen Vermögens erlebt wird. »Der Affekt, welcher auch Leidenschaft der Seele genannt wird, ist eine verworrene Vorstellung, durch welche der Geist eine größere oder geringere Existenzkraft seines Körpers oder eines Teiles desselben, als die er vorher hatte, bejaht und durch deren Gegebensein der Geist selbst bestimmt wird, eher dieses, als etwas anderes zu denken.« (*Ethik* III, Allg. Def. d. Affekte) So endet der 3. Teil damit, daß er die subjektive Tätigkeit als konstitutives Element des Seins setzt und – durch axiomatische Verkehrung und Reduktion – das Paradoxon der Welt löst, das die Physik blockiert hatte (*Ethik* III, Allg. Def. d. Affekte; vgl. dazu *Ethik* III, 11. u. 13. LS).

Wie bestimmt sich dieses totale Zusammenhaften von Spontaneität und Geist, von Modalität und Subjektivität? Wir haben die allgemeinen metaphysischen Prämissen, die mit immer größerer Beschleunigung die Philosophie in das Sein tauchen lassen, ausführlich betrachtet. Nun stellt uns der 3. Teil, *De Affectibus*, einen systematischen Ansatz vor. Die Zutaten sind bekannt, die Dimension ist die physikalische, der Schnitt gehört zur Erscheinungsform: welches ist die Dynamik? Es handelt sich um nicht mehr und nicht weniger als darum, die Erkenntnis-Genealogie als aktiven Teil der Konstitution der Welt und als Grundlage der Befreiung zu durchlaufen. Nun muß der kausale Mechanismus zum Streben und das Streben zum konstitutiven Entwurf werden – die Physik muß in die Physiologie übergehen und diese in die Psychologie (der 4. Teil ergänzt und vervollständigt den Prozeß). Das Beweisverfahren ist axiomatisch: das bedeutet, daß für sie wie für die Dialektik nur die Totalität aufklärt – aber, im Unterschied zur Dialektik, ist hier das Sein nicht ideal bestimmbar und nicht durch die Methode manipulierbar: das Sein ist da, mächtig, unzerstörbar, vielseitig. Die Axiomatik zeigt das Sein als Prinzip und sich selbst als bestimmte Abstraktion.[1] Wir müssen uns also in diese Situation versetzen, müssen uns wieder auf diese Stufen des Seins stellen, von der aus der Wiederaufstieg zu beginnen hat.

Diese Stufe des Seins ist von Anfang an definiert als das, was zugleich die formale Qualität der unbestimmten Beweglichkeit (*Ethik* III, 1., 2. Postulat) und die paradoxe Richtung derselben besitzt – in dem Sinne, daß die Bewegung vom Grad größerer oder geringerer Adäquatheit dem Sein gegenüber geleitet wird. »1. Adäquate Ursache nenne ich diejenige, deren Wirkung klar und bestimmt durch sie aufgefaßt werden kann. Inadäquate aber oder Teilursache nenne ich diejenige, deren Wirkung durch sie allein nicht verstanden werden kann. 2. Ich sage, daß wir dann tätig sind, wenn etwas in uns oder außer uns geschieht, dessen adäquate Ursache wir sind, d. h. wenn aus unserer Natur etwas in uns oder außer uns erfolgt, was durch diese allein klar und bestimmt verstanden werden kann. Dagegen sage ich, daß wir leiden, wenn etwas in uns geschieht oder etwas aus unserer Natur folgt, von dem wir nur zum Teil die Ursache sind.« (*Ethik* III, Def.) Aber danach muß ich es problematischerweise wirklich integrieren: »3. Unter Affekt verstehe ich die Affektionen des Körpers, wodurch das Tätigkeitsvermögen des Körpers vermehrt oder vermindert, erhöht oder beschränkt wird, und zugleich die Vorstellungen dieser Affektionen.« (*Ethik* III, Def.) Wieder sind wir an einem uns bekannten Punkt: es ist das Paradoxon der Welt, auf die Ebene des Bewußtseins gehoben, es ist genau wieder der Horizont des Krieges. Und auf dem Paradoxon wird hier schließlich insistiert: »Die Dinge sind insofern entgegengesetzter Natur, d. h. können insofern nicht in demselben Subjekt sein, insofern das eine das andere zerstören kann.« (*Ethik* III, 5. LS) Aber was kann Adäquatheit nun bedeuten? Was Stufen der Adäquatheit? Wie kann man die unbestimmte Beweglichkeit und die Möglichkeit des Gegensatzes des modalen Seins zerstören, indem man der Bewegung Richtung gibt? Die Spannung ist extrem, aber noch immer formal, allzu formal, am Rande einer Absolutheit des Gegensatzes, der zerstörerisch zu werden droht.

Nochmal: es ist keine dialektische *Aufhebung* (im Original deutsch), sondern eine axiomatische Grundlegung der Begriffe der Untersuchung, die es uns erlaubt, wieder die konstitutive Analyse aufzunehmen, zu beginnen. »Jedes Ding strebt, so viel an ihm liegt, in seinem Sein zu beharren.« (*Ethik* III, 6. LS) »Das Bestreben *(conatus)*, wonach jedes Ding in seinem Sein zu beharren strebt, ist nichts als das wirkliche Wesen des Dinges selbst.« (7. LS) »Das Bestreben, wonach jedes Ding in seinem Sein zu beharren strebt, schließt keine bestimmte, sondern eine unbestimmte Zeit in sich.« (8. LS) »Der Geist strebt sowohl, insofern er klare und bestimmte, als insofern er verworrene Vorstellungen hat, mit unbestimmter Dauer in seinem Sein zu beharren, und ist sich dieses seines Strebens bewußt.« (9. LS) Diese vier Lehrsätze sind grundlegend. Der *»conatus«* ist das Streben des Seins, tätiges Wesen des Dinges, mit unbestimmter Dauer und im Bewußtsein alldessen. Der *»conatus«* ist Wille, sofern er auf den Geist bezogen ist, und Trieb, insofern er sich auf den Geist und den Körper bezieht. Die Begierde ist der Trieb mit dem Bewußtsein seiner selbst. Der *»conatus«* strebt danach, sich angemessen zu verwirklichen (*Ethik*, III, 9. LS, Anm.). Die Modalität artikuliert sich durch die Theorie des *»conatus«*, indem sie sich als Vermögen setzt, das von der Passivität in dem Maß ergriffen werden kann, in dem es aktiv ist, und darin stellt es sich als das Miteinander der im Vermögen gesammelten Affektionen dar. Die Welt des endlichen Modus wird in die Theorie der Leidenschaften eingliederbar. Und sie stellt sich als Horizont des Schwankens dar, der existentiellen Veränderungen, als durchgehendes Verhältnis zwischen aktiven und passiven Affektionen, als Elastizität. All das wird vom *»conatus«* getragen, dem wesenhaften Element, unentwegt aktiver Motor, ganz und gar immanente Kausalität, die über das Existierende hinausgeht. Nicht finalistisches Wesen, in jedem Fall: wohl aber Akt, Gegebenes, bewußtes Auftauchen des nicht finalisierten Existenten (vgl. u. a. 32, 197-213).

Wir befinden uns nun schließlich innerhalb der konstitutiven Dynamik des Seins. Des umfassenden Seins, das die menschliche Erkenntnis und die menschliche Welt enthüllen. Die Simultaneität ist nicht nur gegeben, sie wird vielmehr auch gezeigt. »Alles, was das Tätigkeitsvermögen unseres Körpers vermehrt oder vermindert, erhöht oder beschränkt, dessen Verstellung erhöht oder beschränkt das Denkvermögen unseres Geistes.« (*Ethik*, III, 11. LS) Das Paradoxon der Welt, das die ersten Lehrsätze des 3. Teils erneut auf die Ebene des Bewußtseins gestellt hatten, ist nun definitiv überwunden. Besser, es ist verwandelt, umgekehrt: denn zunächst führte das Paradoxon zu einer statischen Gegensätzlichkeit der beharrenden, potentiellen Elemente; nun spannt das Paradoxon den Gegensatz bis zur aktuellen Setzung eines »Weges nach oben« an, bringt die konstruktive Spannung in Bewegung. Das Thema der Vervollkommnung ist ein Attribut des Seins nur in dem Maß, in dem es dem Körper und dem Geist entspringt. Durch die einzelnen Leidenschaften hindurch gelangt der Geist zu höheren Graden der Vollkommenheit (*Ethik*, III, 11. LS, Anm.). »Der Geist sucht, soviel er vermag, sich das in der Imagination vorzustellen, was das Tätigkeitsvermögen des Körpers vermehrt oder erhöht.« (*Ethik*, III, 12. LS) Man muß es lateinisch zitieren: *»Mens, quantum potest, ea imaginari conatur, quae Corporis agendi potentiam augent, vel juvant.«* Das Latein zeigt tatsächlich den Zusammenhang besser, der hier bestimmt wird: *»potentia – conatus – mens«*. Es ist ein Ganzes, dessen vervollkommnungsfähiger Übergang die Imagination und die Leidenschaften sind. Ein Fortschreiten der *»potentia«*, vom *»conatus«* betrieben, eingeschätzt und festgelegt durch die *»mens«*, setzt sich nunmehr in Bewegung (*Ethik*, III, 11. LS). Und innerhalb dieser Verhältnisse, immer oszillierend, aber im Wirklichen gründend, beweglich, aber von Mal zu Mal konstitutiv unmittelbar, wird die Vervollkommnung, nachdem sie sich konstituiert hat, zur inneren Spannung beim Übergang, den der *»conatus«* im Existenten tätigt. Die großen Paare »Freude-Trauer«, »Liebe-Haß« erscheinen hier wie Zeichen, wie Schlüssel zur Deutung des konstitutiven Prozesses der Welt der Affekte: vorläufig sind sie das auch, das heißt konstruktive, formale Elemente eines Schemas der ontologischen Projektion. Also: *»Unter Freude verstehe ich die Leidenschaft, wodurch der Geist zu größerer Vollkommenheit übergeht, unter Traurigkeit aber die Leidenschaft, wodurch er zu geringerer Vollkommenheit übergeht.«* (*Ethik*, III, 11. LS, Anm.) *»Die Liebe ist nichts anderes als Freude, begleitet von der Vorstellung einer äußeren Ursache; und der Haß nichts anderes als Trauer, begleitet von der Vorstellung einer äußeren Ursache.«* (*Ethik*, III, 13. LS).

Das Verhältnis zwischen Spontaneität und Subjektivität beschließt sich so in einer realen Synthese, zum ersten Mal in der Entwicklung des Spinozianischen Denkens – ein wahrhaft zentrales Moment der *Ethik*, fundamentaler Punkt der zweiten Grundlegung. Und natürlich besitzt der Prozeß die ontologische Dimension, die in der vorangehenden Entwicklung festgelegt wurde: also eine kollektive Dimension, eine allgemeine, überragende Dimension – aber darüber später.[2] Es sei jedoch eine andere wichtige Konsequenz betont: die ontologische Unmittelbarkeit – diese so komplexe Leistung auf dieser Stufe der Konstitution – wird fähig zur Normativität.[3] Denn in der Tat drückt der *»conatus«* – das heißt die existentielle Unmittelbarkeit – die Spannung des Wesens in tendenziellen Begriffen aus. Dieses Überschreiten ist normativ qualifiziert, die Norm zeigt sich als Wirkung einer tendenziellen Handlung, die in sich wieder die Allgemeinheit der sie bewegenden materiellen Antriebe umfaßt. Die Komplexität der Komposition des Vermögens des *»conatus«* macht die Herstellung der Norm möglich. Wir wohnen zwei Prozessen bei: der eine häuft die Elemente der Vervollkommnungsmöglichkeit des *»conatus«* an, der andere drückt sie als Vollkommenheit aus. Die Existenz setzt dynamisch, konstitutiv das Wesen, daher setzt die Präsenz die Richtung: die Philosophie kommt bezüglich der Zukunft aus dem Gleichgewicht. Das, was die Hobbessche Physik und allgemein das mechanizistische Denken zum Teil vorgesetzt hat, und die Tendenz, welche die Hobbessche Politik und im allgemeinen das Denken des Absolutismus im Moment der transzendenten Neubegründung der Norm bestimmt verneint haben – und das, was das größte Problem des Zeitalters konstituierte: nun gut, dieses Problem wird entmystifiziert und aus der Spinozianischen Forderung nach Faktizität und Wert ausgeschlossen, die im Gegenteil gleichzeitig in der Komplexität der Komposition gesetzt werden. Der Übergang von der Physik des Modus zur Physik der Leidenschaften formt den Mechanizismus innerhalb der lebendigen Beständigkeit des revolutionären Entwurfs. Mechanizismus – Krise – Absolutismus: bei Spinoza ist die Abfolge umgekehrt – die Krise ist im Entwurf der Freiheit eingebunden. Der Horizont des Krieges kehrt sich um und bildet den Horizont der Befreiung.

Nachdem er auf diese Weise das allgemeine Schema des Entwurfes gesetzt hat, wendet sich Spinoza der spezifischen Behandlung der Genealogie der Erkenntnis, dem Übergang vom *»conatus«* zum Subjekt, in analytischen Begriffen zu. Alle Näherungsversuche, die sich allmählich in der Entwicklung des Spinozianischen Denkens sichtbar gebildet haben, sind hier explizit und synthetisch geordnet. Der 3. Teil der *Ethik* kann von hier ab in folgender Weise unterteilt werden: a) Lehrsatz 16-28: Analytik der Affekte in der Perspektive des Imaginären; b) Lehrsatz 29-42: Analytik der Affekte in der Perspektive der Gesellschaftlichkeit – und der Sozialisierung; c) Lehrsatz 43-52: Konstitution der Affekte in der Perspektive der Verneinung (des Kampfes und der Zerstörung der Freiheit); d) Lehrsatz 53-59: Konstitution der Affekte in der Perspektive der Befreiung. Der 3. Teil wird beschlossen von einer Zusammenstellung von 48 Definitionen der Affekte, die dazu dienen, äußerlich die Gesamtheit der in Tätigkeit gebrachten konstitutiven Figuren wiederaufzunehmen.

Ehe wir nun zum Kern der konstitutiven Analytik und der Definitionen kommen, ist es der Mühe wert, einen Blick auf das Vorgehen Spinozas zu werfen. Das heißt, wir sollten beachten, daß die eben bestimmte Klassifikation in keiner Weise als von dem späteren Weg der Geschichte der Philosophie beeinflußt gedeutet werden kann. Bei Kant ist das Schema Spinozas in der Tat wiederaufgenommen, um die Analytik und die Dialektik der transzendentalen Funktion zu organisieren, und das relative Scheitern Kants wurde durch den klassischen Idealismus wieder hervorgeholt und ontologisch neu fundiert, exakt unter Berufung auf Spinoza (96). Aber dieses Vorgehen ist unzulässig: Spinoza nimmt in Wirklichkeit den konstitutiven Entwurf als strukturalen, ontologisch wirksamen Entwurf; in keinem Fall gibt es darin die Dialektik, weder die (Kantische) Wissenschaft der Erscheinungen noch die (Hegelsche) Wissenschaft der Gegensätze; bei Spinoza hält sich das Verhältnis zwischen phänomenologischer Stetigkeit und Unstetigkeit des Seins an die axiomatische Wirksamkeit der Prinzipien und begibt sich in keinem Fall auf das Gebiet der transzendentalen Manövrierbarkeit der dialektischen Momente. Dies sei sorgsam beachtet, denn der vom »Spinozismus« ausgegangene Sog gegenüber dem Denken Spinozas war so stark und wirkungsvoll, daß dadurch eine korrekte Wiederaneignung – mit Hilfe der Texte – des konstitutiven Vorgehens seiner Philosophie verhindert wurde. Wenden wir uns danach also dem Prozeß der Konstitution zu und achten wir darauf, seine Dichte nicht in einer idealistischen Analytik oder Dialektik zu zerteilen: hier ist eine Phänomenologie der kollektiven Praxis am Werk.

»Wir werden ein Ding bloß deshalb, weil wir uns einbilden, daß es etwas Ähnliches mit einem Gegenstand hat, welcher den Geist mit Freude oder Trauer zu affizieren pflegt, lieben oder hassen, wenn auch das, worin das Ding dem Gegenstand ähnlich ist, nicht die bewirkende Ursache jener Affekte ist.« (*Ethik*, III, 16. LS) Die Imagination verlängert die grundlegenden Affekte in Zeit und Raum (aber hier vor allem in die Zeit, weil erst ab dem 29. Lehrsatz und danach die räumliche Dimension im Verlauf der Analyse der Sozialisation grundlegend wird), beginnt, das konstitutive Schema zu konkretisieren. Das Gewebe des Eingebildeten tritt in seiner konstitutiven Unvermitteltheit hervor. Der 15. Lehrsatz (»Jedes Ding kann im besonderen Fall Ursache der Freude, der Trauer oder der Begierde sein«) hat uns bei einer mit einer synchron zur Struktur verlaufenden Definition belassen: der 16. Lehrsatz entfaltet die chronologische Struktur der Imagination, der Einbildungskraft, und hebt dabei die konstitutive Funktion hervor – die metaphysische, besser: metaindividuelle, ontologisch trächtige Funktion: »ohne irgend eine von uns bemerkte Ursache« entfaltet sich das Eingebildete und zeigt eine produktive Selbständigkeit, die nun nach genauerer Bestimmung verlangt, indem sie das Sein derart massiv und innerlich dynamisiert. Es ist unwichtig, daß vom Standpunkt der individuellen Erkenntnis aus die Imagination zu stückhaften und unklaren Ergebnissen kommt: von Bedeutung hingegen ist dieses ihr – kollektives – Spannungsverhältnis jenseits des Existenten, ihre konstitutive ontologische Funktion. Derart, daß das gnoseologische Element – die Unklarheit, die Bruchstückhaftigkeit, die Unsicherheit, der Zweifel – in ebenfalls grundlegender Weise umgelenkt und übertragen wird in eine konstitutive Funktion. Eine *»Verfassung des Geistes, die aus zwei entgegengesetzten Affekten besteht*, heißt *Schwanken des Gemüts*, welches sich zum Affekte verhält, wie das Zweifeln zum Eingebildeten; das Schwanken des Gemüts und das Zweifeln unterscheiden sich voneinander nur nach dem Mehr oder Weniger.« (*Ethik*, III, 17. LS, Anm.) Das Schwanken des Gemüts stellt das erste Element des konstitutiven Rhythmus dar: es ist ein unsicheres Vermögen, aber ein reales Vermögen, ein bedeutender und wirkungsvoller Baustein des von der Physik Spinozas vorausgesehenen Dynamismus (hier wird fortwährend an den 13. Lehrsatz des 2. Teils erinnert). Die Vielfalt ist Dynamismus und das Schwanken (auch in der Form des Zweifels) verliert jegliches verbliebene, äußere, gnoseologische, methodische Kennzeichen, um zum substantiellen Element, zum konstitutiven Schlüssel der Welt zu werden. Wenn sie Methode ist, ist sie die Methode des Seins. Und hier ist, um ein Beispiel zu geben, dies Schwanken am Werk – diesmal in der Form der Unbeständigkeit: »Aus dem eben Gesagten erkennen wir, was Hoffnung, Furcht, Zuversicht, Verzweiflung, Freude und Gewissensbiß ist. Die *Hoffnung* nämlich ist nichts anderes *als unbeständige Freude, entsprungen aus dem Bild (imago) eines künftigen oder vergangenen Dings, über dessen Ausgang wir zweifelhaft sind. Die Furcht* hingegen *ist eine unbeständige Trauer, ebenfalls entsprungen aus einem unbeständigen Bild.* Wenn ferner der Zweifel in den Affekten aufgehoben wird, wird aus der Hoffnung die *Zuversicht* und aus der Furcht die *Verzweiflung*, nämlich *Freude oder Trauer, entsprungen aus dem Bild eines Dinges, welches wir gefürchtet oder erhofft haben. Die Fröhlichkeit ist Freude, entsprungen dem Bild eines vergangenen Dinges, über dessen Ausgang wir zweifelhaft waren. Gewissensbiß* endlich *ist der Fröhlichkeit entgegengesetzte Traurigkeit.«* (*Ethik*, III, 18. LS, Hervorhebung d. Spinoza) Oder auch das Schwanken als Beziehung zwischen Maß und Mißverhältnis: »Hieraus ersehen wir, wie leicht es geschehen kann, daß der Mensch von sich und dem geliebten Gegenstand eine größere Meinung hat als recht ist, und dagegen von dem Gegenstand, den er haßt, eine geringere als recht ist. Diese Imagination, auf den Menschen selbst bezogen, der eine größere Meinung als recht ist, von sich hat, heißt Hochmut und ist eine Art Wahnsinn, weil der Mensch mit offenen Augen träumt, er vermöge alles, was er bloß mit der Imagination erreicht und was er deshalb als wirklich betrachtet und dessen er sich erfreut, solange er sich das nicht vorstellen kann, was die Existenz von jenem ausschließt und sein Tätigkeitsvermögen beschränkt.« (*Ethik*, III, 26. LS, Anm.) Eine Ebene des Seins ist in ihrer kritischen Gesamtheit im konstitutiven Prozeß bestimmt, bewegt, gelenkt. Der von der phänomenologischen Analyse hervorgebrachte außerordentliche Reichtum ist wirklich eine Entbergung des Seins: die Analytik enthüllt das, was das Sein konstituiert, nimmt an der Bewegung der Positionen einer immer größeren Gesamtheit teil – schwankende Artikulation, aber von immer komplexerer Zusammensetzung der wirklichen Individuen.[4]

Hier eröffnet sich nun eine Dimension der Untersuchung, das Gebiet der Sozialisation der Affekte. »Wir werden auch alles das zu tun streben, wovon wir uns imaginativ vorstellen (imaginamur), daß die Menschen es mit Freude ansehen, und dagegen das zu tun vermeiden, wovon wir uns imaginativ vorstellen, daß die Menschen es verabscheuen.« (*Ethik*, III, 29. LS) Der *»conatus«* erweitert sich zur interindividuellen, zwischenmenschlichen Dimension (vgl. u. a. 98, 99, 100). Der Übergang scheint auf den ersten Blick recht schwächlich: die Exemplifizierung des Sozialisationsprozesses ergibt sich – in der Anmerkung zum betrachteten Lehrsatz – aus der Analyse der Affekte der Ehrsucht und der Höflichkeit[5] – Affekte, die sich in einem matten und archaisch motivierten ethischen Rahmen einfügen, welches auch immer die im Lehrsatz selbst dargestellten eleganten Analysen sein mögen.[6] Über der Schwäche der Exemplifizierung hinaus wollen wir jedoch die Tatsache betonen, daß da eine andere, höhere Ebene des Seins im Entstehen begriffen ist. Wenn die Theorie der Imagination sich durch die Verschiebung der Physik der Elementarkörper auf das Gebiet der Erkenntnis bewegt hat, bewegt sich hier diese neuerliche Verlagerung hin zur Ebene der ausgebildeten Individuen. Dieser Mechanismus der Rationalisierung, der die Anpassung der Vernunft an das stufenweise, immer komplexere Durchdringen der ontologischen Zusammensetzung darstellt, beginnt immer deutlicher zu werden. Aber ein größerer Grad von ontologischer Zusammensetzung/Komplexität bedeutet auch größere Dynamik und schärfere Konfliktlage: der Zusammenhang Zusammensetzung – Komplexität – Konfliktlage – Dynamik ist ein beständiger Zusammenhang aufeinanderfolgender unstetiger (aber weder dialektischer noch linearer) Verschiebungen. Sehen wir also zu, wie Liebe und Haß sich dynamisch auf dieser ersten Ebene verschieben: indem die grundlegenden Affekte sich gegen die anderen richten, konstituieren sie neue Affekte – alleine durch die Tatsache, daß sie sich den anderen zugewandt, daß sie die anderen in Bewegung gebracht haben: Liebe und Haß, von einer äußeren Ursache begleitet, verändern sich (*Ethik*, III, 30. LS, Anm.). Mehr noch: sie können im Verhältnis zur äußeren Ursache sich innerhalb ihres anfänglichen Spannungsverhältnisses geradezu umkehren und zu gegensätzlichen Momenten werden (*Ethik*, III, 35. LS, Anm.) – sie sind also ganz allgemein expansiv. In demselben Maß also, in dem sich die Liebe als Instanz der Gesellschaftlichkeit entwickelt, entwickeln sich die Konfliktlage und der Kampf, die aus ebendieser Liebe entstehen: aber es ist ein neues Gebiet, auf dem wir uns jetzt bewegen, ein expansives, dynamisches. Die Vielseitigkeit des metaphysischen Seins wurde zum Überschwang des ethischen Seins. Auf diese Weise entsteht nicht nur aus der Liebe eine Konfliktlage, sondern darum entwickelt die Liebe die Konstitution des Seins, quantitativ und qualitativ, und je stärker der Affekt ist, um so mehr umfaßt er die mannigfachen Verschiedenheiten des Subjekts. »Die Begierde, welche aus Trauer oder Freude oder aus Haß oder Liebe entsteht, ist um so größer, je größer der Affekt ist.« (*Ethik*, III, 37. LS) Wir stehen damit nicht nur vor einem genetischen Mechanismus der Konfliktlage, sondern auch vor einem expansiven Mechanismus derselben. Die soziale Dynamik des Konflikts dehnt sich von der Liebe in immer komplexeren und beweglicheren Begriffen aus. Die ethische Natur des Prozesses ist also folgendermaßen bestimmt: »Ich verstehe hier unter ›gut‹ jede Art der Freude und ferner alles, was dazu führt, und hauptsächlich dasjenige, was alle Sehnsucht, welche sie auch sei, befriedigt; unter ›übel‹ aber jede Art der Trauer und hauptsächlich diejenige, welche eine Sehnsucht unbefriedigt läßt. Denn oben haben wir gezeigt, daß wir nicht begehren, weil wir es für gut halten, sondern im Gegenteil das ›gut‹ nennen, was wir begehren, und folglich nennen wir das ›übel‹, was wir verabscheuen. Daher beurteilt oder schätzt jeder nach seinem Affekte, was gut, übel, besser, schlimmer, und was endlich das Beste oder das Schlimmste sei.« (*Ethik*, III, 39. LS, Anm.) Diese ontologische Bestimmung mit der Moral des Utilitarismus zu verwechseln, bedeutet mindestens Kurzsichtigkeit: tatsächlich haben hier die Dynamik und die Artikulation der Individualitäten einen irreversiblen konstitutiven Mechanismus konstituiert. Es ist dies ein kollektiver und materialistischer Horizont: er wendet sich an die Individualität, weder als Prinzip noch als Wert, sondern einfach als ein Element der Seins-Struktur, das sich beständig durch die Gesellschaftlichkeit entfaltet.

Verschiebung bedeutet Beständigkeit nur als beständige Unstetigkeit, als Aneinanderreihung von Unstetigkeiten. Nachdem die Unstetigkeit in der Konstitution des Individuellen und in der ersten Gliederung der interindividuellen Gemeinschaft erprobt wurde, wendet sich die Analyse wieder der Betrachtung des gesamten Prozesses zu. Der Zusammenhang der Bedingungen der Synthese von Notwendigkeit und Freiheit, bis hierher bewiesen, geht weiter, sucht nach einem letzten expansiven Schlüssel. »Haß wird durch gegenseitigen Haß gesteigert und kann dagegen durch Liebe getilgt werden.« (*Ethik*, III, 43. LS) Die bis hierher analysierten Konfliktgrundlagen der Dynamik werden von einem höheren quantitativen Grad überbestimmt. Das heißt, daß die komplexe Dynamik der Affekte, während sie sich auf höhere Stufen des Seins begibt, nicht die Kraft des Antagonismus und der gegenseitigen Zerstörung außer acht läßt, sondern sie vielmehr als Mittelpunkt und Erhöhung annimmt. Ausdehnbarkeit ist auch Zerstörung: aber sie besteht in einem Wachsen und einem Überfließen des vitalen Prozesses, in einem fortwährenden Sich-qualifizieren zu höheren Seins-Stufen. Der Dynamismus ist Verlagerung – und daher sofortige Umkehr, systematische Neuqualifizierung der Affekte und ihrer ontologischen Bestimmtheit, wobei sie immer höhere Ebenen der ontologischen Komplexität erreichen. Das sind Shakespearesche Seiten! Die Tragödie der Ethik ist der Triumph der Ethik! Auch das ist ein Tupfer dieses wilden Charakters der Spinozianischen Anomalie! Aber die beständige Verlagerung des Unbeständigen ist im allgemeinen richtungsgebunden: und zwar in dem Maß, in dem sie ein konstitutiver Prozeß sein muß, geprägt von der Kraft des *»conatus«*, von der Lebendigkeit der Anhäufung von Antrieben und der aus dem Schwanken herrührenden Mechanik. Und das bedeutet – vor allem in diesem Augenblick, in dem die antagonistischen Momente derart betont auftauchen – nicht irgendeine theologische Spannung: die Richtung ist ein Akt des *»conatus«*, in Folgen entwickelt und quantitativ konstruiert – positive Auslösung der Konfliktträchtigkeit. In keinem Fall jedoch flacht sich diese Richtungsgebundenheit (die sich auf nacheinanderfolgenden Stufen des Seins durch den Antagonismus hindurch bestimmt) ab. Jede Konstruktion einer Seins-Stufe ist eine Konstitution und je mehr das Sein sich artikuliert und schärft, um so mehr trägt es volle Verantwortung für den konstitutiven Prozeß, die gelösten Antagonismen, die gewonnene Freiheit. Deshalb: »Die Freude, welche daraus entsteht, daß wir uns imaginativ vorstellen, ein uns verhaßter Gegenstand werde zerstört oder von einem anderen Übel affiziert, entsteht nicht ohne einige Trauer der Seele.« (*Ethik*, III, 47. LS) Deshalb: »Liebe und Haß gegen einen Gegenstand, den wir uns als frei vorstellen, müssen bei gleicher Ursache größer sein, als gegen einen der Notwendigkeit unterworfenen.« (*Ethik*, III, 49. LS) Nehmen wir diese beiden Lehrsätze an: sie weisen genau das schwerwiegende menschliche Mal auf, das der konstitutive Prozeß dem konstituierten Sein aufprägt. Die antagonistische Phase des konstitutiven Prozesses dringt immer tiefer in das unbestimmte Sein des Lebens, verwandelt allmählich das Schwanken in Zweifel und ethische Opposition, und fühlt diese als Schmerz und *pietas*, Mitleid: die konstitutive Praxis des Seins ist riskant, weil sie frei ist, besser, weil sie nur durch den Antagonismus immer höhere Stufen der Freiheit erreicht. »Die Menschen empfinden Freude, so oft sie sich eines nun vergangenen Übels erinnern, und sie erzählen gern von Gefahren, von denen sie befreit sind. Denn, wenn sie sich die Gefahr wieder vorstellen, betrachten sie sie noch als zukünftig und werden bestimmt, sie zu fürchten. Diese Bestimmung wird von neuem eingeschränkt durch die Vorstellung der Befreiung, welche sie mit der Vorstellung der Gefahr verbunden haben, als sie von ihr befreit wurden, und diese macht sie von neuem sicher, und also freuen sie sich erneut.« (*Ethik*, III, 47. LS, Anm.) Und der Prozeß geht weiter: dehnt sich aus, wird eingeschränkt, durchläuft die Ebenen des Antagonismus, während er sich zur Ebene der Gesellschaftlichkeit hinmüht. Wieder taucht die räumliche, soziale Dimension im eigentlichen Sinn auf: »Wenn jemand von einem aus einem Stande oder Volke, das von dem seinigen verschieden ist, mit Freude oder Trauer affiziert wird, begleitet von der Vorstellung desselben unter dem allgemeinen Namen des Standes oder des Volkes als der Ursache, so wird er nicht nur diesen, sondern alle von demselben Stande oder Volke lieben oder hassen.« (*Ethik*, III, 46. LS) Und das bedeutet exakt, daß der Antagonismus die überreichliche Expansivität des konstituierenden Seins in allen erforderlichen Dimensionen vervielfacht. Das Sein, das sich schafft, ist bei Spinoza eine explosive Wirklichkeit. Wir sind schon weit weg von den ersten Näherungen an die Imaginations-Thematik, als die Unsicherheit des Entwurfs sich gleichsam zwischen den Schatten der Wirklichkeit bewegte! Hier wird das kritische Sein, das konfliktgeladene Sein, das antagonistische Sein zum Schlüssel gleicherweise der höheren ontologischen Vollkommenheit und der höheren ethischen Freiheit. Ohne daß sich diese Vermögen abflachen würden, vielmehr, indem sie ihr Wachstum, ihr Ausbreiten einbringen – das Maß des Vermögens eben dieses Antagonismus', des Lebens.

Die letzte Wendung der Argumentation des 3. Teils stellt die Gruppe von Lehrsätzen dar, die unmittelbar die Thematik der Freiheit aufstellen. Es ist nicht gesagt, daß man auf dieser Ebene des konstitutiven Prozesses des Seins das Objekt der Untersuchung erreicht! Doch die Untersuchung ist frei, frei in dem Sinne, daß sie hier die letzten Konsequenzen aus dem Vermögen des Prozesses zieht, durch den sie konstituiert ist – indem sie immer höhere, dem ontologischen Zusammenhang adäquate Stufen konstituiert. »Wenn der Geist sich selbst und sein Tätigkeitsvermögen betrachtet, empfindet er Freude, und um so mehr, je bestimmter er sich und sein Tätigkeitsvermögen imaginativ vorstellt.« (*Ethik*, III, 53. LS) »Der Geist strebt danach, sich nur das imaginativ vorzustellen, was sein Tätigkeitsvermögen setzt.« (*Ethik*, III, 54. LS) Die ontologische Klärung könnte nicht expliziter sein, und sie klingt in der Beweisführung tatsächlich folgendermaßen: »Das Streben oder das Vermögen des Geistes ist das Wesen des Geistes selbst. Das Wesen des Geistes (wie an sich klar ist) bejaht aber nur das, was der Geist ist und vermag, nicht aber das, was er nicht ist und nicht vermag. Folglich strebt er danach, sich nur das vorzustellen, was sein Tätigkeitsvermögen bejaht oder setzt.« (*Ethik*, III, 54. LS) Die Abfolge *»conatus«*, *»potentia«*, *»potentia mentis«*, *»essentia mentis«*, *»conatus sive essentia«* ist eine konstitutive Kette, die einen ununterbrochenen Faden durch das Sein hindurchzieht. Die Umkehr jeglicher emanativer Hypothese ist total. Der konstitutive Rhythmus ist überaus machtvoll. Sicher, wir sind noch in der Physik der Affekte und der Vielheit, mithin im Reich des

Schwankens: »Es gibt so viele Arten der Freude, der Trauer und der Begierde und folglich eines jeden Affekts, der aus diesen zusammengesetzt ist, so wie auch des Schwankens des Gemüts oder dessen, was daraus abgeleitet wird, nämlich der Liebe, des Hasses, der Hoffnung, der Furcht etc., als es Arten der Gegenstände gibt, von welchen wir affiziert werden.« (*Ethik*, III, 56. LS) In Wirklichkeit überwindet der 3. Teil niemals den Horizont des Schwankens und der Vielfalt. Er ist ein Übergang. Aber erneut wird an diesen unglaublichen Dynamismus des Seins erinnert, er wird anerkannt. Ein Dynamismus, der sich in der ontologischen Vielseitigkeit und der ethischen Freiheit artikuliert, so daß er in dieser Perspektive den einzigen und einzigartigen Charakter des Prozesses konstituiert: »Jeder Affekt eines jeden Individuums ist nur so viel von dem Affekt eines anderen verschieden, als sich das Wesen des einen von dem Wesen des anderen unterscheidet.« (*Ethik*, III, 57. LS) So daß der Prozeß schließlich überquillt. Diese Summe von Bedingungen – die nach passiven Affekten, Ergebnissen, mechanischen Reaktionen verlangen – fließt über in Richtung auf den Horizont der totalen Freiheit, der reinen Tätigkeit. »Außer der Freude und der Begierde, welche Leidenschaften sind, gibt es andere Affekte der Freude und der Begierde, die sich auf uns beziehen, insofern wir tätig sind.« (*Ethik*, III, 58. LS) Der physische *»conatus«* ist endgültig in die *»cupiditas«* verwandelt, als mit Bewußtsein versehenem Trieb: »was zu beweisen war.«

Es lohnt sich, einen Augenblick bei dieser ersten Schlußfolgerung zu verweilen. Die *»cupiditas«* zeigt partielle, aber dennoch radikal rationale Leidenschaft. Stellt dieses ihr »partielles« Sein vielleicht ein Element der Negativität, der ontologischen und ethischen Unzulänglichkeit dar? An dieser Stelle der Untersuchung ist eine positive Antwort auf die Zwischenfrage ausgeschlossen. Die *»cupiditas«* ist das Wesen des Menschen selbst (*Ethik*, III, Def. d. Affekte 1). Die analytische und konstitutive Entwicklung der Leidenschaftlichkeit hat auf der Basis der Spontaneität des Seins den Punkt der subjektiven Konsolidierung ausgemacht. Es ist ein unregelmäßiger Vorbau, ein Sein, das sich als Einzigkeit überhalb des Flusses der Bedingungen und der konstitutiven Bewegungen durchsetzt. Seine bestimmte Materialität ist absolut festgelegt. Die Rationalität dieser Erscheinung ist ebenfalls absolut in ihrem Verhältnis zur Materialität der Komponenten und der konstitutiven Bewegung festgelegt. Die Gleichzeitigkeit ist Identität. Es gibt also keine Definition der Rationalität, die abgelöst sein könnte von der organischen und materiellen Synthese, die diese mit der Körperlichkeit bestimmt. Diese beiden Begriffe, Körperlichkeit und Rationalität, würden ungenau und vage, wenn nur ein Verhältnis sie definieren würde. Also verblaßt die traditionelle dualistische Thematik und verschwindet an diesem Punkt der Untersuchung fast, nicht nur vom Standpunkt der ontologischen Analyse, sondern auch vom begrifflichen aus. Spinoza im Rahmen dieser Tradition und Richtung zu behandeln und allgemein, wie es die Geschichtsschreibung der modernen Philosophie tut, die Parameter des Rationalismus und des Cartesianischen Dualismus als Grundlage für die Deutung des philosophischen Zeitalters festzuhalten, ist eine Verfälschung und eine offenkundige Mystifikation.[7] Die »Definitionen der Affekte«, die den 3. Teil der *Ethik* abschließen, führen dieses materialistische Ineinssetzen von Körperlichkeit und Rationalität zur äußersten Konsequenz. Die Methode zur Entbergung der Wirklichkeit ist zentral und ausschließlich. Die Entsprechung ist so eng, daß sie jeglichen Unterschied als Abstraktion qualifiziert. Ein materialistischer Horizont. Ein »erfüllter« Horizont.

Und dieses Thema der »Fülle« hat sicherlich besondere Wichtigkeit für die Qualifikation dieser Schicht des Spinozianischen Denkens. Die Polemik Spinozas gegen die Leere hat tatsächlich unmittelbar metaphysische Bedeutung: das heißt, daß es sich nicht nur um eine physikalische Polemik handelt, sondern daß sie die Definition des materialistischen Stoffes der Analyse betrifft. Die Spinozianische Fülle ist eine metaphysische Qualifikation des Materialismus. Und wenn wir gesehen haben, wie die Fülle das Feld der Kräfte, die die Physik bestimmen, definiert hat, wenn wir sie als Stoff, auf dem sich die Imagination ausbreitete, aufgefaßt haben, so zeigt sie sich uns nun als Charakteristik des Seins: der konstitutive Prozeß ist ein Prozeß der Erneuerung der Fülle, des Aufbaus einer erfüllten Seins-Stufung – nicht emanatistisch, aber einzig in ihrem jedesmaligen Auftauchen. Der Horizont der Totalität ist die Fülle. Ein Horizont, der auch eine Grenze darstellt. Nicht, weil er ein Rand wäre, jenseits dessen mystischerweise sich ein Abgrund öffnet, sondern weil er die erfüllte Grenze ist, auf der die *»cupiditas«* – als menschliche Synthese des physischen *»conatus«* und der *»potentia«* des Geistes – ihr Überschreiten des Existenten überprüft, indem sie eine neue Fülle schafft, das Vermögen des Seins metaphysisch ausdrückt und an der Aktualität der konstruktiven Spannung der *»cupiditas«* festmacht. Es gibt keine Alternative zwischen der Fülle und der Leere, wie es bei Spinoza auch kein Alternieren zwischen Sein und Nichtsein gibt: und es gibt auch nicht – schließlich, und dies ist ein Bestimmungsmoment – eine einfache Auffassung des Möglichen als Vermittlung des Positiven oder des Negativen. Es gibt nur die konstruktive Fülle des Seins gegenüber der metaphysischen und ethischen Undenkbarkeit der Leere, des Nichtseins und eben dieses Möglichen. Die Verwirrung und die philosophische Verwunderung, denen das menschliche Denken innerhalb der Grenze des Seins unterliegt, verkehren sich bei Spinoza in das konstruktive Sein, in sein unendliches Vermögen: sie müssen nicht von der Unwissenheit angetrieben werden, sie leben stattdessen vom Wissen und der konstruktiven Kraft des menschlichen Wesens. Damit können wir den Gedanken der *»cupiditas«* verstehen und in jedem Fall eine negative Definition derselben ausschließen. In welchem Sinn könnte sich die Negativität überhaupt ergeben? Es gibt keinerlei Möglichkeit: tatsächlich existiert angesichts des konstitutiven

Vermögens nur die Spannung des dynamischen Wesens, nicht die Verdrehung irgendeiner Äußerlichkeit. Die *»cupiditas«* ist nicht ein Verhältnis, nicht eine Möglichkeit, nicht eine Selbstverständlichkeit: sie ist ein Vermögen, ihre Spannung ist klar, ihr Sein ist erfüllt, wirklich, gegeben. Die laufende Vermehrung des menschlichen Wesens ergibt sich also als Gesetz von Kontraktion und Expansion des Seins in der Spannung der Spontaneität bei seiner Eigenbestimmung als Subjekt.

Das Unendliche als Organisation

Mit dem Schluß des 3. Teils tritt die Ethik Spinozas voll ans Licht. Das heißt: die metaphysischen Voraussetzungen sind nun gegeben – konsequenterweise kann nun der ethische Weg im eigentlichen Sinn beschritten werden. Der Horizont des Vermögens ist der einzig mögliche metaphysische. Wenn dies aber zutrifft, ist nur die Ethik – als Wissenschaft der Befreiung, der praktischen Konstitution der Welt – zu seiner Erforschung geeignet. Hat sich uns das aktiv Unendliche bisher als Vermögen dargestellt, so muß es nun von der ethischen Aktivität organisiert werden. Aber da die ethische Tätigkeit von demselben Vermögen konstituiert ist, das das Unendliche konstituiert, ist das Unendliche nicht schlechthin »organisiert« von der ethischen Tätigkeit als dem Objekt eines Subjekts: es wird sich vielmehr als strukturale Organisation des Ethischen darstellen, des Subjekts und des Objekts in ihrer Adäquatheit – Unendlichkeit, Organisation des unendlichen Vermögens, Organisation des Vermögens: sie sind austauschbare Elemente in der großen Perspektive des menschlichen Handelns. In Wirklichkeit haben wir uns bis zum Beginn des 4. Teils schon auf dem Gebiet der Organisation befunden, der Analyse, die das unendliche Vermögen artikulierte, indem sie aus ihren Elementen Komponenten, Momente zur Klärung der Seins-Struktur machte. Nun werden die Komponenten in die Perspektive der ontologischen Rekonstruktion eingebracht, nachdem das menschliche Handeln in seiner Komplexität von Geist und Körper volle konstitutive Wirksamkeit und ontologische Zentralität erreicht hat. Das Unendliche ist von nun an die Organisation der menschlichen Befreiung: es ergibt sich als Vermögen in der Perspektive der menschlichen Befreiung, in der Bestimmung der ethischen Handlungsfähigkeit des Menschen.

Befreiung also, nicht Freiheit – wir werden erst später dazu kommen, den Gedanken der Freiheit erneut zu betrachten, wenn es noch einen Sinn hat. Befreiung, weil sich die Welt uns als vom Mensch geschaffener Horizont darstellt, aber eine Welt der Sklaverei und der Unvollkommenheit ist. Bei Spinoza ist der Begriff Befreiung ersetzbar und austauschbar durch den der Vollendung. Was ist aber die Vollendung wirklich? In einer ersten Bestimmung können wir unter Vollendung und Unvollkommenheit nur die »Modi des Denkens, nämlich Begriffe, die wir dadurch zu bilden pflegen, daß wir Individuen derselben Art der Gattung miteinander vergleichen«, verstehen (*Ethik*, IV, *Vorw.)*. Es ist ein konventioneller und relativer Abschluß des Inhalts dieser Kategorien. Aber bei einem zweiten Definitionsansatz, d. h. sobald wir zur Überprüfung der Allgemeinbegriffe schreiten, wohl wissend, daß dies eine Prüfung der Adäquatheit, mithin der Realität ist – werden wir unter »gut« verstehen, was wir mit Sicherheit als Mittel zur immer stärkeren Annäherung an das Modell erkennen, das wir von der menschlichen Natur entwerfen; und als »schlecht« das Gegenteil (*Ethik*, IV, Vorw.). Schließlich werden wir als Vollendung auf dem Gebiet der wirklichen Adäquatheit »das Wesen eines jeden Dinges, insofern es auf gewisse Weise da ist und wirkt« verstehen (*Ethik*, IV, Vorw.): werden Vollendung als Befreiung des Wesens begreifen.

Es ist wichtig, hier die Form der Argumentation zu unterstreichen, die von einer konventionellen zu einer realen Definition übergeht. Dies deshalb, weil sich durch den Konventionalismus erneut die Kritik jeglicher allgemein finalistischer Auffassung der ethischen Welt formuliert: jegliche Vorstellung einer finalen Ursache muß ausgeschaltet werden. Der Rückverweis auf den »Anhang« des I. Teils, der hier geschieht, schreibt die Notwendigkeit zum Handeln erneut der Notwendigkeit des Seins zu. Nicht die finale Ursache, sondern die wirkende Ursache konstituiert daher das ethische Sein: die Reihe *»conatus-appetitus-cupiditas«* formt den Weg, über den sich die Spannung des Wesens zur Existenz abwickelt. Die *»cupiditas«* ist Mechanismus der Befreiung. Wenn der metaphysische Horizont, der im I. Teil und allgemein in der ersten Grundlegung des Spinozianischen Systems aufgebaut wurde, hier wieder aufgenommen wird, dann bestimmt nicht, um die spezifische kategoriale Artikulation (die Attribute) der Organisation des Unendlichen wieder aufzupolieren: im Gegenteil, dieser kategoriale Beitrag wird beiseitegeschoben, und die Methode stellt lediglich eine Spannung der phänomenologischen und konstitutiven Entbergung in der Absolutheit des Verhältnisses zwischen Substanz und Modalität dar. Die Vollendung wird als Weg auf dem Gebiet der menschlichen Praxis hergestellt – der konstitutiven, der Praxis der Befreiung.

Damit ist der Entwurf des 4. Teils bestimmt. Die Spinozianische Analytik öffnet das System für die Welt der Zufälligkeit, des Möglichen, der Praxis, insofern sie eine Wissenschaft der Zufälligkeit und des Möglichen ist. Sicher, die Definitionen des Zufälligen und des Möglichen machen bezüglich der philosophischen Tradition sofort eine wesenhafte Metamorphose durch. »3. Die einzelnen Dinge nenne ich zufällig, insofern wir, wenn wir bloß ihr Wesen beachten, nichts finden, was ihre Existenz notwendig setzt oder dasselbe notwendig ausschließt. 4. Eben diese einzelnen Dinge nenne ich möglich, insofern wir, wenn wir auf die Ursache achten, durch die sie hervorgebracht werden müssen, nicht wissen, ob diese bestimmt sind, sie hervorzubringen.«

(*Ethik*, IV, Def.) Das heißt, die revolutionäre Spinozianische Auffassung des Seins ist verbunden mit dem Begreifen des Negativen, das Zufall und Möglichkeit konstituiert: er begreift es als Element der Organisation des existenten Seins und seiner Grenze, als untergeordnete Stufe des sich ausdehnenden Seins, also als Raum, der von der Positivität zu besetzen ist, als etwas, was aufgebaut werden muß, um das Unendliche zu vervollständigen. Das Zufällige ist die Zukunft, ist das Unbestimmte, das die menschliche Praxis als *»potentia«* zum positiv Unendlichen vervollständigt. »8. Unter Tugend und Vermögen verstehe ich dasselbe, d. h. Tugend, insofern sie sich auf den Menschen bezieht, ist das Wesen oder die Natur des Menschen selbst, insofern er die Gewalt hat, einiges zu bewirken, was bloß durch die Gesetze seiner Natur verstanden werden kann.« (*Ethik*, IV, Def.) Die Sklaverei ist das Übel, das das menschliche Vermögen auf Zufälligkeit beschränkt, indem es das Sein auf diese Bestimmtheit der Weltordnung verlagert, die uns zu Sklaven macht – damit hebt das menschliche Vermögen mit einer ontologischen Handlung die Knechtschaft auf und bringt den realen Prozeß der Freiheit in Gang.

Es ist wichtig, die Tatsache hervorzuheben, daß der ontologische Radikalismus des konstitutiven Standpunkts, der auf diesen Seiten bei Spinoza nach seiner Reifung zu einer gesicherten Lösung aufscheint, in der Geschichte des abendländischen Denkens einen Bruch, eine Weiche in der Entwicklung darstellt. In der Geschichte der modernen Philosophie konstituiert die Bestimmung eines ontologischen und materialistischen Standpunktes eine nicht zu unterschätzende Alternative. Sie bewegt sich weg von der Entwicklungsordnung der bürgerlichen Ideologie und von dem Spiel der verschiedenen Möglichkeiten der kapitalistischen Entwicklung. Sie stellt keinen ideologischen Unterschied im Bereich der Perspektive kapitalistischer Revolution dar, weil diese spätestens seit der Krise der dreißiger Jahre des 17. Jahrhunderts endgültig die Vermittlung ins Zentrum der Definition der Kategorie »bürgerlich« aufgenommen hat: die Alternativen sind daher für diese nur innerhalb der Konstitution der Vermittlung möglich. Spinoza verneint das Verhältnis Konstitution-Vermittlung und mithin die Grundlage des Begriffs des Bürgertums überhaupt. Die Spinozianische Alternative betrachtet nicht die Definition des Bürgertums, sondern das Wesen der Revolution – den radikalen Charakter der Befreiung der Welt.

Bis jetzt haben wir sozusagen die Einführung in den 4. Teil behandelt. Wir müssen nun vor dem Eintritt in den Kern des konstitutiven Entwurfs und seiner Entwicklungen noch einige Elemente betrachten. Tatsächlich nimmt sich Spinoza zu Beginn eines jeden Teils der *Ethik* einige Zeit, um die Werkzeuge der Analyse neu zu ordnen. Wenn es sich dabei nur um eine einfache Neuordnung handeln würde, könnten wir das übergehen. Tatsächlich jedoch werden innerhalb dieser »methodischen Abschweifung« keineswegs nebensächliche Modifikationen vorgenommen. Zwischen dem Axiom des 4. Teils und dem 18. Lehrsatz zum Beispiel wird der systematische Prozeß, der vom *»conatus«* zum Subjekt im 3. Teil geführt hatte, vollständig zusammengefaßt. Dennoch ist die dabei zustandegekommene Modifikation wichtig – sie stellt eine wirkliche Verlagerung der Analyse dar. Wenn nämlich der Übergang vom *»conatus«* zum Subjekt nicht als Prozeß beschrieben, sondern als Ergebnis vorgebracht wird, wird das gesamte Vermögen der Analyse außerordentlich bereichert. Das heißt, daß das konstitutive Vermögen hier nicht einfach wiedergewonnen, sondern auf dem weiten und überaus reichen Gebiet ausgesetzt wird, das es erobern muß. Das Unbestimmte ist in das positive Vermögen des Unendlichen einbegriffen. »Es gibt in der Natur kein einziges Ding, das nicht von einem anderen mächtigeren und stärkeren übertroffen würde; es gibt vielmehr ein anderes mächtigeres, als das gegebene, von welchem jenes gegebene zerstört werden kann.« (*Ethik*, IV, Axiom) Zusammen mit dem 13. Lehrsatz des 2. Teils und dem 43. Lehrsatz des 3. Teils konstituiert dieses Axiom das dynamische Zentrum der spinozianischen Philosophie. An diesen Stellen wird der Krieg der menschlichen Praxis unterworfen. Die mechanistische und Hobbessche Hypothese, die gerade zu diesem Zweck und an einem analogen Wendepunkt eine transzendente Lösung setzt, wird in diesen Passagen völlig verworfen. Aber welchen Reichtum eröffnet dieser Angriff der Analyse des Lebens! Welche tiefgründige Zurückweisung der Ideologie wird hiermit gesetzt! Das betrachtete Axiom ist ein gewaltiger Sprung nach vorne, der den konstitutiven Entwurf wieder auf die höchste Ebene des Vermögens stellt: gesetzt von einer fortwährenden Wiedereröffnung des Seins. Sicher, aus einer derart starken Verlagerung der Analyse rühren auch negative Wirkungen her, vor allem auf interpretativem Gebiet. Und tatsächlich bekennt Spinoza zu Beginn des »Anhangs« zum 4. Teil: »Was ich in diesem Teil über die wahre Lebensweise gesagt, ist nicht so gestellt, daß es mit einem Blick überschaut werden kann, sondern zerstreut von mir bewiesen worden, je nachdem ich nämlich eines aus dem anderen leichter ableiten konnte.« (*Ethik*, IV, Anhang) Und es ist wirklich wahr, daß der 4. Teil leicht ironisiert werden kann, nicht nur wegen der geforderten »Geometrie« der Methode, die ihn beherrscht, sondern auch – und dies in fühlbarem Unterschied zu den anderen Teilen – wegen der »Ordnung« (sic! und das heißt wegen der effektiven Dissymmetrie, wie wir sehen werden) der Herleitungen. Doch ist die Kritik unerheblich angesichts der Kraft, mit welcher die Entwurfhaftigkeit auf dem neuen Gebiet der Befreiung explodiert (vgl. hiermit den 1. u. 2. LS der *Ethik*, IV). Entwurfhaftigkeit, welche die erste Gruppe von Lehrsätzen des 4. Teils später hervorhebt, immer innerhalb dieses argumentativen Wechselspiels der Vertiefung des Modells, der Zusammenfassung und Neudarstellung des konstitutiven Prozesses, so wie er im vorangegangenen entwickelt wurde. Man könnte fast sagen, daß sich nun die Synthese eines dialektischen Dreischrittes als erste bestätigende Position eines sukzessiven Dreischrittes ergeben hat: der erste Schritt ist eine Schlußfolgerung, der zweite ist ein neuer Entwurf. Aber diese Annäherung hilft nur zu einem exemplifizierenden Ziel: tatsächlich sieht die Dynamik des Übergangs zu einer nachfolgenden, höheren Stufe des Seins bei Spinoza nicht die Negation vor und auch nicht die starre formale Beständigkeit des dialektischen Prozesses.

In welcher Weise sind also die ersten Lehrsätze des 4. Teils verschoben? Sie werden mit dem Ziel in Bewegung gebracht, die Potentialität des Sein zu betonen. Es handelt sich nicht darum, einen Zustand zu definieren, sondern eine Dynamik; nicht ein Ergebnis, sondern eine Voraussetzung. *A*. 3.-8. Lehrsatz: der Mensch im ethischen Leben, adäquate Definition des Kraftfeldes, innerhalb dessen das ethische Leben sich aufbaut. *B*. 9.-13. Lehrsatz: der Zufall im ethischen Leben, oder auch die Imagination und das Mögliche als alternative und tendenzielle Qualifikation der menschlichen Konstitution der Welt. *C*. 14.-18. Lehrsatz: die *»cupiditas«* als Antrieb, als Dynamik der Tendenz, als Sichauflösen der Konstitution in Übergang. In jedem dieser Abschnitte ist es die Spannung, die im Mittelpunkt steht, ist es das konstitutive Verhältnis, das als grundlegend erwiesen wird. Aber sehen wir uns diese Abschnitte im einzelnen an.

Die erste Zusammenfassung öffnet das menschliche Vermögen der Dimension der Natur und des Lebens in ihrer Ganzheit. Das Kraftfeld, das bis hier den Mikrokosmus konstituiert hat, wird in der Spannung zum Makrokosmus hingewendet. »Es ist unmöglich, daß der Mensch nicht ein Teil der Natur sei, und daß er nur Veränderungen erleiden könne, welche aus seiner Natur allein verstanden werden können und deren adäquate Ursache er ist.« (*Ethik*, IV, 4. LS) »Die Kraft und das Wachstum einer jeden Leidenschaft und ihr Beharren in der Existenz wird nicht aus dem Vermögen erklärt, durch welches wir in der Existenz zu beharren streben, sondern aus dem Vermögen einer anderen Ursache, verglichen mit der unsrigen.« (*Ethik*, IV, 5. LS) Der Antagonismus der Welt setzt die Ausdehnung des in der menschlichen Individualität gesammelten Potentials, dort als innere Grenze des Prozesses bestimmt, gegen die Welt. Die zweite Zusammenfassung beharrt auf diesem Vermögen und qualifiziert es als Überwindung der Bestimmtheit des Existenten auf dem Gebiet des Möglichen neu. Es ist der Übergang, den das Wesen in der Existenz bewirkt, die Wirklichkeit des Nichtexistenten, gesetzt als Schema der Entwicklung der ethischen Individualität in Richtung auf die ethische Welt. »Der Affekt gegen ein Ding, welches wir uns als notwendig in der Imagination vorstellen, ist unter übrigens gleichen Umständen stärker als gegen ein mögliches oder zufälliges, d. h. nicht notwendiges.« (*Ethik*, IV, 11. LS) Es reicht also nicht, daß der Mensch ein Kräftefeld ist, grundlegend ist es vielmehr, dieses Kräftefeld in der Ausdehnung der Spannungen, die den allgemeinen Stoff des Menschen bilden, zu verkörpern. Die Imagination breitet die Spannung vom Wesen zur Existenz auf einem äußerst geräumigen und entschieden körperlichen Gebiet aus – als materiell möglich. Das Nichts, das – jetzt – den Zusammenhang zwischen Wesen und Existenz konstituiert, wird fließend, geisterhaft. Es ist die reale Notwendigkeit des Nichtexistenten, gesetzt als expansives Schema der Ethizität. Schließlich – dritte Zusammenfassung – mischt sich die *»cupiditas«* ein, um die formalen Bedingungen der Wirklichkeit des Überschreitens der reinen Spannung aufzuzeigen. Dies ist so, denn: »Die Begierde, welche aus der wahren Erkenntnis des Guten und Bösen entspringt, kann durch viele andere Begierden, welche aus Affekten, mit denen wir zu kämpfen haben, entspringen, erstickt oder eingeschränkt werden.« (*Ethik*, IV, 15. LS) Jedoch: »Die Begierde, welche aus der Freude entspringt, ist, unter übrigens gleichen Umständen stärker als die Begierde, welche aus der Trauer entspringt.« (*Ethik*, IV, 18. LS) Damit hat sich die Neugestaltung des Dynamismus der menschlichen Wirklichkeit, das organisatorische Potential, das das Unendliche von sich aus und durch sich selbst ausdrückt, auf einer anderen Ebene der konstitutiven Potentialität ergeben. Es ist die Freude, welche den konstitutiven Prozeß positiv prägt. Und wenn man »positiv« sagt, sagt man »Sein«, und das heißt Konstruktion des Seins, Ausschaltung des Nichtexistenten.

Damit eröffnet sich der Prozeß der Befreiung. Er ist vor allem anderen als komplexer Entwurf gesetzt (19.-28. Lehrsatz). Danach dehnt er sich auf die Gesellschaft (29.-37. Lehrsatz) aus, und schließlich (38.-73. Lehrsatz) erreicht er die Konkretheit der körperlichen Bestimmtheit, zeigt die Verwirklichung der *»cupiditas«* als ihren Übergang von der Knechtung zu dem des entfalteten Vermögens, als seine Befreiung. Gehen wir diese Passagen durch.

»Je mehr einer strebt und vermag, das ihm Nützliche zu tun, d. h. sein Sein zu erhalten, um so mehr ist er mit der Tugend begabt, und dagegen insofern ein jeder, das ihm Nützliche zu suchen, d. h. sein Sein zu erhalten, unterläßt, insoweit ist er unvermögend.« (*Ethik*, IV, 20. LS) »Keine Tugend kann vor dieser (nämlich dem Selbsterhaltungsstreben) gedacht werden.« (*Ethik*, IV, 22. LS) Es ist also die Entbergung der Wirklichkeit, die die Kräfte der Befreiung in Bewegung setzt. Diese sind in die Wirklichkeit einbeschlossen und setzen ohne Widerspruch die Positivität des Wirklichen frei, ihre Stufung, die in aufeinanderfolgenden Vollkommenheits-Ebenen konstituiert sind. Was wirr oder falsch erscheint, ist nur zu definieren innerhalb der verstandesmäßigen Bewegung des Wahren – das heißt der größeren Intensität des Seins – welches das Falsche zerstört. Die beiden Wirklichkeiten des Verhältnisses der Befreiung, der Begriff *a quo* und der Begriff *ad quem*, schaffen Probleme nur in dem Maß, in dem von dieser Problemhaftigkeit das Wirkliche konstituiert ist. Der Mensch löst sich aus dieser Problemhaftigkeit, indem er die Kraft des Verstandes als Führer zur Schaffung immer fortschrittlicherer und seinserfüllterer Ebenen entwickelt. »Durchaus tugendhaft handeln ist nichts anderes in uns, als nach der Leitung der Vernunft handeln, leben, das Sein erhalten (diese drei bedeuten dasselbe) aus dem Grunde, daß man den eigenen Nutzen sucht.« (*Ethik*, IV, 24. LS) »Dasjenige, wonach wir der Vernunft gemäß streben, ist nichts anderes, als das Erkennen, und der Geist erachtet, sofern er die Vernunft anwendet, nur das für ihn nützlich, was zum Erkennen führt.« (*Ethik*, IV, 26. LS) »Das höchste Gut des Geistes ist die Erkenntnis Gottes, und die höchste Tugend des Geistes ist, Gott zu erkennen.« (*Ethik*, IV, 28. LS) Von der vom individuellen Sein im Existenten bewirkten Unterscheidung bis zur absoluten Tugend des Geistes, die sich dem höchsten Objekt, Gott, angleicht, entwickelt sich also der Prozeß der Befreiung, wie es formal vom Entwurf bestimmt ist. Es ist offensichtlich möglich, diesen Entwurf hier zu setzen: das formale Schema ist nämlich umgearbeitet, neuangesetzt vom höchsten Potential der Vernunft her, das die Wissenschaft der Leidenschaften produziert hatte. Aber die Tatsache, daß es möglich ist, bedeutet nicht, daß es auch wirklich ist. Diese Unmittelbarkeit der Spannung des Konkreten zum Absoluten zeigt nicht ebenso unmittelbar die konkrete, unmittelbare Notwendigkeit des Prozesses. Individueller Modus und göttliches Absolutes konstituieren ein Paradoxon, das ihre Synthese, ihre Homologie auf der Ebene einer Abstraktion zurückbehält, die nun, soll sie gelten, bestimmt werden muß. Der Prozeß der Bestimmung ist der konstitutive Prozeß selbst. Wir haben gesehen, wie der emanative Rhythmus aus der Erkenntnistheorie ausgeschlossen wurde, und wie nur die Bestimmtheit der vom Geist hervorgebrachten Allgemeinbegriffe konstitutive Vorgänge bestimmen kann. Das heißt, wir haben gesehen, wie die Erkenntnis die Intensität des Konkreten sucht. Das abstrakte Schema der Befreiung muß also in jenes konkrete der Konstitution übergehen (32, 271-281). Vom Abstrakten zum Konkreten, vom Möglichen zum Wirklichen. Dieser Prozeß des Denkens kann auch in keiner Weise von der materiellen Beständigkeit der Erkenntnis-Akkumulation abgesondert sein. Die Erkenntnis-Anhäufung als die dem Sein adäquate Tätigkeit konstituiert das Konkrete. Wie nie sonst zeigt sich uns hier der sogenannte Spinozianische Mystizismus in all seinem Vermögen – und ist dabei eher Askese als eigentlich mystische Haltung: als unermüdlicher Gang zum Konkreten hin und als Ansatz es zu umarmen, zu pressen, sich damit immer enger zu vereinen. Die Instrumentalität des Geistes gegenüber dieser »Finalität« ist total. Die Abstraktion wendet sich zum Konkreten hin, um ihm, sobald es sich einmal gebildet hat, die Würde des Erkennens zu überlassen. Gott ist das Ding.

Vom Abstrakten zu seiner Bestimmung also: das ist das sukzessive konstruktive Vorgehen. Zuerst entspricht die gnoseologische Ordnung (vom Abstrakten zum Konkreten) der ontologischen Ordnung der Konstitution nur in funktionalen Ausdrücken, es ergibt sich keine Homologie – nur in der konstitutiven Ordnung, in ihrem Prozeß, wird dagegen die Erkenntnis zum organischen Instrument der Seins-Anhäufung. Nun wird aber dieser Übergang verifiziert. Wie bestimmt sich der Übergang vom Allgemeinbegriff zum Erfassen des Wahren als Konstitution-Modifikation-Integration des Seins? Die Allgemeinbegriffe sind soziale Formen der Erkenntnis, die verfeinert und zum Konkreten hin geleitet werden in dem Maß, in dem sich die Gesellschaft zu bilden beginnt (32, 268 ff.). Betonen wir erneut, daß diese Genealogie der sozialen Formen in Entsprechung mit der Verfeinerung der Erkenntnisformen vom Abstrakten zum Konkreten nicht ein dialektischer Prozeß ist, Negativität nur einschließt in dem Sinne, daß diese als Feind gesetzt wird, als Objekt zur Zerstörung, als Raum zur Eroberung, und nicht als Antrieb des Prozesses: so daß vielmehr der Antrieb des Prozesses in der beständigen Forderung des Seins nach Befreiung liegt.[8] Diese Beständigkeit beseitigt den Gegensatz zwar nicht, aber es setzt ihn als Antagonismus und nicht als banale und zynische Rechtfertigung der Unvollkommenheit. Die Vollendung erkennen und sich auf sie hinbewegen, auf die Befreiung hin, ist schlicht und einfach eine Tätigkeit zur Annexion des Seins. »Ein jedes einzelne Ding, dessen Natur von der unsrigen durchaus verschieden ist, kann unser Tätigkeitsvermögen weder erhöhen noch einschränken, und überhaupt kann kein Ding für uns gut oder schlecht sein, wenn es nicht etwas mit uns gemein hat.« (*Ethik*, IV, 29. LS) Aber die Annexion des Seins ist eine Unterscheidung des Seins – eine Unterscheidung, die vom Sinn der Positivität des individuellen Seins und der Notwendigkeit und der Dringlichkeit seiner Aufwertung beherrscht wird. »Insofern ein Ding mit unserer Natur übereinstimmt, insofern ist es notwendig gut.« (*Ethik*, IV, 31. LS) Aber auch umgekehrt: »Ein Ding ist um so nützlicher, je mehr es mit unserer Natur übereinstimmt.« (*Ethik*, IV, 31. LS, Folgesatz; vgl. aber 18. LS, Anm.) So daß Annexion und Unterscheidung des Seins sich nun auf ein ausgesprochen konfliktträchtiges Gebiet begeben – weil das Abstrakte und das Konkrete miteinander im Konflikt stehen, die Imagination und die Wirklichkeit, die konstitutive Forderung und die existentielle Gegebenheit der Welt. Den Weg der Befreiung auf die Lösung dieses Gegensatzes lenken, ist Aufgabe der Philosophie; die soziale Dimension ist das vorrangige Gebiet, auf dem dies geschehen muß.

Nehmen wir die Untersuchung wieder auf und betonen dabei den Widerspruch. »Insofern die Menschen den Leidenschaften unterworfen sind, sofern kann man nicht von ihnen sagen, daß sie von Natur übereinstimmen.« (*Ethik*, IV, 32. LS) Von der utilitaristischen Definition her leitet sich also die tiefe Widersprüchlichkeit des menschlichen Zusammenschlusses ab. Diese Gegensätzlichkeit der assoziativen Bewegungen wird gesteigert von der Verschiedenheit, der Unbeständigkeit, der Wandelbarkeit, der Wechselhaftigkeit der individuellen Bedürfnisse (vgl. *Ethik*, IV, 33. LS) und der Leidenschaftlichkeit, die die Verschiedenartigkeit der individuellen Einzelfälle überbestimmt (vgl. *Ethik*, IV, 34. LS). »Insofern die Menschen nach der Leitung der Vernunft leben, nur insofern stimmen sie von Natur stets notwendig überein.« (*Ethik*, IV, 35. LS): auf diese Weise gelangt Spinoza zur ersten Wahrnehmung des Gegensatzes. Aber es handelt sich um eine Tautologie: »Dem Menschen am nützlichsten ist das, was mit seiner Natur am meisten übereinstimmt – d. h., der Mensch selbst.« (*Ethik*, IV, 35. LS, 1. FS) Und die Tautologie löst den Gegensatz nicht. Sie bestimmt eine rein formale Lösung. Der Mensch, als Gedanke gesetzt, ist bei diesem Vorgehen nicht ein Konkretes, sondern ein schlichter Allgemeinbegriff. Dieser erste Gang durch die Gesellschaftlichkeit begründet daher eher den Allgemeinbegriff als die Gesellschaftlichkeit als Gebiet und Feld, auf dem der Prozeß der Befreiung zu entwickeln wäre. Der Tautologie entspricht eine Realdefinition der Gesellschaft und des Staates in konventionellen und positivistischen Ausdrücken. Die Anmerkungen 1 und 2 des 37. Lehrsatzes machen kurzen Prozeß mit der vom Text des dazugehörigen Lehrsatzes allgemein ausgedrückten Forderung (»Das Gut, welches ein jeder, welcher der Tugend nachwandelt, für sich begehrt, wird er auch den übrigen Menschen wünschen, und um so mehr, je größer seine Erkenntnis Gottes ist.«): es scheint geradeso, als ob die Anmerkungen absichtliche Ironie wären. Das Gerechte und das Ungerechte können nur bezeichnet werden »im bürgerlichen Zustand, wo nach gemeinschaftlicher Übereinkunft entschieden wird, was gut oder schlecht ist« (37. LS, Anm.); die gemeinschaftliche Übereinkunft wird überbestimmt von der Verpflichtung, dem Staat zu gehorchen, und daher von der zwingenden Verstärkung der Übereinstimmung (*Ethik*, IV, 36. LS, Anm.). Hiermit ist auch die vertragliche Voraussetzung gefallen. Die formale Lösung des Problems der Überwindung der Gegensätze entspricht der Existenz der Allgemeinbegriffe. Weder der Vorgang, noch diese Begriffe der Spinozianischen Lösung scheinen zufällig: so daß wir fragen müssen, welches ihr systematischer Standort in der Entwicklung des konstitutiven Prozesses ist.

Wenn also das Wesen zur Existenz wird – in diesem Fall soziale und bürgerliche Existenz –, indem es auf der einen Seite die dialektischen Widersprüchlichkeiten des Utilitarismus akzeptiert und zu ihrer lediglich formalen Vermittlung durch die Vernunft gelangt; wenn andererseits die Anmerkungen 1 und 2 des 37. Lehrsatzes im weitesten Sinn »die Grundlagen des Staates« als »Verzicht auf das Naturrecht« definieren, mit der Verpflichtung, sich nicht gegenseitig zu schaden, und in der zentralen und kollektiven Forderung des positiven Rechts enden; und wenn schließlich all das als klare positivistische Begründung des Rechtes und des Staates hervorgeht – dann wird das Problem nicht geringer. Spinoza beschließt tatsächlich auf diese Weise seine Argumentation: »Hieraus ergibt sich: gerecht und ungerecht, Sünde und Verdienst sind äußerliche Begriffe, nicht aber Attribute, welche die Natur des Geistes ausdrücken.« (*Ethik*, IV, 37. LS, Anm. 2) Äußerlicher Standort? Aber was bedeutet das?

Meiner Meinung nach – man bedenke, daß genau in diesem Lehrsatz jene Unklarheiten und Dissymmetrien im argumentativen Vorgehen bestätigt werden, die wir erwähnt haben –, meiner Meinung nach ist also die sich hier ergebende Situation der Systematik die Situation der Krise. Es genügt nicht zur Lösung, ja nicht einmal zur Vertiefung der konstitutiven Thematik, wenn die Gleichwertigkeit von »Allgemeinbegriff« und »bürgerlichen Gesellschaft« wieder ins Spiel gebracht wird. Darüber war schon der »Theologisch-politische Traktat« hinausgekommen. Und nun? Hier liegt ohne Zweifel eine systematische Unsicherheit vor. Sie wird deutlich gezeichnet. Wenn nämlich auf der einen Seite die antihobbessche Alternative als Definition eines Gebietes politischer Untersuchung festgelegt wird, worin sich die Forderung der Aneignung in der Form der Freiheit darstellt und in der sie hinsichtlich des formalen Sicherheitsanspruchs Vorrang hat, dann ist ebenso klar, daß dieser Anspruch unartikuliert ist und viel mehr den logischen Mechanismen – der Annäherung an die wahre Natur des konstitutiven Prozesses – anhaftet als der Wirksamkeit desselben. Und man muß hinzufügen, daß diese Ebene in der *Ethik* nicht überwunden wird. Das politische Problem als konstitutives Problem wird an den »Politischen Traktat« zurückverwiesen.

Das Vergebliche dieses Vorgehens wird jedenfalls wahrgenommen. Ungeordnet, aber eindringlich, kehrt Spinoza auf den folgenden Seiten, bis zum Schluß des 4. Teils, zum politischen Thema zurück. Er kehrt dahin zurück und beharrt dabei auf den konstitutiven Elementen dieses Untersuchungsgebiets. Wir können nun diese Näherungen nur andeutungsweise betrachten, indem wir die hier gewöhnlich erscheinende argumentative Linie in Erinnerung bringen: die erneute Setzung des formalen ethischen Anzeichens der Eintracht (»Was zur gemeinsamen Gesellschaft der Menschen dient oder was bewirkt, daß die Menschen einträchtig leben, ist nützlich, und dagegen alles das schlecht, was Zwietracht in den Staat bringt« [*Ethik*, IV, 40. LS; vgl. u. a. 45. LS, 2. FS]), die erneute Setzung des Horizontes des Krieges als des Gebiets, auf dem das ethische Vermögen der sozialen Neubildung entsteht, und daher die Funktionalisierung des Gegensatzes zur Befreiung von der Furcht und der Unwissenheit (vgl. auch *Ethik*, IV, 54. LS, Anm., 58. LS, Anm., 63. LS, Anm., 69. LS, Anm., 70. LS, Anm., 72. LS., Anm., 73 LS, Anm.). Kann man sagen, daß sich das aufklärerische Ziel dem konstitutiven überlagert? Sicherlich. Aber da ist noch mehr. Nämlich die Tatsache, daß Spinoza mit dieser Dissymmetrie des konstitutiven Prozesses, in diesem seinem Sicheinschließen in einem überwiegend gnoseologischen Horizont, seinen Vorgriff auf die historische Zeit bezahlt. Gestern die Revolution und ihre Grenze; heute die Krise und ihre Grenze: die Konkretheit des revolutionären Rückschlages ist mit dem Auge der Theorie nicht erfaßbar. Die Gesellschaft, die sich Spinoza bietet, ist nicht beherrscht von einer globalen Konstitution der Produktion. Das Bild der Befreiung zur Voraussetzung der Produktion zu machen, ist also die Erwartung einer wirklichen Ablösung. Und gerade diese Ablösung bestimmt dabei, auf die

Argumentationsweise der *Ethik* bezogen, diese und andere Vergeblichkeiten, diese und andere Unterbrechungen.

Die Gesellschaft ist noch immer eine Perspektive, ein Ziel der Untersuchung und der Übertragung. Sie gelangt noch nicht zum Sein. Die Bestimmtheit der sozialen Verhältnisse blockiert die Perspektive. Sich im Horizont des Möglichen aufzuhalten und dort den Weg vom Abstrakten zum Konkreten zu bestimmen, ist nun eine theoretische Aufgabe, die sich als Alternative stellt. Es ist eine spezifische Alternative – eine Alternative, die die implizite ungelöste Dimension der Gesellschaftlichkeit nicht ausschließt, sondern behält. Die Ordnung des Systems beugt sich der Ordnung der möglichen Untersuchung, ohne deshalb jedoch zu verschwinden. Im gegenwärtigen Horizont der Möglichkeit müssen also der Körper und seine – historisch, ontologisch, intellektuell – bestimmte Wirklichkeit betrachtet werden. Der Körper als Organisation der *»cupiditas«*, mithin der Körper als materieller Impuls, der vom Bewußtsein durchdrungen ist. Die Artikulation des Bewußtseins und des Körpers wird als Dynamik angenommen. Die auf dem Gebiet der Sozialisations-Hypothese begrenzte Möglichkeit ist durch die historische Schwierigkeit, eine Entwicklung des Bruchs zu bestimmen, begrenzt und somit eingeschlossen in einen formalen Entwurf der Konstitution, gelangt jedoch – auf dem Gebiet der Körperlichkeit – zur Realität. »Was den menschlichen Körper so bestimmt, daß er auf mehrere Weisen affiziert werden kann, oder was ihn geschickt macht, die äußeren Körper auf mehrere Weisen zu affizieren, ist für den Menschen nützlich und um so nützlicher, je geschickter der Körper dadurch gemacht wird; und dagegen ist das schädlich, was den Körper ungeschickter hierzu macht.« (*Ethik*, IV, 38. LS) Aber diese Beweglichkeit des Körpers, dieses Auftauchen der Bedürfnisse ist auch das Sichentwirren der Vernunft. »Denn der menschliche Körper ist aus sehr vielen Teilen von verschiedener Natur zusammengesetzt, welche beständig neuer und mannigfacher Nahrung bedürfen, damit der ganze Körper zu allem, was aus seiner Natur folgen kann, gleich geschickt sei, mehreres zugleich zu erkennen. Diese Einrichtung des Lebens stimmt also sowohl in unseren Prinzipien, als auch mit dem allgemeinen Gebrauch aufs Beste überein. Deshalb ist die Lebensweise, wenn irgend eine, die beste und in jeder Hinsicht zu empfehlen, und es ist nicht nötig, hierüber deutlicher und weitläufiger zu sprechen.« (*Ethik*, IV, 45. LS, Anm.) Die Entwirrung der Vernunft in der Artikulation und im Gleichgewicht mit dem Körper konstituiert den wirklichen Übergang vom *»appetitus«* zur *»virtus«*. Der bewußte Inhalt der *»cupiditas«* rückt voran, indem er den Körper in sich birgt und die Möglichkeit der Tugend durch eine Spannung zwischen Wesen und Existenz konstituiert, die auch die Fülle und Einheit des Körpers und der menschlichen Vernunft ist. Es handelt sich schließlich um einen ausgesprochen konstitutiven Prozeß. Überaus beschwerlich – mit Rückschlägen und oft auch gegen Banalitäten argumentierend.

Das Gewicht der moralischen Kasuistik des 17. Jahrhunderts macht sich bemerkbar. Dennoch schreitet der konstitutive Prozeß voran. In einem ersten Schritt entsteht zwischen den polemischen Seitenhieben – ob sie nun angemessen sind oder nicht – eine Moral der Großzügigkeit: »Wer nach Leitung der Vernunft lebt, strebt, so viel er kann, den Haß, den Zorn, die Verachtung usw. eines anderen gegen ihn durch Liebe und Edelmut zu vergelten.« (*Ethik*, IV, 46. LS) Eine Moral der Großzügigkeit, vollkommen materialistisch, die in einer ersten Konstitution des Körpers in sittlichem Antrieb innerhalb der sozialen Bestimmung besteht. Die Untersuchung strebt zur Konstitution, zur neuerlichen Füllung des Existenz-Raumes. Es fällt mir schwer, die Worte zu finden, um das überaus eingeschränkte Vokabular Spinozas zu erweitern und auszuformulieren: Fülle des Seins, Vertreibung des Übels durch die Besetzung der von diesem konstituierten Leere des Seins. Vielleicht geben auf diesen Seiten eher die polemische Verachtung der christlichen Tugend des Negativen (die Demut, die Reue usw.) (*Ethik*, IV, 53., 54. LS) sowie die Forderung nach einem sokratischen Bewußtsein seiner selbst, den Ton des konstitutiven Vorgehens an. Auf dem Gebiet des Materialismus, auf dem Gebiet der Erfülltheit des Seins. Solange sich die Untersuchung nicht mit größerer Macht in einem zweiten Schritt konkretisiert. Die Bestimmung der *»cupiditas«* ist hier absolut: sie zeigt sich als Erhöhung einer vollständig entfalteten rationalen Funktion: »Zu allen Taten, zu welchen wir durch einen Affekt, der eine Leidenschaft ist, bestimmt werden, können wir auch ohne ihn durch die Vernunft bestellt werden.« (*Ethik*, IV, 59. LS) Die Vernunft transzendiert den Körper nicht und sie ändert ihn nicht. Sie vervollständigt ihn, sie entwickelt, erfüllt ihn. Die Bestimmung ist total und absolut, wenn sie folgendermaßen klingt: »Eine Begierde, welche aus der Vernunft entspringt, kann kein Übermaß haben.« (*Ethik*, IV, 61. LS) Der Beweis betont die Bestimmung: »Begierde ist, schlechthin betrachtet, das Wesen des Menschen selbst, insofern sie als auf irgend eine Weise etwas zu tun bestimmt begriffen wird. Demnach ist die Begierde, welche aus der Vernunft entspringt, d. h. welche sich in uns erzeugt, insofern wir handeln, selbst das Wesen oder die Natur des Menschen, insofern sie als das zu tun bestimmt begriffen wird, was allein aus dem Wesen des Menschen adäquat begriffen wird. Wenn nun diese Begierde ein Übermaß haben könnte, so könnte also die menschliche Natur für sich allein betrachtet sich selbst überschreiten oder vermöchte mehr, als sie vermag, was ein offenbarer Widerspruch ist, und deshalb kann diese Begierde kein Übermaß haben.« (*Ethik*, IV, 61. LS, Beweis) Die Wirkungen dieser Totalität und Intensität der vernunfterfüllten Tätigkeit der Begierde sind wiederum absolut. Die konstitutiven Vorgänge werden nun wiederbelebt und erneut als Gegenwärtigkeit dargestellt. Die Funktionen der Imagination und die darin konstituierenden Figuren der Zeitgebundenheit werden gegenwärtig gemacht, die Dauer wird in der Intensität ihrer konstitutiven Gegenwart erlebt. Auch alle Vorgänge der ethischen Konstitution im eigentlichen Sinn werden wieder in das Vermögen der verwirklichten Begierde gesetzt: »Durch die Begierde, welche aus der Vernunft entspringt, folgen wir unmittelbar dem Guten und fliehen wir mittelbar das Böse.« (*Ethik*, IV, 63. LS, Folgesatz) So daß »der freie Mensch an nichts weniger denkt, als an den Tod, und seine Weisheit ist nicht eine Betrachtung des Todes, sondern des Lebens.« (*Ethik*, IV, 67. LS)

Die Befreiung ist zur Freiheit geworden. Der Prozeß kommt zum Resultat. Das Unendliche ist nicht als Objekt organisiert, sondern als Subjekt. Die Freiheit ist das Unendliche. Jegliche metaphysische Vermittlung zur Freiheit ist in der konstitutiven Entscheidung der Freiheit gelöst. Die gesamte Reihe von Bedingungen, auf denen die Welt aufgebaut ist, wird nun gegenwärtig gemacht. Verwandelnde Gegenwärtigkeit der Tätigkeit. Dies ist der schrillste Ton, er beschließt die Konstruktion Spinozas: sie hat die Welt nicht systematisch aufgelöst, hat aber die Welt systematisch in Wirklichkeit zersetzt, um sie zur Wahrheit der ethischen Tätigkeit zu führen, als Bejahung des Lebens gegen den Tod, der Liebe gegen den Haß, des Glückes gegen die Traurigkeit, der Gesellschaftlichkeit gegen die Brutalität und die Einsamkeit. Von hier an beginnt also das Leben. In der Freiheit besteht die Sicherheit der Erkenntnis und des Voranschreitens. Die Zeit, als Dimension, die das Leben raubt und es in Illusion auflöst, hat sich zersetzt. Hier ist das Barock so fern wie nie. Die Zeit dehnt sich zur Hoffnung aus. Das Gefängnis der Welt mit seinen Gittern und seinen Schließvorrichtungen ist zerbrochen. Die Welt ist eine lebendige Fläche, vorbestimmt und tauglich zum Empfang der zukünftigen, erfüllten und planvollen Spannung des ethischen Seins. Es gibt keine Konkretheit, die nicht in einer punktuellen Wirkung dieses freien Seins auf sich selbst besteht: sei es in gnoseologischen oder in ethischen Begriffen. Das gesamte System Spinozas zielt auf diesen Punkt, diese Exaltation der Fülle des Existierenden, der Süße des ethischen Entwurfs vom Glück. Der absolute Materialismus der Auffassung ist außerordentlich verfeinert und vom Subjektivismus des Standpunktes essentiell verwandelt – nicht mehr einfach metaphysisch, sondern phänomenologisch, konstitutiv. Diese im Subjekt eingeschlossene Spontaneität des Seins ist nun von der ethischen Handlung des Subjekts wieder erobert worden. In der Mitte dazwischen die Dichte des Seins, die ihren wesenhaften Antagonismen und der Konstitution der Welt zurückgegeben ist: jener Welt, die durch diese Antagonismen aufgelöst und wiedererbaut wurde. Der Entwurf der Konstitution ist auf diese Weise ein wirklicher Entwurf des Übergangs geworden. Die Befreiung ist wesenhaft für den Aufbau der Freiheit, und die Freiheit drückt sich als Befreiung aus. Ein dialektisches Verhältnis ist in diesem Horizont nicht möglich, es gibt keine Komplikation des Vorkonstituierten, es sei denn als Hindernis, das überwunden, niedergerissen werden muß. Der

Horizont der Freiheit ist der der absoluten Bejahung, weil die Freiheit durch die absolute Verneinung gegangen ist. Sie hat die Leere durch die Schaffung der Seinsfülle ausgelöscht. Dieses Sein ist die Substantialität all dessen, was die Subjektivität setzt, aufbaut, planend bestimmt. Eine kompakte und erfüllte Subjektivität, wie es das substantielle Sein ist, wiederentdeckt und wiederaufgebaut innerhalb der Planhaftigkeit. Schließlich eine ganze Welt – in einem Zeitalter, in dem der rationalistische Dualismus und Idealismus die Wirklichkeit zerfetzt!

Befreiung und Beschränkung: die Dis-Utopie

Der 4. Teil der *Ethik* zeigt den Triumph der Welt nur in dem Sinne, daß er die materialistische Konstitution der Möglichkeit, das ethische Sein der Welt formt und hervorhebt: mithin die Bestimmtheit und die Beschränkung der Befreiung. Hier wird geradezu eine Dis-Utopie angeboten. Damit, in dieser realistischen Bedeutung der Beschränkung, erreichen die Spinozianische Philosophie der Befreiung und die zweite metaphysische Grundlegung ihren Höhepunkt. Die Befreiung ist eine Definition bestimmter Möglichkeiten. Der ontologische Horizont der Erscheinungsform, rekonstruiert von der konstitutiven menschlichen Tätigkeit und in der *cupiditas* sublimiert, ist in jeder Hinsicht bestimmt und begrenzt. Sicher, die Konstitution der Welt ist im Ganzen begrenzt, die Beweglichkeit der *cupiditas* und der konstitutiven menschlichen Körperlichkeit muß sich noch entfalten: jedoch innerhalb dieser Beschränkung. »Das menschliche Vermögen ist aber sehr beschränkt und wird von dem Vermögen der äußeren Umstände unendlich übertroffen, und folglich haben wir keine unbedingte Gewalt, die Dinge, welche außer uns sind, unserem Nutzen anzupassen. Doch werden wir alles mit Gleichmut ertragen, was sich uns dem entgegen ereignet, was die Rücksicht auf unseren Nutzen verlangt, wenn wir das Bewußtsein haben, unserer Pflicht Genüge geleistet zu haben, und daß das Vermögen, welches wir haben, sich nicht so weit erstrecken könne, um es vermeiden zu können, und daß wir ein Teil der gesamten Natur sind, deren Ordnung wir befolgen. Wenn wir dies klar und bestimmt erkennen, so wird derjenige Teil von uns, welcher als Erkenntnis definiert wird, d. h. der bessere Teil von uns, dabei völlig beruhigt sein und in dieser Beruhigung zu verharren streben. Denn insofern wir erkennen, können wir nur das begehren, was notwendig ist, und nur bei der Wahrheit uns völlig beruhigen; und insofern wir dieses richtig erkennen, sofern stimmt das Bestreben des besseren Teils von uns mit der Ordnung der ganzen Natur überein.« (*Ethik*, IV, Anhang, 32. Kap.) Und nun also über diese Beschränkung hinaus. Wir müssen auf dem Zusammenhang Befreiung-

Beschränkung beharren, denn die Beschränkung legt innerhalb der befreienden Spannung des 4. Teils den Horizont und die Dimension der Befreiung fest. Und dabei stellt sich das Problem: wenn der Prozeß der Befreiung im 4. Teil die Bedeutung der Beschränkung geschaffen hat, müssen wir – ausgehend von dieser bestimmten Dimension der Beschränkung – im 5. Teil den Prozeß ihrer Befreiung rekonstruieren, erneut überprüfen und möglicherweise die Beschränkung überschreiten, indem wir sie kennen und darüber verfügen. Der 5. Teil der *Ethik* also. Der Prozeß der Befreiung wird vom 5. Teil als ein Prozeß des Übergangs eingeführt. Als eine Verlagerung des Seins. Der Spinozianische Pantheismus überschneidet sich auf scharfsinnige Weise mit der Bedeutung der Zufälligkeit: mit ihrer ontologischen, bestimmten Definition. Was sich in der ersten Redaktion der *Ethik* als Paradoxon der Welt stellte – hie das substantielle Sein, da der Modus –, zeigt sich nun als Ethik des Modus: Ethik ist Absolutheit, Ethik des Modus ist befreiende Übertragung des endlichen Sein, Übergang von einer Stufe des Seins zu einer anderen, höheren; dynamische kollektive Konstitution und ontologische Praxis. Im 5. Teil begründet die Grenze den neuen Weg der Befreiung.

»Ich gehe schließlich zum anderen Teil der Ethik über, der von der Weise oder dem Weg handelt, der zur Freiheit führt. Ich werde also hier vom Vermögen der Vernunft handeln, indem ich zeige, was die Vernunft an sich über die Affekte vermag, was sodann Freiheit des Geistes oder Glückseligkeit ist, woraus wir ersehen werden, wie viel der Weise dem Unwissenden vorangeht. Wie und auf welchem Wege aber die Erkenntnis vervollkommnet, und mit welcher Kunst der Körper gepflegt werden müsse, um seinen Verrichtungen gehörig obliegen zu können, gehört nicht hierher; denn letzteres gehört zur Heilkunde, ersteres aber zur Logik. Ich will also hier bloß vom Vermögen des Geistes oder der Vernunft handeln und vor allem zeigen, von welcher Größe und Art die Herrschaft ist, die sie über die Affekte hat, um sie einzuschränken und zu mäßigen.« (*Ethik*, v, Vorw.) Die Aufgabe ist klar. Die Bedingungen sind es auch. Vertiefen wir sie. Die grundlegende Annahme ist, daß wir keine absolute Herrschaft über unsere Affekte haben: deshalb müssen wir den voluntaristischen Absolutismus der Stoiker zurückweisen – diese nostalgische und schon rhetorische und manieristische Neuauflage der revolutionären und renaissancehaften Forderung. Aber neben diesem Absolutismus müssen wir auch jegliche ethische Vermittlung zurückweisen, die, wie die cartesianische, nicht dazu imstande ist, im Sein nachzuforschen. Der cartesianische Dualismus ist starr und unfähig, er vertraut sich – für die Lösung des ethischen Problems – entweder einer physiologischen *escamotage* (die Zirbeldrüse: »eine Annahme, die unbekannter ist als jede unbekannte Eigenschaft« [*Ethik*, v, Vorw.]) oder einer transzendenten Vermittlung an: ein barocker ideologischer *Deus ex machina*. Nein, von diesen Illusionen muß man sich befreien:

wir haben die Möglichkeit, das Problem der Befreiung von der Erfahrung des Geistes und der Intelligenz her als Entwurf der Befreiung des menschlichen Seins zu setzen. Es handelt sich nicht um die Vermittlung der Substanzen, sondern um die Bewegung der einzigen Substanz und ihres Vermögens.

Das ist die zentrale, grundlegende Achse des Entwurfs. Aber es ist nötig, nun sofort ein Faktum und einige Konsequenzen zu betrachten, die daraus entspringen. Das Faktum besteht darin, daß der 5. Teil der *Ethik,* mehr als die vorangehenden Teile 3 und 4, sich auf den ursprünglichen Stamm der Untersuchung Spinozas aufpfropft, auf das Gebiet der ersten Grundlegung. Man hat den deutlichen Eindruck, als würden sich die einzelnen Redaktionen des 5. Teils über verschiedene Perioden und Phasen verstreuen. Als wären sie zu einem Teil der Redaktion des 3. und 4. Teils vorausgegangen. Das beweist – sicher ein Überrest, aber darum nicht weniger wirksam – das Erscheinungsbild der metaphysischen Szenarien, die doch schon völlig von der systematischen Entwicklung verblaßt und hinausbefördert schienen.[9] Vor allem aber beweist dies eine starke asketische Spannung, die den Text wieder durchzieht. Als wäre die ontologische Beschränkung nur ein metaphysischer Horizont und nicht eine Qualität des Modus und der menschlichen Handlung! Die Askese möchte erkenntnismäßig und moralisch das, was ontologisch festgelegt ist, aufbrechen. Man beachte wohl: diese asketische Spannung ist alles andere als ausschließlich, sie ist vielmehr reinweg der konstitutiven Spannung untergeordnet. Aber sie ist gegenwärtig, und wir werden sehen, wie das eine innere Unausgeglichenheit im 5. Teil bestimmt – eine Unausgeglichenheit, die kennzeichnend für sein Vorgehen und seine Tonart ist. So daß der 5. Teil sich uns von zwei Spannungen durchzogen darstellt: die eine ist asketisch, die andere erneut konstitutiv und materialistisch bestimmt. Die Dissymmetrien, die Artikulationen, das Hervortreten der Widersprüche, der Ansatz der Synthese, die Mißtöne, und erneut die Dissymmetrien des 5. Teils bieten diesen hier dar als – für eine Periode – abschließende Phase eines lebhaften Denkens.

Der Angriff des 5. Teils stellt jedenfalls eine Fortsetzung des konstitutiven Prozesses dar, der in den mittleren Teilen (3 und 4) der *Ethik* analysiert wurde. Er beginnt, als ob er dieser Fortsetzung Bedeutung verleihen wollte, mit der axiomatischen Verlagerung der Prinzipien der ontologischen Konstitution auf die neue Ebene der entwickelten Ethik. »1. Wenn in demselben Subjekte zwei entgegengesetzte Tätigkeiten angeregt werden, so wird notwendig entweder in beiden oder in einer allein eine Veränderung geschehen müssen, bis sie aufhören, entgegengesetzt zu sein. 2. Das Vermögen der Wirkung wird durch das Vermögen der Ursache selbst bestimmt, insofern ihr Wesen durch das Wesen der Ursache selbst erklärt oder definiert wird.« (*Ethik,* v, Axiome 1 und 2) Wieso nicht auf die außerordentliche Bedeutung dieses axiomatischen Schnittes zurückkommen, der das Verhältnis zwischen den *»potentiae«* ins Zentrum des Systems rückt? Es scheint hier, daß die im 1. Teil typische metaphysische Aufgabe der revolutionären und pantheistischen Utopie wörtlich erneuert wird. Aber es scheint lediglich so. Denn das *ens realissimum* und sein Vermögen sind zwar genommen, aber betrachtet innerhalb der Erhöhung (Verneinung) des Attributs der anderen metaphysischen Kategorien der Emanation, innerhalb des realen und absolut einzigen Horizontes des Modus. Die vielfältige Dynamik des Kräftefeldes wird ausschließlicher methodischer Rahmen, und die Tradition des Rationalismus ist vollständig zum Horizont der Erscheinungsform, zur Erscheinungsform der Welt umgelenkt – jeglicher Dualismus, selbst der nur gnoseologische, ist verbannt. Daher die Möglichkeit für den konstitutiven Prozeß, sich voranzuschieben, indem er das Vermögen von der *»cupiditas«* zur Intelligenz hin entwickelt. Der argumentative Prozeß ist einfach. Durch die klare und deutliche Vorstellung kann jegliche Affektion gereinigt und verfeinert werden. Es gibt keinerlei Affektion des Körpers, auf die sich das Zeichen der Klarheit und Deutlichkeit nicht herablassen könnte. Der Geist zerstört die äußeren Ursachen, die Exzesse, reguliert die Triebe und die Begierden, ordnet und verbindet die Affektionen des Körpers gemäß der vom Intellekt verlangten Ordnung. Freude und Liebe zur Freiheit können in diesem Rahmen entstehen, und sie leiten als tätige Kräfte die Affektionen des Körpers. Es muß klar sein: die hier wirksame Verfeinerung ist immanent, kumulativ, progressiv. »Je mehr Ursachen bei der Erregung eines Affektes zusammenwirken, um so größer ist er.« (*Ethik*, v, 8. LS) Und der Sinn des Prozesses ist durch die Intensität der Anpassung an das Wirkliche des Geistes gegeben: »Der Affekt gegen ein Ding, das wir uns einfach und weder als notwendig, noch als möglich oder zufällig einbilden, ist, unter übrigens gleichen Umständen, der größte unter allen.« (*Ethik*, v, 5. LS) »Insofern der Geist alle Dinge als notwendig erkennt, sofern hat er eine größere Macht über die Affekte, oder leidet er weniger von ihnen.« (*Ethik*, v, 6. LS): Anpassung oder etwa einheitliche Dynamik des Geistes und der Wirklichkeit? Auch diese Formulierung ist völlig falsch, weil sie sich der Lösung des Problems des Rationalismus widmet – und nicht der Originalität des Spinozianischen Problems: des Problems des Ausdrucks von Vermögen. Der Parallelismus Spinozas bedeutet an diesem Punkt die Ausschaltung jeglicher Vorstellung des Seins, die nicht absolut eindeutig und fortschrittlich ist. »Parallelismus« ist nur ein von der Ideologie des Zeitalters geprägtes Wort, ein kulturelles Stereotyp: das substantielle Element ist die Einheit des konstitutiven Entwurfs, des Vermögens. Die bei der Zerstörung artikulierte Verkettung ist eine Anstrengung des Seins, ein Entwurf, Auflösung eines Kriegs-Horizontes, Aufbau des Seins. Keine neue Ordnung, sondern ein neues Sein. Völlig positiv. Ein Zuwachs also an Freiheit. »Wer daher seine Affekte und Triebe aus alleiniger Liebe zur Freiheit zu beherrschen trachtet, der bestrebe sich, soviel er mag, die Tugenden und ihre Ursachen kennenzulernen und die Seele mit der Freude zu erfüllen, die aus ihrer wahren Erkenntnis entspringt, nicht aber die Fehler der Menschen zu beobachten, die Menschen durchzuhecheln und seine Freude an einem falschen Schein der Freiheit zu haben. Wer dies eifrig beobachtet (denn es ist nicht schwer) und übt, wird gewiß in kurzer Zeit seine Handlungen meist nach der Herrschaft der Vernunft einrichten können.« (*Ethik*, v, 10. LS, Anm.) Die Methode selbst ist Konstruktion des Seins geworden. Die methodische »Geometrie« – die einfach *fumus*, Geschwätz, ist – zeigt jedoch ihre Substantialität, ihr Innewohnen im Sein als Methodik der Freiheit. Als Totalität des von der Freiheit geschaffenen Positiven. Die Ethik der Welt ist daher eine Tätigkeit auf dem Sein, im Sein, für das Sein. Die Ethik der Befreiung ist eine konstitutive Ethik, ontologisch konstitutiv.

An diesem Punkt erfährt die Intensität des konstitutiven Entwurfs erste Alternativen und Dissymmetrien. Nachdem in den ersten dreizehn Lehrsätzen des 5. Teils die konstitutive Instanz im Sinne einer Kontinuität des Entwurfes entwickelt wurde, explodiert der 14. Lehrsatz förmlich: »Der Geist kann bewirken, daß alle Affektionen des Körpers oder Bilder der Dinge sich auf die Vorstellung Gottes beziehen.« (*Ethik*, v, 14. LS) Das kann aber gleichermaßen bedeuten: 1. Der Bezug auf die Vorstellung Gottes sublimiert die *»cupiditas«*, indem er sie auf eine höhere Verständnisebene des Wirklichen steigen läßt. 2. Der Bezug auf die Vorstellung Gottes verabsolutiert ontologisch den konstitutiven Prozeß. Die interpretative Alternative würde sich nicht stellen, oder jedenfalls weniger stark, wenn der systematische Verfolg der Analyse nicht unsymmetrisch wäre. Zwei Reihen von Lehrsätzen stehen einander gegenüber. »Das Ding ist Gott« und »Gott ist das Ding« bezeichnen zwei Horizonte: der erste ist die Wiedererweckung der Utopie aus der ersten Grundlegung, die zweite die Bestätigung der Positivität des Entwurfs der zweiten Grundlegung. Sehen wir zu, wie die beiden Bahnen verlaufen.

Zunächst einmal: wie der Verstand, der im Körper ist, sein Verhältnis zur Vorstellung Gottes aufbaut. Oder, wie er sich einen asketischen Ausweg aus dem konstitutiven Prozeß schafft. Nachdem wir jetzt die Möglichkeit zur Definition jeglicher Affektion der Seele und des Körpers in klaren und deutlichen Ausdrücken bestimmt haben, wohnen wir einem zweiten Übergang bei: der Geist kann es so einrichten, daß alle Affektionen des Körpers, das heißt die Bilder der Dinge, auf die Vorstellung Gottes bezogen sind. Eine zweite Erkenntnisgattung? Ja, auf der Grundlage des Stufenschemas und völlig der emanativen Thematik der ersten metaphysischen Grundlegung nachgeahmt. Die Argumentation beharrt daher auf dem notwendigen Übergang von der klaren und deutlichen Vorstellung zur Vorstellung Gottes: »Wer sich und seine Affekte klar und bestimmt erkennt, liebt Gott, und das um so mehr, je mehr er sich und seine Affekte erkennt.«

(*Ethik*, v, 15. LS) Hier wird der dianoetische Charakter der Argumentation Spinozas (oder zumindest dieser Argumentation) asketisch. Das heißt, daß sich sowohl in der Definition des Geistes wie in der Gottes – sie werden immer gleichartiger – ein besonderer verstandesmäßiger Charakter durchsetzt, der die Trennung von jeder Ebene des Affektes erzwingt. »Diese Liebe zu Gott muß den Geist am meisten beschäftigen. Gott ist der Leidenschaften unteilhaftig und wird durch keine Vorstellung der Freude und der Trauer affiziert. Niemand kann Gott hassen. Wer Gott liebt, kann nicht danach streben, daß Gott ihn wiederliebt.« (*Ethik*, v, 16.-19. LS) Der Prozeß der Leidenschaften ist sublimiert, die Intelligenz ergibt sich als Abstraktion von den Dingen und von der Zeit. Der Geist nötigt dem Körper und seiner Lebenskraft Heilmittel auf. Asketik, im klassischen Sinn. Die Anmerkung des 20. Lehrsatzes faßt die Heilmittel zusammen, die der Geist den Affekten im asketischen Prozeß auferlegt. Die Erkenntnis der Affekte muß sich also in der Fähigkeit artikulieren, das Denken dabei von den äußeren Ursachen zu trennen, in der Kontrolle der Zeit, in der sich die Affekte entwickeln, im Erfassen der Masse der Affektursachen, in ihrer Unterscheidung und in der Analyse des Dynamismus, den die Affekte der Askese gegenüber der Göttlichkeit einprägen – Askese, die sich jedoch nur dann völlig entwickelt, wenn den Affekten und ihren Wirkungen Ordnung und Verkettung auferlegt wurden.

Zweitens ist jedoch die asketische Spannung – parallel und gleichzeitig – beruhigt, erneut dem inneren Verhältnis mit der Körperlichkeit zugewendet. Der Geist ist an den Körper gebunden, eingefügt in seinen zeitlichen Bestand. »Der Geist drückt nur, solange der Körper dauert, das wirkliche Dasein seines Körpers aus und begreift auch nur solange die Affektionen des Körpers als wirkliche; und folglich begreift er jeden Körper nur solange als wirklich existent, als sein Körper dauert, und kann sich daher nur etwas imaginativ vorstellen und sich vergangener Dinge erinnern, solange der Körper dauert.« (*Ethik*, v, 21. LS, Bew.) Man kann einwenden: dieses kann doch nur der Überrest eines asketischen Vorgehens oder einer seiner Bedingungen sein! In Wirklichkeit wird die Untersuchung ohne jeglichen Zweifel vollkommen und radikal antiasketisch, alleine schon, wenn Spinoza die zwei grundlegenden ontologischen Behauptungen erneuert und vereinigt: *a.* »Je mehr wir die einzelnen Dinge erkennen, um so mehr erkennen wir Gott.« (*Ethik*, v, 24. LS) *b.* »Es gibt jedoch in Gott notwendig eine Vorstellung, die das Wesen dieses oder jenes menschlichen Körpers unter der Form der Ewigkeit ausdrückt.« (*Ethik*, v, 22. LS) Die Welt ist als irreduzible Totalität wiederhergestellt. Gott ist das Ding. Die Theorie der Welt umfaßt in sich vollständig und ohne irgendeinen Überrest das göttliche Vermögen, die Wirkursache, gibt der Existenz ontologische Radikalität. Gott lebt vollständig das Leben der Einzigkeit und sein Vermögen, die Vielseitigkeit des Seins: er ist nichts anderes außer diesem allen. Implizit besteht die Ethik im Verfolg der Ewigkeit des Existenten, des Modus. Diese Ewigkeit ist geschaffen, in ihrer einzigen Bestimmtheit. Ohne Blick auf die Unsterblichkeit der Seele ruft Spinoza aus: »Der menschliche Geist kann mit dem Körper nicht gänzlich vernichtet werden, sondern es bleibt etwas von ihm übrig, das ewig ist.« (*Ethik*, v, 23. LS) Vielmehr ruft er dies aus, um das Existente absolut zu bestimmen, sein Gegebensein, seine göttliche Einzigkeit.

Die beiden Bahnen der Ethik sind unmittelbar gegensätzlich. Aber welcher der beiden Begriffe hat Vorrang? Mir scheint, daß die übriggebliebene Polarität, die man auf die Unterbrechung der Redaktionen zurückführen kann, am Ende doch nützlich ist, um den grundlegenden Sinn des Spinozianischen Denkens zu klären. Das heißt, daß die Spinozianische Dis-Utopie nur in der unmittelbaren Auseinandersetzung mit der Utopie sich voll selbstbestimmen kann. Nur durch die ausdrückliche Kritik der ersten Grundlegung als Totalität erreicht die zweite Grundlegung die volle Höhe ihres Ausdrucks. Mithin hat die konstitutive Forderung einen klaren Vorrang in der Entwicklung des 5. Teils, und der Widerspruch, der das ganze Buch durchzieht, läßt diese Forderung hervortreten. Wenn nämlich diese fortschreitende Unterscheidung zwischen verschiedenen Erkenntnisstufen (die in der Tradition des Rationalismus vorherrschte) wieder in den Systembereich zurückkehrt, bedeutet das nicht mehr – wie in der Eingangsstufe des Spinozianischen Denkens –, daß die Problematik der Welt und ihr Paradoxon nur auf gnoseologischer Ebene eine Lösung finden können. Dieser aus dem Denken des 17. Jahrhunderts stammende Einfluß und dieser Überrest des Dualismus in seiner mechanistischen Form, seiner verbiesterten Gnoseologie, sind nun vom Ansatz und der ontologischen Dimension der *Ethik* überschritten: radikal überwunden. Das ist so wahr, daß die konstitutive Forderung auch in die höchsten Höhen der asketischen Instanz, ihrer reifen Neuformulierung, eindringt. »Diese Liebe zu Gott kann weder durch den Affekt des Neides noch der Eifersucht befleckt werden, sondern wird um so mehr genährt, je mehr Menschen wir uns durch dasselbe Band der Liebe mit Gott vereinigt vorstellen.« (*Ethik*, v, 20. LS) Dieser Lehrsatz, der im Zentrum des asketischen Aufbaus des Erkenntnisprozesses auftritt, kehrt dabei die Bedeutung um: die Erkenntnis erhebt sich nur in dem Maß zur Göttlichkeit, auf eine höhere Stufe des Seins, in dem es das Imaginäre und das Soziale durchschreitet und sich von diesen aus konstituiert. Die Liebe zu Gott wird in dem Moment, in dem sie wieder als vertikale Spannung über die Weltlichkeit gesetzt wird, festgehalten und abgeflacht in der horizontalen Dimension der Imagination und der Gesellschaftlichkeit, die alleine sie nähren.

Weiter, welches ist der Ort der asketischen Instanz? Ist er lediglich übriggeblieben – wirksam nur beim Definieren von gegensätzlichen Funktionen? Unzweifelhaft ist er das, ist Element des Helldunkels, auf dem sich seine Dis-Utopie löst. Aber er ist noch mehr und anderes.

Erstens ist da eine Art von »provisorischer Moral« – die Neubestimmung der logischen Spannung des Systems in seinem Verhältnis zum Absoluten, Neubestimmung, die in der allgemeinen Gesellschaft ebenso wie in der Verbindung der Menschen Bestand haben muß. Eine provisorische Moral, die die Gültigkeit einiger hoher moralischer Kriterien bestätigt, um auch in äußerlicher Form das menschliche Leben zu lenken, solange der konstitutive Prozeß nicht vollendet ist. Der asketische Geist ist sozusagen eine Vervollständigung und eine Überbestimmung der Imagination und ihrer konstitutiven Funktionen der Wirklichkeit. Er ist eine Rechtfertigung, eine äußerliche Begründung des ethischen Prozesses, die aufrechterhalten wird, solange die Vollständigkeit des ethischen Prozesses noch nicht die Stabilität des unmittelbaren Verhältnisses, und, durch Selbstrechtfertigung, des Wesens und der Existenz, ihrer Identität erreicht hat. Er ist eine existentielle Handlung.

Zweitens wird eine andere Tätigkeit in Gang gebracht. Es ist im System Spinozas der letzte erkennbare Versuch, den Gegensatz, und zwar als solchen, ohne Mißdeutung, aber in der Funktion eines gnoseologischen Sprungs einzusetzen. Der Entwurf verdichtet sich innerhalb eines überaus kurzen Begriffes. »Das höchste Bestreben des Geistes und seine höchste Tugend ist, die Dinge nach der dritten Art der Erkenntnis zu erkennen.« »Je geschickter ein Geist ist, die Dinge nach der dritten Art der Erkenntnis zu erkennen, um so mehr begehrt er die Dinge nach dieser Art der Erkenntnis zu erkennen.« »Aus dieser dritten Art der Erkenntnis entspringt die höchste Zufriedenheit des Geistes, die es geben kann.« (25.-27. LS) Mit der Postulierung einer »dritten Art« der Erkenntnis ist offenbar der Widerspruch seitens und zugunsten des Asketismus gebrochen. Erscheint der utopistische Mystizismus des spinozianischen Kreises wieder? Seine asketische Wiederspiegelung auf dem Gebiet der Praxis? Ja: doch es ist ein Prozeß, der sich nicht in einer mittleren konstruktiven Dimension aufrechtzuerhalten vermag. Nüchterne Lehrsätze, Wiederholung des »Traktats über die Verbesserung des Verstandes« oder sogar des »Kurzen Traktats«. Eine Neubelebung, die den Wunsch und die Hoffnung eher betrifft als den systematischen Prozeß (vgl. hierzu 97; 102). Den angeführten drei Lehrsätzen folgen nämlich drei andere, die den asketischen Ansatz materiell mindern, ihn durch Zurückstutzen und Zurückführen auf die materielle ontologische Dimension vermitteln: die »dritte Stufe« der Erkenntnis wird der *»cupiditas«*, gegenübergestellt. (»Das Bestreben oder die Begierde, die Dinge nach der dritten Art der Erkenntnis zu erkennen, kann nicht aus der ersten, wohl aber aus der zweiten Art der Erkenntnis entspringen.« [*Ethik*, v, 28. LS]), und die *»cupiditas«* ist auf eine Konstitutionsebene gehoben, in der die Rationalität als Schema des Zusammenhangs von Körperlichkeit und Göttlichkeit fungiert. Danach wird die Körperlichkeit zu Ewigkeit erhoben: diese ist nicht in der Form der bestimmten Existenz gegeben, sondern erneut in der Form der Abstraktion des Wesens, der Intelligenz in der Existenz: »Was der Geist unter der Form der Ewigkeit erkennt, erkennt er nicht daraus, daß er die gegenwärtige wirkliche Existenz des Körpers begreift, sondern daraus, daß er das Wesen des Körpers unter der Form der Ewigkeit begreift.« (*Ethik*, v, 29. LS) Danach wird eben diese Auffassung der Göttlichkeit auf die Dimension der Erscheinungsform zurückgeführt, Gott und die Ewigkeit werden auf dieselbe körperliche Ebene gestellt. »Unser Geist hat, inwiefern er sich und den Körper unter der Form der Ewigkeit erkennt, insofern notwendig eine Erkenntnis Gottes und weiß, daß er in Gott und durch Gott begriffen ist.« (*Ethik*, v, 30. LS) Kurz und gut: der gnoseologische Ansatz – und die Askese ist hier ein Abschnitt der Gnoseologie – bleibt ein Ansatz, übersteigt nicht das Niveau des Annäherungsversuches, der Ausdehnung des Impulses. Nachdem sie eine derart vollständige und umfangreiche Dynamik des Seins entwickelt hat, kommt die Asketik nicht zu einer Neuformulierung. Das Sein hat zu viel Dichte, zu viel Gewichtigkeit, um sich in einem Akt der Erkenntnis aufzulösen.

Dennoch hat dieser Umweg der Untersuchung seinen Grund. Während die Dis-Utopie im Verhältnis zwischen Befreiung und Beschränkung gesetzt wird, hat die Starre und die Wiederholung eines gnoseologischen Lösungsversuchs – gerade in der Enthüllung des bloßen systematischen Überrestes – eine Funktion. Diese besteht darin, neben dem systematischen Prozeß die innere Geschichte des Systems wiedereinzubringen, die unabänderliche und endgültige Notwendigkeit einer nicht gnoseologischen Lösung zu beweisen – in einem Augenblick, einem Akt, einer Situation. Die versuchte Vermittlung beschließt sich in der Wieder-Erinnerung der bloßen vom Geist erkannten »Form-Ursache«: »Die dritte Art der Erkenntnis hängt von dem Geist als der formalen Ursache ab, insofern der Geist selbst ewig ist.« (*Ethik*, v, 31. LS) Form-Ursache! Nachdem eine vollständige systematische Entwicklung in allen Bewegungen des Seins das Vermögen oder die Gegenwart der Wirk-Ursache geschaffen hatte! Wir stehen vor einer Neuauflage der theoretischen Zäsur seines Denkens, die zum Zwecke der Sublimierung simuliert wird. Tatsächlich, insoweit sich dieses Denken in einer historischen Epoche abgespielt hat, reproduziert es sich punktuell in einem theoretischen Zwischenspiel. Gleichsam um in einer fortlaufenden Erfahrung die Differenz der Phasen oder der Inhalte der Ansätze und Lösungen zu beschließen. Die historische Differenz. Aber wenn sich zu Anfang die Differenz zwischen theoretischer Zeit und historischer Zeit als Gegensatz ergeben hatte, sehr zugunsten der theoretischen Zeit – die mit der Kraft der utopischen Vorstellung das Wirkliche vorausnahm und zerstörte –, wird hier die Situation wiederholt aus einer Perspektive des anfänglichen Vorrangs der historischen Zeit, der ontologischen Dimension, der Dis-Utopie. Die renaissancehafte Befreiung, die sich schon als Utopie dargestellt hatte, kann nur dann wirklich sein, wenn sie zur Dis-Utopie reduziert wird, zur realistischen Aussage des ethischen Universums der Revolution, nur wenn sie in ihrem Inneren das Ziel der Utopie aufgibt. Die Erkenntnisart muß dabei eine Niederlage anerkennen ohne besiegt zu sein, muß von der Art sein, mit der man die Grenze des Willens anerkennt, ohne die konstruktive Kraft des Verstandes zu leugnen. Der systematische Zwischenfall, der in den 5. Teil den Mythos aus dem ersten Entwurf hineinbefördert, hat eine kathartische Funktion. Erneut eine Funktion der provisorischen Moral. Nachdem wir so weit sind, ist es nicht schwierig, die strukturellen Elemente dieses Prozesses auszumachen. Wenn die metaphysische Utopie eine Übertragung der Ideologie des Marktes war, ist die ethische Dis-Utopie der Ansatz zum Durchbrechen des Marktes, hier in die materielle und praktische Dimension einer Philosophie der Zukunft umgesetzt und projiziert. Die Dis-Utopie ist die Enthüllung der wirklichen Kräfte, die sich hinter dem Zerbrechen der ideologischen Perfektion des Marktes und innerhalb der Krise der linearen Entwicklung der bürgerlichen Gewalt bewegen, sie ist der Anspruch eines Entwurfs, der – selbst angesichts dieser starren Hindernisse – verschwinden und doch sein gesamtes Vermögen bewahren konnte. In diesem inneren Spiel der *Ethik* entwickelt sich also eine wirkliche und mächtige historische Alternative, die wir schon oft und beharrlich betont haben: die Alternative zwischen einer erduldeten, erlittenen Krise des Marktes und einer Krise des Marktes, die in der konstitutiven Spannung erfahren und überwunden wird. Die Dis-Utopie ist die Entdeckung eines revolutionären wirklichen, künftigen Horizontes.

Wenn wir uns wieder der Betrachtung der bis jetzt behandelten Lehrsätze zuwenden, wenn wir sie in wörtliche Begriffe bringen und sie in einem soweit möglichen objektiven Gewebe verteilen, wird der Schlüssel der Interpretation bestätigt. Der höchste *»conatus«* oder die höchste Tugend des Geistes – und damit wird die aktive und moralische Kennzeichnung des Geistes betont – besteht im Verstehen, im Durchdringen, im Fortschreiten von der adäquaten Vorstellung gewisser Attribute Gottes zur adäquaten Erkenntnis des Wesens der Dinge. Die Fortsetzungsreihe *»conatus – potentia – mens«* wird auf diese Weise bestätigt und in eben diese göttliche Materie gegründet. Die Erkenntnis der dritten Art würde in der Krönung dieses Vorgehens bestehen, und ihre Ausdehnung, ihre Intensität und ihre Befriedigung würde sich darin niederschlagen. Aber schon gleich danach hält die angenommene Beständigkeit nicht stand: aus der verstümmelten und unklaren Erkenntnis, aus der Meinung und der Imagination, aus der Erkenntnis der ersten Art also, kann keine höhere Erkenntnis entspringen. Wohl aber aus den adäquaten Vorstellungen, die die zweite Stufe der Erkenntnis speisen. Welches ist nun eher die mögliche Definition des *»conatus«?* Schon wieder ist ein neuer Frontwechsel gegeben: die Erkenntnis der dritten Art umfaßt, insoweit sie alles unter der

Gattung der Ewigkeit faßt, auch das Wesen des Körpers unter der Gattung der Ewigkeit. Die buchstäbliche Mehrdeutigkeit dieser Seiten ist überaus groß. Es kommt der endgültige Beweis: daß innerhalb dieses Vorgehens der Widerspruch, die Unvereinbarkeit einer asketischen mit einer konstitutiven Auffassung unerträglich stark wird. Derart, daß wie in einem Helldunkel die Notwendigkeit nicht nur der von der zweiten Grundlegung getragenen Alternative bewiesen wird, sondern auch ihr verpflichtender Charakter, die Unumgänglichkeit einer alternativen Wahrheit.

Dies ist, zu einem guten Teil, ein didaktisches Drama. Wieviel Rhethorik wurde aufgewendet, wieviele Deklamationen über die relative Einfachheit dieser vom System dramatisierten Zusammenfassung, die diesen 5. Teil bildet, hat es gegeben! Es war wirklich nicht der Mühe wert. Stattdessen muß man absolut entschieden auf dem anderen wesentlich problematischen Aspekt beharren, der dieses Buch durchzieht. Erneut das Verhältnis Befreiung-Einschränkung. Erneut das Verhältnis und die Spannung zwischen Hoffnung und Konstitution, wiederum die nicht überwundene Beschränkung der Revolution, die sich in dem Entwurf ausdehnt. Die Herrschaft der Utopie-Kritik muß konstruktiv werden. Das negative Denken muß sich zur Perspektive der Konstitution hinwenden. »Je stärker man daher in dieser Art der Erkenntnis ist, um so besser ist man sich seiner selbst und Gottes bewußt, d. h. um so vollkommener und glückseliger ist man ... Es ist aber hier zu bemerken, daß, obgleich wir jetzt überzeugt sind, daß der Geist ewig ist, insofern er die Dinge unter der Form der Ewigkeit begreift, wir zur leichteren Entwicklung und zum besseren Verständnis dessen, was wir dartun sollen, ihn doch betrachten werden, als finge er jetzt an zu sein, und als finge er jetzt an, die Dinge unter der Form der Ewigkeit zu erkennen, wie wir dies bisher getan haben. Wir können dies, ohne dabei in die Gefahr eines Irrtums zu geraten, tun, wenn wir dabei die Vorsicht gebrauchen, alles nur aus klar erkannten Prämissen zu schließen.« (*Ethik*, V, 31. LS, Anm.) Sogar die Oberflächlichkeit der geometrischen Methode – dieser an das Zeitalter gezahlte Preis – zeigt hier ihre ontologische und konstitutive Radikalität. Das negative Denken verbindet sich effektiv mit der Positivität des konstitutiven Prozesses. Die umfangreiche Einfügung der Simulation der Geschichte der systematischen Entwicklung, die das gesamte 5. Buch der *Ethik* prägt, endet so mit dieser machtvollen Projektierung. Man trat etwas zurück, nahm einen Anlauf, um höher zu springen. Es war nicht wirklich eine Rückkehr, ein Rückschritt noch weniger: es war nur eine Erhöhung der Klarheit, eine letzte Selbstkritik vor der letzten metaphysischen Klärung.

Das ist die volle und totale, der Göttlichkeit im Zusammenhang Beschränkung-Befreiung zugeschriebene Bestätigung der wirkenden Kausalität. Gott ist der Schöpfer der Ethik, und die Ethik ist die Wissenschaft vom konstitutiven Verhältnis Beschränkung-Befreiung.

Gott ist die tätige Dis-Utopie in diesem Verhältnis. Die religiöse Problematik des Heils ist vollständig in die weltliche und materialistische Problematik der Befreiung hineingedeutet (100). Die abschließenden Lehrsätze der *Ethik* entwickeln daher den Gegensatz, der den gesamten 5. Teil durchzieht: sie prägt dieses positive Zeichen der Befreiung und des Heils auf. Befreiung von der Knechtschaft und Heil als positiver Horizont des Glücks. Die konstitutive Spannung nimmt in der Darstellung das Bestreben, die Hoffnung, die Freude vorweg, nimmt sie zur Definition ihrer Beschränkung und ihrer absoluten materialistischen Positivität vorweg. »An allem, was wir nach der dritten Art der Erkenntnis erkennen, erfreuen wir uns, und zwar begleitet von der Vorstellung Gottes als Ursache.« (*Ethik,* v, 32. LS) Verstandesmäßige Liebe Gottes: das ist kein mystischer Jargon innerhalb der derzeitigen systematischen Anordnung. Ihre Bestätigung (»Die verstandesmäßige Liebe Gottes, die aus der dritten Art der Erkenntnis entspringt, ist ewig.« [*Ethik,* v, 33. LS]), ist nicht ein Prozeß, sondern eine Bedingung: »Obgleich diese Liebe zu Gott keinen Anfang gehabt hat, hat sie doch alle Vollkommenheit der Liebe, als ob sie so entstanden wäre, ... und es ist hier kein Unterschied, außer daß der Geist dieselben Vollkommenheiten, die wir als ihm erst jetzt zuteil werdend angenommen haben, ewig gehabt hat, und zwar begleitet von der Vorstellung Gottes als ewigem Grunde. Wenn die Freude im Übergang zu größerer Vollkommenheit besteht, so muß die Glückseligkeit gewiß darin bestehen, daß der Geist mit der Vollkommenheit selbst begabt ist.« (*Ethik,* v, 33. LS, Anm.) Eine vorweg konstituierte Bedingung: es handelt sich daher um die Verneinung des Mystizismus. Die Höhe des systematischen Wurfes hebt im unendlichen Raum nicht das Streben auf: er versetzt es schlicht auf die höchste Ebene der Vollkommenheit. Und die ist Befreiung – per Definition. Befreiung, eingebunden in die Struktur des Existenten, im Wechselspiel von Körper und Geist, von Gegenwart und Ewigkeit: »Die Imagination ist eine Vorstellung, wodurch der Geist ein Ding als gegenwärtig betrachtet, die jedoch mehr die gegenwärtige Verfassung des menschlichen Körpers, als die Natur des äußeren Dinges anzeigt. Der Affekt ist daher eine Imagination, insofern er den gegenwärtigen Zustand des Körpers anzeigt, und also ist der Geist nur, solange der Körper dauert, den Affekten unterworfen, die zu den Leidenschaften gehören.« (*Ethik,* v, 34. LS, Bew.) So daß sich nach den Lehrsätzen 35 und 36 die Absolutheit der Definition der Welt als gegenwärtiges Streben zur Vollkommenheit (oder als Streben nach gegenwärtiger Vollkommenheit – was dasselbe ist) vollständig ergibt: »Gott liebt sich selbst mit unendlicher verstandesmäßiger Liebe.« (*Ethik,* v, 35. LS) »Die verstandesmäßige Liebe des Geistes zu Gott ist Gottes Liebe selbst, womit Gott sich selbst liebt, nicht insofern er unendlich ist, sondern sofern er durch das unter der Form der Ewigkeit betrachtete Wesen des menschlichen Geistes erklärt werden kann, d. h. die verstandesmäßige Liebe des Geistes zu Gott ist ein Teil der unendlichen Liebe, mit der Gott sich selbst liebt.« (*Ethik*, v, 36. LS)

Die erklärende Spannung wendet also, bis hierher, die Beschränkung zum Streben. Aber die beiden Bestimmungen ergänzen einander. Sie sind in der Tat ununterscheidbar. Und gerade an dieser Stelle folgen den vorangegangenen neue Lehrsätze, die sich wieder auf die Substantialität des Prozesses konzentrieren, d. h. sie bringen das Streben wieder in die Bestimmtheit der Beschränkung zurück. Das Verhältnis von Streben und Beschränkung ist konstitutiv. Die Strenge des ontologischen Näherungsversuchs setzt unmittelbar die Praxis des konstitutiven Handelns wieder als grundlegendes Element des Prozesses. Also, wenn »es nichts in der Natur gibt, was dieser verstandesmäßigen Liebe entgegen ist oder sie aufheben kann« (*Ethik*, v, 37. LS), dann gilt: »Je mehr Dinge der Geist nach der zweiten und dritten Art der Erkenntnis erkennt, um so weniger leidet er von den schlechten Affekten, und um so minder fürchtet er den Tod.« (*Ethik*, v, 38. LS) Folglich, wenn gilt: »Wer einen zu sehr vielen Dingen geschickten Körper hat, hat einen Geist, dessen größter Teil ewig ist.« (*Ethik*, v, 39. LS), dann gilt auch: »Je mehr Vollkommenheit ein jedes Ding hat, um so mehr ist es tätig und um so minder leidet es, und andererseits, je mehr es tätig ist, um so vollkommener ist es.« (*Ethik*, v, 4. LS) Die ontologische Notwendigkeit ist selbst konstituiert von der Quantität der Tätigkeit, die Zerstörung ist artikuliert – gesetzt und/oder ausgeschieden – von der konstitutiven Handlungsfähigkeit und von ihrer Qualität, von ihrem Vollkommenheitsgrad, der Geist ist vollständig im Prozeß des Seins aufgesogen – graduell, konstitutiv, systematisch. Die Reduktion des ontologischen Horizontes auf die Immanenz ist derart radikal, daß sie keinerlei Ergebnis der Untersuchung mehr sein kann, wohl aber eine ihrer Bedingungen: vorangehende Bedingung für die Definition des Entwurfs der Befreiung. Die theologische Dimension weicht der ontologischen, der Sinn der Beschränkung – traditionell von der Idee des Göttlichen ausgeschlossen – wird dem Horizont der Göttlichkeit zugeschrieben, der Sinn des Strebens – dessen Wirklichkeit die Philosophie des 17. Jahrhunderts leugnet – wird in der Ontologie identifiziert.

Die *Ethik* schließt auf diese Weise mit zwei Lehrsätzen, die eine reine und schlichte Apologie des Materialismus und des konstitutiven Denkens Spinozas darstellen. Der erste ist ein atheistisches Paradoxon: »Wenn wir auch nicht wüßten, daß unser Geist ewig ist, müßten wir dennoch Frömmigkeit und Religion und durchweg alles, was wir im vierten Teil als zur Seelenstärke und zur Großzügigkeit gehörig gezeigt haben, für das wichtigste halten.« (*Ethik*, v, 41. LS) Der zweite ist eine materialistische Lehrfabel: »Die Glückseligkeit ist nicht der Lohn der Tugend, sondern die Tugend selbst, und wir erfreuen uns derselben nicht, weil wir die Lüste *(libidines)* einschränken, sondern umgekehrt, weil wir uns derselben erfreuen, deshalb können wir unsere Lüste einschränken.« (*Ethik*, v, 42. LS) Die Reduktion des göttlichen Vermögens auf den Horizont menschlicher Befreiung, auf seine Spielräume und seine Grenzen, ist nun vollständig. Die immerwährende Bewegung, die das menschliche Leben konstituiert, zeigt die Ethik als immerwährende Bewegung der Beschränkung und der Spannung der *»libidines«*, der *»cupiditas«* und der *»virtus«*. Tugend ist verstandesmäßige Liebe insofern sie absolute Darstellung dieser Bewegung ist. Die verstandesmäßige Liebe ist Ergebnis eines konstitutiven Prozesses der Wirklichkeit. In eben dem Maß, in dem Gott das Ding *ist, wird* Gott, in der Tätigkeit, in seiner Bestimmtheit. Die Theologie ist der Ontologie untergeordnet – und die Ontologie der Phänomenologie der konstitutiven menschlichen Praxis.

Die *Ethik* schließt mit einer bestimmten und radikalen Lösung der beiden alternativen Paare, die ihre Entwicklung hervorgebracht hatte: die Paare Beschränkung–Absolutheit und Gegebenheit–Streben – gleichbedeutend mit den Artikulationen des metaphysischen Paradoxons Modus-Substanz, die schon im 2. Teil festgestellt wurden – werden innerhalb einer konstitutiven Ontologie gelöst, deren materialistische Grundlage praktisch und radikal ist. Die entwicklungsgeschichtlichen Komponenten des Spinozianischen Denkens haben sich aufgelöst und sind in einer neuen Perspektive sublimiert, in einer neuen Grundlegung, die auf keinen Fall auf die entwicklungsgeschichtlichen Elemente zurückgeführt werden kann. Was bleibt nun nach dem 3., 4. und 5. Teil der *Ethik* noch vom scholastischen *ens realissimum?* Die Ontologie Spinozas ist hier eine Ontologie des Strebens, das von der Bewegung des praktischen Seins gestützt wird. Was bleibt übrig von der Renaissance-Utopie der neuen Weltordnung? Seine konstitutive Ontologie richtet sich nicht auf die Ordnung, vielmehr zerstört und demobilisiert sie jegliche ordinative Vorstellung, die nicht unmittelbar Ausdruck eines Potentials des bestimmten Seins ist. Und was bleibt von der pantheistischen Ideologie der Notwendigkeit und der Emanation? Jeglicher Horizont, der nicht Horizont der Gegebenheit, der Welt ist, wird von der Spinozianischen Ontologie ausgeschieden, und ebenso jeder »Weg nach unten«, vom Absoluten zum Wirklichen, und ebenso jegliche Vorstellung von einer Notwendigkeit, die sich als dualistisch, als alternativ setzte, oder ganz einfach als formales Schema hinsichtlich der effektiven Notwendigkeit des Freiheitsaktes darstellte. Die Erkenntnistheorie verdeutlicht sich an dieser spezifischen Theorie des Freiheitsaktes. Auch dieser ist materialistisch und genealogisch, entwickelt als Gleichzeitigkeit des ontologischen konstitutiven Prozesses. Die Beschränkung, die sich dem Streben entgegenstellt, sei es in der Erkenntnistheorie wie in der Theorie der Freiheit, ist also dem konstitutiven Rhythmus des Seins nichts Äußerliches, sondern einfach das bestimmte Zeichen des vorhandenen Vermögens des konstitutiven Prozesses. Jede außerhalb dieses Gebietes der konstitutiven intellektuellen und praktischen Praxis gestellte Frage führt zurück zum Aberglauben, zur Vorstellung Gottes als *»asylum ignorantiae«*, als Zuflucht des Nichtwissens.

Die einzige Wahrheit, die Spinoza seiner Zeit entnimmt und in ihrer Reinheit beibehält, ist diese Forderung nach revolutionärer Rekonstruktion der Welt. Sie bleibt unversehrt. Bleibt mächtig. Und auch dieser revolutionäre Impuls wird gegen die spezifische Form gehalten, die die bürgerliche Ideologie der Entwicklung im 17. Jahrhundert annimmt: gegen die Form der neuen Ordnung und der Askese. Das vorübergehende Wiederauftauchen einer asketischen Praxis in der spinozianischen Ethik ist jedenfalls ein ontologisches Element. Ihr Verlöschen ist die überaus klare Enthüllung der antibürgerlichen (und antikapitalistischen?) Bestimmtheit seines Denkens. Askese ist im Denken des kapitalistischen Bürgertums Ordnung: Ordnung nach dem Maß der Akkumulation. Konstitutive Praxis im Spinozianischen Denken ist Unterwerfung der Beschränkung unter die Akkumulation, unter die Konstitution. Die Beschränkung liegt innerhalb einer konstitutiven Praxis: deshalb ist diese auch offen. Die Beschränkung bedingt sie nicht, übersteigt sie nicht, hat keinen äußeren Raum, in dem sie sich einrichtet – die Beschränkung ist das wesenhafte Maß des Verhältnisses zum Existenten, dort, wo die Existenz das Wesen nur als Vermögen erkennt, als Spannung der Überwindung. Die Vorstellung der Beschränkung ist in ontologischer Hinsicht jener der Überwindung substantiell gleich. Die Vorstellung der Ordnung, oder ihre normative Abstraktion, ihr Formalismus, die Vorstellung der Negativität, die sie verinnerlicht, ist bei Spinoza nicht einmal denkbar. Es gibt keine Ordnung, wohl aber Befreiung. Befreiung als kontinuierliche Errungenschaft. Aufbau des Seins. Keine Utopie, kein idealistischer Antrieb. Der Geist denkt nur, wenn er dem Körper anhängt, gleichzeitig mit dem Körper besteht. Nicht parallel dazu, sondern gleichzeitig. Die Ordnung ist eine Vorstellung, die den formalen Parallelismus zur Wirklichkeit vorsieht: die Form entspricht der Wirklichkeit. Die Ordnung hat bei Spinoza keinen Raum, weil hier der Parallelismus keinen Raum hat, weil keinerlei Abweichung Platz hat und, mehr noch, keinerlei »Entsprechung« zwischen der Wirklichkeit und dem Denken. Das Heil ist ein vernünftiges Ideal, nicht weil es einen höheren Horizont anzeigt, sondern weil es den ganzen Menschen zur Befreiung bringt, als handelndes Subjekt der Befreiung. Die Theologie verschwindet. Die mystifizierten Bestimmungen, die sie hervorbringt, werden entmystifiziert und in der Materialität des konstitutiven Entwurfes gesammelt, des Entwurfes der Befreiung, der ein Entwurf des Heils ist, gegründet auf die Selbstgenügsamkeit des Seins, außerhalb jeglicher Hypostase von Ordnung. Im 17. Jahrhundert verinnerlicht die Vorstellung der Ordnung die Vorstellung der Krise und drückt sie aus: die Spinozianische Ethik zerstört auch diesen Zusammenhang. Die Krise ist keine Eigenschaft des Wesens, bleibt nicht im Wesen oder setzt sich dort hinein, außer insofern sie das Zeichen dieser Beschränkung ist, welche das existierende Sein immer wuchtiger und materieller im konstruktiven Sinn zerstört. Die Negativität ist nicht ein Objekt, sondern ein Nichts. Die Krise ist nicht dem Subjekt zuzurechnen, sondern seiner Leere, seiner Abwesenheit. Der ontologische Entwurf wendet sich gegen die Krise, weil sie – vor allem anderen – diese Krise als ontologische Realität ausschalten will, das heißt: er begreift sie als äußere Ursache, gegen die er kämpft. Eine Ethik des Kampfes etabliert sich innerhalb der konstitutiven Ethik in eben dem Maß, in dem die formale Vorstellung, die Ordnung, ihre normative Transzendenz aus dem Horizont der wirklichen Möglichkeit ausgeschaltet werden. Die Spinozianische Dis-Utopie ist derart tiefgründig, daß sie jegliche Möglichkeit der Hypostase verneint, welcherart diese auch sei. Es ist nicht der Widerstand gegen die Krise, es ist ein Kampf gegen das Nicht-Sein, gegen das zerstörerische Vermögen und die Leere der Ontologie. Ordnung ist Umschreibung für die Krise, Krise ist Umschreibung des Leeren. Aber die Ikonographie der Renaissance, die von Umschreibungen und Symbolen lebt, und die barocke, die diese Funktion noch verschärft, haben bei Spinoza keinerlei Existenzgrund mehr. Die Welt ist wahr, weil sie Erscheinungsform und Gegebenheit ist. Und ontologische, materielle Konstitution. Die Ikonographie, der Symbolismus, die Farbe – auch sie sind nur Entwürfe: wir können sie nicht für eine Beschreibung des Wirklichen hernehmen.

Aber bis jetzt haben wir die von der *Ethik* gesetzten ontologischen Dimensionen nur in einer vereinzelten Bedeutung betrachtet. Das Gebiet des Seins ist bis hier nur ein Raum. Wir wollten, wir müßten diese Thematik auch mit der zeitlichen Dimension konfrontieren. Spinoza hilft uns dabei im Augenblick nicht besonders. Die Analytik der Zeit ist beim Spinoza der *Ethik* eingebettet in das Paradoxon Gegenwart-Ewigkeit und ist nicht in demselben Maß artikuliert, wie die Thematik des ontologischen Raumes. Sicher, es wäre möglich, sich bei der Rekonstruktion einer Analytik der Zeit analog zu der des Raumes zu bewegen. Das würde eine Auffassung der Zeit als herausragendem Grenzpunkt des Problems der Freiheit ergeben. Und es ist nicht gesagt, daß eine derartige Deutung der wirklichen Entwicklung des Spinozianischen Denkens unangemessen wäre! Aber sie bliebe allgemein. Außerdem: Spinoza gefallen Analogien nicht. Die Thematik der realen Zeit wird daher ausdrücklich von der Kritik angenommen. Aber die Zeit überrennt die Metaphysik. Die Metaphysik der Zeit ist die Zerstörung der Metaphysik. Eine Ontologie der Zeit senkt das Objekt der Analyse vom Horizont der Spekulation hinab zu dem der Praxis. Die konstitutive Praxis, die im Horizont der Zeit erlebt wird, ist daher anzugeben – wenn das möglich ist. In ihrer Spezifität, ihren Artikulationen, in der Dramatik, die das Verhältnis Beschränkung-Streben diesem Vorhaben auferlegt. Eine Philosophie der Zukunft? Die historische Notwendigkeit der Spinozianischen Dis-Utopie scheint eine positive Antwort auf diese Frage zu geben.

Achtes Kapitel
Die Konstitution des Wirklichen

»Experientia sive praxis«

Wie nun die wirkliche Möglichkeit einer konstitutiven Praxis überprüfen? Die Gegner Spinozas – von protestantischer wie von katholischer Seite[1] – behaupten, daß das politische Problem bei Spinoza im Mittelpunkt stehe und das religiöse Problem ersetze. Und sie sehen dies natürlich negativ. »Sie beziehen alles auf die öffentliche Sicherheit, oder besser, auf das, was nach Ihnen das Ziel der öffentlichen Sicherheit ist... was gleichbedeutend damit ist, alles Gut des Menschen auf die Güte der bürgerlichen Regierung, oder auf die materielle Wohlfahrt, zu reduzieren.« (67. Brief, Anm.)[2] Im Verlauf einer akzentuierten Auseinandersetzung, die vielleicht im Zuge dieser Korrespondenz erstmals polemische Töne bekommt, hört schließlich auch die Unterstützung des guten Oldenburg auf. Ich habe nun endlich den »Theologisch-politischen Traktat« erhalten, teilt er Spinoza 1675 mit, und habe Ihnen geschrieben. »Ich zweifle, daß mein Brief richtig in Ihre Hände gekommen ist. Ich hatte Ihnen darin meine Meinung über den Traktat mitgeteilt, die aber, wie ich jetzt nach wiederholter Betrachtung und Überlegung glaube, zu voreilig gewesen ist. Damals schien mir manches zum Schaden der Religion gewesen zu sein, weil ich diese mit dem Maßstab maß, den die Masse der Theologen und die überkommenen Formeln der Konfessionen (die allzusehr den Parteigeist zu atmen scheinen) an die Hand geben. Indem ich aber die ganze Sache genauer überdenke, treffe ich auf vieles, das mich zu der Überzeugung bringt, daß Sie weit davon entfernt sind, etwas zum Schaden der wahren Religion und der wohlbegründeten Philosophie zu unternehmen, daß sie im Gegenteil sich bemühen, das wahrhafte Ziel der christlichen Religion und auch die göttliche Erhabenheit und Vorzüglichkeit einer fruchtbaren Philosophie zu empfehlen und zu festigen.« (61. Brief) Starke, unmittelbare Ratlosigkeit also – noch mehr zeigt sich das in einem weiteren nachfolgenden Brief, in dem Oldenburg schreibt: »Da ich aus Ihrer Antwort ersehe, daß Sie die Absicht haben, Ihre fünfteilige Abhandlung zu veröffentlichen, so mögen Sie mir bitte erlauben, daß ich Sie bei Ihrer aufrichtigen Zuneigung für mich ermahne, Sie möchten nichts einfließen lassen, was irgendwie den Anschein haben könnte, als brächte es die Übung der religiösen Tugend in Gefahr, namentlich angesichts dessen, daß unsere entartete und lasterhafte Zeit auf nichts begieriger ist, als auf solche Lehren, deren Folgerungen die grassierenden Laster zu begünstigen scheinen.« (62. Brief, vgl. auch 67. Brief über die Versuche einer Veröffentlichung der *Ethik).* Warum wäre wohl dieser starke Streiter für Spinoza, dieser *laudator* der Freiheit des Denkens derart vorsichtig geworden, wenn er nicht von der radikalen Kraft der Spinozianischen Kritik betroffen gewesen wäre? Es dauert nicht lange, bis er seinen Standpunkt enthüllt: »Ihre Absicht, von der Sie mir Kenntnis geben, im ›Theologisch-politischen Traktat‹ zu erläutern und zu mildern, was den Lesern anstößig sein kann, kann ich nur billigen. Darunter rechne ich in erster Linie alles, was dort in doppelsinniger Weise von Gott und der Natur gesagt ist, welche beide von Ihnen nach der Meinung der Mehrzahl miteinander vermengt werden. Ferner will es vielen Leuten scheinen, als ob Sie die Autorität und den Wert der Wunder aufheben, auf die allein doch nach der Überzeugung fast aller Christen die Gewißheit der göttlichen Offenbarung sich gründen läßt. Auch sagt man obendrein, daß Sie Ihre Meinung über Jesus Christus, den Erlöser der Welt und den alleinigen Mittler der Menschen, über seine Fleischwerdung und seine Genugtuung verheimlichen, und man fordert, daß Sie über diese drei Stücke Ihren Sinn ganz offensichtlich darlegen. Wenn Sie das tun und darin die Christen von Herz und Geist befriedigen, so dürfte es für Ihre Sache gut sein.« (71. Brief) Kurz danach vertieft er das noch mehr: »Sie hatten, wie ich sehe, eine Aufzählung derjenigen Ansichten in Ihrer Schrift erwartet, die nach Meinung Ihrer Leser die Übung der religiösen Tugend gefährden. Ich will Ihnen sagen, was eigentlich den Lesern in erster Linie anstößig gewesen ist. Es scheint, daß Sie an einer Schicksalsnotwendigkeit aller Dinge und Handlungen festhalten; nun aber meint man, sobald das zugegeben und angenommen wäre, würde der Nerv aller Gesetze, aller Tugend und Religion durchschnitten und alle Belohnungen und Strafen wären gegenstandslos. Alles, was zwingt oder Notwendigkeit in sich trägt, glaubt man, entschuldige, und darum wäre nach jener Meinung niemand vor Gottes Angesicht unentschuldbar. Wenn wir durch das Geschick getrieben werden und alles von einer starken Hand gelenkt seinen bestimmten und unausweichlichen Weg geht, so begreift man eben nicht, wo da noch Raum für Schuld und Strafe wäre.« (74. Brief) Die Unterwanderung der Religion ist die Unterwanderung der Politik, weil sich die Politik auf die Gerechtigkeit stützt, auf Belohnung und Strafe: indem Spinoza diese Unterwanderung konstituiert, zerstört er die Gerechtigkeit, indem er die Welt baut, zerstört er dabei die Möglichkeit, sie zu beherrschen.

Die Antwort Spinozas läßt keine Vorsicht walten und ist den

gegen ihn gerichteten Anschuldigungen völlig angemessen. Nach einigen Ausflüchten (er täuscht einen Angriff gegen den groben Materialismus vor, als ginge es darum! [73. Brief an Oldenburg]) ist die Forderung Spinozas nach einer konstitutiven Praxis total. Seine politische Bestimmung ist ebenso radikal und subversiv. Es stimmt, wessen man mich anklagte: das Politische ist zentral und grundlegend für die Religion – aber mit positivem Vorzeichen. Die alte opportunistische religiöse Anthropologie des Libertinismus ist überwunden, und wahrscheinlich auch seine deistischen Ableitungen (worüber u. a. Popkin gearbeitet hat, vgl. auch 112). Das alte *»bene vixit qui bene latuit«*, »gut lebt, was gut verborgen ist«, ist von der Spinozianischen Umkehr der Praxis weggefegt. »Endlich sehe ich, was es eigentlich war, von dem Sie verlangen, daß ich es nicht veröffentlichen solle. Aber da dies gerade die hauptsächliche Grundlage von alledem ist, was meine zur Veröffentlichung bestimmte Abhandlung enthält, so will ich Ihnen hier kurz erklären, in welchem Sinn ich die schicksalsbestimmte Notwendigkeit von allen Dingen und Handlungen fasse. Ich unterwerfe nämlich die Gottheit in keiner Weise dem Schicksal, sondern meine, daß alles in derselben Natur folgt, wie man allgemein meint, daß es aus der Natur der Gottheit selbst folge, daß Gott sich selbst begreift; es wird doch niemand in Abrede stellen, daß dies aus der göttlichen Natur notwendig folgt, und doch meint niemand, Gott begreife sich, durch ein Schicksal dazu gezwungen, sondern vielmehr vollkommen frei, wenngleich notwendig. Diese unvermeidliche Notwendigkeit der Dinge hebt sodann weder göttliches noch menschliches Recht auf. Denn die Lehren der Moral selbst, mögen sie nun die Form des Gesetzes oder Rechtes von Gott selbst erhalten oder nicht, sind dennoch göttlich und heilsam, und ob wir das Gute, das aus der Tugend und der Liebe Gottes folgt, von Gott als von einem Richter empfangen oder ob es aus der Notwendigkeit der göttlichen Natur hervorgeht, so wird es uns deshalb nicht mehr oder minder wünschenswert sein, ebenso wie andererseits das Unglück, das aus unseren schlechten Handlungen und Leidenschaften folgt, deshalb nicht weniger furchtbar ist, weil es notwendig aus ihnen folgt, und schließlich, ob wir das, was wir tun, notwendig oder zufällig tun, so werden wir doch von der Hoffnung und der Furcht geleitet. Ferner sind die Menschen vor Gott nur aus dem Grunde verantwortlich, weil sie eben in Gottes Macht sind, wie der Ton in der Macht des Töpfers, der aus derselben Masse Gefäße bildet, das eine zur Ehre, das andere zur Unehre. Wenn Sie nur dies wenige im Auge behalten wollen, bin ich sicher, daß Sie leicht auf alle Argumente, die man dieser Meinung entgegenzuhalten pflegt, antworten können, wie es schon vielen mir gegenüber ergangen ist.« (75. Brief) Die Welt ist Ton in den Händen des Töpfers. Auf dem metaphysischen Gebiet der Erscheinungsform ist die Modalität konstruktiv. Die Konstruktionsordnung liegt innerhalb der Konstitution. Die Notwendigkeit liegt innerhalb der Freiheit. Das Politische ist das Gewebe, auf dem sich die konstitutive Tätigkeit des Menschen zentral entfaltet. Die *Ethik* hat ihre Früchte auch gegenüber dem »Theologisch-politischen Traktat« reifen lassen: dieser Traktat hatte eine kritische Zäsur dargestellt, die nun in einem neuen Entwurf neu formuliert wurde. Jetzt haben wir das Ergebnis der Mühe: wir müssen es entwickeln. Die wirkliche Möglichkeit einer konstitutiven Praxis ist das Politische, das von der Freiheit innerviert wurde. Die Religion begründet nicht den Staat, die wahre Religion atmet dort, wo Freiheit herrscht (in diesem Sinn antwortet Spinoza Burgh im 76. Brief).

Wie nun das Gewebe des Wirklichen durchlaufen, wie das Wirkliche effektiv konstituieren? Die Definition des Gegenstandsbereiches macht Platz für die Definition der Methode. Der »Theologisch-politische Traktat« und die zweite Redaktion der *Ethik* haben uns bis zu dem Punkt geführt, an dem der »Politische Traktat« – zwischen 1675 und dem Tode Spinozas 1677 redigiert und unvollständig geblieben (hierüber 145; 146; 147; 148; 40; 41; 42; 108) – als notwendiges Produkt erscheint. Aber notwendig bedeutet nicht linear. Die Konstitution ist ein komplizierter Prozeß. Befreien wir uns vor allem von den falschen Blickwinkeln auf das Politische, um das Erlebnis der Wirklichkeit erfassen zu können. Das erste Kapitel des »Politischen Traktats« konstituiert die methodische Einleitung zur Konstitution des von der Politik dargestellten Wirklichen.

Verfolgen wir den Aufbau der methodischen Polemik. Im ersten Paragraphen besteht sie in einer Revolte gegen die scholastische Philosophie: aber nicht nur gegen diese – auch gegen die Philosophie im allgemeinen, gegen die Wissenschaft der Transzendentalien, gegen alle, die die Leidenschaften nicht als einzig wirksame Realität ansehen, von der die Analyse des Konkreten ausgehen kann. Die Politik ist nicht die Herrschaft des Sein-Müssens, sondern die theoretische Praktik der menschlichen Natur in ihrer Wirksamkeit. Der Machiavelli des 15. Kapitels von »Il Principe« wird hier gleichsam paraphrasiert (vgl. u. a. 148). Aber nicht nur der große Florentiner Staatssekretär wird einbezogen: hierin ist auch die gesamte Kritik der Utopie im 17. Jahrhundert, von Hobbes bis Descartes impliziert, der Geist des Zeitalters. Jedoch mit welchem Unterschied! Bei Spinoza konstituiert die Krise nicht einen Horizont, sondern eine Bedingung, charakterisiert nicht das Sein, sondern lediglich seine Wirksamkeit. Die Hegemonie des Seins über das Sein-Müssen macht das Sein um so wirksamer, je dynamischer und tendenzieller es ist, das heißt, imstande, in sich die Entwicklung der Selbsterkenntnis als Ursache zu erfassen. Die Philosophen treiben sich in der Utopie herum, liebäugeln mit dem Goldenen Zeitalter: sie häufen Schaden und Unnützes an. Der zweite analytische Trend wird durch die »Politiker« repräsentiert (*TP*, 1. Kap.). Diese suchen ihre Wissenschaft auf die Erfahrung der menschlichen Natur zu gründen und befinden sich damit vor allem im Gegensatz zu den Theologen und zu ihrem Anspruch, die Politik der Moral zu unterwerfen: aber all das machen sie mehr aus Fingerfertigkeit, denn aus Weisheit. »Es unterliegt keinem Zweifel, daß die Politiker selbst weit treffender über Politik geschrieben haben als die Philosophen, denn weil sie die Erfahrung zur Lehrmeisterin hatten, so haben sie nichts gelehrt, was nicht Anwendung finden konnte.« (*TP*, 1, § 2): Aber die Praxis ist nicht linear, sie ist nicht per se emanzipativ. Die Krise setzt das Problem der Praxis mehr, als daß sie einen einfachen Rückweg zu ihr darstellt. Die Politiker sind eher der besonders zugespitzte Ausdruck der Krise, als daß sie ihre Überwindung darstellten. »Ich bin auch völlig überzeugt, daß die Erfahrung alle zum Zweck des einträchtigen Lebens der Menschen ausdenkbaren Arten von Staaten aufgewiesen hat, sowie auch die Mittel, wodurch die Masse gelenkt oder innerhalb gewisser Grenzen gehalten werden müsse; ich glaube demnach nicht, daß wir durch bloßes Nachdenken etwas mit der Erfahrung oder Praxis Übereinstimmendes hierüber ausfindig machen können, was noch nicht erfahren oder erprobt worden ist. Denn die Menschen sind so beschaffen, daß sie nicht ohne irgend ein gemeinsames Recht leben können, die gemeinsamen Rechte und öffentlichen Geschäfte sind aber von den scharfsinnigen Männern, schlauen wie gewandten, eingerichtet und gehandhabt worden; es ist daher kaum glaublich, daß sich von uns noch etwas der allgemeinen Gesellschaft Förderliches erdenken lasse, was nicht Gelegenheit oder Zufall schon dargeboten, oder was die Menschen, die sich mit Staatsgeschäften abgegeben und für ihre Wohlfahrt besorgt waren, nicht bemerkt haben sollten.« (*TP*, 1, § 3) Die Politiker haben also schon alles gesagt: durch Gelegenheit und Zufall. Aber gerade das ist das problematische Element: das Verhältnis zwischen der Weisheit der Politiker und Regierenden und der *»multitudo«*, der Masse, als lebendige Wirklichkeit innerhalb bestimmter Grenzen zu halten. Gelegenheit und Zufall sind die formalen Elemente der Vermittlung, sie nähren den Bereich der Imagination: wie jedoch konstituiert sich die Vermittlung kritisch? Wie konstituiert sie sich und erlangt den Inhalt der Freiheit wieder, den jeder konstitutive Prozeß notwendigerweise ausdrücken muß? *»Experientia sive praxis«*, Erfahrung oder Praxis: das ist das gemeinsame Gebiet, auf dem die Politiker und Spinoza sich bewegen. Aber es ist auch das Gebiet, auf dem die Trennung radikal wird. In meiner Politik, fügt Spinoza nämlich an (*TP*, 1, § 4), ist überhaupt nichts Neues außer der Tatsache, daß ich sie »auf sichere und zweifellose Weise« auf der *»conditio humanae naturae«*, der Bedingung der menschlichen Natur, begründe, und hier »die mit der Praxis am meisten übereinstimmenden Prinzipien« aufspüre. Alles das mit der mathematischen Methode, wobei ich die menschlichen Leidenschaften »als der menschlichen Natur zugehörig« betrachte – als notwendig zugehörig, auch wenn sie Übel sein sollten, in gleichem Maß wie alle die anderen natürlichen Phänomene, und wie diese »Wirkungen der bestimmten Ursachen«, »aus welchen wir ihre Natur zu erkennen suchen, und an deren wahrer Betrachtung sich der Geist ebenso ergötzt, wie an der Erkenntnis dessen, was den Sinnen angenehm ist.« Unverständlicherweise, aber unmißverständlich, wird die Erfahrung (oder die menschliche Praxis) im Namen einer »menschlichen Bedingung« herabgesetzt. Aber die »Masse« ist selbst eine menschliche Bedingung. Die Bedingung ist aber eine Modalität, ist bestimmtes Sein. Aber das Sein ist dynamisch und konstitutiv. Die menschliche Bedingung ist daher menschliche Konstitution. Der Übergang von der Sprache der Politiker zu der der wahren Philosophie, als Wissenschaft der Erfahrung und der Praxis, und nicht nur als ihre einfache Beschreibung, ist daher der Übergang zur Analyse der Notwendigkeit der menschlichen Freiheit innerhalb des fortschreitenden und kollektiven Rhythmus der Konstitution.

Materialität, Kollektivität, Progressivität des realen Prozesses der Konstitution sind die zentralen Objekte der nachfolgenden methodischen Paragraphen. Wie er in der *Ethik* erklärt habe, erinnert Spinoza (*TP*, I, § 5), sei der Mensch von Natur aus Subjekt der Leidenschaften, wofern man unter Leidenschaften wesenhaft eine Tätigkeit versteht, die an die *»cupiditas«* angebunden und von ihr verursacht ist. Auch die Religion besitzt keinerlei Wirksamkeit gegen den Egoismus und das aneignende Verhalten. Die Religion nützt im Moment des Todes, wenn die Leidenschaften von der Krankheit übermannt sind, oder in der Kirche, außerhalb des unmittelbar menschlichen Verhältnisses, aber sicher nicht als weltliche Macht »vor Gericht oder am Hofe, wo sie am allernötigsten wäre«. Die Vernunft wäre ihrerseits zur Beherrschung der Leidenschaften imstande, wenn nicht der Weg, den sie weist, so beschwerlich wäre. »So daß diejenigen, welche die Absicht hegen, die große Masse *(multitudo)* oder die, welche durch Staatsgeschäfte in Anspruch genommen werden, könnten dahin gebracht werden, nach alleiniger Vorschrift der Vernunft zu leben, sich das goldene Zeitalter der Poeten oder ein Märchen erträumen.« Die Grundlage des konstitutiven sozialen Prozesses besteht also in der Materialität der aneignenden Impulse. Die Politik ist das Reich der materiellen Imagination. Die Politiker selbst, ihre Weisheit selbst sind ihr unterworfen, nicht anders als die Masse. Das konstitutive Gesetz des politischen Zusammenschlusses ist absolut materiell, nicht auf die Moral und die Vernunft zurückführbar – insofern diese nicht selbst an diesem konstitutiven Prozeß teilnehmen. Materiell also ist dieser Prozeß, kollektiv. Ein politisches Regime *(»imperium«)*, legt Spinoza weiter dar (*TP*, I, § 6), kann sich nicht auf die individuelle Tugend ihrer Verwalter gründen, kann sich überhaupt nicht auf dem Entwurf der Individualität gründen. Es ist unwichtig, aus welchen Absichten einer dazu angeregt wird – durch Leidenschaft oder Vernunft –: wer verwaltet, muß dazu gebracht werden, daß er vertrauenswürdig, der Verwaltung würdig ist. *»Libertas, seu fortitudo animi«*, Freiheit, oder charakterliche Verläßlichkeit: das ist in diesem Fall selbst eine individuelle

Tugend, und daher unangemessen. Persönliche Tugend: jedoch nur *»imperii virtus securitas est«*, nur die Tugend der Herrschaft bedeutet Sicherheit. Die kollektive menschliche Praxis überwindet und umfaßt, indem sie politisch wird, die individuellen Tugenden in einem konstitutiven Prozeß, der allgemein sein muß. Die Dialektik zwischen der »Masse« der Bürger, der Subjekte, und der Weisheit der Verwalter, der Politiker, die das Problem zu konstituieren schien, hat sich als unrichtig erwiesen, da diese dialektische Formel verneint wird: sie hat sich erneut als Problem der kollektiven Dimension der Konstitution ergeben. Die Weisheit ist nicht eine persönliche Tugend als solche, sie kann im Gegenteil nur als Element der kollektiven Konstitution leben und sich entfalten. Der Begriff der »Sicherheit« verneint nicht den der »Freiheit«. Spinoza könnte, wie er das bald tun wird, das Sprichwort aus dem »Theologisch-politischen Traktat« wiederholen: *»Finis revera Reipublicae libertas est«*, »Das wahre Ziel des Staates ist die Freiheit«. Wenn er hier den Begriff der Sicherheit vorzieht, dann um den kollektiven Charakter der bürgerlichen Freiheit auszudrücken. Schließen wir die Analyse ab, indem wir erneut die ausschließliche Zentralität des konstitutiven Vorschlags bestimmen. Weil nun alle Menschen, gleichviel ob Barbaren oder Zivilisierte, in ein Verhältnis eintreten und dem bürgerlichen Staat, der politischen Ordnung Ursprung verleihen, »so darf man die Ursachen und natürlichen Grundlagen des Staatswesens nicht aus den Lehrsätzen der Vernunft entnehmen *(ex rationis documentis)*, sondern muß sie aus der allgemeinen Natur oder Beschaffenheit der Menschen ableiten« (*TP*, 1, § 7).

Der Abschnitt endet mit einer Betonung der Komplexität des konstitutiven Prozesses. Spinoza hat sich lediglich erklärt. Er hat die Bedingungen gesetzt, die die *Ethik* in ihrer zweiten Redaktion in entschiedener Weise vertieft hatte. Die Synthese, die Ununterscheidbarkeit von Freiheit und Notwendigkeit, werden nun auf dem Gebiet der realen Konstitution untersucht, dem Gebiet, das die Materialität und die kollektive Dimension des politischen Lebens darstellen. Aber man muß vorsichtig sein. Angesichts der Konkretheit des Problems wiederholen sich die metaphysischen Bedingungen nicht bloß: sie klären sich und sie verlagern sich. Die Methode ist völlig eins mit der Wirklichkeit, die sie erfaßt. Die Lösung der Gegensatzpaare des politischen Realismus: *»prudentia«-»multitudo« »libertas«-»securitas«, »conditio«-»constitutio«* (vgl. insbes. 108; besser: 98; 99; 100) – diese Lösung wird einem expliziten theoretischen Fortschritt in der Lösung der grundlegend aufscheinenden Gegensätzlichkeit von Freiheit und Notwendigkeit zugeschrieben. Die Aporien, die man im 5. Teil der *Ethik* hinsichtlich dieses Vorhabens gelesen hat, lösen sich nun definitiv. Die »freie Notwendigkeit« ist nicht mehr Ergebnis, sondern Voraussetzung. Die Freiheit, darauf besteht Spinoza, die Auseinandersetzung mit Tschirnhaus vertiefend (57. u. 58. Brief zwischen 1674 und 1675), besteht nicht »im freien Willen, sondern in der freien Notwendigkeit« – das heißt also, nicht in dem Unwissen über die sie bestimmenden Ursachen, nicht in der »Fiktion der Freiheit«, vielmehr im Bewußtsein ihrer Bewegung. An dieser Stelle ist Freiheit nicht mehr ein Ergebnis, aber auch nicht nur eine formale Voraussetzung: sie ist Subjekt. Das Bewußtsein erlebt die wahre Vorstellung als Übereinstimmung der Vorstellung mit dem Vorgestellten: auf diese Vermittlung erstreckt sich die Freiheit. Aber ist diese Übereinstimmung nicht ein rein äußerliches Zeichen? »Um nun zu wissen, aus welcher von allen *Vorstellungen* eines Dinges alle Eigenschaften des *Gegenstandes* hergeleitet werden können, fasse ich nur das eine ins Auge, daß diese Vorstellung oder Definition des Dinges die *bewirkende Ursache* zum Ausdruck bringt.« (60. Brief)[3] Auf diese Weise streben Subjekt und Wirkursache zur Identität. Und die Freiheit ist nicht nur eine auf die Übereinstimmung von Vorstellung und Vorgestelltem strebende Vermittlung, sondern Wirkursache. Die freie Notwendigkeit ist die Gegenwärtigkeit des konstitutiven Prozesses, die sich als dynamisch vorgeschobenes ontologisches Vermögen verdeutlicht.

Damit vervollständigt sich der Horizont der *Ethik*. Man wäre fast versucht, von einer erneuten Grundlegung des Entwurfs zu sprechen. Aber das wäre nur äußerlich. Wir stehen lediglich vor einer thematischen Ausweitung der zweiten Grundlegung. Können wir also sagen, daß Spinoza innerhalb dieser Ausweitung zum ersten Mal eine Analytik der Zeit angeht, nachdem er die Physik des Raumes so ausführlich entwickelt hat? Es scheint offensichtlich: das konstitutive oder expressive Vermögen des Seins verlangt, daß die Zeit sich als wirkliches Wesen qualifiziert. Das hindert nicht, daß diese theoretische Forderung und die Praktik dieser Dimension nur implizit vorhanden sind. Sicher, Spinoza klärt in diesen Jahren in der Diskussion mit Tschirnhaus – einem hervorragenden und anspruchsvollen Gesprächspartner – die Kritik des Attributs und jeglicher möglichen emanatistischen Deutung des Systems (vgl. u. a. 63.-66. Brief).[4] Eine neue Einschätzung der zeitlichen Dimension konstituiert nicht nur den Hintergrund dieser kritischen Neubestimmung. Darüber hinaus, gleichsam um eine Bedingung der Ausdehnung der Kraft und der Dimension des konstitutiven Prozesses zu bestimmen, gelangt Spinoza zu einer Reihe von Behauptungen, die zeigen, wie weit sein Bruch auch mit der cartesianischen Denkform und Problematik bereits gediehen ist – wovon, und dies ist keineswegs zweitrangig, Spinoza seine Impulse bekommen hatte. »Aus der Ausdehnung, wie Descartes sie auffaßt, nämlich als ruhende Masse, die Existenz des Körpers zu demonstrieren, ist nicht nur schwierig ..., sondern vollkommen unmöglich. Denn die ruhende Materie wird, soweit es an ihr liegt, in ihrer Ruhe verharren und nicht zur Bewegung angetrieben, es sei denn durch eine äußere, stärkere Ursache. Aus diesem Grund habe ich keine Bedenken getragen, es seinerzeit auszusprechen, daß die Prinzipien der natürlichen Dinge bei Descartes unbrauchbar, um nicht zu sagen widersinnig sind.« (81. Brief, vgl. auch 83. Brief) Aber auch nach der Erkenntnis all dessen wiederholen wir, daß die zeitliche Qualifikation des konstitutiven Prozesses implizit bleibt. Die Konstitution des Wirklichen, in ihrer Kraft und in ihrer Dynamik, umfaßt die Zeit als implizite Dimension des Wirklichen. Dauer und Ewigkeit gründen sich in der freien Notwendigkeit.

Die freie Notwendigkeit ist also das Fundament der Spinozianischen Politik. Und das ist der methodische Kern seiner Arbeit. Erfahrung oder Praxis: das ist das Grundlegende, die konstitutive Verknüpfung der Praxis mit der Erfahrung, mit der modalen Gegebenheit. »Oder« ist das Zeichen der Implikation. Und das gilt auch für die anderen offensichtlich antinomischen Paare: das Verknüpfen der *»libertas«* mit der *»securitas«*, der *»prudentia«* mit der *»multitudo«* ist ebenfalls tief und umgreifend. Aber vor allem gilt dies für das Paar »menschliche Bedingung«-»Konstitution der Freiheit«: der politische Realismus ist hier (à la Machiavelli und daher in nichtmachiavellischer Form) als Element und dynamische Perspektive der Freiheit gewonnen. All das führt, wie wir bald sehen werden, zu einem letzten Paar, das diesmal zwar nicht augenscheinlich, wohl aber in Wirklichkeit antinomisch ist: *»potentia«* und *»potestas«*, Vermögen und Gewalt. Vermögen als dynamische und konstitutive Verknüpfung des Einen und der Vielheit, der Intelligenz und des Körpers, der Freiheit und der Notwendigkeit – Vermögen gegen Gewalt –, wo die Gewalt sich als Unterordnung der Vielheit, der Intelligenz, der Freiheit, des Vermögens entwirft. Dieser vermögenden und gewaltigen Auffassung des Politischen wollte man in der Geschichte der Spinoza-Deutung viel zu oft eine bestimmte beruhigende Bedeutung verleihen, im realistischen oder liberalen oder demokratischen Sinn. Vielleicht ist jede dieser Kennzeichnungen richtig, aber nur partiell. Die Totalität des spinozianischen Vermögens als Grundlage der Konstitution des Wirklichen durch die Form des Politischen ist nur in einer Weise zu kennzeichnen: gegen die Gewalt. Es ist eine wilde Kennzeichnung, eine zerstörende Bestimmung, eine materialistische Grundlegung. Der methodische Anfang des »Politischen Traktats« und die metaphysische Verlagerung der Ergebnisse der *Ethik*, die dieser produziert, bringt uns allerdings in diese Lage. Vermögen gegen Gewalt.

»Tantum juris quantum potentiae«

Der 34. und der 35. Lehrsatz des 1. Teils der *Ethik* setzen den Unterschied zwischen *»potentia«* und *»potestas«*, zwischen Vermögen und Gewalt. »Das Vermögen Gottes ist sein Wesen selbst.« (34. LS) »Alles, von dem wir begreifen, daß es in Gottes Gewalt *(in potestate)* stehe, das ist notwendig.« (35. LS) Wie man sieht – Gueroult besteht zu Recht darauf (67, 387-389; vgl. auch 83, 213 ff.; sowie 53; 54;) – basiert dieser Unterschied völlig auf der erkenntnismäßigen Verdoppelung, die vom produktiven Mechanismus der Attribute induziert ist. Die *»potestas«* ergibt sich als Fähigkeit – Denkbarkeit –, die Dinge hervorzubringen; die *»potentia«* als Kraft, die sie effektiv hervorbringt. Nach Gueroult hat die Spinozianische Postulierung dieses Unterschieds einen argumentativen Zweck: »Aufgrund der Identifikation des Vermögen Gottes mit der inneren Notwendigkeit seines Wesens die Falschheit der abweichenden Auffassung zu erweisen, die die Betätigung seines Vermögens betreffen.« Daher die unmittelbare Verneinung der Unterscheidung, sobald das argumentative Ziel erreicht ist: die Gewalt wird als virtuelles Vermögen im 36. Lehrsatz abgelehnt (»Nichts ist da, aus dessen Natur nicht irgendeine Wirkung erfolgte«). Der 35. Lehrsatz, das heißt, die Unterscheidung der Gewalt *(potestas)* vom Vermögen, hat schlicht eine polemische Bedeutung gegen alle, die durch die Bejahung freien Willens das Mißverhältnis, inwieweit er seitens des göttlichen Wesens möglich und inwieweit er tatsächlich in die Welt eingegeben ist, bejahen. Diese Interpretation Gueroults ist nun zweifellos richtig. Sie gibt die Besonderheit des utopischen Rahmens der ersten Redaktion wieder. Aber, wie so oft bei der Interpretation Gueroults, hat sich die theoretische Situation auf diesem Gebiet abgeflacht. An anderer Stelle (Kap. III) haben wir im Verfolg dieser Gruppe von Lehrsätzen nämlich gezeigt, daß die Reduktion der *»potestas«* auf die *»potentia«* nicht bloß im Sinne eines Wegnehmens von Vernunft aus der absteigenden und emanatistischen Ordnung des Seins wirkt (und daher im Sinn des Wegnehmens organisativer Kraft von der Dynamik der Attribute), sondern auch und vor allem im Sinne einer Wiedereröffnung des Paradoxons der Welt, eines ungelösten, aber produktiven Gegensatzes von Totalität des Seins und gegenwärtiger (aktueller) Bestimmtheit der Modalität. Wenn sich dann in den nachfolgenden Büchern der *Ethik* dieser Gegensatz in einen konstitutiven Antrieb verwandelt, verliert die Unterscheidung *»potentia«-»potestas«* auch die polemischen Funktionen, die ihr im 1. Teil zukamen. Das heißt, daß der Begriff *»potestas«*, wenn er nicht ganz aus dem Rahmen einer (Spinozianisch) bedeutungsvollen Terminologie hinausfallen soll, nicht – insoweit er der Horizont der Denkbarkeit ist – als dem Vermögen des Seins untergeordnete Funktion verstanden werden darf, mithin als Element, das völlig bestimmt und der dauernden Verlagerung, der dauernden Aktualisierung unterliegt, die das potentielle Sein bestimmt. Der Unterschied kann mithin nicht nur nicht in Ausdrücken gesetzt werden, die die Gewalt *(»potestas«)* hervorheben, wie schon der Spinoza der ersten Redaktion und Gueroult betonen, sondern muß – wie es der Spinoza der zweiten Redaktion will – in gegenteiligem Sinn verwendet werden, als Grundlage zur Hervorhebung der Erscheinungsform der *»potentia«* – real, konkret, bestimmt – gegenüber jedweder Möglichkeit und jeglichem Vorgestellten. In dieser

Umkehrung besteht die Wendung der humanistischen Utopie, die aber auf den Horizont des Materialismus zurückgeführt ist. *»Potestas«* kann von diesem Standpunkt aus nicht bedeuten: *»potentia«* gegen Konstitution – eine Verstärkung, die der Terminus Gewalt nicht enthüllt, sondern lediglich andeutet, da das Vermögen des Seins ihn innerhalb des Prozesses der realen Konstitution festmacht oder zerstört, setzt oder überschreitet. Die Verstärkung, die der Begriff der Gewalt gegenüber dem des Vermögens setzt, ist nur bezogen auf den Beweis der Notwendigkeit – für das Vermögen –, sich immer gegen die Gewalt zu stellen. Aber danach tritt erneut die wahre Dimension der Politik Spinozas hervor – sein metaphysisches Vorgehen beim materialistischen Aufbau der gesellschaftlichen Welt, dieses sein Vorgehen, das die Prinzipien für bestimmtes Handeln in der wirklichen Welt vorbereitet (vgl. oben Kap. 5 § 2).

Das 2. Kapitel des »Politischen Traktats« nimmt seinen Anfang von diesen Voraussetzungen. Es hebt bei der metaphysischen Freiheit des Vermögens an. Die metaphysische Freiheit muß, wie wir im 1. Kapitel gesehen haben, eine Analytik dieser Wirklichkeit sein. Der Rückbezug auf den »Theologisch-politischen Traktat« und auf die *Ethik* ist unmittelbar (vgl. *TTP*, 15. Kap., *Ethik*, IV, 38. LS, Anm.), und insoweit er dort beibehalten wird, muß er erneut durch die apodiktische Beweisführung erklärt werden (*TP*, 2. Kap., § 1). Die apodiktische Beweisführung ist die Darstellung, die das Vermögen des Seins von sich selbst gibt, indem sie die göttliche Notwendigkeit ihrer Grundlage und ihrer Ausdehnung betont. »Hieraus, daß nämlich das Vermögen der Naturdinge, wodurch sie da sind und wirken, eben das Vermögen Gottes selbst ist, ist leicht einzusehen, was Naturrecht ist. Weil Gott nämlich ein Recht auf alles hat, und das Recht Gottes nichts anderes ist, als eben das Vermögen Gottes, insofern dieses als schlechthin freies betrachtet wird, so folgt hieraus, daß jedes Naturding von Natur so viel Recht hat, als es Vermögen hat, zu existieren und zu wirken, da das Vermögen jedes einzelnen Naturdinges, wodurch es da ist und wirkt, kein anderes ist, als eben das Vermögen Gottes, das schlechthin frei ist.« (*TP*, II, § 3) *»Potentia«* – *»jus«* – *»libertas«*: der Zusammenhang könnte weder enger noch bestimmter sein[5] – und vor allem könnten seine Potentialität und seine Spontaneität nicht stärker herausgehoben werden. Die Analyse wendet sich zum Ursprung zurück, sucht die Dichte des Seins, um es im Hineintauchen wiederzubeleben. Das wilde Vermögen der Natur bei Spinoza ist wie immer das erste Szenarium, auf dem sich der konstitutive Entwurf bewegt. Das Naturrecht ist also das Naturgesetz selbst in seiner Unvermitteltheit, unmittelbarer Ausdruck der *»cupiditas«*, Verlängerung, Projektion des *»conatus«*. »Wenn also die menschliche Natur so beschaffen wäre, daß die Menschen bloß nach der Vorschrift der Vernunft lebten und nichts anderes versuchten, dann würde das Naturrecht, insofern es als dem Menschengeschlecht zugehörig betrachtet wird, bloß durch das Vermögen der Vernunft bestimmt werden. Die Menschen werden aber mehr von blinder Begierde als von Vernunft geleitet, und demgemäß muß das natürliche Vermögen der Menschen oder ihr Recht nicht aus der Vernunft, sondern aus jedem Triebe, von dem sie zum Handeln bestimmt werden und womit sie sich zu erhalten streben, bestimmt werden. Ich meinerseits gestehe zwar, daß jene Begierden, die nicht aus der Vernunft entspringen, eher menschliche Handlungen als Leidenschaften sind; weil wir aber hier von dem allgemeinen Vermögen oder dem Recht der Natur handeln, können wir hier keinen Unterschied anerkennen zwischen Begierden, die aus der Vernunft, und zwischen denen, welche aus anderen Ursachen in uns entstehen, da sowohl diese als jene Wirkungen der Natur sind und die natürliche Kraft ausdrücken, womit der Mensch in seinem Sinn zu verharren strebt. Denn der Mensch, sei er weise oder unwissend, ist ein Teil der Natur, und alles das, wodurch ein jeder zum Handeln bestimmt wird, muß zum Vermögen der Natur gerechnet werden, insofern diese nämlich als die Natur dieses oder jenes Menschen definiert werden kann. Denn der Mensch, mag er von Vernunft oder von der bloßen Begierde geleitet sein, tut alles nur nach den Gesetzen und Regeln der Natur, d. h. dem Naturrechte gemäß.« (*TP*, II, § 5) Die natürliche Welt des Menschen ist in ihrem unmittelbaren Ausdruck konstituiert: es ist nicht mehr falsch, die Menschlichkeit angesichts der Natur wie einen Staat im Staate zu betrachten: *»imperium in imperio«*. Die Menschlichkeit vervielfacht eher das natürliche Potential der Unmittelbarkeit und der Gewalttätigkeit, aber sie deutet auch die Spannung, die der *»aeternus ordo totius naturae«*, der ewigen Ordnung der Natur, innewohnt: einer Ordnung, die aus einander folgenden Stufen der Vollkommenheit besteht, gewirkt aus der Positivität des Seins. »Die Freiheit ist tatsächlich eine Tugend oder Vollkommenheit, was also den Menschen eines Unvermögens zeiht, das kann nicht auf seine Freiheit bezogen werden.« (*TP*, II, § 7) »Das Recht und die Einrichtung der Natur, unter der alle Menschen geboren werden und größtenteils leben, verbietet nichts, als das, was niemand begehrt ...« (*TP*, II, § 8) Die Freiheit schreitet innerhalb dieser Dichte des Seins voran. Recht, und nicht Gesetz – so wie Vermögen und nicht Gewalt.[6]

Aber dieser Prozeß ist verwickelt in das Paradoxon der Modalität: die Autonomie der Subjekte, welche die Definition des Naturrechts verlangt, ist antagonistisch. Während der Begriff des Naturrechts in seiner Selbständigkeit entwickelt wird, folgt nämlich diese Definition: »... daß jeder so lange unter dem Rechte eines andern steht, solange er unter der Gewalt des anderen steht, und daß jeder insoweit unter seinem eigenen Rechte steht, als er jede Gewalttätigkeit zurückweisen, den ihm zurückgewiesenen Schaden nach Herzenswunsch vergelten, und überhaupt, insofern er nach seinem Sinn leben kann.« (*TP*, II, § 9) Der Naturzustand ist ein antagonistisches Szenarium, und die Autonomie der Subjekte stellt sich dabei als Antagonismus, Gewalttätigkeit, Zusammenstöße der Autonomien, der *»cupiditates«* dar, sofern sie nicht einfach dagegengesetzte *»libidines«*, Verlangen sind. Das ist das Gebiet der Mystifikation und des Betrugs, der Irrealität, die sich erhebt, um Knechtschaftsverhältnisse zu setzen. Man beachte: Man könnte leicht in diesem Passus die negative Prämisse – dialektisch negativ angesichts der anfänglichen Definition des Vermögens – eines argumentativen Prozesses betrachten, der – wie es tatsächlich geschieht – auf dem Weg zu einer beruhigenden Lösung ist. Aber dem ist nicht so. Dieses antagonistische Szenarium setzt sich nicht innerhalb einer dialektischen Entwicklung, sondern innerhalb einer Tätigkeit der Verlagerung des Seins. Der Antagonismus ist ein zweites – notwendiges – Szenarium gegenüber dem ersten – dem des Vermögens: es integriert dieses, indem es das Vermögen der negativen Bestimmung der Seinsordnung, ihrer Beschränkung entgegenhält – die im Sein selbst begründet ist. So daß das daraus resultierende Problem nicht auf unmögliche Beruhigung ausgeht, sondern sich dem Risiko der Konstruktion des Seins öffnet. Des Politischen. Hier wiederholt sich der schon im 3. und 4. Teil der *Ethik* festgestellte Prozeß, wo die antagonistischen Bedingungen des Politischen innerhalb der expliziten Spannung des phänomenologischen Prozesses gebildet werden. Dieser Antagonismus ist daher selbst konstitutiv. Die Autonomie des Subjekts beruhigt sich, muß sich im zwischenmenschlichen Verhältnis beruhigen. Aber »wenn zwei zusammen übereinkommen, und ihre Kräfte verbinden, so vermögen sie zusammen mehr und haben folglich mehr Recht auf die Natur, als jeder von beiden allein, und je mehr sie ihre Beziehungen miteinander verknüpfen, um so mehr Recht werden sie alle zusammen haben.« (*TP*, II, § 13) Dieser Abschnitt ist grundlegend: die kollektive Dimension verlagert den antagonistischen Prozeß des Seins. Die *»multitudo«* ist nicht mehr eine negative Bedingung, sondern positive Voraussetzung der Selbstkonstitution des Rechts. Das skeptische Argument, das das Recht verneint, indem es die Wahrheit der Masse verlacht, wird vollständig umgekehrt: dieses Recht ist Recht, nicht weil es die Kraft der Vielen ist, sondern die Konstitution der Mehrheit. Die Mehrheit beginnt, eigentlich von der verhaltensformenden natürlichen Feindschaft an, den politischen und juristischen Körper zu konstituieren. Von diesem Punkt an verdichtet und entwickelt sich eine politische Physik (vgl. *TP*, 2. Kap. §§ 14, 15; vgl. auch 94). Die Theorie vom Gesellschaftsvertrag, schon im »Theologisch-politischen Traktat« thematisiert angesichts der gleichen Schwierigkeiten, hat keinerlei Raum mehr innerhalb der Definition dieses fortschreitenden Antagonismus. Die Physik ersetzt jegliche voluntaristische Hypothese. Wenn die Gesellschaft dem Sein innewohnt, ist sie vom Sein im Sein konstituiert: kein Flaschengeist kann den doppelten, aber identischen Mechanismus der ontologischen Verlagerung und der kollektiven Konstitution im physikalischen, materiellen Horizont der Welt ersetzen.

In der physikalischen Ordnung drückt sich der letzte konstitutive

Übergang aus. »Dieses Recht, das durch das Vermögen der Masse *(multitudo)* bestimmt wird, nennt man gewöhnlich Staat. Und derjenige regiert ihn unumschränkt, der nach gemeinsamer Übereinstimmung die Sorge für das Gemeinwesen hat, nämlich das Recht, Gesetze zu geben, auszulegen und abzuschaffen, Städte zu befestigen, über Krieg und Frieden zu entscheiden etc. Wenn diese Sorge einer Versammlung zusteht, die aus der allgemeinen Masse zusammengesetzt wird, dann nennt man den Staat eine Demokratie; besteht sie aber nur aus einigen Ausgewählten, so nennt man ihn Aristokratie, und wenn endlich die Sorge für das Gemeinwesen und folglich der Staat in eines einzigen Hand steht, Monarchie.« (*TP*, II, § 17) Die konstitutive Bestimmung ist also im Horizont der *»multitudo«* gegeben. Die *»multitudo«* ist zum produktiven Wesen geworden. Das bürgerliche Recht ist das Vermögen der *»multitudo«*. Der Vertrag wird durch den Konsens ersetzt, die Methode der Individualität durch diejenige der Kollektivität. Die Wirklichkeit des Gesetzes findet innerhalb dieser Konstitution gleicherweise ihre Dynamik und ihre Bestimmungen: das heißt, daß das bürgerliche Recht das Gerechte und das Ungerechte konstituiert, was dasselbe ist wie das Gesetzliche und das Ungesetzliche. »Eine Sünde kann also nur im Staate gedacht werden, wo nämlich nach dem gemeinsamen Recht des ganzen Staates entschieden wird, was gut und was böse ist, und wo niemand etwas mit Recht tut, als das, was er nach gemeinsamem Beschluß und gemeinsamer Zustimmung tut. Denn das ist Sünde, was nicht mit Recht geschehen kann, oder was durch das Recht untersagt ist; Gehorsam aber ist der standhafte Wille, das auszuüben, was nach dem Rechte gut ist und nach gemeinsamem Beschlusse geschehen soll.« (*TP*, II, § 19) »Wie also streng genommen Sünde und Gehorsam, so können auch Gerechtigkeit und Ungerechtigkeit nur in einer Rechtsordnung gedacht werden. Denn es gibt nichts in der Natur, von dem man mit Recht sagen könnte, es gehöre diesem und nicht einem anderen, sondern alles gehört allen, wenn sie nämlich die Gewalt haben, es sich anzueignen. In einer Ordnung also, wo nach gemeinsamem Recht entschieden wird, was diesem oder jenem gehört, heißt derjenige gerecht, der den standhaften Willen hat, jedem das Seine zuzugestehen, ungerecht aber, der im Gegenteil das, was einem anderen gehört, zu dem Seinigen zu machen sucht.« (*TP*, II, § 23)

Reine positivistische und legalistische Bestimmung des Gesetzes? In diesem Fall: welches ist der Zusammenhang mit der metaphysischen Vorstellung des Vermögens, auf dessen Grundlage der Prozeß in Bewegung kommt? Ist diese Bestimmung des legalistischen Positivismus nicht die Umkehrung jener Unterordnung des Gesetzes unter das Recht, welche uns der Standpunkt der Analyse zu konstituieren schien? Alle diese Fragen, die schon allzuoft in der Geschichte der Deutungen Spinozas aufgetaucht sind[7], sind unberechtigt und dürfen nicht aufrechterhalten werden. Sie rühren einfach von der Unsitte einer nur bruchstückhaften Lektüre eines Systems her, von der unheilbaren Dummheit der Spezialisierung und dem Verlust des metaphysischen Sinnes. Der Spinozianische Positivismus ist nur scheinbar, wenn er in starren und modernen Begriffen verstanden wird: in Wirklichkeit ist er die reine Positivität des Vermögens. Historisch ist er Folge jener paradoxen Umkehrung der Begriffe, die der sogenannte Parallelismus Spinozas bewerkstelligt hat: der Parallelismus bestimmt die Identität der beiden Pole und verneint absolut die Getrenntheit. So verneint das Verhältnis *»multitudo«*-(bürgerliches) Staatsrecht[8] die Getrenntheit der beiden Begriffe und führt den Dualismus wieder zur Identität zurück. Aber diese Identität ist immer die Identität des Vermögens. Das Spinozianische Staatsrecht zerstört das Naturrecht, zerstört jedwede isolierte Bestimmung des Gesetzes, bringt die Normativität wieder in die konstitutive Prozeßhaftigkeit des Menschlichen ein. Das heißt, es leugnet eben die Bedingungen, aufgrund deren man vom juristischen Positivismus sprechen kann: Bedingungen, die die Transzendenz des Gesetzes-Wertes innerhalb des juristischen Produktionsprozesses vorsehen, die ein organisches Vermögen der Normativität als solcher unterstellen – getrennt also, hervorgehoben (110). Bei Spinoza ergibt sich kein legalistischer Positivismus und kann sich nicht ergeben, weil er hinsichtlich aller Bedingungen des Systems und seiner metaphysischen Gestalt gegenteilig und andersartig ist. Das Gerechte ist ein Prozeß, den das Vermögen konstituiert. Die Gesetze, die einzelnen Definitionen der Verfehlung, des Gesetzlichen und des Ungesetzlichen, sind formale Abklärungen eines materiellen und kollektiven Voranschreitens der Menschen. Der Spinozianische Positivismus ist die Positivität des Vermögens, er begleitet dabei die Kraft, organisiert die Grenzen – jedenfalls wird er von seinem Entwurf mitgezogen und ihm untergeordnet, der Dynamik des Antagonismus unterworfen, in dem das Vermögen sich entfaltet. Nur die feine bürgerliche Wissenschaft der Mystifikation kann dann danach verlangen, der kollektiven Materie die in der Geschichte tätige Kreativität abzusprechen, kann nach den Besitz der Herrschaftsnorm über diese Materie verlangen: so der Positivismus, so der Legalismus. Bei Spinoza wird nicht einmal das Gesetz angenommen. Der Positivismus Spinozas ist die juristische Kreativität – nicht des Gesetzes, sondern des Konsenses, des Verhältnisses, der Konstitution.

Also immer noch Vermögen gegen Gewalt. Und es ist kein Zufall, daß sich die Entwicklung des »Politischen Traktats« sofort auf die Voraussetzungen der bürgerlichen Konstitution der Staatsrechtslehre konzentriert. Wenn die Kapitel 1 und 2 dieses Problem aufgegriffen hatten, indem sie die Prinzipien der Politik als Konstitution in alternativer Funktion, also positiv, gestellt hatten – so setzen die Kapitel 3 und 4 das kritische Problem in negativen Begriffen, polemisch, in der Gegenüberstellung zu den zwei grundlegenden Annahmen des rechtsnaturalistischen und absolutistischen modernen Denkens, das heißt, gegenüber der Vorstellung der transzendentalen Übertragung des Naturrechtes und der Unbegrenztheit der souveränen Gewalt. In seinem Verlauf zermalmt der Spinozianische Mechanismus, nicht linear, aber beständig, den bürgerlichen ideologischen Horizont, indem er alle die Gegensätze erneut auftreten läßt und durch diesen Übergang ins Negative die Alternative – die republikanische Alternative – konstruiert. Wir befinden uns damit einer Art transzendentaler kantischer Dialektik, das heißt der Entwicklung einer Dialektik der Erscheinungsformen gegenüber, die die Bestimmungen der Vernunft beeinflußt; sie beweist gleichzeitig das Bedürfnis, aus dem diese Bestimmungen hervorgehen und das sie erklärt, und das Unterscheidungsmerkmal der Wirklichkeit (und der Unwirklichkeit), in welcher dieser Anspruch eingebunden und blockiert ist. Dagegen ergibt sich die republikanische Alternative auf dem Gebiet der Philosophie der reinen Affirmation.[9]

Erster Punkt also: Kritik der Vorstellung der transzendentalen Übertragung des Naturrechts, Kritik der juristischen Genese der Gewalt. Das Problem ist durch die Unterscheidung »Untertan«-»Staatsbürger« gegeben (*TP*, III, § 1). In der etablierten rechtsnaturalistischen Vorschriftenreihe ist diese Unterscheidung durch den Vertrag vermittelt und organisiert, in den verschiedenen Formen, in denen er vorkommt, die aber in jedem Fall das reine assoziative Phänomen überbestimmen. Aber bei Spinoza ist der Vertrag schon ausgeschaltet, so wie auch seine individualisierte Charakterisierung ausgeschaltet wurde. Hier nun geschieht die Beseitigung des Vertrags auf positive Weise. Den Übergang vom Individuellen zum Allgemeinen lehnt Spinoza prinzipiell ab. Er geschieht in kollektiven Begriffen. Also nicht die Übertragung der Rechte, sondern ihre kollektive Konstitution. »Aus § 15 des vorigen Kapitels erhellt, daß das Recht des Staates und der höchsten Gewalten nichts anderes ist als das Naturrecht, welches zwar nicht durch das Vermögen jedes einzelnen, sondern durch das einer Masse, die wie von einem Geiste geleitet ist, bestimmt wird, d. h. daß, sowie jeder einzelne im Naturzustande, so auch der Körper und der Geist des ganzen Staates so viel Recht besitzt, als er Vermögen hat, und daher jeder einzelne Staatsbürger oder Untertan um so viel weniger Recht besitzt, um wieviel der Staat selbst ihn an Vermögen übertrifft; und folglich tut und besitzt jeder einzelne Staatsbürger nur dasjenige mit Recht, was er nach dem gemeinsamen Staatsbeschluß verantworten kann.« (*TP*, III, § 2) Absolute Konstitution, aber stets relativ: wenn nämlich »sich auf keine Weise denken läßt, daß es nach dem Staats-Recht jedem einzelnen Staatsbürger gestattet wäre, nach seinem Sinn zu leben und daß folglich jedes Naturrecht, daß jeder sein eigener Richter ist, in der bürgerlichen Verfassung notwendig aufhört«, so »habe ich ausdrücklich gesagt ›nach dem *Staats-Recht*‹; denn das Naturrecht jedes einzelnen (wenn wir die Sache richtig erwägen) hört in der bürgerlichen Verfassung nicht auf. Denn der Mensch handelt sowohl im Naturzustande wie im staatsbürgerlichen nach den Gesetzen seiner Natur und ist auf seinen Vorteil bedacht. Der Mensch, sage ich, wird in dem einen, wie im andern Zustand von Hoffnung oder Furcht geleitet, dieses oder jenes zu tun oder zu unterlassen; der Hauptunterschied zwischen beiden Zuständen ist aber, daß im staatsbürgerlichen Zustand alle dasselbe fürchten, und daß für alle derselbe Grund zur Sicherheit und dieselbe Lebensweise besteht, was die Urteilsfähigkeit jedes einzelnen gewiß nicht aufhebt.« (*TP*, IIII, § 3) Absolute, aber immer relative Konstitution: auch wenn das absolutistische Streben sich zu seinem höchsten Vermögen erhebt (*TP*, III, §§ 4-6), wiederholt sich das gewohnte Problem: »Wie im Naturzustande derjenige Mensch der vermögendste und am meisten sein eigener Herr ist, der sich von der Vernunft leiten läßt, so ist auch derjenige Staat der mächtigste und am meisten sein eigener Herr, der mit Vernunft begründet und regiert wird. Denn das Recht des Staates bestimmt sich nach dem Vermögen der Masse, die wie von einem Geist geleitet wird.« (*TP*, III, § 7) Ein Paradoxon, das seinen Ursprung in der Tatsache hat, daß die Beständigkeit nicht begründet, sondern konstituiert ist, nicht vermittelt, sondern entwickelt, nicht ein Ergebnis, sondern Voraussetzung ist. »Um aber den Faden der Rede nicht so oft zu unterbrechen, und nicht in der Folge ähnliche Einwürfe beantworten zu müssen, will ich erinnern, daß ich hier alles aus der Notwendigkeit der menschlichen Natur, wie man sie auch immer ansehen mag, nachgewiesen habe, nämlich aus dem allgemeinen Selbsterhaltungsstreben aller Menschen, welches Streben allen Menschen, unwissenden und weisen, innewohnt; und somit bleibt es ein und dasselbe, wie man auch die Menschen betrachtet, ob von den Affekten oder von der Vernunft geleitet, weil, wie gesagt, der Beweis allgemein ist.« (*TP*, III, § 18) Die Souveränität, die Gewalt sind damit reduziert und abgeflacht zur *»multitudo«*: sie entfalten sich dort, wo sich das Vermögen der organisierten *»multitudo«* entfaltet (*TP*, III, § 9). Diese Beschränkung ist organisch, ist ontologisches Element der konstitutiven Dynamik. Keine Übertragung also. Kein Hobbes, kein Rousseau. Weder auf politischem Gebiet: und das schließt jedwede Spinozianische Wiederentdeckung (und um so mehr die Auswertung) der Thematiken der Staatsraison aus; noch auf juristischem Gebiet: und damit gerät der Spinozianische Argwohn erneut mit jeder legalistischen und positivistischen Theorie aneinander. So daß das Politische und das Juristische, der Untertan und der Staatsbürger (die terminologischen Bedeutungen korrespondieren in diesem Fall nicht und sind auch nicht korrelativ) gänzlich relative und meßbare Unterschiede nur innerhalb der Variablen der Kontinuität von der Autonomie über die *»multitudo«* zur Souveränität konstituieren. Anders, deutlicher ausgedrückt, kann man sagen: vom *»appetitus«* über die Imagination zur Vernunft. Hier, in dieser metaphysischen Entwicklung, klärt sich der Prozeß. Intensiv, tiefgründig. Und dadurch wird vor allem jede vitalistische und organizistische Deutung dieser philosophischen Entwicklung Spinozas ausgeschlossen (letztere Deutung stammt, mehr als die erstere, von Dilthey und seiner Schule: vgl. 109): wir stehen vielmehr einer Analyse des Staates gegenüber, die ihn in seiner vollen Mehrdeutigkeit darstellt, als Herrschaft der Mystifikation und der Realität, der Imagination und der kollektiven Sehnsucht. Wahrhaftig: das negative Denken ist zum Entwurf der Konstitution geworden.

Und nun kommen wir zum zweiten Punkt der Kritik Spinozas am bürgerlichen Absolutismus: die Kritik der Unbegrenztheit der souveränen Gewalt. Sie wurde schon im Zusammenhang des 3. Kapitels des »Politischen Traktats« ausgeführt. Aber hier ist sie nun in juristische Funktion versetzt, das heißt gegen den Mechanismus der Legitimation des Absolutismus (vermittels Vertrages, vermittels Rechtsübertragung). Im 4. Kapitel wird die Polemik jedoch qualitativ, das heißt, sie stellt nicht die konstitutive Mehrdeutigkeit des – auf jeden Fall realen – Verhältnisses zwischen *»multitudo«* und Staat (wie es im 3. Kapitel geschieht) ins Zentrum, sondern setzt stattdessen das umfassende Gesamt der konstitutiven Beziehungen ein. Wenn das 3. Kapitel den Vertrag als logische Funktion eliminiert, so deutet das 4. Kapitel ihn als materielle Funktion und zeigt dabei die Gegensätzlichkeit als auf jeden Fall nutzbares Instrument. Die Argumentation ist gänzlich paradox. Aber es ist nicht gesagt, wie übrigens die gesamte Entwicklung von Spinozas System beweisen wird, daß die paradoxe Argumentation weniger wirkungsvoll als andere Argumentationen wäre! Die grundlegende Beschränkung der Tätigkeit des Staates besteht, wie bewiesen, in der Ausdehnung und der Kontinuität der innerstaatlichen Naturrechte. »Es gibt gewisse Bedingungen, wobei, wenn sie vorhanden sind, auch Achtung und Furcht der Untertanen vor dem Staate vorhanden ist, und wobei, wenn sie wegfallen, auch Furcht und Achtung und damit zugleich der Staat aufhörten. Der Staat ist also, um sein eigener Herr zu sein, verbunden, die Ursachen der Furcht und Achtung aufrechtzuerhalten, sonst hört er auf, ein Staat zu sein. Denn derjenige oder diejenige, der die Gewalt besitzt, kann ebenso unmöglich betrunken oder nackt mit öffentlichen Dirnen in den Straßen umherziehen, den Schauspieler machen, die von ihm selbst gegebenen Gesetze übertreten oder verachten und dabei die Amtswürde bewahren, eben so wie es unmöglich ist, zugleich zu sein und nicht zu sein; ferner die Untertanen morden, berauben, Jungfrauen verführen u. dgl.: das macht die Furcht zur Erbitterung und damit den bürgerlichen Zustand zum Zustand der Feindschaft.« (*TP*, IV, § 4) Das heißt, und das ist das paradoxe Zeichen der Argumentation: je mehr sich die Unbegrenztheit (die Absolutheit) der souveränen Gewalt aufgrund der Kontinuität der sozialen und politischen Bedürfnisse der *»multitudo«* entwickelt hat, um so mehr ist der Staat beschränkt und konditioniert auf die Bestimmtheit der Übereinstimmung. So daß der Bruch der übereinstimmenden Norm unmittelbar den Krieg in Gang bringt; der Bruch des Staats-Rechts ist aus sich selbst heraus ein Akt des Kriegsrechts.

»Die Regeln und Gründe von Furcht und Achtung, die der Staat um seinetwillen zu erhalten verbunden ist, beziehen sich nicht auf die Staatsrechte, sondern auf das Naturrecht, da sie nicht nach dem Staats-Rechte, sondern nach dem Recht des Krieges gewahrt werden können, und der Staat nicht anders an sie gebunden ist, als der Mensch im Naturzustande sich zu wehren verbunden ist, um sein eigener Herr sein zu können oder um nicht sein eigener Feind zu sein, sich nicht selbst zu morden; diese Fürsorge ist wahrlich kein Gehorsam, sondern die Freiheit der menschlichen Natur.« (*TP*, IV, § 5) Was auf diesen Seiten bei Spinoza verblüfft, ist die überaus feine Grenze, die das Staats-Recht vom Kriegsrecht trennt. Allzusehr werden wir uns darüber allerdings nicht wundern, denn wir wissen ja, daß der konstitutive Prozeß das Sein alleine durch den Antagonismus auf Ebenen immer höherer Vollkommenheit verlagert. Der Staat, die Souveränität, die Unbegrenztheit der Gewalt sind also vom wesenhaften Antagonismus des konstitutiven Prozesses der Vermögen gefiltert. Wie schon im »Theologisch-politischen Traktat«, nun aber in einer verfeinerten problematischen Ausreifung, ist der Horizont des Staates der des Krieges. Das Sichvervollkommnen der formalen Struktur der Staats-Konstitution spannt die Antagonismen ihrer materiellen Konstitution bis zu einer äußersten Grenze. Daraus nun eine letzte theoretische Konsequenz: der Begriff der »staatsbürgerlichen Gesellschaft«, als Zwischenmoment im Prozeß vom Naturzustand zum politischen Staat, existiert bei Spinoza nicht. Der bürgerliche Status ist gleichzeitig staatsbürgerliche Gesellschaft und politischer Staat. In verschiedener Hinsicht: erstens als Konsens und materielle Konstitution, zweitens als Herrschaft und formale Konstitution. Aber keines der beiden Elemente kann getrennt vom anderen existieren. Die bürgerliche und kapitalistische Hypostase der staatsbürgerlichen Gesellschaft als Zone, in der sich das Recht qualitativ gründet, gibt es bei Spinoza nicht. Nicht, daß sie nicht gedacht würde – aber eben nur nicht als formalisierbarer Übergang. Die Begriffe des Übergangs wären nur formalisierbar, wenn Spinoza Vermögen und Gewalt unterscheiden würde, das Fundament der Legitimation und die Ausübung von Gewalt – wie es das Bürgertum machen muß, um seine Gewalt zu mystifizieren, wie die feinsinnige Linie Hobbes-Rousseau-Hegel es machen muß, um die Mystifikation zu gewährleisten! Bei Spinoza jedoch überschneiden sich staatsbürgerliche Gesellschaft und politischer Staat vollständig, als untrennbare Momente des Zusammenschlusses und des Antagonismus, die sich in der Konstitution produzieren. Der Staat ist nicht denkbar ohne die Gleichzeitigkeit des Gesellschaftlichen, und umgekehrt auch nicht die staatsbürgerliche Gesellschaft. Die bürgerliche Ideologie der staatsbürgerlichen Gesellschaft ist also nur Illusion.

Die Spannung des Vermögens ist in ihrer gesamten konstitutiven Kraft zurückgewonnen. Das Sprichwort *»tantum juris quantum potentiae«*, »Soviel Recht als Vermögen«, beginnt sich als Schlüssel für einen komplexen Prozeß zu erweisen. Nachdem das Gebiet vom absolutistischen Fetischismus, nicht aber vom absoluten Charakter der Konstitution der *»multitudo«* befreit wurde, vermag sich nun der politische Prozeß der Freiheit in seiner ganzen Ausdehnung zu eröffnen. Man kann nun sehen, welches »die beste Konstitution jedweden Staatswesens« sei (*TP*, v, § 1). »Die Beschaffenheit einer jeden Staatskonstitution läßt sich aber aus dem Endzwecke des staatsbürgerlichen Zustandes leicht erkennen, welcher also nichts anderes ist, als Friede und Sicherheit des Lebens. Derjenige Staat ist also der beste, in dem die Menschen einträchtig leben und dessen Rechte unverletzt erhalten werden. Denn es ist sicher, daß Empörungen, Kriege, Verachtung oder Verletzung der Gesetze nicht sowohl der Bosheit der Untertanen, als vielmehr dem mangelhaften Zustande des Staatswesens beigemessen werden muß; denn die Menschen werden nicht als Staatsbürger geboren, sondern werden erst dazu gemacht. Die natürlichen Affekte des Menschen sind zudem überall dieselben, wenn daher in dem einen Staate mehr Bosheit herrscht und mehr Sünden begangen werden als in dem anderen, so ist gewiß, daß es daraus entsteht, daß ein solcher Staat nicht genug für die Eintracht gesorgt und die Rechte nicht weislich genug angeordnet und folglich kein vollkommenes Staatsrecht erhalten hat. Denn ein staatsbürgerlicher Zustand, der die Ursachen der Empörung nicht verbannt hat, wo beständig Krieg zu fürchten ist und endlich die Gesetze häufig verletzt werden, ist nicht viel von dem eigentlichen Naturzustande entfernt, wo jeder einzelne mit großer Gefahr für das Leben nach seinem Sinn lebt.« (*TP*, v, § 2) Schließlich: »Von einem Staate, dessen Untertanen aus Furcht nicht zu den Waffen greifen, kann man eher sagen, daß er ohne Krieg sei, als daß er Frieden habe. Denn Friede ist nicht Abwesenheit des Krieges, sondern eine Tugend, die aus Seelenstärke entspringt.« (*TP*, v, § 4) Nur die Freiheit begründet den Frieden, und damit die beste Regierung. Aber man beachte gut: die Freiheit ist nicht einfach Freiheit des Denkens, sondern Ausgedehntheit des Körpers, seine Kraft zum Bewahren und Wiederherstellen als *»multitudo«*. Es ist die *»multitudo«*, die sich in der Gesellschaft mit all ihren Bedürfnissen konstituiert. Und der Frieden ist nicht einfach Sicherheit, sondern er ist die Situation, in der sich der Konsens in der Republik organisiert. Er ist innere Regulierung der Antagonismen. Die beste Konstitution bestimmt sich bei Spinoza an der Grenze zwischen Staatsrecht und Kriegsrecht, und Freiheit und Frieden werden von dem einen wie dem anderen Recht hervorgebracht. Das einzig wahre Bild der republikanischen Freiheit ist die Organisation der Dis-Utopie und die realistische Projektion der Autonomien innerhalb eines konstitutionalen Horizonts von Gegengewalten. Der Beweis, den Spinoza für diese Annahme vorlegt, der stärkste und überzeugendste Beweis, ist ein Beweis ad absurdum – wie so häufig. »Welche Mittel aber ein nur von der Herrschaft getriebener Fürst anwenden müsse, um seine Herrschaft befestigen und erhalten zu können, hat der höchst scharfsinnige Machiavelli ausführlich gezeigt; zu welchem Zwecke jedoch, scheint nicht ganz festzustehen. Hatte er jedoch einen guten, wie von einem weisen Manne anzunehmen ist, so wollte er, wie es scheint, zeigen, wie unklugerweise viele einen Tyrannen aus dem Wege zu räumen versuchen, während sie doch die Ursache, wodurch ein Fürst zum Tyrannen wird, nicht wegzuräumen vermögen, sondern sie dadurch um so mehr herbeiführen, je mehr Ursache zur Furcht dem Fürsten gegeben wird, welches geschieht, wenn die Menge an einem Fürsten ein Exempel statuiert hat und sich des Fürstenmordes als einer wohl vollbrachten Tat berühmt. Außerdem wollte er vielleicht zeigen, wie sehr sich ein freies Volk hüten müsse, seine Wohlfahrt einem einzigen unbedingt anzuvertrauen, der, wenn er nicht eitel ist und allen gefallen zu können glaubt, tagtäglich Nachstellungen befürchten muß und so genötigt wird, für sich besorgt zu sein und im Gegenteil dem Volk mehr nachzustellen als für es zu sorgen; und dies von jenem höchst einsichtsvollen Manne zu glauben, finde ich mich um so mehr bewogen, weil er bekanntlich für die Freiheit war, zu deren Schutz er auch die heilsamsten Ratschläge gegeben hat.« (*TP*, v, § 7; vgl. auch 42; wir werden hierzu noch auf die Linie Machiavelli-Spinoza-Marx zurückkommen – eine Alternative zu der Traditionslinie Hobbes-Rousseau-Hegel).

Es bleibt nur noch, die Schlußfolgerungen aus der Interpretation des Sprichwortes *»tantum juris quantum potentiae«* auf dem Gebiet der Philosophie der reinen Affirmation zu ziehen. Das republikanische Denken Spinozas ergibt sich in den ersten fünf grundlegenden Kapiteln des »Politischen Traktats« in einigen wichtigen Elementen. Diese sind: 1. Eine Auffassung vom Staat, die radikal die Transzendenz ablehnt – das heißt Entmystifizierung der Autonomie des Politischen; 2. Eine Bestimmung der Gewalt als eine dem sozialen Vermögen der *»multitudo«* untergeordnete Funktion, und daher konstitutionell organisiert; 3. Eine Auffassung der Konstitution, das heißt der konstitutionellen Organisation, die notwendigerweise vom Antagonismus der Subjekte bewegt wird. Damit schließt sich Spinoza, *ad 1*, der Richtung antikapitalistischer und antibürgerlicher Kritik an, die die Moderne durchzieht, und leugnet, daß der absolute Staat, der Staat der ursprünglichen Akkumulation sich als Transzendenz gegenüber der Gesellschaft darstellen könne – gerade so wie es reine Mystifikation ist, daß der ökonomische Wert sich vom Markt abkoppeln könnte. *Ad 2* nimmt Spinoza in umfassender Weise den radikalen Impuls der populistischen Opposition gegen den Staat wieder auf, die stellenweise in der Krisenzeit des 17. Jahrhunderts recht stark war: daher macht er sich die Forderungen der sozialen Bedürfnisse gegen den Staat zueigen, die Bejahung der Hegemonie der Produktivkräfte, des Assoziationismus, des juristischen Realismus gegen das Kommando. *Ad 3* nimmt Spinoza jene Tradition wieder auf und macht sie sich zueigen, für die die beste Konstitution (und auch die mögliche) auf dem Widerstandsrecht gegründet ist, auf der Opposition gegen die Gewalt, der Bejahung der Autonomien (vgl. 62; 151; 143; 144; 46). Aber auch danach muß man sagen, daß die Elemente nicht ausreichen, um das Gesamt, die Totalität des politischen Entwurfs Spinozas zu definieren. Denn bei Spinoza wird keine quasi anarchische Auffassung des Staates abgeleitet. Vielmehr: Spinoza hat eine absolute Auffassung von der Konstitution. Darin aber liegt der revolutionäre Charakter seines Denkens: ein produktives Verhältnis in der Konstitution auf absolute Weise auszudrücken, die Produktivität der natürlichen Bedürfnisse auszudrücken, und dies alles als Hegemonie über das Politische – indem jegliche abstrakte Herrschaftsfunktion der Positivität der Äußerung von Bedürfnissen nach Glück und Freiheit untergeordnet wird. Die Zerstörung jeglicher Autonomie des Politischen und die Bekräftigung der Vorherrschaft und der Autonomie der kollektiven Bedürfnisse der Massen: darin besteht die außerordentliche Modernität der politischen Konstitution des Wirklichen bei Spinoza.

Konstitution, Krise, Entwurf

Der »Politische Traktat« ist ein unvollständiges Werk. Im 84. Brief »An einen Freund« legt Spinoza den Plan des Werks dar: »Herzlichen Dank für die unermüdliche Sorge, die Sie um mich tragen. Ich hätte diese Gelegenheit usw. nicht vorübergehen lassen, wenn ich nicht mit einer Sache beschäftigt wäre, die ich für nützlich halte und die Ihnen, wie ich glaube, noch mehr Freude machen wird, nämlich mit der Abfassung einer Abhandlung über den Staat, die ich vor einiger Zeit auf Ihre Anregung hin begonnen habe. Von dieser Abhandlung sind bereits sechs Kapitel fertig. Das erste enthält gewissermaßen die Einleitung zu dem Werke selbst, das zweite handelt vom Naturrecht, das dritte vom Recht der höchsten Gewalten, das vierte von den Staatsgeschäften, die zum Verwaltungskreis der höchsten Gewalten gehören, das fünfte davon, was das Letzte und Höchste ist, das die Gesellschaft ins Auge fassen muß, und das sechste, wie eine monarchische Regierung eingerichtet werden muß, damit sie nicht in Tyrannei verfällt. Gegenwärtig behandle ich das siebente Kapitel, in dem ich alle Teile des vorhergehenden sechsten Kapitels, die sich auf die Ordnung einer wohleingerichteten Monarchie beziehen, methodisch darlege. Sodann werde ich zur aristokratischen und zur Volksregierung, schließlich zu den Gesetzen und anderen speziellen Fragen der Politik übergehen.« Dieser Brief wurde von den Herausgebern der *»Opera posthuma«* als Vorwort zum »Traktat« genommen, mit folgendem Zusatz: »Hieraus erhellt das Endziel des Verfassers, aber wegen des Dazwischentretens seiner Krankheit und seines Todes konnte er dies Werk nicht weiter als bis zum Ende der Aristokratie führen, wie der Leser selbst wahrnehmen wird.« (*TP*, Vorwort). Der »Politische Traktat« ist also ein nicht abgeschlossenes Werk – unabgeschlossen gerade an dem zentralen Punkt, zu dem die niedergeschriebenen Seiten des »Traktats« selbst, vor allem aber die gesamte Entwicklung des Spinozianischen Denkens, die zu einem notwendigen Ziel führen müssen: die Analyse der demokratischen Herrschaft, besser, der Entwurf der Republik. Aber der »Politische Traktat« ist nicht nur ein unabgeschlossenes Buch. Er ist auch eine unvollkommene Arbeit. Die Abfassung der Teile, die uns erhalten geblieben sind, lassen viel zu wünschen übrig. Nach den Kapiteln 1-5, die nur einige innerargumentative Ableitungen umfassen, die nicht auf die bloße Vielseitigkeit der phänomenologischen Methode zurückgeführt werden können, werden die Mehrdeutigkeiten des Textes sehr zahlreich. Die historische Exemplifikation ist unsicher. Die strukturelle Typologie der Staatsform und der Regierungsform ist zu sehr bestimmt und insofern entschieden »provinziell«, an die charakteristischen Zufälligkeiten der politischen Entwicklung der Niederlande gebunden (vgl. 42; 108; 121). Eine längere Beschäftigung damit hätte den Text zweifellos auch in den vorhandenen Teilen noch verbessert. Aber der Tod hat Spinoza gestoppt: mitten in der Arbeit, im höchsten Augenblick einer Tätigkeit, die sich dem Zeugnis des historisch Wirklichen verschrieben hatte, der Freiheit und ihrer Konstitution. Genau entgegen dem schwächlichen und vulgären Bild, würdig einer romantischen philosophischen Hintertreppengeschichte, das Hegel vom Tod des verdammten Juden zeichnete: »Er starb an der Schwindsucht, an der er lange gelitten – übereinstimmend mit seinem Systeme, in dem auch alle Besonderheit und Einzelheit in der *einen* Substanz verschwindet.« (75, 160)

Unvollständigkeit und Mehrdeutigkeit, die die Kapitel 6-11 des »Politischen Traktats« charakterisieren, hindern jedoch nicht, den Text in einer kritischen Lektüre zu untersuchen und dabei die Hauptlinie herauszuarbeiten. Ein solches Vorgehen böte sogar einige nicht unwichtige Vorteile. Selbst die Mehrdeutigkeiten und die Beschränktheiten des Textes könnten uns nämlich nicht nur als Zwischenspiel einer von Not und Krankheit verursachten Schwierigkeit in der Ausführung erscheinen, sondern als Gestalt eines neuen logischen und politischen Kampfes, der sich im Text entwickelt. Der »Politische Traktat« stammt aus den Jahren 1675-77. Die Krise von 1672, auf die wir schon öfter zurückgekommen sind, und der monarchistische und demagogische Umsturz – in Form des plebiszitären Konsenses – der holländischen Regierung sind geschehen und konsolidiert.[10] Wenn auch mit einer fünfzigjährigen – oder gar hundertjährigen – Verspätung gegenüber den politischen Veränderungen der anderen europäischen Staaten, ist nun auch in den Niederlanden die humanistische Revolution beendet, sind auch ihre alleräußerlichsten und bisweilen mystifizierten – jedenfalls wirkungsvollen – institutionellen Figuren ausgeschaltet. Mit der Ermordung der de Witts wird die holländische Anomalie auf die Hauptlinie und die kontinentalen Zeitläufte der kapitalistischen Akkumulation und des absolutistischen Staates zurückgeholt. In diesem Rahmen wird der logische Kampf, der sich im Spinozianischen System immer mit dem Ziel entwickelt, die realen Bedingungen der Konstitution zurückgewinnen, zum politischen Kampf, der nach der Wiederherstellung der historischen Bedingungen der Revolution strebt.[11] Aber kommen wir zum Text.

Die Kapitel 6 und 7 betrachten die monarchische Herrschaftsform. Die Trennung zwischen beiden Kapiteln ist unsicher: im sechsten berührt die Analyse erneut die strukturalen Prinzipien der Konstitution, um danach zu einer Beschreibung der monarchischen Herrschaft zu schreiten; im siebten Kapitel versucht Spinoza einen Beweis der vorgebrachten Behauptungen. Das Ganze ist recht konfus, es handelt sich zweifelsohne um einen unabgeschlossenen Teil der Arbeit. Aber er ist jedenfalls wichtig, denn er weist nach den diesbezüglichen Verwünschungen im »Theologischen Traktat« eine neue Einschätzung der monarchischen Herrschaftsform auf. Wir wohnen nun also erneut der konstitutiven Entwicklung der *»multitudo«* bei: der spezifische antagonistische Impuls, der hier die Verlagerung bewirkt, ist die »Angst der Einsamkeit« (*TP*, VI, § 1). Der Naturzustand wird von der Situation der Angst und der Einsamkeit verschlungen: aber die Angst der Einsamkeit ist mehr als nur einfach Angst, sie ist »Sehnsucht« der Masse, der Sicherheit als Masse, der Absolutheit der Masse. Der Übergang zur Gesellschaft stellt sich nicht in irgendeinem Akt der Rechtsübergabe dar, wie dies im zeitgenössischen absolutistischen Denken geschieht, vielmehr in einem integrativen Sprung des Seins nach vorne, von der Einsamkeit zur Masse, zur Gesellschaftlichkeit, die – in sich und durch sich – die Angst beseitigt. Wieder stehen wir inmitten der politischen Verlagerung des Seins, die die Spinozianische Phänomenologie der kollektiven Praxis begründet. Das ist die Hauptlinie. Die Genealogie der politischen Formen müßte sich vollständig und ohne weitere Reflexionsmomente in diesem Sinn entwickeln. »Aber hiergegen scheint die Erfahrung zu lehren, daß es im Interesse des Friedens und der Eintracht liege, alle Gewalt auf einen einzigen zu übertragen.« (*TP*, VI, § 4) Wenn wir nun die Natur dieses »hiergegen«, dieser Disjunktion erfaßten, würden wir das Verhältnis von Ontologie und Geschichte bei Spinoza verstehen! In Wirklichkeit verstehen wir es nicht: aber es ist nicht gesagt, daß das an unserer Unfähigkeit liegt. Es könnte auch daran liegen, daß wir hier vor einer Unklarheit Spinozas stehen, vor einem unklaren Verhältnis zwischen verschiedenen Ordnungen der Wirklichkeiten, die nicht zu einer Setzung im Zusammenhang eines konstitutiven Horizontes gelangen – die Herrschaft eines einzelnen, die Monarchie ist eine Tatsache, eine historische Gegebenheit, effektiv kontradiktorisch zur Hauptlinie der konstitutiven Phänomenologie des politischen Entwurfs.

Der Zusammenhang der systematischen Anlage wird sofort danach untersucht. Das heißt, daß Spinoza unmittelbar, nachdem er die Widersprüchlichkeit des Wirklichen aufgenommen hat, eine Rationalisierung versucht. Die Form der monarchischen Herrschaft, welche man vorziehen muß, ist die »gemäßigte«. Das, was im »Theologisch-politischen Traktat« als absolut negative Form der Herrschaft betrachtet wurde, wird hier als annehmbar dargestellt, wenn seine Formen gemäßigt sind, wenn der monarchische Absolutismus sich nicht als solcher darstellt, sondern als Funktion der guten Regierung (*TP*, VI, §§ 5-7). Aber die gute Regierung ist nur vorstellbar als Ausdruck eines Verhältnisses zur »Masse«, innerhalb des Vermögens des Konsenses. »Aus diesem allen folgt, daß der König um so weniger sein eigener Herr, und die Lage der Untertanen um so unglücklicher ist, je unbedingter ihm die Gewalt übertragen wird, und sonach ist es zur gehörigen Befestigung eines monarchischen Staatswesens notwendig, feste Grundlagen zu legen, um sie darauf zu bauen, so daß die Sicherheit für den Monarchen und Friede für das Volk daraus folge, und daß demnach der Monarch sowohl sein eigener Herr sei, als auch hauptsächlich für das Wohl des Volkes sorge.« (*TP*, VI, § 8) Auf diese Weise taucht innerhalb der tatsächlichen Definition der monarchischen Herrschaftsform die Hauptachse der Abhandlung Spinozas wieder auf: »Es widerstreitet keineswegs der Praxis, die Rechte so festzusetzen, daß sie selbst vom König nicht aufgehoben werden können.« (*TP*, VII, § 1) Und wenn der König seinen Beamten Dinge aufträgt, die den grundlegenden Gesetzen des Staates widersprechen, so haben diese die Pflicht, die Ausführung der Anordnung zu verweigern (*TP*, VII, § 1). »Denn die Könige sind keine Götter, sondern Menschen, die oft durch Sirenengesang eingenommen werden. Wenn demnach alles von dem unbeständigen Willen eines einzigen abhinge, so wäre nichts feststehend. Sonach muß der monarchische Staat, um dauerhaft zu sein, so eingerichtet werden, daß alles zwar bloß dem Beschluß des Königs gemäß geschieht, d. h. daß alles Recht der erklärte Wille des Königs, nicht aber daß alles Wille des Königs ist.« (*TP*, VII, § 1) Die Definition der monarchischen Herrschaftsform kann auf die konstitutive Logik nur zurückgeführt werden, indem man auf ihren Beschränkungen besteht.

Eine konstitutionelle Monarchie? Es ist schwierig, definitorische Terminologien zu akzeptieren, die durch sukzessiven und heterogenen Gebrauch gefestigt sind, um den Charakter dieser konstitutionellen Vermittlung zu fixieren, die wir im »Politischen Traktat« finden. Und zwar nicht nur aus Gründen der philologischen Genauigkeit. Es ist Tatsache, daß bei Spinoza eine tiefe Abneigung gegenüber einer formalen Betrachtung des konstitutionellen Prozesses besteht: die Beschränkungen sind Kräfte, die Anklagepunkte gegenüber der Gewalt sind Vermögen. Damit soll gesagt sein, daß die Beschränkungen der monarchischen Funktion nur insoweit juristische Beschränkungen darstellen, als sie physische Beschränkungen sind: sie sind formale Bestimmungen nur insoweit, als sie der Konstitution und ihrer Entfaltung materialiter eingeschrieben sind. Wenn wir die Kasuistik betrachten, die Spinoza zur Stützung seiner Thesen anführt, bemerken wir sofort, daß alle politischen Formen nur insofern gelten, als sie als konstitutive Prozesse ausgedrückt sind (*TP*, VI, §§ 9-40). Die monarchische Herrschaft (als reine historische Tatsache) wird zum rationalen Element, wenn sie der Abstraktheit der juristischen Definition entzogen wird und in einem Rahmen von Beziehungen zwischen Gewalt und Gegengewalt gesetzt wird: der Absolutismus wird gemäßigt, die Mäßigung ist eine dynamische Beziehung, das Verhältnis bezieht alle Subjekte in die konstitutive Tätigkeit ein. Das konstitutionelle Gleichgewicht ist eine Begegnung-Vermittlung-Auseinandersetzung zwischen Vermögen. Und dieser Prozeß ist die Entwicklung der *»multitudo«* als kollektives menschliches Wesen. »Das, was wir hier geschrieben haben, werden vielleicht diejenigen mit Lachen aufnehmen, welche die Fehler, die allen Menschen innewohnen, bloß auf das gemeine Volk beschränken, indem sie behaupten: im großen Haufen sei keine Mäßigung, er sei schrecklich, wenn er nicht fürchte, das gemeine Volk diene entweder niedrig oder herrsche übermütig, es besitze weder Wahrheit noch Urteil etc. Aber die Natur ist eine und allen gemeinsam ... Alle sind stolz auf die Herrschaft, sind schrecklich, wenn sie nicht fürchten, und überall wird die Wahrheit meist von Erbitterten und Sklavenseelen geschmälert, zumal wo einer oder wenige herrschen, die in ihren Erkenntnissen nicht auf Recht oder Wahrheit, sondern auf die Größe des Vermögens sehen.« (*TP*, VII, § 27) Die effektive Beschränkung der historischen Betrachtung der Monarchie ist daher vom Denken Spinozas gesprengt, wenn nicht geradewegs durchstoßen. Die Zweideutigkeit der Abhandlung, ihre Doppelsinnigkeit, die dieser (realistischen?) Rezeption der Monarchie als annehmbarer Herrschaftsform innewohnten, werden also einer Analyse unterworfen, die die Linie konstitutiver Kritik begünstigt. Das entmystifizierende Vermögen seiner politischen Physik verschwindet im »Politischen Traktat« nicht. Die Monarchie ist als Bedingung de facto gegeben: die Analyse nimmt sie insoweit an, als sie de facto Bedingung ist, beginnt aber ihre Absolutheit zu verneinen, definiert sie dann im Horizont der Mäßigung, zersetzt sie danach in der konstitutionellen Beziehung der Gewalten und unterwirft sie am Ende der konstitutiven Bewegung der *»multitudo«* (*TP*, VII, § 31).

Wenn bei Spinozas Behandlung der monarchischen Regierungsform nur unter Schwierigkeiten der konstitutive Prozeß ans Licht kommt, sind, wenn man zur Analyse der aristokratischen Regierung übergeht, die Widerstände gegen die Darstellung der zentralen Untersuchungsrichtung viel geringer. Hier setzt die Untersuchung nämlich bei den Ergebnissen der Forschung an, die hinsichtlich des Begriffs der Monarchie und ihrer Zersetzung durch die konstitutive Bewegung, deren Subjekt die *»multitudo«* ist, zustandekamen. In einer allerersten Annäherung wohnen wir damit einer für die konstitutive Methode sozusagen exemplarischen Bewegung bei. Subjekt: »Wenn es eine absolute Gewalt gibt, so ist es in Wahrheit diejenige, die die gesamte Volksmenge *(integra multitudo)* in Händen hat.« (*TP*, VII, § 3) Antagonistischer Impuls: »Die Ursache, warum es in Wirklichkeit keine absolute Herrschaft gibt, kann keine andere sein, als weil die Masse den Herrschenden furchtbar ist, die deshalb eine gewisse Freiheit für sich behält, welche sie, wenn auch nicht durch ein ausdrückliches Gesetz, doch stillschweigend sich aneignet und behält.« (*TP*, VIII, § 4) Konstitutive Handlung: »Der Zustand dieser Herrschaft wird am besten sein, wenn er so eingerichtet ist, daß er dem absoluten am nächsten kommt.« (*TP*, VIII, § 5) Die Bestimmung dieser Annäherung an das Absolute ist durch die Mechanismen der Auswahl der Herrschenden und die Form des Rates gegeben. Die aristokratische Herrschaft ist Herrschaft in der Form eines Rates: »Die Könige sind sterblich, die Ratsversammlungen dagegen ewig«. Die aristokratische Herrschaftsform übertrifft daher die monarchische in dem Maß, in dem sie sich der Absolutheit der Herrschaft nähert. Aber Absolutheit der Herrschaft bedeutet effektive Teilhabe des Sozialen am Politischen: die strukturellen Prinzipien der aristokratischen Herrschaft müssen deshalb von der Analyse des Sozialen, der bestimmten Phänomenologie der *»multitudo«* her aufgebaut werden: genau das will die Kasuistik, die Spinoza zusammenstellt (*TP*, VIII, §§ 8 ff.). Das genügt aber nicht. Bis jetzt stehen wir noch bei der Produktion der Macht: Zur Vervollständigung muß die Analyse der strukturalen Prinzipien (hier der aristokratischen, wie im allgemeinen die Analyse der Herrschaftsformen) auch den Prozeß der inneren Reproduktion der Macht wahrnehmen (*TP*, VIII, § 12). Schließlich wird man noch die statische Analyse der Prinzipien der Produktion von Macht mit der der Prinzipien der Machtausübung verbinden müssen: dann werden wir eine Reihe von Regeln für die soziale Reproduktion von Herrschaft haben (*TP*, VIII, z. B. § 13). Der Rahmen wird vervollständigt von zwei außerordentlich bedeutenden *excursus*, auch wenn sie nur angedeutet sind: der erste handelt von der förderativen Form der aristokratischen Herrschaft (*TP*, IX über die förderative Republik; vgl. allgemein über die internationalen Beziehungen der Republik *TP*, III ff.) und der zweite von den entarteten Formen aristokratischer Herrschaft (*TP*, X). Man beachte wohl: die Analyse ist elegant und versucht ein adäquates Bild der untersuchten Phänomenie in all ihrer Vielfältigkeit zu geben – ein jedenfalls dem Niveau der Forschung des Zeitalters angemessenes Bild. Aber die Eleganz der Analyse betrifft vor allem die Prinzipien, die Untersuchungsschemata, die methodologischen Voraussetzungen. Sobald die Untersuchungslinie mit der Wirklichkeit konfrontiert und auf Exemplifizierung drängt, ist die vorgeführte Kasuistik oft nur Schund.

Was läßt sich dieser analytischen Phänomenologie entnehmen? Es hat keinen Sinn, die Augen davor zu verschließen, daß die Unvollständigkeit des Textes beträchtlich ist, daß sie ins Gewicht fällt. Auch was die Kapitel über die Aristokratie angeht (wie schon bei der Monarchie), stehen wir vor einer Reihe schwerwiegender methodischer Ungenauigkeiten. Das Denken der »absoluten Herrschaft«, die leitende und konstitutive Vorstellung der *»multitudo«* spielen eine metaphysische Rolle, die schwerlich mit den analytischen und strukturalen Inhalten der Analyse der Herrschaftsformen Schritt halten wird. Daran ändert sich kaum etwas, wenn man, wie im Fall der aristokratischen Herrschaft, vom metaphysischen Prinzip ausgeht – statt dort anzukommen, wie im Fall der Analyse des monarchischen Regimes. In jeder Weise herrscht Mißverhältnis in dem Sinne, daß die historische Kontingenz der strukturalen Prinzipien der völlig zufälligen Herrschaft wiedergegeben wird. Die Einschätzung muß sich aber verändern, sobald man weniger den bestimmten Inhalt der Analyse betrachtet, als vielmehr die Methode, die ihn leitet und führt: das konstitutive Schema ist nämlich in absoluter Vollkommenheit vorhanden. Sei es in Begriffen der Nachforschung, sei es in konstruktiven Termini, sei es als kritische, sei es als entwerfende Operation. Vielleicht hätte sich die Übereinstimmung zwischen den verschiedenen Verlagerungen der Hypothese bei der Analyse der demokratischen Herrschaft ergeben können – »Ich komme endlich auf die dritte, vollkommen unumschränkte Herrschaftsform, die wir die demokratische nennen« (*TP*, XI, § 1) –, aber, wie bekannt, der Text hört hier auf. Ist es deshalb überflüssig, diesen zweiten Teil des »Politischen Traktats« zu studieren (damit wir uns verstehen: den Teil, der mit dem 6. Kapitel beginnt)? Das scheint mir nicht so. Die Krise in der Ausführung des Entwurfs ist nämlich theoretisch ebenso bedeutend (und dramatisch), wie seine Begründung. Und wir haben gesehen, warum die Begründung (Kapitel 1-5) bedeutend ist. Hier wird das Ungleichgewicht zwischen den theoretischen Bedingungen des Systems, seiner konstitutiven Ausreifung und auf der anderen Seite den historisch-politischen Bedingungen des Werks überaus groß.[12] Es ist wichtig, den politischen Kampf im Inneren des Systems zu sehen: er ist in der absoluten Unbeständigkeit der Kasuistik in der Konfrontation mit dem konstitutiven Prinzip genau feststellbar. Der Krieg ist offensichtlich logisch, aber seine politische Bedeutung ist außer Zweifel. Das existente Politische ist absolut kontradiktorisch zur konstitutiven Notwendigkeit. Weil es nämlich zufällig ist. Es ist die Negation des Seins. Die Kasuistik kommt nie zu einer Sinnerfüllung oder auch nur zu einer eigentlichen Antwort auf die Fragen, die das konstitutive Prinzip in Schemata der phänomenologischen Analyse stellt. Das konstitutive Prinzip wirft seine Netze aus, aber es gibt kaum Fische. In Wirklichkeit sammelt Spinoza – sowohl was die strukturale Kasuistik des monarchischen Regimes als auch was die der aristokratischen Herrschaft angeht – Elemente der ihm zeitgenössischen Literatur[13]: Material, das nicht bündig oder geradezu völlig bar jeglicher wissenschaftlicher Bedeutung ist. Oft ist diese Kasuistik wirr, weil sie – wenn sie z. B. das Problem der Dynamik der Gegengewalten als das Eigentliche der konstitutiven Entwicklung nimmt – eine Exemplifizierung liefert, die, vorsichtig ausgedrückt, mehrdeutig ist: auf der einen Seite verherrlicht sie die städtischen oder regionalen Privilege als authentische Autonomie des Volkes (und dabei bezieht sie sich auf die Ordnungen der Aragonenherrschaft; *TP*, VII, § 30), auf der anderen Seite lehnt sie die Privilegien der rheinischen und hanseatischen Städte als korporativ und schlecht ab (und dabei bezieht sie sich auf die Ordnungen der *Gilden*) (*TP*, VIII, § 6). Dasselbe gilt für andere nicht weniger bedeutende Argumente, wo man möglicherweise gerade und ungerade, rechts und links ineins geworfen sieht. Nur Augenblicke, in denen die Untersuchung Höhe gewinnt, dann, wenn erneut der »scharfsinnige Florentiner« (*TP*, X, § 1) hervortritt – und genau da geht die Analyse sofort von der Kasuistik zur Bestimmung der definitorischen Prinzipien der Konstitution über, zur Erscheinungsform, zur Wiederbejahung der Notwendigkeit, daß der Staat »wieder auf das Grundprinzip, auf das er sich gründet, zurückgeführt wird«. Es ist unnütz – wie es die Herausgeber der *»Opera posthuma«*[14] einigemale in ihren Einfügungen tun – zu fordern, daß man den »Politischen Traktat« auf eine bestimmte politische Auseinandersetzung hin orientiert. Außerdem gewinnt man keine Übereinstimmung über die Richtung, über die Wunschvorstellungen, die diese Auseinandersetzung geleitet haben könnten – eine Auseinandersetzung, die für die einen liberal und aristokratisch, für die anderen monarchistisch und konstitutionell, und für wieder andere am Ende demokratisch (auch wenn das Kapitel nicht geschrieben wurde) und... rousseauhaft wäre! Der Kampf besteht innerhalb des Systems. Es ist der Kampf zwischen dem Prinzip, das Spinoza bewegt, und der Wirklichkeit der absolutistischen und bürgerlichen Widerspiegelung des Zeitalters, das ihn hindert, politisch tätig zu werden.

Der Entwurf ist also einer realen Beschränkung unterworfen. Er ist nicht besiegt, sondern unterbrochen. Das materialistische, radikale Prinzip der Konstitution erlebt seine konspirative und revolutionäre Isolation. Es kann nicht jenseits der Gegensätze ausreifen, die es nicht einzubeziehen vermag, aber es kann in sich wachsen: soweit es die Gegensätzlichkeiten betrifft, so haben diese teil am Nichtsein, sind tot. Die Theorie des Positiven und der Fülle des Vermögens wurde in der Leere des Negativen und der Gewalt unterbrochen. Der »Politische Traktat« ist nur dann ein gescheitertes Werk, wenn man folgendes nicht versteht: daß sein unmittelbares politisches Scheitern die notwendige Wirkung des Siegeszuges der Welt, der *»multitudo«*, des Menschen ist. Der konstruktive Entwurf ist nun festgefahren in dem Verhältnis, das dem von ihm entwickelten kritischen Vermögen adäquat ist. Die politische Philosophie ist – nach dem vorangegangenen machiavellischen Experiment – zum ersten Mal wieder zur Theorie der Masse geworden. Die Krise der Renaissance behält ihre weltliche und demokratische Bedeutung, indem sie die Dimension der Masse als historisches Moment der Revolution aufzeigt. Diese Bedeutungen hat Spinoza in der Konstitution der strukturellen Bewegung der *»multitudo«* angedeutet. Sie stellen eine Sehnsucht dar: nach der absoluten Herrschaft, nach der Absolutheit der Freiheit. Die rationale Absolutheit eines materiellen Verhältnisses der Massen zu sich selbst. Die Unterbrechung des Werkes, durch den Tod Spinozas, trifft mit einer positiven – wirklichen, inneren – Blockierung zusammen. Aber der Entwurf lebt: er ist da, gegenwärtig, ausgespannt, bereit, als Botschaft aufgenommen zu werden. Die zeitliche, zukünftige Dimension, der Entwurf der Zukunft formt sich – Vorwegnahme, enthalten in der Sehnsucht und der Imagination, am Rande einer bestimmten historischen Blockade. Aber einer unwesentlichen. Die dieser Spannung unterworfene Notwendigkeit des Seins kann nicht irgendwelche Sperren vortäuschen. Sie wächst weiter aus sich heraus, in Erwartung der Revolution, der zwingenden Wiedereröffnung der philosophischen Möglichkeit. Spinoza nimmt die Aufklärung nicht vorweg – er erlebt sie und entwickelt sie vollständig. Damit Spinoza verstanden werden kann, müssen neue reale Bedingungen gegeben sein: nur die Revolution setzt diese Bedingungen. Die Vollendung des »Politischen Traktats«, die Entwicklung des Kapitels über die Demokratie, besser: über die absolute geistige und körperliche Form der Herrschaft der Massen, wird zum realen Problem nur innerhalb und nach der Revolution. Das Vermögen des Spinozianischen Denkens bemißt seinen Reichtum allein innerhalb dieser Aktualität der Revolution.

Neuntes Kapitel
Differenz und Zukunft

Negatives Denken und konstitutives Denken

In der Philosophie des 17. Jahrhunderts vollbringt Spinoza das Wunder, die Krise dem Entwurf unterzuordnen. Alleine, als anomale und unableitbare Figur, nimmt er die Krise der Utopie der Renaissance als Wirklichkeit, die es zu überwinden gilt. Die theoretische Herrschaft muß dasselbe Potential der Absolutheit haben wie die Utopie in der Krise. Die philosophische Anomalie Spinozas besteht in folgendem: in der Nichtrückführbarkeit seines Denkens auf die Entwicklung des modernen Rationalismus und Empirismus, die von der Krise abhängig sind, stets dualistisch, ungelöst, und der Transzendenz als dem ausschließlichen Gebiet der ideellen Wiederholung und der praktischen Herrschaft der Welt zugewandt: und deshalb funktional für die Definition des Bürgertums, für seine bestimmte Selbstdarstellung als Klasse der Krise und der Vermittlung. Im Gegensatz zu Descartes eignet sich Spinoza die Krise als Element der Ontologie an; im Gegensatz zu Hobbes funktionalisiert er die Krise innerhalb des Konstruktivismus der Ontologie.[1]

Aus diesem substantiellen Bruch entwickelt sich der philosophische Prozeß bei Spinoza. Gibt es »zwei« Spinozas? – haben wir eingangs dieser Arbeit gefragt. Sicher, es gibt zwei Spinozas. Da ist der Spinoza, der die Renaissance-Utopie in die Krise stürzt und sie zum Paradoxon der Welt entfaltet; und da ist der Spinoza, der in das Paradoxon der Welt eingreift und es in eine Strategie des ethischen Wiederaufbaus einbringt. Diese beiden Spinozas sind zwei Phasen eines einheitlichen spekulativen Entwurfes, Lösungsmomente ein und desselben Problems. Negatives Denken gegen positives Denken, können wir sagen, wenn wir eine zeitgenössische Terminologie verwenden wollen. Tatsächlich tätigt Spinoza eine destruktive Kritik des Schemas der Homologie des Absoluten, aus dem Inneren des Absoluten heraus, indem er dabei die organisatorischen Bedingungen in unlösbare Antinomien hineintreibt – falls die Organisationsbedingungen nicht revolutioniert werden: und das ist das negative Moment der Theorie. Zu oft bleibt das Denken, an diese Grenze der theoretischen Krise geführt, stecken. Die Lebensbedingungen des kritisierten theoretischen Organismus scheinen auf jeden Fall die absoluten Bedingungen des Philosophierens darzustellen. Das negative Denken endet also – an dieser Schranke – in einer zynischen Konzeption des Seins, in einem reinen, planmäßigen Pragmatismus, der gegenüber jeglichem ontologischen Inhalt gleichgültig ist – indem es darin die logische Ordnung des kritisierten Systems formal hypostasiert.[2] Nach Wittgenstein kommt Heidegger. Spinoza ist eine Alternative zu dieser philosophischen Linie. Er ist die Neubegründung der Bedingungen der Denkbarkeit der Welt. Keine Philosophie des Anfangs, auch keine des Neubeginns: hier ist das Wiederanfangen nicht Auswählen, Unterscheiden, Befestigen neuer Stützpunkte, sondern das Annehmen der gesamten Dimension des Seins als Horizont der Konstitution, der rational unmittelbaren Möglichkeit der Befreiung. Der Raum der Krise ist die ontologische Bedingung eines Entwurfs der Transformation, die Beschränkung wohnt dem Unendlichen als Bedingung der Befreiung ein. Dieses Eindringen des konstitutiven Denkens in das kritische und negative Denken stellt die Lösung der theoretischen Rätsel dar, die von der bürgerlichen Philosophie auf der Grundlage ihrer spezifischen Mystifikation der Welt gesetzt wurden, das heißt, ihrer Ideologie und der Gestalt ihrer aneignenden Tätigkeit.

Die Punkte, an die sein Denken, insoweit es negative Philosophie ist, sich klammert, sind substantiell all jene, die die Homologie und den Finalismus der Vielfalt festlegen. Eine eindeutige Auffassung des Seins wird gegen jegliche räumliche Homologie gesetzt – zugunsten der pluralen Vielseitigkeit des Seins und erneut gegen jedwede zeitliche Finalisierung ihrer Entwicklung. Der Spinozianische Mechanizismus leugnet jegliche Möglichkeit einer Auffassung der Welt, die sich nicht als ebener und erscheinungsförmiger Einzelfall des Seins darstellt. Gott ist das Ding. Gott ist die Vielheit. Eins und Vielheit sind gleichwertige und unterscheidbare Kräfte: auf dem Gebiet des Absoluten ist die Zahlenfolge nur als Annahme der Totalität der Ereignisse gegeben. Jedes in sich absolut.[3] Die Punkte, an denen sich das konstitutive Denken entwickelt, sind jene, die aus dem kritischen Prozeß entspringen: Punkte, Fälle, Ereignisse, die – im Verhältnis der definierten metaphysischen Offenheit – erneut der Spannung, dem Vermögen der Totalität des Seins unterworfen sind. Die Rekonstruktion der Welt ist auf diese Weise der Prozeß der beständigen physikalischen Zusammensetzung und Wiederzusammensetzung der Dinge – mit absoluter Beständigkeit münden in diese physikalische Natur die konstitutiven Mechanismen der historischen, praktischen, ethisch-politischen Natur.

Dieser Prozeß und diese Vorgänge sind nicht dialektisch: die Dialektik hat keinen Raum bei Spinoza, weil der konstitutive Prozeß der Ontologie das Negative und das Leere nur in der Form des Paradoxons und der theoretischen Revolution kennt.[4] Der konstitutive Prozeß häuft das Sein qualitativ und quantitativ an, besetzt immer neue Räume, baut auf. Die spinozianische Logik kennt keine Hypothesen, kennt nur das Zeichen, das Indiz.[5] Die Vielseitigkeit des Seins, von der sie berichtet, steht innerhalb eines Gewebes materieller Handlungen, die von verschiedener Zusammensetzung und Gestalt sind und jedenfalls einen Prozeß der Vereinigung und der Selbstgestaltung erleben. Die Ethik zeigt diese Dynamik schließlich in aller Breite. Vom 13. Lehrsatz des 2. Teils der *Ethik* bis zum 3. und 4. Teil (dem Kern des Spinozianischen Denkens) entwickelt sich der Übergang vom Physikalischen zum Ethischen außerhalb von jeglichem Finalismus, vielmehr in axiomatischen und phänomenologischen Begriffen. Die *Ethik* ist in ihrer komplexen Gestalt und Zusammensetzung vor allem eine Axiomatik für eine Phänomenologie der konstitutiven Praxis. Die *Ethik* ist ein methodisches Werk, nicht weil ihre ausschweifende geometrische Methode ein Musterbeispiel der Forschung wäre, sondern weil sie ein offenes Werk ist, Definition eines ersten Entwurfes der menschlichen Tätigkeit der Aneignung und der Konstruktion der Welt. Eine Reihe absolut moderner Bedingungen fungieren als elementare Begriffe der Untersuchung Spinozas: nicht nur ein induktiver Geist, der sich zum Wohlgefallen des Indizienwissens entwickelt, sondern ein gewisser Materialismus und ein sicherer Kollektivismus, die als Voraussetzungen des Prozesses der Konstitution dienen. In dem Maße, in dem die Philosophie der Emanation (in renaissancehafte Begriffe umgearbeitet), die Theorie der Attribute und die des Parallelismus sich abschwächen und unter den Schlägen des negativen Denkens schwinden, erscheint die Welt in ihrer materiellen Frische und die Gesellschaft in ihrer kollektiven Bestimmtheit. Materialismus und Kollektivismus sind grundlegende Aspekte des konstitutiven Denkens. Es gibt keine ontologische Konstitution, die nicht Aneignung und Akkumulation der materiellen Elemente wäre, seien sie physisch oder sozial. Wieder hat die Dialektik keinen Raum: so wie sein Denken nicht das Negative kennt, so kennt es auch nicht die Vertikalität der Mechanismen der Überhöhung und der Überwindung (besser, es kennt sie als Versuche, von denen man sich befreien muß). Das neue, qualitativ Verschiedene wird bei Spinoza von der Komplexität der konstitutiven Prozesse angezeigt, in ihrer dynamischen (ruhenden) Bestimmung auf physikalischer Ebene, in der Bestimmung, die ihr *»appetitus«* und *»cupiditas«* auf ethischem und historischem Gebiet auferlegen. Der physikalische und ethische konstitutive Dynamismus beschließt also diesen ersten rigoros materialistischen Ansatz des modernen Denkens.

Das aus der Philosophie Spinozas entspringende Verhältnis zwischen negativem und konstitutivem Denken ist auch auf dem Gebiet der Wissenschaftstheorie entscheidend. Bei Spinoza erkennt sich die Wissenschaft als Konstruktivität, Freiheit und Innovation. Das ist in keiner Weise teleologisch oder theologisch bedingt. Das wissenschaftliche Modell, das der Kapitalismus für seine eigene Entwicklung hervorbringt, ist in die Kritik des negativen Denkens einbezogen. Wenn der Kapitalismus absolute historische Kraft ist, die Organisation und Hierarchie schafft und die Produktion in die Form des Profits bringt, dann kann seine Wissenschaft nichts anderes als teleologisch sein. Unmittelbar hiergegen wendet sich die Polemik des negativen Denkens.[6] Sicher, die Wissenschaft kann nicht anders denn als praktische Kraft betrachtet werden, und deshalb ist die Wissenschaft in jedem Fall an die Herrschaftsmechanismen gebunden: aber die moderne Wissenschaft ist das Ränkespiel der absoluten Gewalt. So wie ihre Geltung teleologisch ist, kann ihre absolute Autorität sich nur im Dualismus begründen, auf der transzendentalen Basis des Profits und der Herrschaft. Wo soll man die Kritik ansetzen? Exakt am Schnittpunkt von Wissenschaft und Gewalt, an der Absolutheit, welche die wissenschaftliche Bestimmung der Gewalt zugesteht. Als Kommando, als Hierarchie, als Reichtum. Der wesentliche Unterschied, den das Spinozianische Denken gegenüber der Entwicklung des modernen Denkens setzt, gründet sich auf die Kritik der Übereinstimmungsmöglichkeit von Wissenschaft und Gewalt, in welcher Form sie sich auch darstellt, struktural oder formal, hobbesianisch oder cartesianisch. Die Voraussetzungen dieser Kritik befördern das Spinozianische Denken auf das Gebiet einer Philosophie der Zukunft: eine Vorwegnahme, die perspektivisch in der Radikalität des polemischen Einschlags die epochale Krise der Wissenschaft und des Systems des Kapitalismus annimmt.[7] Dagegen das konstitutive Denken: es bedeutet für die Wissenschaft die Notwendigkeit und Möglichkeit, sich als Mechanismus (im Original: macchina) der Befreiung zu betätigen. Das ist der grundlegende Punkt. Das Zusammentreffen von negativem und konstitutivem Denken bestimmt, in Gleichklang, daß die kritisierte Totalität in den Entwurf der Befreiung überfließt. Die Weite des Entwurfs zur Befreiung integriert die Radikalität des negativen Entwurfs der Kritik. Die Wissenschaft wird damit auf die ethisch-politische Dimension zurückgeführt, wird wieder mit Hoffnung erfüllt. Wir haben schon daran erinnert: Das holländische Klima in seiner relativen historischen Selbständigkeit und Anomalie erlebt nicht die Zersetzung des bürgerlichen Kontextes, innerhalb dessen sich die Wissenschaft einheitlich und einig entwickelt – die Akademien der absolutistischen Macht haben sich nicht durchgesetzt, die kulturelle Einheit besteht weiter und stellt sich als Zusammenleben der ethischen und kognitiven Kräfte dar. Der Entwurf, den die Spinozianische Auffassung der Wissenschaft setzt, ist also kein antiker. Er ist vielmehr ein wesentlicher Aspekt der Tätigkeit des Überschreitens und des Verlagerns, den die Entwurfs-Zeit seiner Philosophie gegenüber der historischen Zeit seiner Existenz bewerkstelligt: ein Moment der Vorwegnahme, der Kreativität, der Befreiung. Der konstitutive

Entwurf muß daher die Wissenschaft als nichtfinalisiertes Wesen setzen, als Anhäufung befreiender Tätigkeiten. Er setzt die Wissenschaft nicht als Natur, sondern als zweite Natur, nicht als Erkenntnis, sondern als Aneignung, nicht als individuelle Aneignung, sondern als kollektive Aneignung, nicht als Gewalt, sondern als Vermögen. Die *»Ethica ordine geometrico demonstrata«* ist eben diese Wissenschaft – Wissenschaft eines objektiven Seins, das die Befreiung als eigene Natur, als eigene Spannung erfährt (vgl. 114).

Das, was in diesem Rahmen der Rekonstruktion beeindruckt, ist das gewaltige Ausmaß des Spinozianischen Entwurfs. Wir selbst können das historisch nur als Übertragung einer religiösen und metaphysischen Grundlegung in einen humanistischen und revolutionären Entwurf motivieren. Seien wir uns klar, daß die historischen Elemente des Übergangs zufällig sind: sie haben in ihrer Absolutheit eher einen inneren expansiven Rhythmus, derart, daß dabei die Kritik den Ursprung verwandelt, nicht weil sie das Vermögen angreift, sondern weil es dieses bemißt und reorganisiert. Die Synthese der traditionellen philosophischen Bestandteile vollzieht sich bei Spinoza in Form einer Sprengung: es ist unnütz, die Voraussetzungen seiner Philosophie zu verfolgen, wenn man nicht den qualitativen Sprung versteht, der diese bestimmt. Die Beständigkeit des Spinozianischen Denkens hinsichtlich des vorangegangenen Verlaufs der Geschichte der Metaphysik besteht in einer radikalen Unbeständigkeit, die die Utopie des Bewußtseins und der Freiheit – das Erbe des abendländischen Denkens – zum Entwurf der Befreiung erhebt. Die Perspektive der Welt ist nicht Utopie, der Immanentismus ist nicht ästhetisch, die Befreiung ist nicht mehr handwerklich: aber alles das ist vorausgesetzt, gehört zur Grundlage. Spinoza qualifiziert das Problem der modernen Philosophie neu, das in der Eroberung der Welt und der Befreiung des Menschen besteht, und er zerstört dabei die vielfachen Antinomien und die stets wiederauftauchende (dualistische, transzendentalistische...) Trennung in Erkenntnistheorie und Geschichtstheorie, und zwar auf dieselbe Weise, in der die Kritik seit jeher den zenonschen Sophismus zerstört hat: indem sie vorwärtsgeht und die Wirklichkeit in Bewegung setzt. Die Philosophie Spinozas entspringt der äußersten Ausdehnung des ontologischen Paradoxons des Seins: in der Erkenntnis, daß die Hypostase, die einzig mögliche Hypostase, die der Welt und der Entfaltung ihrer Notwendigkeit zwischen Physik und Praxis ist. Eine Auffassung der Welt, die unmittelbar, als von ihrer eigenen Basis her, eine Auffassung der Wissenschaft und des Weltwissens gänzlich moderner Art hervorbringt: technisch und befreiend. Ein radikal materialistischer Entwurf des Seins und der Welt.

Es scheint uns, daß diese vom Spinozianischen Denken in der Geschichte des abendländischen Denkens dargestellte Differenz einen überaus hohen Punkt in der theoretischen Entfaltung des modernen

Denkens darstellt. Das heißt, daß das Denken Spinozas uns offenbar eine Strategie zur Überwindung der Antinomien der bürgerlichen Ideologie zeigt. Da aber die bürgerliche Ideologie wesenhaft antinomisch ist, ist diese Überwindung die Überwindung der Ideologie *tout court*. Spinoza gibt uns das Sein in seiner Unmittelbarkeit wieder. Er zerstört die Homologie von Vermittlungen und Artikulationen des Seins und Vermittlungen und Artikulationen der bürgerlichen Gewalt. Er gibt uns die Welt als Gebiet einer lustvollen Schöpfung der unmittelbar menschlichen Bedürfnisse wieder (vgl. 165; 166; 32 und die Arbeiten von Herbert Marcuse und Agnes Heller). Die Spinozianische Differenz nötigt zu einem materialistischen Umschwung der Philosophie, der vielleicht nur auf der Ebene der ausgereiften Untersuchung von der Krise des Spätkapitalismus her einen bestimmten Sinn erlangt: diese Strategie ist aktuell, der Keim hat seine Kraft entfaltet. Die Geschichte der Philosophie des Materialismus[8] zeigt uns einen grundsätzlich untergeordneten, zuweilen geradezu parasitären Verlauf, zumindest im Bereich des modernen und zeitgenössischen Denkens: nun entsteht diese Tradition, angesichts des Spinozianischen Denkens und darin integriert, kraftvoll und neu. Der innovative Geist erhebt sich auf der humanistischen und praktischen Grundlegung des konstitutiven Spinozianischen Denkens (134, 239-265; 106). Dieses Denken ist vollkommen idealistisch, sofern es sich als negatives Denken zeigt, sofern es die bürgerliche Utopie entwickelt, indem sie diese in den äußersten abstrakten Konsequenzen seines geistigen Kreislaufs erlebt; es ist jedoch vollkommen materialistisch, sobald es sich in konstruktiver Weise umbildet, es wandelt die Unmöglichkeit einer idealen Welt in eine materialistische Spannung seiner Bestandteile um und umschließt diese in einem praktischen Entwurf, in einem gewaltigen Dynamismus der weltlichen Befreiung. *»Benedictus maledictus«*: zu Recht wurde nie wieder ein Philosoph von seiner – bürgerlichen und kapitalistischen – Zeit mehr gehaßt. Nie wurde eine Philosophie als andersartiger betrachtet. Denn sie griff das an, was die Ideologie und das Allgemeingefühl, gesteuert von der Gewalt, in dieser Zeit als ureigen und substantiell erlebten. Leo Strauss bemerkt: »Wenn es zutrifft, daß jede Kultur, die etwas auf sich hält, notwendig etwas setzt, worüber man absolut nicht lachen darf, so kann man sagen, daß der Wunsch, dieses Verbot zu übertreten, engsten Anteil an den Absichten Machiavellis hat.« (146) Und an denen Spinozas. Er zerstört die historische Zeit seiner Philosophie in aller Entschiedenheit. Er plant die Zerstörung in angemessener Weise hin zur Zukunft, hin zu Bedingungen des Denkens, die die Hegemonie des Entwurfs der Befreiung gestatten.

Also: insoweit die spinozianische Differenz konstruktiv ist, insoweit ist diese Negativität konstitutiv! Die organische Verflechtung dieser beiden Motive in der Geschichte der europäischen Philosophie ist grundlegend. Spinoza ist der erste, der diesen logischen Mechanismus formt, den die bürgerliche Philosophie in ihrer nachfolgenden Entwicklung mit Beharrlichkeit und Beständigkeit abzuschaffen versuchen wird. Im Kantianismus als dem klassischen Idealismus ist der Begriff, gegen den ständig gekämpft und polemisiert wird, dauernd »Spinoza« (vgl. 5): zerstört wird genau die Verflechtung der Ideologie-Verneinung mit der Konstruktion der Welt, die Verknüpfung der Beschränkung der Materialität mit dem Unendlichen. Für alle idealistischen Traditionen und Positionen kann das negative Denken nur als Skepsis existieren, als *pars destruens* – wehe, wenn man es mit dem Entwurf verwechselt! Das idealistische Denken braucht die Naivität und die Reinheit der Grundlegung: es kann die mächtige, komplexe, unreine Territorialität und Zirkulation und Wendigkeit nicht annehmen, die das negative Spinozianische Denken aufbaut. Die Liebe zur Wahrheit scheidet sich im Idealismus von der Leidenschaft für das wirkliche Sein. Die Wirkung dieser Handlungsweise ist sicherlich die Mystifikation. Bei Spinoza erhalten Wahrheit und Sein eine Ausschließlichkeit der gegenseitigen Wirkung, die alleine die konstitutive, materielle und kollektive Praxis deutet, artikuliert und herstellt: bei Spinoza ist der transzendentale Schematismus nur praktisch, materiell. Die Welt erhöht die eigene Absolutheit nur, indem sie sich in der eigenen Gegebenheit erkennt. Sie ist absolut in ihrer Besonderheit. Sie ist rational im Prozeß der Befreiung. Endliches und Unendliches produzieren die Spannung der Befreiung. Man kann von der Welt nichts anderes aussagen, als daß ihre Absolutheit und sie selbst von dem lebt, was wirklich ist. Die metaphysische Theorie und die Wissenschaftstheorie finden bei Spinoza, zu Beginn der modernen Welt, eine erste und totale Übereinstimmung. Sie stellen die grundlegende Alternative zum gesamten nachfolgenden Verlauf der Metaphysik und bürgerlichen Wissenschaftstheorie dar. Spinoza lebt als Alternative: heute ist diese Alternative real und aktuell. Die Analytik Spinozas des erfüllten Raumes und der offenen Zeit ist im Begriff, zur Ethik der Befreiung zu werden, in allen Dimensionen, die diese Untersuchung schafft und vorbereitet.

Ethik und Politik der Dis-Utopie

Die wahre Politik Spinozas ist die Metaphysik. Gegen ihre Leistungsfähigkeit entladen sich die Polemiken des bürgerlichen Denkens und alle Versuche zur Mystifikation, die unter der Bezeichnung »Spinozismus« firmieren. Aber die Metaphysik Spinozas artikuliert sich in politischer Untersuchung und entwickelt gerade auf diesem Gebiet einige ihrer Leistungsfähigkeiten. Wir müssen sie hier zu bestimmen versuchen.

Die Metaphysik zeigt sich uns als Produktivkraft und die Ethik als Bedürfnis, besser, als phänomenologische Artikulation der produktiven Bedürfnisse. Das Problem der Produktion und der Aneignung der Welt wird in diesem Rahmen grundlegend. Aber das ist nicht die Besonderheit Spinozas: Das 17. Jahrhundert zeigt dieselbe Problematik und löst sie entlang einer Hauptlinie, derjenigen der Hypostase des Kommandos, der Ordnungshierarchie und der Aneignungsstufen. Verfolgen wir die Philosophie des 17. Jahrhunderts, so können wir zwei grundlegende ideologische Figuren herausarbeiten, die mit Hilfe der bürgerlichen Ordnung die Ideologie des *ancien régime* zu begründen und darzustellen suchen: auf der einen Seite die verschiedenen Neuformulierungen des Neuplatonismus, von Henry More bis zum christlichen Spiritualismus[9]; auf der anderen Seite das Denken des Mechanizismus.[10] Diese beiden Theorien dienen der Darstellung des neu aufgetretenen entscheidenden Phänomens: des Marktes. Beide erklären die Artikulation der Arbeit und des Wertes, die Zirkulation der Produktion zwecks Akkumulation des Profits, zur Begründung des Kommandos. Das neuplatonische Schema führt die Hierarchie in das schwankende System des Marktes ein, das mechanizistische Schema verherrlicht das Kommando als vom Markt gewollt, geforderte, angestrebte dualistische Spannung. Zwischen diesen beiden Ideologien (die neuplatonische sollte besser postrenaissancehaft genannt werden als dem 17. Jahrhundert *eigentümlich*) verläuft die große Krise der ersten Hälfte des 17. Jahrhunderts: Der Mechanizismus ist die bürgerliche Philosophie der Krise, die Idealform der Neustrukturierung des Marktes und der Ideologie, die neue Technologie der absoluten Gewalt (111). In diesem Rahmen wird die Utopie der Produktivkraft, die das unzerstörbare Erbe der humanistischen Revolution ist, durchbrochen und erneuert: durchbrochen in der (dafür typischen) Illusion einer sozialen und kollektiven Beständigkeit eines Prozesses der Aneignung von Natur und Reichtum; erneuert zunächst als Vorstellung des Kommandos, zweitens und darauffolgend als Hypothese einer überschießenden und fortlaufenden Aneignung in der Form des Profits. Die Vorstellung des Marktes war: Verdoppelung (mysteriöse und sublime) von Arbeit und Wert; fortschreitender Optimismus, rationale Leitung, rationales Ergebnis der Optimierung, festgemacht am Verhältnis Ausbeutung-Profit.[11] Die Metaphysik der Produktivkraft, von der Krise zerstört, wird vom Markt reorganisiert: die Philosophie des 17. Jahrhunderts ist Ausdruck davon. Dies ist das grundlegende Denken, zu dem die barocke Kultur des Bürgertums sich hinordnet: Verinnerlichung der materiellen Wirkungen der Krise, utopische und nostalgische Reproduktion der Totalität als Tarnung der Marktmechanismen. Man beachte wohl: Die Hegemonie dieses Lösungsrahmens, die in funktionaler Weise fast alle die Philosophien des Zeitalters durchzieht, bei Hobbes, Descartes und Leibniz (47), ist so stark, daß sie während dieses Zeitalters selbst und unmittelbar danach eine homologe Deutung auch des Spinozianischen Denkens aufnötigt – und das ist dann der »Spinozismus«! Die erzwungene Reduktion der Metaphysik Spinozas auf eine neuplatonische, emanationistische Ideologie, Wiederherstellung des spätrenaissancehaften Bildes des bürgerlichen sozialen Schemas. Barocker Spinoza? Nein, aber wenn schon in diesem Bild, dann als eine gefälschte und matte Figur, die die Krise zurückweist, die die Utopie in der einfältigen renaissancehaften Form wiederholt: das ist der Spinozismus.[12] Wenn der klassische Idealismus Spinoza wiederaufnimmt, nimmt er (erfindet er?) in Wirklichkeit den Spinozismus wieder auf, eine Renaissance-Philosophie der bürgerlichen Revolution des kapitalistischen Marktes![13]

Das reife Denken Spinozas ist Metaphysik der Produktivkraft, die das kritische Durchbrechen des Marktes als geheimnisvolle und transzendentale Episode ablehnt, die stattdessen – unmittelbar – das Verhältnis von aneignender Spannung und Produktivkraft als Stoff der Befreiung deutet. Materialistisch, sozial, kollektiv. Die Spinozianische Ablehnung leugnet nicht die Wirklichkeit des kritischen Bruchs des Marktes, tritt jedoch mit seiner bestimmten, dem 17. Jahrhundert entsprechenden Lösung dazwischen. Sie nimmt die Krise als Element der Entwicklung des menschlichen Wesens, verneint die Utopie des Marktes und bestätigt die Dis-Utopie der Entwicklung. Der kollektive Charakter der Aneignung ist vorrangig und unmittelbar, ist unmittelbar Kampf – nicht Scheidung, vielmehr Konstitution. Kurz: ist bestimmte Ablehnung der kapitalistischen und bürgerlichen Organisation des Verhältnisses von Produktivkraft und Aneignung. Aber darüber später eingehender. Hier reicht es stattdessen, sich bei der Stärke des Spinozianischen Durchbruchs aufzuhalten, bei der theoretischen Bedeutung der im Mittelpunkt stehenden Dis-Utopie. Denn dies ist der Punkt, an dem sich eine radikale und ursprüngliche Alternative des bürgerlichen Denkens festmacht. Alternative zwischen Entdeckung und theoretischer Verherrlichung der Produktivkraft einerseits und ihrer bürgerlichen Organisation andererseits. Die Geschichte des modernen Denkens muß gesehen werden als Problem der neuen Produktivkraft. Die ideologisch vorherrschende Strömung ist diejenige, die der Entwicklung des Bürgertums dient: sie beugt sich der Ideologie des Marktes, in der von der neuen Produktionsweise eingeführten bestimmten Form. Das Problem ist, wie wir weitläufig gezeigt haben, die Hypostase des Dualismus des Marktes im metaphysischen System: von Hobbes zu Rousseau, von Kant zu Hegel. Das ist also die Hauptströmung der modernen Philosophie: die Mystifikation des Marktes wird zur Utopie der Entwicklung. Im Gegensatz dazu steht der Spinozianische Durchbruch – der allerdings schon vorher von Machiavelli verursacht, und der danach von Marx bekräftigt wurde. Die Dis-Utopie des Marktes wird in diesem Fall zur Bejahung der Produktivkraft als Gebiet der Befreiung. Man kann gar nicht oft genug auf dieser der Geschichte des abendländischen Denkens immanenten und möglichen Alternative bestehen: sie ist das Zeichen von Würde, so wie die andere Richtung die Besiegelung der

Infamie ist. Der Spinozianische Durchbruch greift ans Herz der Mystifikation, begreift die frühere Wirklichkeit des kritischen Marktmechanismus als Symptom und Demonstration seiner Infamie. Der Markt ist Aberglaube. Aber ein Aberglaube, der auf die Zerstörung der menschlichen Kreativität gründet, auf dem Erzeugen von Angst vor der Produktivkraft, Verwirrung und Blockade der Konstitution und der Befreiung. Die Stärke des spinozianischen Durchbruchs könnte nicht größer und deutlicher sein.

Kehren wir jedoch zum Inhalt der Spinozianischen Dis-Utopie zurück. Eine Metaphysik des Seins als Physik des Vermögens und Ethik der Konstitution. Die Angst Spinozas bei der Entwicklung dieser Untersuchungshypothese, selbst beim Prozeß ihrer vollständigen Definition, haben wir gesehen. Es handelt sich nun um die Wiederaufnahme der spezifischen Politik dieser Entwicklung. Dis-Utopie: das heißt Verflechtung des konstitutiven Strebens und der bestimmten, kritischen Beschränkung. Diese Verflechtung sieht Spinoza auf einem Horizont der absoluten Immanenz. Keinerlei transzendenter Höhenunterschied ist mit dem Begriff der Konstitution verknüpft. Jede Artikulation des Prozesses ist daher nur und ausschließlich der ethischen Planung anvertraut: sie verbleibt in einer Spannung, die ohne Lösung der Beständigkeit von der Dimension der Körperlichkeit zu der der Ethik verläuft. Und es ist eine konstruktive Spannung des Seins. Sein und Nicht-Sein bejahen und verneinen sich leicht, taktvoll, unmittelbar. Es gibt hier keine Dialektik. Das Sein ist das Sein, das Nicht-Sein ist das Nichtsein. Nichts: Phantasma, Aberglaube, Hintergrund. Opposition. Blockade des konstitutiven Entwurfs. Dagegen dringt die Metaphysik des Seins direkt zur Ethik und zur Politik durch. Auch sie erlebt die Versuchung und die Gefahr des Nichts. Aber nur, um es absolut zu beherrschen. In der Dis-Utopie Spinozas ist die Zentralität des Politischen die Bekräftigung der absoluten Positivität des Seins. Gegenüber einer vorwiegenden Theorie, die das Politische als Herrschaft der Verschlagenheit und der Herrschaft benötigt, bekräftigt Spinoza das Politische als »gemäßigte Gewalt«, und das heißt als bestimmte Konstitution der Übereinstimmung und Organisation der kollektiven Freiheit. Gegen eine politische Philosophie, die die absolute Theorie der Pflicht benötigt, setzt Spinoza im Prozeß der Imagination jegliche Grundlage der Normativität. Gegen eine Ideologie, die die Organisation der Gesellschaft als Nachahmung des Marktes braucht, setzt Spinoza die Konstitution der Gesellschaft als Akt der Entwicklung der Produktivkraft. Die *»potentia«* und die Aneignung sind bei Spinoza die konstitutiven Elemente der menschlichen Kollektivität und die Bedingungen seiner fortschreitenden Befreiung. Gegen den übertriebenen Individualismus, der die Philosophie des 17. Jahrhunderts vorwiegend kennzeichnet, bestimmt Spinoza die Alternative eines konstitutiven Prozesses, nicht geradlinig aber gegenwärtig, nicht teleologisch aber bestimmt und wirkungsvoll. Freiheit, die in ihrer Entwicklung das Sein konstituiert; Sein, das in seinem Sichkonstituieren Freiheit bestimmt. Gegenwärtigkeit, die nur angekündigt werden kann im Maße ihrer Wirksamkeit; Notwendigkeit, die sich als Wirkung und Maß der Freiheit setzt.

Manche haben von einem liberalen Spinoza gesprochen, andere von einem demokratischen Spinoza. Ebenso könnte man jedoch auch – wie geschehen – von einem aristokratischen oder konstitutionell-monarchischen Spinoza sprechen. Oder einem anarchistischen? Das hat niemand behauptet. Was die verschiedenen Bestimmungen der Theorien der Herrschafts- und Staatsform angeht, ist der Raum für die Kennzeichnung der politischen Gestalt Spinozas allerdings so leer – daß Spinoza auch »anarchistisch« genannt werden könnte. Andererseits: ist es nicht gerade die Anschuldigung des »Atheismus« und der »Anarchie«, die das Zeitalter des *ancien régime* gegen ihn richtet? Aber törichterweise. Das Problem ist nämlich nicht das der Herrschaftsformen, sondern das der Befreiungsformen. Das politische Problem Spinozas besteht darin, der Freiheit und der Vernunft, der Unmittelbarkeit der Bedürfnisse und ihrer sozialen und kollektiven Übertragung die Absolutheit der Potentialität des Seins zu geben. Jegliche Definition der Herrschaftsformen muß die Thematik des Vermögens des Seins berücksichtigen: aber damit löst sie sich auch bereits auf. Die Politik ist die wesentliche Funktion der Erfahrung und des Wissens, insoweit sie die Festlegung eines Verhältnisses zwischen Spannung der Befreiung und bestimmter Beschränkung ist. Aber dieses Verhältnis wird unentwegt überschritten, nicht von einem System der Verneinungen, nicht von einer Reihe von Kommandos, sondern von letzten, vollen, materiellen Entwürfen der Aneignung. Die einzige Akkumulation, die Spinoza kennt, ist die der kollektiven Befreiungstätigkeit.

Das Politische steht im Mittelpunkt der Metaphysik Spinozas und betont dabei die vorgeschlagene Alternative zum Verlauf modernen abendländischen Denkens. Es exemplifiziert diese metaphysische Alternative vom theoretischen Standpunkt aus. Vor allem aber expliziert und beweist es die Alternative vom praktischen Gesichtspunkt her. Jahrhunderte der Kämpfe unterdrückter Minderheiten, des ausgebeuteten Proletariats, der Suche nach Freiheit – und die großen gesellschaftlichen Aufstände mit dem Ziel einer Zerstörung des neuen von dem Bürgertum eingesetzten Herrschaftssystems, das Ausreifen und die Explosion der von den neuen Produktionsweise entfesselten Antagonismen – alles das ist auf das Spinozianische Denken wie auf einen überaus ausdrucksvollen Gipfel zurückzuführen. Das Politische bei Spinoza als Funktion der metaphysischen Alternative ist eine echte und eigentlich historische Antithese zur Entwicklung der kapitalistischen Produktionsweise. Die Tatsache, daß die Aneignung hier ein konstitutiver Schlüssel ist und nicht die Grundlage der Legitimation einer Herrschaftsnorm, beweist und verkündet das wirkliche Verhältnis zwischen theoretischer Erfahrung des Humanismus und konkreten

Erfahrungen der Befreiung, das sich in den Jahrhunderten der europäischen Geschichte konstituiert. Die Philosophie ist groß und schön in diesen Serpentinen der Aufhebung des Elends des Wirklichen: Spinoza ist Lobpreis darauf (147).

Kehren wir jedoch zur Dis-Utopie zurück. Sie wird nicht als Restmoment entworfen oder als nur dialektisch relevant, auch nicht gegenüber den hegemonialen Strömungen und Leitlinien des modernen zeitgenössischen Denkens! Die spinozianische Dis-Utopie ist Revolte, ist Rebellion nur insoweit sie vor allem Reichtum ist. Die von ihr konstituierte Spannung zwischen Beschränkung und Streben, der von ihr geformte metaphysische aneignende und konstitutive Schub, alles das ist Reichtum, ist Befreiung der Produktivkraft. Man könnte sagen, wobei man die Untersuchung sicher verschärft, aber jedenfalls zu ihrer innersten Rationalität hinentwickelt, daß die Kraft der Dis-Utopie sich jenseits der Deutung von Ethik und Politik selbst stellt, daß sie in der Tat eine Philosophie des Übergangs zu einer gänzlich und radikal auf Freiheit aufgebauten Gesellschaft ist. Erkennen wir einen utopischen Inhalt in der Dis-Utopie? Viele Interpreten (z. B. 165; 166; 30; 2; 2 a) meinten, diese definitorische Konsequenz in verschiedenen Formen ziehen zu müssen. Wenn man Spinoza liest, wird man in der Tat tatsächlich zu diesem Schluß hingezogen. Aber der kritische Verstand kann diesen Eindruck nicht akzeptieren. Im 5. Teil der *Ethik* hat nämlich stets die konstitutive Spannung die Oberhand, auch wenn die Utopie in energischer Weise auftritt. Der emanzipative Schub des Denkens der Dis-Utopie setzt sich nämlich nie als hypostasierende Formel: in keinem Fall. Die Emanzipation ist Übergang, nicht weil sie die Zukunft intuitiv erkennt, sondern weil sie der Gegenwart innewohnt und sie durchläuft. Die Demokratie ist Übergang – nicht weil sie die Zukunft ahnt, sondern weil sie in der Gegenwart zu Hause ist und sie durchläuft. Die Emanzipation ist ein Bedürfnis, ein ontologisches System der Bedürfnisse, die sich aktualisieren und die eine neue Zusammensetzung und eine neue Aktualität bestimmen, indem sie das Wirkliche durchlaufen, dem Gegenwärtigen innewohnen und diesen paradoxen und effektiven Punkt des Zusammentreffens von Notwendigkeit und Möglichkeit konstituieren, der das metaphysische Zeichen des Spinozianischen Seins ist. *»Potentia-appetitus-cupiditas-mens«*: eine konstitutive Praxis formt die Dis-Utopie. Die Dis-Utopie ist die theoretische Darstellung der Bestimmtheit, der Phänomenologie, der Praxis. Dis-Utopie als Bestimmung, als bestimmte Aktualität. Die Emanzipation ist Dis-Utopie. Das heißt, daß der emanzipative Prozeß die Fülle und die außerordentliche Produktivität des Seins voraussetzt, und daß die Dis-Utopie ihr Vermögen auf dieser Grundlage zeigt. Das Sein ist reif für die Freiheit. Die Freiheit und die Glückseligkeit bilden sich daher als Manifestationen des Seins. Die Dis-Utopie ist ein Verfolgen der Spuren des Seins-Vermögens. Aber auch diese Definition läuft Gefahr, trügerisch zu sein: weil bei Spinoza das Verhältnis von Ausdruck und Gegebenheit, von Streben und Beschränkung, von Schöpfung und Geschaffenem stets so eng ist und so stark mit den konkreten Bestimmungen des Seins verknüpft ist – daß das Nurdarüber-Reden oder der bloße Bezug auf das Vermögen des Seins als solches Gefahr läuft, unannehmbare Dualismen oder Scheinbarkeiten eines formalen Seins wiedereinzuführen. Nein, die Ebenheit und die Vollständigkeit des Seins ist es, die hier das Vermögen beweisen, ihre Gegebenheit ist es, die dabei die Aktualität bemißt. Emanzipation ist also die Verbindung der ethisch motivierten, vielfachen menschlichen Aktivität mit dem Vermögen des in seiner Gegebenheit und Bestimmtheit vorgestellten Seins. Emanzipation ist daher Organisation des Unendlichen, Erklärung des menschlichen Vermögens zum bestimmten Ausdruck des Unbestimmten. Die Dis-Utopie ist die spezifische Form der Organisation des Unendlichen.

Die Anomalie des Denkens Spinozas gegenüber seiner Zeit wird mithin zur wilden Anomalie. Wild, weil sie innerhalb der Dichte und der Vielfältigkeit der aus der ausgeprägten Umgänglichkeit des Unendlichen entspringende Bestimmungen artikuliert wird. Es gibt bei Spinoza die Lust des unendlichen Seins. Das ist die Lust an der Welt. Sobald das Paradoxon der Welt, die in ihr zwischen positiver Unendlichkeit und Unendlichkeit der Bestimmungen eröffnete Spannung in Aktivität umschlägt und sich im konstitutiven Prozeß wiedererkennt, beginnt die Lust an der Welt zentral zu werden, und die Anomalie wird wild. Wild, weil an die unerschöpfliche Vielfältigkeit des Seins geknüpft, an ihre Blüten, die so weit geöffnet und bewegt sind. Das Sein Spinozas ist wild und scheu und vielfältig in seinen Ausdrücken. Es ist wendig und wild. Es gibt immer Neues in der Ontologie Spinozas. Nicht nur in der historischen Ontologie, die er aus der Entwicklung entnimmt, sodann vor allem in der wesenhaften Ontologie, die aus den Spalten des Seins, aus seiner Tiefe hervorgeht. Auf dem Weg vom physischen Vermögen zur moralischen *»cupiditas«* und zur *»mens«*. Also wilde Anomalie als Qualität der Organisation des Unendlichen. Als prinzipielle Charakteristik dieser Spannung zwischen Unendlichem und Bestimmung, zwischen Streben und Beschränkung, die die Art der Selbstdarstellung des Vermögens des Unendlichen konstituiert. Die wilde Anomalie ist daher nicht nur ein Merkmal der historischen Einordnung des Denkens Spinozas in seine Zeit und in die Entwicklung der abendländischen Philosophie, ist nicht nur eine Qualifikation des Reichtums seines Denkens und seiner Öffnung zur Zukunft: sie ist auch ein grundlegendes Moment und eine besondere Ausdrucksweise des Seins. Die Spinozianische Dis-Utopie ist die Lust an der wilden Anomalie des Seins. Und hier zeigen sich wieder viele Fäden, die die Philosophie Spinozas durchziehen, an der Oberfläche. Sie bilden als historische Bestandteile das System Spinozas nur insoweit sie sich in der Anziehungskraft der wilden Komplexität des Systems qualifizieren. Wie alle Erzeugnisse einer weitentwickelten Industrie enthält das Denken Spinozas die Komplexität seiner Werkzeuge innerhalb des Vermögens der Produktivkraft und zeigt vor allem diese Komplexität als irreduzible Einzigartigkeit. Die Dis-Utopie ist gleichermaßen Kritik des Existenten, der Bestandteile, und positive, einzigartige Konstruktion der Zusammensetzung. Einzigartigkeit des Ausdrucks der Erscheinungsform – bis hin zur Entstehung der Lust und der Süße der Welt. Die Irreduzibilität dieser Schlußfolgerung Spinozas ist total. Einfacher, vielleicht etwas extrem, auf jeden Fall aber eindringlicher können wir sagen: bei Spinoza unterwirft sich die Produktivkraft nichts anderem als nur dem, was sie selbst ist, und sie entzieht sich insbesondere der Herrschaft der Produktionsverhältnisse: sie sucht vielmehr, diese vom eigenen Standpunkt aus, aus eigenem Vermögen zu beherrschen. Und diese Konzeption der Produktivkraft – mit ihrem entsprechenden ontologischen Material – ist es, die der Philosophie Spinozas und seiner Auffassung des Seins einen unerschöpflichen Reichtum, eine wilde Bestimmung gibt.

Konstitution und Produktion

Produktivkraft und Produktionsverhältnisse: der Gegensatz ist nicht metaphysisch, sondern materiell bestimmt. Das Denken Spinozas in seiner universellen Bedeutung kann auf diese einfache Behauptung zurückgeführt werden. Die Produktivkraft entspringt aus der Unendlichkeit des Seins, und seine einzige Organisation ist in der Bewegung des Unendlichen gegeben. Jegliche Unterwerfung und Einordnung der Produktivkraft, die selbst nicht in der selbständigen Bewegung seiner konstitutiven Kraft besteht, ist Negativität, Antagonismus, Leere. Der Ausdruck der Produktivkraft ergibt sich materiell, immer im Gleichgewicht mit der Grenze des Seins, wo die Konstitution sich als Vermögen der Zukunft aufstützt und emporragt. Der Ausdruck der Produktivkraft ergibt sich kumulativ auf physikalischer Ebene und kollektiv auf ethischer Ebene, immer als Resultante eines theoretischen und praktischen Prozesses, der eben in dem Sichbilden des Seins als solchem besteht. Die Produktivkraft, die Produktion ist daher unmittelbar Konstitution – und die Konstitution ist die Form, in der die Produktivkraft das Sein offenbart. Materielle Produktion, politische Organisation, ethische und kognitive Befreiung setzen sich am Schnittpunkt von Produktivkraft und positiver Konstitution der Welt. Das Verhältnis Produktion-Konstitution ist daher der Schlüssel der Seins-Artikulation, ein einheitlicher Prozeß, der von verschiedenen Gesichtspunkten aus feststellbar ist, der aber in seinem Wesen stets einheitlich bleibt.

So kann man dieses Verhältnis etwa im Rahmen des Denkens und der metaphysischen Dynamiken als solchen betrachten, wo es sich um das Sein handelt, das sich, zwischen der ersten und der zweiten Natur, aufbaut, zwischen Körperlichkeit und ethischer Haltung: es ist das Gebiet der Aneignung der Natur und der Konstitution der Welt. Durch Antonomasie. Zweitens ist das Verhältnis Produktion-Konstitution auf politischer Ebene feststellbar, wo der grundlegende Zusammenhang sich in der Reduktion der Vielfältigkeit zur Einheit des Kollektiven und zur konstitutiven Definition des Kollektiven als praktischem Vermögen ausdrückt, als Vermögen der Gesittung und Normierung innerhalb der sozialen Beziehungen der Menschen. Schließlich kann das Verhältnis auch auf der ethischen Ebene im eigentlichen Sinn betrachtet werden, oder auf der Ebene des Bewußtseins der Befreiung: Ontologie und Politik beugen sich hier dem Verlangen nach Glückseligkeit, artikulieren sich in der individuellen und kollektiven Suche nach dem Ausdruck einer Seinsfülle, einer vollständigen Emanzipation vom Elend des Lebens, einem Glück, das Freude, Lust, Erhöhung des Seins in jeder Hinsicht sein soll.

Produktion als konstitutive Ontologie. Spinoza begründet diese Möglichkeit der Philosophie bzw. der Zerstörung der Philosophie mit absoluter Folgerichtigkeit. Die konstitutive Ontologie erkennt die Produktion im Inneren der Seinsstruktur. Man kann vom Sein nur in Begriffen der Produktion sprechen. Die Kritik des Seins ist die Kritik der Produktion. In seinem Konstitutionsprozeß läuft das produktive Sein entlang eines Pfades, der kumulativ (und das heißt gemäß einer rigoros quantitativen und mechanischen Logik) Schichten und Stufen der Welt bildet. Jeglicher Einzelfall der physikalischen Natur ist ein bestimmter Niederschlag des kumulativen Seinsprozesses. Die Spinozianische Metaphysik entdeckt eine Physik, die sie ihrerseits produziert. Die Physik, das heißt die spezifische Verneinung der Philosophie, insoweit allgemeine Wissenschaft des Seins, wird zum Fundament des Spinozianischen Systems. Ein kräftiges Fundament für eine erweiterte und artikulierte Dynamik. Von der Natur zur zweiten Natur. Das menschliche Tun vergrößert das Vermögen der Natur. Die Artikulation der Natur reift aus und verwandelt sich zurück in Tätigkeit des Geistes. Das Verhältnis zwischen Natur und zweiter Natur, diese grundlegende Gelenkstelle der konstitutiven Ontologie, wird von der menschlichen Intelligenz organisiert. Diese ist Artikulation der Natur. Sie sammelt und entwickelt aus dieser Natur die konstruktive Potentialität. Gleichsam aus dem Ununterschiedenen entsteht die Vernunft. Die Imagination, dieses grundlegende Vermögen des Spinozianischen Systems! Dieser bescheidene und überaus mächtige Punkt, auf dem das Problem der Philosophie des 17. Jahrhunderts die dualistische Mehrdeutigkeit der psychologischen Ununterschiedenheit (auf die sich die barocke Auflösung der Einheit der Natur stützt, gerade in dem Moment, in dem die Theorie der Leidenschaften mit ihr liebäugelt) – dies also ist der Punkt, auf dem das Problem des

17. Jahrhunderts sich umkehrt: weil nämlich Spinoza hier auf dem Gebiet der Imagination den Hebel zur Konstruktion der Welt ansetzt. Die Imagination ist Körperlichkeit, die Intelligenz erlangt, der Körper, in dem sich der Geist konstituiert. Die Imagination ist die Erklärung der Zufälligkeit der Theorie des Parallelismus und zugleich ihr Ersatz: der Geist bildet sich wohlgeordnet – zumindest gemäß jener konstitutiven Ordnung, die die wilde Vielseitigkeit des Seins bestimmt. Es gibt keine Unbeständigkeit im Denken Spinozas, aber unendliche Katastrophen, die die Beständigkeit des Seins unter Leitung der Imagination neu formulieren, mit einer Tiefgründigkeit der produktiven Anklage, die wie das Wasser in der Erde und im Körper überall zirkuliert. Allgegenwärtig. Wie ein Motor, der in jeder Weise wohlgeordnet Transmissionsriemen antreibt und die nachgeschalteten Motoren leitet. Die Imagination steht im Herzen der konstitutiven Ontologie, weil sie sich im Zentrum befindet, und das Siegel der Beständigkeit darstellt, der absoluten Eindeutigkeit der Seinsordnung. Weil sie dessen dynamischer Motor ist. Sie zeigt das Sein als Produktion. Die zweite Natur ist die von den Menschen geschaffene Welt. Aber das Spinozianische Bewußtsein von der Einheit des Seins, seiner dichten, kompakten Wirklichkeit, ist derart, daß bisweilen die von den Menschen geschaffene Welt sich in der metaphysischen Natur zu verkleinern scheint, wie auf einem Hintergrund, der so hell leuchtet, daß er nichts Vorspringendes duldet. Aber das ist schlicht und einfach Täuschung. Wenn es stimmt, daß Spinoza die relative Unwichtigkeit erfährt, die die industrielle Welt im Morgengrauen des Kapitalismus noch gegenüber der Welt der Naturproduktion zeigt, so ist in Wirklichkeit auch diese Unwichtigkeit nur eingebildet. Denn der Gedanke der Produktion ist bei Spinoza nicht nur die dynamische Grundlage des Seins, sondern vor allem der Schlüssel zu seiner Gesamtheit, seiner Artikulation, seiner Expansivität. Die zweite Natur entspringt der kollektiven Imagination der Humanität: denn die Wissenschaft ist das produktive Ergebnis des aneignenden Geistes der Natur, den die menschliche Gemeinschaft besitzt und entwickelt. Die Gesittung ist eine Anhäufung von produktiver Fähigkeit. Sie ist Zerstörung einer nicht befreiten Notwendigkeit, daher Zerstörung des Zufalls, also Zerstörung des Nicht-Seins. Hier berühren wir das Paradoxon des Spinozianischen Denkens und seines Humanismus: bei Spinoza gibt es nicht mehr Natur, sondern nur noch zweite Natur, die Welt ist nicht Natur, sondern Produktion. Die Beständigkeit des Seins bildet sich nicht im Prozeß, der von einem Prinzip zu einem Ergebnis fürt, von einer Ursache zu einer Wirkung (in diesem Zusammenhang und in dieser Richtung), sie enthüllt sich vielmehr als Gegebenheit, als Produkt, als Schlußfolgerung. Das Ergebnis ist das Prinzip. Das geschaffene, konstituierte Sein ist das Prinzip der Produktion und der Konstitution. Jede produktive Artikulation wird auf die Produktion als seinem eigenen Prinzip zurückgeführt: aber das Prinzip ist die Gegenwärtigkeit, ist der

gegenwärtige Reichtum der Seins-Bewegungen. Es ist seine konstituierte Gegenwart. Diese Verwandlung der Produktion in ein Prinzip einer konstitutiven Ontologie ist das Symbol der Befreiung der Produktivkräfte, jedenfalls von den gegebenen und bestehenden Produktionsverhältnissen. Sie ist das Prinzip der Revolution auf der Grundlage der modernen Philosophie.

Die konstitutive Ontologie wird Politik. Bei Spinoza ist der Übergang zur Politik insoweit notwendig, als er der Niederschlag der subjektiven Artikulation der Seinsentwicklung sein kann und sein muß. Die politische Theorie Spinozas ist eine Theorie der politischen Zusammensetzung der Subjektivität. Der Übergang von der Natur zur zweiten Natur, von der Physik zum Tun des Menschen muß durch die Subjektivität vermittelt sein. Völlig abstrakt ist die Frage, welche Einflüsse die Politik Spinozas erleiden würde, wenn sie sich fürs erste nicht das Problem des systematischen Aufbaus der Politik und ihrer notwendigen Setzung der theoretischen Gelenkstelle stellen würde. Die Spinozianische Politik ist also die Theorie der »subjektiven« Kontinuität des Seins. Das Subjekt ist das Produkt physikalischer Anhäufung von Bewegungen. Das kollektive Subjekt kann nur als Physik der kollektiven Haltungen eingeschätzt werden. Die Subjektivität ist Zusammensetzung – zuerst physikalische und dann geschichtliche. Die Theorie des Subjekts ist eine Theorie der Zusammensetzung. Und nun verfolgen wir sie, diese konstitutive Theorie, in ihrer ganzen außerordentlichen Produktivität. Produktion und Konstitution ergeben sich hier auf einer Ebene der Ausgestaltung, die schon ein Ergebnis gezeitigt hat: die Produktion wird um so wirksamer, je komplexer die Konstitution ist. Das kollektive Subjekt sucht in der Politik die Vernunft seiner Dynamik. Und das ist eine gleicherweise produktive und konstitutive Dynamik. Auch in diesem Fall ist das produktive Verhältnis der Produktivkraft untergeordnet – die Gewalt dem Vermögen. Die politische Konstitution wird immer vom Widerstand gegen die Gewalt bewegt, sie ist eine Physik des Widerstandes: es gibt keine Komplexität der Konstitution, die nicht eine Komplexität der Äußerungen des Vermögens wäre, des Ausdrucks der Produktion. Die politische Konstitution ist ein produktiver Mechanismus der zweiten Natur, der verwandelnden Aneignung der Natur, und daher der Aufhebung oder der Zerstörung der Gewalt. Die Gewalt ist Zufälligkeit. Der Prozeß des Seins, die immer komplexere Selbstbestätigung des subjektiven Vermögens, die Konstruktion der Seins-Notwendigkeit: sie alle sägen an den Grundpfeilern der Gewalt, um sie zu zerstören. Die Gewalt ist Aberglaube, Organisation der Angst, Nicht-Sein: das Vermögen stellt sich ihr entgegen, indem es sich kollektiv konstituiert. Die Aneignung der Natur hat sich hier vollständig umgewandelt in die Produktion der Bedingungen des Vermögens: wiederum das Paradoxon des Ergebnisses, des gegenwärtigen Vermögens, der Fülle des Seins! In der Zusammensetzung der Subjektivität häufen sich immer jene Gesellschaftlichkeit, jene kollektive Intelligenz, die das Vermögen gegen die Gewalt aufbauen, die der Gewalt eine immer untergeordnetere und vergänglichere Form geben gegenüber der menschlichen, intersubjektiven Produktivität, der ausgereiften Zusammensetzung der Subjektivität. Gerade in der Kritik der Theologie beginnt die Spinozianische Philosophie die Erforschung der Entwicklung der Subjektivität als Vermögen des Seins, als Prozeß der immer weiter entwickelten Zusammensetzung. Die Theologie ist eine Theorie der Entfremdung, sie dient der Gewalt: Dualismus als stete Funktion der Gewalt, als Zug der Herrschaftslegitimation, als Trennung des Produktionsverhältnisses von der Produktivkraft. Die theologische Kritik (und die kritische Auslegung der religiösen Tradition) löst die mystifikanten Formen auf und belegt sie als Nebensächlichkeit, als historische Überbleibsel. Soweit er für die Gewalt funktional ist, werden sie allmählich aufgelöst: die Entwicklung des subjektiven Vermögens sammelt das auf, was sich im Sein angehäuft hat, das, was das Sein – historisch, durch und gegen die Mystifikation, im Sinne einer größeren menschlichen Geselligkeit – produziert hat, sie eignet sich dieses Sein wieder an, und verwandelt sich in der Zerstörung der theologischen Illusion. Dieser Prozeß hört jedoch nur dann auf, wenn das Vermögen vollständig auf sich selbst, auf seiner eigenen absoluten Selbständigkeit und Produktivität besteht. Die Zeit der Aneignung der ersten und der zweiten Natur hat reale Existenz nur als Form der Seinsfülle: wenn sie ein Vorher hat, ist dieser in das Sein einbeschlossen; und hat sie ein Nachher, wird dies erneut am reinen Vermögen und seiner Spannung bemessen. Außerhalb jeglichen finalistischen Rahmens.

Diese Umwendung der natürlichen Produktivität ebenso wie der Subjektivität hin zur Vollendung der Zusammensetzung führt die letzte Schicht der Spinozianischen Problematik ein: die Vollendung, die Ethik der Befreiung, ihre Voraussetzungen, ihr Vermögen, ihre Ergebnisse. Hier scheint jedoch ein Widerspruch aufzutauchen: vom ontologischen und antifinalistischen Horizont aus verlagert das Spinozianische Denken diese Problematik tatsächlich zu Innerlichkeit und Intensität des Seins hin. Warum? Warum bestimmt eine im Prozeß zur Totalität des Seins, in der Spannung zwischen Mikro- und Makrokosmos, völlig offene Philosophie ihren Abschluß in der subjektiven Vollendung? Wenn die Frage auch berechtigt ist, so ist doch die Antwort klar und schließt jeden Widerspruch aus. Wenn es eine Beschränkung gibt, ist sie eher historisch als theoretisch. Die Subjektivität, auf die sich die Spinozianische Meditation zubewegt, ist tatsächlich die gegenwärtige Grenze der ethischen und politischen Dis-Utopie. Es gibt in ihr nichts Vertrauliches, Individuelles oder Mystisches. Es gibt nichts in ihr, was von der Kontinuität des Seins und seiner Ausdehnungsfähigkeit abweicht. Das Subjekt ist der Punkt, in dem sich in individueller oder kollektiver Form die Produktivkraft des Seins als Identität mit der Konstitution der Seinsgestalten zeigt. Das Subjekt ist der ontologische Ort der Bestimmung. Und daher der Emanzipation. Der gesamte metaphysische Rahmen vollendet sich in dieser Dichte. Denn es ist nichts Unbewegliches in dieser abschließenden Synthese: vielmehr ist da die Geschäftigkeit der Befreiung – die sich verdichtet, schwer wird, jedoch auch immer offener, immer vollkommener wird. Die höchste metaphysische Vollendung begreifen wir im Zuge der vollendeten Subjektivität. Wir begreifen sie als Befriedigung einer Produktion, die die Vollendung der eigenen Zusammensetzung erlebt. In einer Kette des Seins, die aus unendlich vielen Gegenwarten gewebt ist, deren Abschluß das Gegenwärtige ist, erneut seine Lust, das gesamte gegebene Sein. Man muß darauf bestehen: Die Beschränkung und die bestimmte Erscheinung des Subjektes machen, auf dieser Ebene seiner Zusammensetzung, die Totalität des gegebenen Seins aus. Darin besteht die Vollendung, nicht in irgendeiner dem Sein gegenwärtigen Transzendenz. Die Spannung und die Überwindung sind Bedürfnisse, nicht Ideale, so wie die Vollendung ontologisch ist und nicht utopisch. Die Utopie selbst ist im Sein enthalten und ihre Würde ist die des materiell zusammengesetzten Seins im subjektiven Verlangen. Damit schließt die Spinozianische Ethik.

Um sich jeden Augenblick dem Sein zu öffnen. Die Spinozianische Problematik des räumlichen Seins, der räumlichen Konstitution, der räumlichen Produktion ist, indem sie sich beschließt, eine Voraussetzung für die Metaphysik der Zeit. Nicht der Zeit als Werden, wie es die spätere moderne Philosophie verlangte: denn die Perspektive Spinozas schließt jede Philosophie des Werdens außerhalb der Bestimmung der Konstitution aus. Aber Voraussetzung gerade einer Metaphysik der Zeit als Konstitution. Die Zeit der späteren Konstitution, die Zeit, die sich jenseits der Gegenwärtigkeit des Seins erstreckt, das Sein, das seine Zukunft schafft und unterscheidet. Eine Philosophie der Zukunft. Wenn wir bis jetzt häufig auf der Offenheit des Spinozianischen Denkens gegenüber der Zukunft als Korrelat zu seinem anomalen ideologischen Vermögen und seiner historischen Einordnung bestanden haben, so wird nun das Zeichen der Zeitlichkeit im Spinozianischen Denken noch weiter in der Tiefe aufgespürt: und das heißt auf der Erscheinungsform der Ontologie. Das Einbringen des Vermögens ins Sein öffnet hier das Sein der Zukunft. Die wesenhafte Spannung fordert Existenz. Der kumulative Prozeß, der die Welt schafft, fordert eine spätere Zeit, eine Zukunft. Die Zusammensetzung des Subjekts häuft das Vergangene nur an, um es in der Zukunft auszubreiten. Das Sein ist zeitliche Spannung. Wenn die Differenz die Zukunft begründet, begründet hier die Zukunft ontologisch die Differenz. Dieses wechselseitige Verhältnis ist der Stoff der Konstitution. Und nun ist das Sein qualitativ Emanzipation, das heißt, wiederum auf die künftige Zeit gerichtete Vollendung. Unendlich ausgerichtet auf die unendliche Vollendung. Fortwährender Übergang zu immer höherer Vollendung. Das Sein produziert sich. Das Verhältnis zwischen Sein, Produktion und Konstitution ist die Dimension der Zukunft. Das Wissen ist nichts anderes als fortwährende Analytik dieses Fortschreitens, dieses Webens, dieser fortwährenden Anhäufung des Seins. Das Sein ist um so mehr Spannung zur Zukunft, je mehr die gegenwärtige Dichte gewachsen ist. Die Zukunft ist nicht eine Prozession von Taten, sondern eine von der unendlichen Masse des intensiven Seins getätigte Verschiebung: eine lineare, räumliche Verschiebung. Die Zeit ist Sein. Die Zeit ist das Sein der Totalität. Der Veränderung, des Reichtums, der Freiheit. Aber all das geht zugleich vor sich. Das Sein, das sich von einem Punkt des Raumes zum anderen verlagert in seiner Unendlichkeit, in seiner Totalität, vollbringt einen Übergang in der Vollkommenheitsordnung, das heißt in seiner Konstruktion. Nicht in der Gegenüberstellung mit anderem, sondern nur sich selbst gegenüber. Daher ist es Befreiung, Emanzipation, Übergang. Die Zeit ist Ontologie. Konstitution im Innern der Produktion, Produktion als Freiheit.

Die Metaphysik Spinozas der Produktion definiert auf theoretischem Gebiet die Bedingungen der Möglichkeit einer Phänomenologie der kollektiven Praxis. Indem sie sich vom Produktionsverhältnis befreit und sich als unmittelbar konstitutiv zeigt, legt die Produktivkraft die Möglichkeit dar, daß die Welt gemäß der Sehnsucht entwickelt und analysiert und verändert wird. Das Spinozianische Paradoxon besteht in der absoluten materiellen Bestimmtheit dieses Entwurfs. Die kollektive Praxis ist bestimmt. Ihre Gestalten sind konstituiert. Ihr Inhalt ist die Befreiung. Die Form ist materiell und kollektiv. Die Sehnsucht wird auf der Ebene der Zusammensetzung des Subjekts produziert. Dieser subjektive Zusammenhang der objektiven Komplexität des Seins konstituiert alles, was für die historische Einordnung – und die metaphysische Voraussetzung – des Spinozianischen Denkens besonders spezifisch und bestimmt ist. Nun stellt das Verhältnis Produktion-Konstitution, wenn man es in diesem Sinn betrachtet, den Angelpunkt des Spinozianischen Entwurfs dar. Es ist das Überschreiten jeglicher logischer Möglichkeit, der klassischen und der dialektischen gleichermaßen. Und es stellt vielleicht noch immer die aktuelle Bedeutung seines Denkens dar. Denn zum Abschluß dieser ersten Erkundung des Denkens Spinozas sollte man sich die Mühe machen, mit aller Klarheit auf diese Dimension zu dringen, die sein Denken unserer Betrachtung bietet. Indem Spinoza Produktion und Konstitution zur Identität treibt, zerstört er – zu Beginn der kapitalistischen *Civilisation* – die Möglichkeit einer Dialektik der Gewalt und eröffnet die Perspektive des Vermögens. Wissenschaftlich drückt dieser Bruch die Notwendigkeit einer Phänomenologie der kollektiven Praxis aus und zeigt ihre Form. Heute, in einer von der Krise des Kapitalismus gekennzeichneten Epoche, ist dieser Bruch zwischen (kapitalistischem) Produktionsverhältnis und (proletarischer) Produktivkraft erneut an einem Punkt äußerster Spannung angelangt. Gewalt und Vermögen zeigen sich als absoluter Antagonismus. Die Unabhängigkeit der Produktivkraft kann also in Spinoza eine bedeutende Quelle finden, auf die sie sich berufen kann, sie kann in der Entwicklung seiner Hypothese eine Linie finden, auf der sie sich historisch organisiert. Offensichtlich auf der Basis einer Hypothese: nämlich der Erkenntnis, daß die Entwicklung der bürgerlichen Kultur die Geschichte ihrer Ursprünge nicht völlig entstellt hat. »Lassen sich aus dem Zerfallsprozeß der demokratischen Gesellschaft noch die Elemente aussondern, die – ihrer Frühzeit und ihrem Traum verbunden – die Solidarität mit einer kommenden, mit der Menschheit selbst, nicht verleugnen? Die deutschen Forscher, die ihr Land verlassen haben, hätten nicht viel gerettet und wenig zu verlieren gehabt, würde ihnen nicht auf diese Frage ein Ja zu Antwort. Der Versuch, den Lippen der Geschichte es abzulesen, ist kein akademischer.« (11, 526)

Anmerkungen

1. Kapitel

[1] Umgekehrt unterstreicht Cantimori in seinem Vorwort zur italienischen Ausgabe von Huizinga, daß dieser in Hugo Grotius weniger den berühmten Internationalisten sieht als vielmehr den »Autor von *De veritate religionis christianae*, der in Latein oder in der Muttersprache überall in der Welt von den holländischen Händlern und Seefahrern, denen er vertraute, herumgereicht wurde, um eine tolerante und rationale Religiosität in humanistischem und erasmianischem Sinne zu verkünden«. Vgl. dagegen Solari (143, 93 ff.).

[2] Thalheimer (149, 11-39); allgemein über die sozialen Bedingungen Hollands im 17. Jh. auch Dunin-Borkowski (44 III). Es lohnt, noch ein paar Bemerkungen über das Phantasiebild der kapitalistischen Sozialisation relativ zur unmittelbaren Sozialisation anzufügen, aber nur, um zu erkennen, wie durch sie einige Dimensionen des revolutionären Prozesses sozusagen geschönt und abgeschwächt, bewußt auf die zeitliche Kontinuität der Entwicklung institutioneller Formen reduziert werden. Offenbar spielt hier das Bild Venedigs und seiner Regierung eine seiner fundamentalen Rollen (noch ein weiteres, das Genuas, wird dabei vor allem vom finanzbürgerlich beherrschten Gebiet hinzugesetzt): Fortschritt ohne Wagnis, Reform innerhalb einer Kontinuität, Kräftegleichgewicht – so die typischen Momente einer reichen und in funktionalem Sinne progressiven Moderatheit. Spinoza ist davon nicht unberührt, v. a. in seiner Frühzeit. Vgl. aber allg. den *TP*, VII, 20. Art., VIII, 18., 27., 29 Art. u. a. C. Signorile (138, 216 ff) widmet sich gewinnbringenderweise diesem Argument, v. a. in bezug auf die beiden hierfür grundlegenden Texte (v. Chabod und Braudel), wobei er umfangreiche Literatur zitiert und kommentiert. Schließlich sei noch eine Bemerkung zum Buch Signoriles gemacht, das zur Information außerordentlich brauchbar ist und von uns verwendet wurde. Das Werk beruht auf der These vom Primat des Politischen innerhalb der Ursprünge bürgerlichen Denkens, und das ist zumindest verzerrt, vor allem (aber nicht nur), wenn es auf das Denken Spinozas bezogen wird. Folgerichtig wird die Analyse des Denkens Spinozas fast ganz auf das »Politische« festgelegt und unterstellt dieses als »verborgene Ideologie«, die die Metaphysik durchzieht. Warum kommt Signorile kein Zweifel, daß die Metaphysik die einzig mögliche Form des Politischen sei – hier, in diesem Zeitalter, in diesem Lande?

[3] Über die Rückbezüge Gebhardts auf die Werke Uriel da Costas hinaus vgl. Revah (127). Besonders wichtig ein Aufsatz von Wolfson (162) zur Präzisierung der von da Costa in der Synagoge vor Spinoza aufgeworfenen Polemik. Interessant ist der Gebrauch, den Spinoza davon macht: Er kehrt in keinem Fall zur Bestimmtheit der aufgeworfenen Probleme zurück (im vorliegenden Fall wahrscheinlich das Problem der individuellen Unsterblichkeit der Seele), sondern nimmt diese nur im Rahmen einer substantiellen und metaphysischen Verlagerung der Problematik wieder auf. Von daher muß auch betont werden, daß nur in dieser Perspektive genealogische Analysen und Rekonstruktionen einzelner thematischer Traditionen von Früher und Heute, zwischen der herkömmlichen hebräischen Kultur und dem Spinozianischen System, nützlich sind.

[4] S. R. Hoenigswald (77, 91 ff.); auch wenn diese Vorstellung der Überbestimmung (sovradeterminazione, eigentlich »übergeordnete Bestimmung«, im folgenden aber als »Überbestimmung« übersetzt, Anm. d. Ü.) des Seins von Hoenigswald eher in qualitativen als in erfüllten ontologischen Begriffen betrachtet wird. Auf dem Verhältnis Spinoza-Bruno besteht F. Alquié (2, 15-15). Die These behauptet hier einen exzessiven Mathematizismus in der Spinozianischen Definition des metaphysischen Kontextes – eine bei Bruno entnommene Bestimmung und wie bei diesem in produktiven Begriffen entwickelt. Daß Alquié einen direkten Einfluß von Brunos Denken auf Spinoza annimmt, ist tatsächlich relevant für seine gesamte Interpretation: sie betrachtet das Spinozianische Denken als eine pantheistische Transzendenz des Seins

hinsichtlich seiner aufeinanderfolgenden Bestimmung (transzendente Substanz bezüglich der Attribute; Dualismus in der Auffassung der *idea ideae*; Mißverhältnis zwischen Intellekt und Reflexion; reiner Dualismus von Vernunft und Leidenschaft): mithin beherrscht in Spinozas Denken die Vorstellung der Transzendenz des Seins die Metaphysik und die religiöse Transzendenz beherrscht die Ethik (zu letzterem hat Alquié 1958 an der Sorbonne eine Vorlesungsreihe [2 a] abgehalten). Es ist wichtig, diese Punkte der Interpretation (von Gueroult massiv kritisiert) zu unterstreichen, um zu sehen, in welcher Weise Brunos Einfluß betrachtet werden kann: als Beibehaltung eines religiösen irreduziblen Horizontes, als Religionsnaturalismus – nach Alquié bewirkt ja die Fortdauer Brunos und der Renaissance, daß die Philosophie Spinozas – weit entfernt von einer Lösung der Cartesianischen Dualismen – hier völlig zurückfällt. Hier ist natürlich kein Raum für eine solche Interpretation Spinozas (und auch nicht Brunos).

5 E. Cassirer (26) hat den Gedanken eines engen Zusammenhangs des Denkens Spinozas mit dem von Telesio und Campanella eingebracht. Er übernimmt dieser Überzeugung aus Dilthey, der in Spinoza den »Abschluß« der großen Zeit des Renaissance-Naturalismus sieht.

6 Vgl. die immer wieder von di Vona ausgedrückte Ansicht (z. B. 155). Aufgrund seiner gründlichen Kenntnis sowohl Spinozas wie auch der Philosophie der Zweiten Scholastik ist Di Vona zuverlässig.

7 Gueroult (67, 1-10; auch 68). Wie schon bei Alquié angemerkt, trifft man hier – bei der Interpretation des Verhältnisses Spinoza-Descartes – auf ein für die Spinoza-Deutung grundlegendes Element. Darauf kommen wir natürlich zurück. Aber da ich Gueroult im Text zitiere und seine Deutung in ihrer Substanz bezüglich des genannten Verhältnisses akzeptiere, muß ich wenigstens eine bibliographische Anmerkung zur Verdeutlichung machen. Wie gesehen, impliziert in der Interpretation Alquiés die Substanz, insoweit *natura naturans*, die Beibehaltung eines gewissen systemimmanenten Dualismus bei Spinoza. Daraus entstehen Konsequenzen in der Gnoseologie und der Ethik. Gueroult leugnet dies prinzipiell. Sein *Ethik*-Kommentar ist eine umfangreiche Wiedergabe des absoluten Immanentismus, der stringenten Logik des Spinozianischen Pantheismus. Die Grenzen der Auffassung Gueroults sehen wir später. Persönlich bin ich mit diesem Ansatz und dieser Ableitung des Abstandes zu Descartes ganz einverstanden. Nach dem Erscheinen von Gueroults erstem Band (67) hat M. Doz (38 a) die Kritik Alquiés wiederaufgenommen und dabei erneut die Hypothese Gueroults von der absoluten Einheit des Spinozianischen Entwurfs angegriffen. Doz besteht besonders darauf, Spinoza würde durch Paradoxa vorgehen und »fortlaufend Wahrheiten setzen, indem er Hypothesen zuläßt, die beim Fortschreiten eliminiert werden«. Darüberhinaus stellt er sich das Problem des Status der spinozianischen Ontologie (in der Tat ein interessantes Problem), wobei er »die Leere« dieser Ontologie beteuert und daher die Notwendigkeit, daß sie »von der Theologie aufgefüllt« werde. Gueroult irrt, wenn er für das Spinozianische System eine innere Logik unterstellt und behauptet, daß diese in Bewegung gesetzt werden könne, um in endogener und struktureller Weise die verschiedenen auftauchenden Schwierigkeiten zu überwinden. Diese sind jedoch tatsächlich unüberwindbar in dem Maß, in dem dieses Spinozianische Sein alternativ zwischen der naturalistischen Transzendenz und der cartesianischen Leerheit definiert ist: nur die Theologie, und das heißt, ein äußerer Schlüssel, kann daher die Schwierigkeiten der Spinozianischen Ontologie überwinden. Da ist die vernünftelnde cartesianische Ideologie besser, die aus denselben Schwierigkeiten einen systematischen Schlüssel innerhalb des ursprünglichen Dualismus macht. Auf Doz hat, m. M. mit aller Klarheit, wenn auch mit äußerster Schärfe (in dem Sinn, daß sie nicht nur die offenen Probleme von Doz abschließt, sondern auch weitere Probleme, die nicht ebenso leicht abgeschlossen werden können), Ginette Dreyfus (39) geantwortet. Sie leugnet dabei radikal eine Asymmetrie zwischen Ontologie und Theologie bei Spinoza. Die paradoxe Methodologie Spinozas interpretiert sie als *work in progress*, mithin substantiell zusammenhängend. Mit ihr stimmt J. Bernhardt (12) überein, vor allem in der Einschätzung der Ursprünglichkeit, mit der Spinoza den Cartesianischen Horizont verläßt.

8 So Spinoza in der *Ethik* I, Anhang. Aber sobald wir diese Definition Spinozas übernehmen, sollte man hinzufügen – um Mißverständnisse zu vermeiden, die allzu oft zu Interpretationen werden –, daß der *»Deus asylum ignorantiae«* von Spinoza in keiner Hinsicht eine aristokratische oder dianoetische Position anzeigt. Schon Solari (144) hat 1930 mit äußerster Umsicht erklärt, daß – im Gegensatz zu der allzu häufigen Unterstellung – die spinozianische Auffassung der Göttlichkeit sich ganz in Religion der Unwissenden auflöst, in Materialität des religiösen Verhaltens als konstitutivem Schlüssel der Ethik und der Politik. In diesem überaus schönen Artikel (viel besser als im anderen Beitrag [143], auf den wir zurückkommen werden) wird die Religion der einfachen Menschen als aktives Element der Konstitution betrachtet, woraus daher außerordentlich wichtige Schlußfolgerungen zur antiseparatistischen und antijurisdiktionellen Polemik entspringen. Diese Analysen Solaris haben in der letzten Arbeit Matherons (100) eine besonders weitläufige und artikulierte Darstellung gefunden. Matheron beleuchtet ausführlichst alle Passagen, durch die die religiösen Formen (von der Prophetie zum Glauben der niedrigen Menschen) konstitutiv werden. Mit voller Klarheit erscheint darin ein grundlegendes historisches Element des Denkens Spinozas: die Umkehrung, welche die Spinozianische Philosophie dort bestimmt, wo sie die Religion der Unwissenden, das Heil der Armen als wahrheitsbestimmten Stoff annimmt. Die Religion des Volkes also nicht als passives Element, sondern als aktive Bedingung der Wissenschaft. Daher die grundlegende, begründende und konstitutive Rolle der Imagination. Darauf werden wir in unserer Untersuchung noch ausführlich zurückkommen. Ein letztes Element: Matheron identifiziert äußerst präzise die logisch-kritischen Prozesse, durch die sich im Denken Spinozas die traditionelle Auffassung vom Gebrauch der Religion umkehrt. Dies sei hier erinnert, gerade im Umfeld der Definition der historischen Bedingungen des Denkens Spinozas, unbeschadet der ausführlichen Behandlung im Folgenden.

9 Über diese Werke haben wir schon gehandelt. Aber man sollte einen Augenblick bei der Charakteristik des Buches von Meli verweilen. Dieser überaus junge Autor, vor seiner Reife mitten in der faschistischen Ära (sein Buch ist von 1934) gestorben, vermochte mit großer historischer Sensibilität nicht so sehr die einzelnen Bezüge zwischen dem Spinozianischen Denken und der sektiererischen Mentalität, als vielmehr die großen Themen der rationalen Reform aufzunehmen, die das Denken Spinozas durchziehen. Meli hat mit großer Eleganz die revolutionäre Kontinuität des italienischen (Renaissance-)Denkens und des Denkens Spinozas in der Theorie der Konstitution und der Toleranz durch die Strömungen des häretischen Denkens hindurch betont. Es ist ein europäisches Buch, geschrieben auf dem Höhepunkt der faschistischen Barbareien.

2. Kapitel

1 In seiner Einleitung zur italienischen Übersetzung (136) des *TB* hat G. Semerari die Begriffe der Auseinandersetzung zwischen Freudenthal und Lewis Robinson um den Text wiederaufgenommen. Semerari akzeptiert die Schlußfolgerung Gebhardts, die eine Vermittlung zwischen der Ablehnung durch Freudenthal und der Annahme des Textes durch Robinson darstellt. Diese Auseinandersetzung, das sei gegenwärtig gehalten, durchzieht übrigens die gesamte zeitgenössische Philosophiegeschichte (vgl. 51 u. a.). Besonders unsinnig erweisen sich dabei jedenfalls die Versuche, den *TB* in einer durchgehenden Linie auf die Interpretation der *Ethik* zu beziehen. Gegen diese Möglichkeit besonders Alquié (2, 17-18), der vor der Illusion warnt, im *TB* eine Spinozianische Intuition des reinen Zustands suchen (und finden) zu wollen. Das ist absolut richtig, nur darf man es nicht mit der Möglichkeit verwechseln, in diesem Text eine absolut bestimmte philosophisch-politische Intuition zu finden, die, wenn sie auch nicht die Basis des Spinozianischen Denkens in seiner Besonderheit ist, so doch jedenfalls seinen Problembeginn darstellt. Dies anzunehmen ist für Alquié unmöglich: er leugnet nämlich (2, 19) die Möglichkeit einer genealogischen Erforschung des Spinozianischen Denkens. Aber gelangt man durch diese Verneinung nicht gerade zu der

Annahme, die man vorher geleugnet hatte, nämlich, daß im *TB* eine Intuition des reinen Zustandes vorhanden ist? Jene merkwürdige Synthese der Grundlage von Naturalismus und Cartesianismus, der die Charakteristik und die Beschränkung des gesamten Spinozianischen Denkens konstituiert? Unsere Näherung an das Spinozianische Werk wird in der Tat anders sein: Wir werden seine Besonderheit darin suchen, daß es ein kollektiver Text ist, ein Text des spinozianischen »Kreises«, und man wird sehen, wie Spinoza aus diesem Text und der daraus folgenden Problematik den Antrieb für seine Philosophie entnimmt. Über die Besonderheit des metaphysischen Denkens im *TB* vgl. 120; 102.

2 Nach Gebhardt besteht der *TB* aus drei grundlegenden Schichtungen: 1. Die Reste eines Grobdiktats Spinozas: 7. Kapitel des 1. Teils, 1. Kap. (außer der Einleitung) und 17. Kap. des 2. Teils (außer der Einleitung); 2. Die *Verhandelinge* in der unmittelbaren Übersetzung des lateinischen, von der Hand Spinozas umgearbeiteten Textes: 1.-6. und 8.-10. Kapitel des 1. Teils, Vorwort und 2.-26. Kapitel des 2. Teils; 3. Die Anmerkungen, die Dialoge und die Anhänge (vgl. 136). Nach Gueroult (67, 472) muß man aber die Reihenfolge von der frühesten bis zur letzten Periode betrachten: 1. Die Dialoge (denen jedoch Gebhardt den fertigen Traktat voransetzt); 2. den *TB* im eigentlichen Sinn; 3. die marginalen Anfügungen; 4. den geometrischen Anhang. Ich persönlich halte von einer rein inhaltlichen Analyse her Gueroults These für akzeptabel.

3 Cassirer (26, 44). J. M. Pousseur (120) hat zurecht auf die Besonderheit des vom *TB* vertretenen Standpunkts hingewiesen. Hier ist die Erkenntnis reiner Anfang: die These der absoluten Passivität der Erkenntnis wird in den zweiten Teil des *TB* eingeschlossen und dort umfänglich entwickelt. Es ist klar, daß diese Auffassung der reifen Metaphysik Spinozas genau entgegengesetzt ist. – Weniger überzeugend gerät die genetische Erklärung, die Pousseur entwickelt, um die Entfaltung der Spinozianischen Auffassung zu klären: Sie beruht auf dem Ansatz Cassirers und denkt offenbar an einen ungelösten Widerspruch, der sich durch das gesamte folgende Denken Spinozas zieht und der zwischen der anfänglichen pantheistischen Intuition des Seins als Totalität und der materiellen und räumlichen Auffassung der konkreten Modalität besteht. Was natürlich ein Widerspruch ist, aber kein ungelöster: Die Besonderheit der Spinozianischen Entwicklung besteht gerade darin, die zeitgenössische Permanenz dieser beiden Aspekte – der Lösung sowohl der dynamischen wie auch der konstitutiven Erscheinungsform des Dualismus – in sich zu tragen.

4 Gueroults Anmerkung (67, 10-16) ist natürlich wertvoll. Aber vielleicht erlaubt ihm die komplexe strukturale Schärfe seiner Analyse nicht, die Bestimmtheit des Seins-Erfassens ganz zu begreifen. Von hier aus kann man nun die angeführten Bemerkungen Pousseurs positiv bewerten – nicht gegen Gueroult, wie Pousseur selbst das wohl will, sondern als eine genaue Definition der Qualität innerhalb dieser Wendung in der Seins-Auffassung. Zweifellos ist darin ein mystisches Element gegenwärtig. Oder vielleicht ein »ästhetisches« – wie Th. W. Adorno (v. a. in seinem *Kierkegaard*) es als grundlegende Eigenschaft der bürgerlichen Philosophie in ihrer Entstehungsphase betont. Welches sind nun die grundlegenden Konsequenzen einer ästhetischen Haltung bei der Seins-Definition? Es sind diejenigen, welche sich in der Definition einer metaphysischen Tätigkeit als Tätigkeit des Enthüllens bestimmen. Das Ästhetische hat im Inneren der Genesis des bürgerlichen Denkens in seiner vollendeten Form der zu enthüllenden logischen Wesenheit, einer zu entbergenden Realität, Geltung. Natürlich beziehen wir uns auf diese genealogische Gestalt der bürgerlichen Ideologie, wenn wir von der mythischen und mystischen Intensität der Intuition des Spinozianischen Kreises sprechen. Diese Ideologie verfolgen und dabei die vielfältigen Entwicklungen betrachten müssen wir – implizit – nicht nur zum Verständnis des Spinozianischen Denkens in dieser Phase, sondern auch, um seine schrittweise Lösung aus dieser Haltung zu begreifen.

5 Ich spiele hier auf den berühmten Satz an: »Mir bleibt noch, all den Freunden, an die ich schreibe, zu sagen . . .« aus dem *TB*.

6 Der Briefwechsel beweist, daß Spinoza den *TdIE* zumindest bis 1666 auf dem Tisch hatte. Auf die Gründe, warum er ihn nicht veröffentlicht hat, gehen wir im Text ein.

7 Ich beziehe mich auf die aufgeschlosseneren neueren Interpretationen des Denkens Bacons, die ihn als großen Vertreter der Renaissance sehen, speziell Paolo Rossi. Der revolutionäre Schwung des »Fühlens«, der Verherrlichung der Sinnlichkeit, ist sehr gut, besonders auch von Marx, beleuchtet worden.

8 Der zitierte Artikel von Bernhardt faßt speziell zwei Argumentationsreihen zusammen. Die erste (12, 59-65) nimmt die enorme Bedeutung der Zustimmung Spinozas zur geometrischen Methode Hobbes' auf. Unter Zugrundelegung von Hobbes' *Examinatio* weist Bernhardt viele Bezüge nach. Übrigens sollte dabei auch – wie bei Gueroult geschehen – die geometrische Theoretisierung Savilles beachtet werden. Eine zweite Argumentationsreihe bringt Bernhardt zum Beweis der Kontinuität zwischen dem Vorgehen der genetischen Geometrie und der Besonderheit der Spinozianischen Metaphysik der Substanz bei. In beidem überzeugt Bernhardt ausgesprochen.

9 Man darf übrigens nie die wertvollen Anregungen vergessen, die die Anmerkungen Gentiles (61) zu seiner *Ethik*-Übersetzung bieten, gerade auch hinsichtlich der physikalischen Argumente. Für das kulturelle und wissenschaftliche Klima, in dem sich die Spinozianische Kritik an der Physik Descartes' entwickelt, seien die Werke von Huygens erwähnt, die in diesen Jahren und unmittelbar danach analog zu Spinozas Wissensbereich physikalische Grundlagen erarbeiteten. Vgl. hierzu besonders Lécrivain (94, 237-241, 244-246) und Bernhardt (12, 82) sowie Gueroult (68, 557-558).

10 Die Spinoza-Deutung beharrt, wie schon ausführlich gesehen, stark auf den mystischen Bestimmungsmomenten dieser Phase der Philosophie Spinozas. Bezüglich des *TB* haben wir auch gesehen, wodurch dieses Beharren zurecht motiviert ist und daß man darin einen der Aspekte sehen muß, in denen sich die bürgerliche Utopie der Aneignung und der Neuorganisation der Welt zeigt. Aber auch danach darf die rechte Betrachtungsweise der in der allerersten Phase der Philosophie Spinozas gegenwärtigen mystischen Elemente nicht zu einem Vorurteil geraten. Ein Vorurteil, das sich (auf der einen Seite) auf der Unkenntnis der religiösen Bedingungen der Zeit aufbaut: die religiöse Komponente auf der kulturellen Ebene ist nämlich derart diffus, daß man sie nicht isolieren kann, wie auch immer sie motiviert sein mag. Wenn hier (andererseits) bei Spinoza mystische Haltungen auftreten, so werden sie der für diese Zeit (des Barock nämlich) so spezifischen argumentativen Dialektik wiedergegeben, die in der positiven Umkehrung des Prozesses der wesentlichen Leistung des Zweifels, des Skeptizismus, besteht. Hier kann man jedoch gerade das sokratische Vorgehen der Spinozianischen Argumentation erkennen: sein Ziel ist die Verneinung des Allgemeinen. Darauf werden wir bald zurückkommen.

11 Vgl. *Cogit.* 1, 2. und 3. Kap. Dies ist der zentrale Punkt. Dazu nehmen wir einige Bemerkungen Lécrivains (94) auf. Welches ist der wissenschaftliche Status des Werks von Spinoza, fragt sich der Autor. Und er geht weiter, indem er das Problem, der physikalischen Auffassung der mathematischen Tradition Galilei-Descartes eine ontologische und totalisierende Basis zu geben, feststellt. Das grundlegende Problem Spinozas ist daher, die Prinzipien der neuen Physik bis zur Beurteilung der einzelnen Wesen der Dinge zu übertragen. Dies zum ersten. Zweitens besteht das Problem darin, die Vorstellung des Unendlichen von der der produktiven Positivität zu lösen. Es muß unmöglich werden, das zenonsche Paradoxon des Unendlichen zu setzen (94 I, 225). Das grundlegende Problem ist das der effektiven Unteilbarkeit einer unendlich produktiven Bewegung, die in sich daher die Ratio des Gesetzes birgt. Vom Trägheitsprinzip zum Prinzip des *conatus* als Individualisierung des Prinzips: das ist also die theoretische Bewegung (Vgl. 94 I, 264, II 200, 203).

12 Lécrivain (94) hat stark diese politischen Motivationen Spinozas gegenüber dem Problem der Physik betont: »Man muß daran erinnern, daß diese (Motivationen) eher ethisch-politischen Charakter tragen als epistemologischen.« (94 I, 247). Überdies, fügt er hinzu, wird dieser kritische Ansatz in der Spinozianischen Physik bei der Ausarbeitung der reifen politischen Theorie grundlegend. Die Spinozianische Politik sieht nämlich die Bestimmung einer Reihe von Elementen qualitativer Art (Ausdehnung, Zahl, Dauer) vor, neben einer organischen, vielleicht organizistischen Auffassung einer Intuition der synergetischen sozialen Eigenschaften. Diese Thesen Lecrivains sind zumindest fraglich, äußerst fraglich: nicht weil der physikalische

Näherungsversuch keine Bedeutung für die spinozianische Politik hätte, sondern weil er keinen Mythos der Ordnung und des Gleichgewichts umfaßt: wie wir weiter unten sehen werden. Die Anmerkungen Lécrivains helfen eher zur Charakterisierung des damaligen Zustandes des Mythos des spinozianischen Kreises: Darin sind sie korrekt und gestatten, den durchgehenden Faden aufzuspüren, der sich vom epistemologischen zum politischen (besser: ethisch-praktischen) Modell zieht.

13 Elster streift hier die Figur Spinozas sehr episodenhaft, wenn er selbst die Möglichkeit ausschließt, die Philosophie in Begriffen der kapitalistischen Ideologie zu untersuchen (47, 7). Er kann eine solche Behauptung nur deshalb aufstellen, weil er einer gänzlich objektivistischen Auffassung der Entwicklung des kapitalistischen Geistes anhängt. Nach seiner Auffassung ist Leibniz der Autor, der mehr als jeder andere den kapitalistischen Geist (von Elster wesentlich auf den Investitions-Geist reduziert) vorweggenommen hat, indem er den pluralistischen Dynamismus des Systems und die darin einbezogenen Verteilerschlüssel beschreibt. Mag sein. Aber es ist nicht entscheidend. Ich erlaube mir den Einwand: Die Dynamik zwischen Markt-Pluralismus und kapitalistischem Verteiler (der Investition) kann nicht nur in objektivistischen Begriffen beschrieben werden: diese Objektivität wird durchzogen von einer Reihe von Antagonismen, von einer ständig bestehenden Möglichkeit der Krise; und hierin ist die Philosophie Spinozas in globalerer Weise als die Metaphysik Leibniz' fähig, den Komplex der kapitalistischen Phänomenologie zu umfassen.

3. Kapitel

1 Gueroult (67, 90) betont zurecht, daß sich in dieser axiomatischen Gesamtheit Behauptungen verschiedener Art und Herkunft und verschiedener logischer Wertigkeit anhäufen. Es ist klar, daß wir diesen systematischen Charakter der Axiomatik, und nur diesen, hervorheben.

2 Gueroult (67, 14-15) faßt das vorhandene philosophische Material zusammen und glaubt schließen zu können, daß die erste Redaktion der *Ethik* (wie es im Brief 28 an Bouwmeester von 1665 scheint) so aufgebaut war: eine *Einleitung*, die die Materie des 1. und 2. Teils umfaßte: *de Deo* und *de Natura et Origine Mentis* oder die Metaphysik; ein *Erster Teil*, der dem 3. und 4. Teil der Schlußredaktion entspricht, d. h. über die Sklaverei der Seele, oder die Psychologie; und ein *Zweiter Teil* über die Freiheit der Seele, oder die Ethik, entsprechend dem vorhandenen 5. Teil.

3 Deleuze umreißt (im Anhang zu 32) »eine formale Untersuchung der Ebene der *Ethik* und der Rolle der Anmerkungen in der Realisierung dieser Ebene«. Eine formale Analyse des philosophischen Charakters der Anmerkungen führt zu folgenden Schlüssen: »Es gibt zwei nebeneinander existierende *Ethiken*, die eine von der durchgehenden Linie oder dem Fluß der Lehrsätze, Beweise und Folgesätze konstituiert, die andere unregelmäßig und von der unterbrochenen Linie oder der eruptiven Kette der Anmerkungen konstituiert. Die eine stellt mit unerbittlicher Strenge eine Art Terrorismus des Textes dar und schreitet von einem Lehrsatz zum anderen fort, ohne sich um die praktischen Konsequenzen zu kümmern, erarbeitet ihre *Regeln* ohne Rücksicht auf die Bestimmung des *Falles*. Die andere nimmt die Entrüstung und die Lust des Herzens auf, manifestiert die praktische Freude und den praktischen Kampf gegen die Traurigkeit und drückt sich in den Worten ›es ist der Fall ...‹ aus. In diesem Sinn ist die *Ethik* ein doppeltes Buch. Und es wäre interessant, nach der ersten die zweite *Ethik* zu lesen: indem man von einer Anmerkung zu anderen springt.« (32, 318)

4 Bei diesen Lehrsätzen werden wir uns im 2. Abschnitt dieses Kapitels aufhalten. Gueroults Schema vom 1. Teil der *Ethik* sei aber jedenfalls gegenwärtig: Da gibt es eine erste Abteilung (1.-15. LS), gewidmet der *Konstruktion des Seins Gottes*, und diese ist wiederum zweiteilig: a) Deduktion der Elemente des Wesen Gottes, d. h. der Substanzen, auf ein einziges Attribut (1.-8. LS); b) Konstruktion des Wesens Gottes durch die Integration der Substanzen zu einem einzigen Attribut in einer

von der Unendlichkeit der Attribute konstituierten Substanz als in sich unteilbare und einige Existenz (9.-15. LS). Die zweite Abteilung des 1. Teils der *Ethik* ist der *Deduktion des Vermögens Gottes* gewidmet (16.-29. LS) und zerfällt ebenfalls in zwei Unterabteilungen: a) Deduktion Gottes als Ursache oder *natura naturans* (16. bis 20. LS); b) Deduktion Gottes als Wirkung oder *natura naturata* (21.-29. LS). Die dritte Abteilung leitet Gott als *Identität seines Wesens, und als Identität seines Wesens und seines Vermögens* ab und setzt die daraus folgende Notwendigkeit sowohl ihrer Wirkungen wie des Modus ihrer Produktion (21.-29. LS).

5 Ich beziehe mich auf das oft zitierte Werk Kolakowskis (88), auf dessen Thesen wir vor allem dort zurückkommen, wo er, wie wir sehen werden, die chiliastischen Einflüsse bei den Mitgliedern des »spinozianischen Kreises« und allgemein analoge Positionen im asketischen Umfeld der zweiten holländischen Reform nachweist. Bezüglich der Definition der Attribute (und der Thematik der Namen für die Göttlichkeit) vgl. oben 2. Kap. 1. Abschn. und dabei besonders die Verweise auf Gueroult. Daß der Asketismus des holländischen Kreises weitab ist vom Mystizismus aller Traditionen – im vorliegenden Fall katholischer wie reformierter oder hebräischer Art –, obwohl es sich in jedem Fall um die Namen der Göttlichkeit dreht, kann man umgekehrt aus der Betrachtung etwa der Natur der gleichen Thematik bei Juan de la Cruz belegen (vgl. hierzu die Einleitung G. Agambens zu den *Poesie* [Gedichte] von Cruz, Turin 1974).

6 Die letzte umfassende Analyse des Streits um die Attribute stammt von Gueroult (67, 426-461). Er bezieht sich dabei auf die gesamte Literatur, die er bis zu den letzten Beiträgen minuziös diskutiert: besonders wichtig seine Deutung des Wolfsonschen Werkes mit Hilfe von Zusätzen, die in der Neuinterpretation Spinozas als grundsätzlich anzusehen sind. Über die ursprünglich Hegelsche subjektivistische Interpretation des Spinozianischen Attributs vgl. die verschieden nuancierten Werke von J. E. Erdmann, Rosenkranz, Schwengler, E. von Hartmann, Ulrici, Pollock, Constantin Brunner, Wolfson etc.

7 Wolfsons Werk ist hinsichtlich der mittelalterlichen hebräischen Philosophie und ihres Einflusses auf die moderne Philosophie vergleichbar mit dem Werk Gilsons bezüglich des christlichen Mittelalters und seines Einflusses auf die moderne Philosophie.

8 E. Bloch (15 II, 433) hat dieses wichtige Problem-Moment des Spinozianischen Systems erkannt, aber er hat diese Anregung lieber fallengelassen, die seiner Philosophie der Hoffnung, die in einer stark hegelianisch geprägten Tradition der Interpretation steht, Momente dieser kontradiktorischen Synthese des Spinozianischen Denkens hätte anfügen und sie damit bereichern können.

9 Gegen Elster (47, 33 u. 71-72) muß eingewendet werden, daß gerade bei Spinoza die beiden großen Spannungen des Mechanizismus (die atomistische und die vitalistische) eine erste Synthese erfahren. Descartes und Leibniz, sagt Elster, seien Repräsentanten der beiden gegensätzlichen Richtungen, und er fügt hinzu: Spinoza hat in dieser Auseinandersetzung keinen Platz. Sicher, Spinoza stellt sich nicht in diese Bestimmtheit der kulturellen Auseinandersetzung, weil sein Denken jedenfalls dieser Polemik voraus ist, die fortschreitende Wirklichkeit wiedergibt, zuerst die der kapitalistischen Entwicklung, dann die ihres bestimmten Antagonismus. In der ersten Phase nimmt das Denken Spinozas vertrauensvoll und mythischerweise die Fülle der Beziehungen zwischen Mechanizismus und potentiellem Antrieb des Vitalismus an; in der zweiten Phase setzt Spinoza diese Einheit voraus und drängt sie hin zu einem Prozeß der Konstitution. Die Besonderheit der Auseinandersetzung über den Gebrauch von Wissenschaft im Kapitalismus, die Elster klar beschreibt, ist vom »Mechanizismus« Spinozas gleichzeitig vorausgesetzt und überwunden.

4. Kapitel

1 Vor allem in Frankreich zeichnet sich allmählich eine Erkenntnis des Systems Spinozas vor der Revolution ab. Vgl. hierzu Vernière (154), aber auch Signorile (138), der im Verfolg der Untersuchungsrichtung Vernières diese vom historiographischen

Standpunkt aus umfangreich substantialisiert. Möglicherweise durch Meli (102) angeregt, beharrt Signorile auf Bezügen zum englischen Deismus, vor allem zu Tolands. In jedem Fall ergibt sich ein ideologisches Bild des Spinozismus als zwar revolutionärem, aber statischem, festgefahrenem Denkmodell. Schema einer rein ideologischen Alternative, nur ausgedacht und nicht operativ und konstitutiv gesetzt. Bei Meli ist jedoch eine gewisse Sensibilität für die Eröffnung einer aufgeschlosseneren Untersuchung des Spinozismus zu betonen; das rührt m. E. aus der Beständigkeit her, die Meli in den Positionen Spinozas bezüglich der italienischen religiösen Reformer, vor allem der Socinis, wahrnimmt.

2 Vgl. außer dem alten Groethuysen (66) neuerdings Furet (58). Es sei betont, daß die historische Aufarbeitung der Rousseauschen Rezeption einiger grundlegender Anstöße des politischen Denkens Spinozas nicht einseitig durch die Ideologie des Spinozismus beeinflußt ist. Besonders klug M. Francés (52; 53; 54), auf die wir ausführlich zurückkommen werden. Sie bestimmt die Kontaktstellen Rousseaus mit Spinoza nicht so eng, daß die trennenden Punkte verschwiegen oder verneint würden. Im einzelnen beharrt sie auf dem konstitutionellen Radikalismus Spinozas gegenüber dem Jurisdiktismus und hebt auch die Konsequenzen aus der Tatsache hervor, daß bei Spinoza anders als bei Rousseau legislative und exekutive Gewalt nicht getrennt sind. Aufgrund dieser ersten Unterscheidungsmomente von Frau Francés und vor allem aufgrund der Vertiefung der Entwicklung des Spinozianischen politischen Denkens werden wir klären können, daß die Analogien zwischen Rousseau und Spinoza tatsächlich stark sind, aber insgesamt bezüglich der radikalen Verschiedenheit der politischen Denkrichtung, in die sich die beiden Philosophen einfügen, doch sekundärer Art. Darüber später.

3 Hier müßte die umfangreiche Literatur über das Verhältnis Rousseau-Marx angeführt werden; sie ist von absolut geringem Wert. Vgl. von marxistischer Seite Rubel (134) mit der These, daß Marx – in den Excerptheften von 1836/1837 in der verfälschten Gestalt des »Spinozismus«, so wie dieser von der Hegelschen Linken erklärt wurde, eine »nachgeahmte« (materiell vorgetäuschte) Alternative in der Geschichte der Philosophie des Lichts sah. In dem Spinoza des Spinozismus muß also etwas anderes sein, das erforscht und unterschieden werden muß! Auch Matheron (99, 159-212) nähert sich dieser These: Der junge Marx erforscht bei Spinoza eine Grundlage für eine radikale Alternative jenseits der Tradition des Spinozismus.

4 Quevedo befand sich in der Bibliothek Spinozas. Hier handelt es sich aber nur darrum, diese Autoren und ihr lyrisches Werk zu lesen, um die Tiefgründigkeit der Gleichklänge zu verstehen. Ich habe selbst diesen Versuch bei Lope de Vega und Francisco de Quevedo unternommen.

5 Gueroult (67, 500-528) mißt dem Brief über das Unendliche exemplarische Bedeutung bei, offensichtlich im Sinne seiner eigenen pantheistischen und traditionsgebundenen Interpretation des Denkens Spinozas. Man muß das lesen, denn hier schimmert weitläufig die Verlegenheit Gueroults angesichts dieser gnoseologischen Verdoppelung des ontologischen Horizonts durch. »Echte und kraftvolle Synthese seiner gesamten Metaphysik« findet Di Vona (155, 570) den Brief über das Unendliche. Mir scheint genau das Gegenteil richtig zu sein.

6 J. T. Desanti hat gerade die Zusammenhänge zwischen der Philosophie Spinozas und der Entwicklung der de Wittschen Gruppe und darüber hinaus der Bank von Amsterdam in der Periode von 1660 bis 1670 analysiert. A. Sohn-Rethel (142) beharrt trotz seiner Annahme des Desantischen Ansatzes darauf, daß ein Beweis für diesen Zusammenhang unzureichend sein muß, weil »zwischen der Bewußtseinsform einerseits und seiner angeblichen Seinsbestimmtheit andererseits eine Kluft« bleibt, »von deren Überbrückung der historische Materialist aber keine zureichende Erklärung geben kann«. (142, 40; die Negri vorliegende italienische Übersetzung Sohn-Rethels weist hier offenbar einen deutlichen Unterschied zum Original auf. Anm. d. Ü.) Was stimmt: Die materialistische Analyse der Philosophie kann sich nicht auf eine einfache materielle Entsprechung stützen, sondern muß gegenüber der möglichen Bewußtseinsform die Analyse der kategorialen Erkenntnis artikulieren. Bei Desanti hält die Analyse bei der Identifikation des möglichen Bewußtseins an.

7 Das Buch Meyers ist von 1666. Über diese Frage und allgemein über die von der Interpretation der Heiligen Schriften gegenüber einer rationalistischen und pantheistischen *Weltanschauung* (im Original deutsch) aufgeworfenen Probleme sowie über die zahlreichen Lösungen in chiliastischem Sinn vgl. Kolakowski (88, 180, 200 bis 206, 325-335, 651, 705-706, 749-750).

8 Natürlich schließt Gueroult (68, 352-390) trotz seiner exemplarischen philologischen Analyse auch hierbei diese Art des Widerspruchs aus – aber nur, um sie jeweils im Gedanken der Allgemeinbegriffe wieder artikulieren zu müssen und ihren konkreten Charakter (den er doch erkennt) einem riesigen Bündel von Bedingungen zu unterwerfen. In der Analyse Gueroults wird der Begriff der *réplication* grundlegend zur Lösung der Systemstruktur des 2. Teils der *Ethik*. Die Sache ist jedoch absolut widersprüchlich, vor allem dort, wo er die epistemologische Untersuchung Spinozas, als die über die Allgemeinbegriffe, verfolgt.

9 Dunin-Borkowski würde noch gerne eine dritte Antinomie anhängen: »Nur Bewegungs-Ruhe-Systeme – keine Qualitäten« (44, 67), aber hier hat er weniger Bewegungsspielraum, denn die Physik Spinozas setzt dieses Paar nicht einmal hypothetisch. Bekanntlich ist das Interpretationsschema Dunin-Borkowskis nur in dem Maß spinozatreu, in dem es von außen angreift und radikal mit der klassischen Metaphysik konfrontiert. Wie bei Cassirer gründet sich auch hier die Kritik jedenfalls auf der Fortdauer der Auffassung vom Attribut und auf der Exklusivität der Metaphysik als Gebiet des Schnittpunkts/der Auseinandersetzung mit dem Spinozismus.

10 Bekanntlich hängt auch Deleuze (32) einer solchen Deutungs-Hypothese an, ohne jedoch eine innere Unterbrechung des Spinozianischen Systems zu postulieren: stattdessen besteht er lieber auf einem Zeichen-Wechsel von einem emanativen zu einem expressiven Horizont, dem die produktive Dynamik unterliegt. Mir scheint, daß dieser Weg noch nicht den Punkt der ontologischen Umkehr berührt, der offenbar bei Spinoza so wichtig ist.

11 Bezüglich der Deutung dieser Ideologie des 17. Jahrhunderts erlaube ich mir wieder auf meinen *Descartes politico* zu verweisen (112), wo ich die alternative Polarität zu klären versucht habe, welche die Philosophie des Bürgertums nach dem endgültigen Zusammenbruch der Renaissance-Utopie des Marktes und des spontanen Zusammenhanges Markt-Staat produziert.

12 Zumindest diejenigen, die besonders das politische Denken Spinozas untersuchen. Aber wie wir sehen werden, sind nicht alle von der politischen Natur auch der Metaphysik Spinozas überzeugt – ganz im Gegenteil! Auf diese Weise haben wir es bei der Interpretation zu tun: einmal mit denjenigen, die die Metaphysik untersuchen und das politische Denken für zwar wichtig, aber sekundär halten; und zum anderen mit denen, welche das politische Denken untersuchen, es für zentral halten, aber die Metaphysik nicht in das Politische einbeziehen. Mir scheint jedoch, wie zu zeigen versucht, die Metaphysik Spinozas politisch zentral zu sein – natürlich über die historisch zentrale Stellung des *TTP* in der Entwicklung der Spinozianischen Ontologie hinaus, wie wir sehen werden.

5. Kapitel

1 In den darauffolgenden Briefen zwischen Spinoza und Blyenberg ist nichts Neues zu lesen: Der Meinungsaustausch erschöpft sich in Wiederholungen der jeweiligen Positionen. Auf diese Gruppe von Briefen ist Alquié häufig zurückgekommen; er nimmt (2 a, 20-25) diese Korrespondenz als Symbol der ethischen Forderung Spinozas. Alquiés These behauptet entschieden, daß die Ethik Spinozas, wie die Antwort an Blyenberg beweist, sich der Moral, der Vorstellung des Menschen als Zufall und als Freiheit entgegenstellt. Die naturalistische Basis der Ethik erlaubt den Affekten nicht, sich in ihrer Fülle zu befreien. Natürlich wiederholt, wie gesehen, diese Deutung Alquiés die Zuneigung für die offene Moral Descartes' (und von hier aus ist die In-

terpretation der Briefe Blyenbergs, der sich ausdrücklich auf Descartes bezieht, wichtig) gegenüber der Position Spinozas. Es muß noch einmal betont werden, daß diese Annahmen Alquiés eine korrekte Deutung des Spinoza-Problems verhindern. Zwar erkennt Alquié in den letzten Kapiteln seiner Arbeit zumindest die Paradoxhaftigkeit und Problemhaftigkeit der ethischen Position Spinozas: aber nachdem er die Voraussetzungen seines Denkens einmal gesetzt hat, will und kann er sich nicht zu einer Interpretation herbeilassen, die die glückliche konstruktive Öffnung dieser Paradoxhaftigkeit wahrnimmt. Wir werden darauf beim 5. Teil der *Ethik* zurückkommen.

2 Koyré (91) wundert sich im Vorwort seiner Spinoza-Ausgabe über diese Aussage Spinozas, die sich in Briefen an Bouwmeester, an Tschirnhaus und in den Anmerkungen zu den *Opera posthuma* findet. Wenn Spinoza tatsächlich, wie Koyré offenbar meint, sein Schema der ersten (idealistischen) Logik unangetastet gelassen hätte, würde man nicht verstehen, warum die Redaktion des *TdIE* blockiert wurde.

3 In mindestens zwei Perspektiven, die bei Spinoza unmittelbar gegenwärtig sind: der der holländischen Reform und der des protestantischen und sektiererischen Umfeldes, in dem er lebt (was bei Kolakowski stets präsent ist), der des Denkens der »Politiker« und der der Freigeister, von Machiavelli, der ebenfalls – ständig – gegenwärtig ist, bis zu unserem Autor.

4 Der *Tractatus theologico-politicus* wurde von Spinoza anonym in Amsterdam 1670 veröffentlicht. Begonnen wurde er 1665, wie man in dem zuletzt zitierten Brief sieht.

5 Vgl. die schon zitierten Arbeiten, die die Bibliothek und den Schreibtisch Spinozas rekonstruieren. In den *Opera posthuma* erscheint auch eine Untersuchung mit dem Titel *Compendium grammatices linguae hebraeae*, unvollständig, aber äußerst interessant.

6 E. Giancotti Boscherini (20) wie auch S. Zac (165; 166) schlagen eine Zerlegung des *TTP* in vier Teile vor: polemischer Teil, 1.-6. Kap.; Darlegung der neuen kritischen Interpretationsmethode, 7.-10. Kap.; konstruktive Phase über das Wesen der Philosophie und den Glauben, 11.-15. Kap.; politischer Teil, 16.-20. Kap. Jeder dieser Teile hat eine gewisse innere Einheit und Artikulation.

7 Die hier referierten Belegstellen sind alle im *TB*, im *TdIE* und den ersten Lehrsätzen der *Ethik*. Tatsächlich ist nichts einfacher, als diese Referenzen zu erstellen. Aber wozu? Der *TTP* ist kein Anhängsel der Spinozianischen *Ethik* und noch viel weniger der älteren Werke.

8 Die Kritik der Baconschen *idola*, die schon im *TdIE* entwickelt wurde, wird auf diesen Seiten umfänglich wiederaufgenommen, dort, wo die Imagination auch in ihrer dunklen Gestalt und als verstümmelte Erkenntnis dennoch als Wirklichkeit weiterbesteht.

9 Die rechtsnaturalistischen Quellen des *TTP* würden eine lange und genaue Erforschung erfordern, die wesentlich die Strömung des holländischen Stoizismus einerseits und der reformierten Scholastik andererseits verfolgen müßte. In Erinnerung gebracht sei jedenfalls die *Defensio fidei catholicae* des Grotius. Gegen die von Dunin-Borkowski vertretene Behauptung einer Unkenntnis des katholischen Denkens durch Spinoza vgl. die Anmerkungen Boscherinis (20, 40-42).

10 Theologie und Metaphysik: Dies ist der Ansatz Carl Schmitts vor allem in seiner Arbeit über Hobbes, allgemein auch in seiner Analyse der politischen Legitimation. L. Strauss (147) besteht ebenso klar auf der grundlegenden methodischen Zentralität dieser Kriterien. Merkwürdig, daß diese fundamentalen methodologischen Kriterien so oft wiederholt werden müssen gegenüber den kontinuierlichen Erklärungsansätzen auf der Basis anderer Deutungsrichtungen des Denkens des 17. Jahrhunderts. Das bedeutet nicht, daß das Problem der Gewaltlegitimation nicht im Mittelpunkt des sozialen Rahmens steht: Es heißt lediglich, daß das im 17. Jahrhundert nicht anders als in metaphysischen und theologischen Begriffen gedeutet werden kann. Wenn sich die Zeiten ändern, ändern sich auch die Bezüge des Legitimationsproblems.

11 Den Wahrheitsgrad der prophetischen Imagination haben die Interpreten lang und breit, aber ohne großen Nutzen, erörtert, darunter z. B. Guzzo (69), Zac (165), Corsi (30). Viel wichtiger und nützlicher für die Deutung Spinozas ist Melis (102)

Näherung an die Problematik der Imagination. Nachdem er von der Begründung der historischen Zusammenhänge ausgegangen ist, die das Denken Spinozas über Freiheit und Toleranz an die häretischen Strömungen des 16. Jahrhunderts binden, und den religiös besetzten Zusammenhang dieser Theorien eingeschätzt hat, gibt es für Meli keine Schwierigkeiten, das Thema der Imagination außerhalb jeglicher Perspektive des platten Rationalismus zu setzen und dennoch dabei die angenommene Vermittlungsfunktion von Religion und Vernunft hervorzuheben. Die Imagination artikuliert sich bei der Entwicklung der häretischen »Liebe«. Man beachte von diesem Gesichtspunkt aus die Möglichkeit einer – von Meli nur begonnenen – Deutung des Verhältnisses zwischen dem Denken Spinozas und dem des Deismus im 17. und 18. Jahrhundert (vor allem des englischen) außerhalb der Geleise des Spinozismus. In seinen Anmerkungen zur italienischen Übersetzung der *Ethik* unterstreicht Radetti unter Einbezug der Untersuchung von Gentile und unter ausdrücklichem Verweis auf Meli die Möglichkeit einer Lösung des offenen Streits in der Auseinandersetzung zwischen der Theorie der Passivität des Geistes (wie im *TB*) und der Theorie der Aktivität des Geistes (welche die Theorie der Imagination vom *TTP* und vom 2. Teil der *Ethik* aus zu entwickeln beginnt). Vgl. die Anm. Radettis zu *Ethik* II, 3. Def. Das konstitutive Vermögen des Wissens entspringt aus der Fülle der Imagination, aus der tätigen Umkehrung der Festigkeit des ethischen Besitzes, den der *TB* der Erkenntnis zutraut. Vgl. die Anm. Gentile-Radetti über die Imagination; Kommentar und Bezugnahme (S. 746).

12 Vgl. wiederum die Anmerkungen von Boscherini (20, 208): Zwei Betrachtungsordnungen sind hierbei besonders untersucht: diejenige, die die politischen Bedingungen der Interpretation betreffen (die die Autorin auf den Bericht Sir William Temples bezieht); und diejenige, die die humanistische und reformierte Interpretationstraditionen (die religiöse Bedingung) betrifft, die in die Lehre Soncinis eingebracht werden. Hierzu jedoch auch Kolakowski (88).

13 Bei dieser Gelegenheit eine wichtige Bemerkung über die zeitgenössische Interpretationstheorie: Tatsächlich ist in dem Spinoza, den wir eben hier untersuchen, gerade dieser konstruktivistische Antrieb spürbar, der so spezifisch diese operationalen Interpretationstechniken charakterisiert, die heute so unklar sind.

14 Die deutschen Übersetzungen weichen im letzten Satz gegenüber Negris Version etwas ab. Negri setzt den zweiten Halbsatz am Ende übertragen so: ». . . die Feinde, sondern auch für die Freiheit, die sich darin mit vielfachen Tätigkeiten gründet.« (Anm. d. Ü.)

15 Der Trennung des Glaubens von der Philosophie ist das 15. Kap. des *TTP* gewidmet. In der Deutung von L. Strauss konstituiert dieser Aspekt der Trennung der Theologie von der Philosophie, der nachfolgenden Freiheit der Vernunft, das Leitmotiv. Dieser Näherungsversuch von Strauss ist außerordentlich wichtig und rigoros: er schließt nämlich nicht mit einer abstrakten Verherrlichung der Vernunftfreiheit, sondern sieht diese Vernunftfreiheit in konstitutiven Funktionen der Politik im einzelnen, einer Politik als reformativer Funktion. Vgl. die Zusammenfassung der Deutung von Strauss bei Altwicker (5, 330, 333, 359-361).

16 Wie Giancotta Boscherini völlig korrekt anmerkt (20, 393-395). Die italienischen Forscher über das politische Denken Spinozas haben immer besondere Aufmerksamkeit auf das Verhältnis des politisch-juristischen Denkens Spinozas zu den rechtsnaturalistischen Strömungen gelegt, vgl. grundlegend Ravà (124) und Solari (144). Beide, das sei festgehalten, lassen die Analyse der möglichen Einflüsse nicht bis zu dem Punkt ausufern, wo die absolute Originalität der theoretischen Entwicklung des Spinozianischen Denkens verkannt wird. Aber sicherlich bestimmt die Anhäufung von Elementen, die man an dem Spinozianischen Denken zugrundeliegend ansieht, eine stete Unsicherheit bei der Qualifikation der Besonderheit des Spinozianischen Denkens. Als Muster der Mehrdeutigkeit in der Spinoza-Deutung, die von jenen älteren Lehrern der italienischen historisch-philosophischen Tradition her noch andauert, siehe das wohl letzte Produkt dieser Schule, die Arbeit Pacchianis (117), in der eine reiche Bibliographie und eine genaue Deutung doch niemals zu einer präzisen Definition des revolutionären Denkens Spinozas gelangten.

17 Die Spinozianische Selbstkritik der Ideologie seines Kreises haben wir in ihrer Entwicklung ausführlich verfolgt. Hier eröffnen sich jedoch äußerst umfangreiche Probleme für die philosophische Historiographie. Insbesondere müßte an dieser Stelle, und zwar allgemein bezüglich des Verlaufes der Spinozianischen Kritik am Hobbesschen Denken, das Verhältnis zwischen dem Denken Spinozas und dem von Hobbes, von Rousseau und vor allem von Hegel untersucht werden. Ich glaube, wie oben zu zeigen versucht, daß dieses Verhältnis besteht. Allerdings meine ich auch, daß die Spinozianische Kritik der früheren Utopie des Kreises eine philosophische Weite hat, die es erlaubt, in klarster Weise die Möglichkeit einer Kritik an dieser gesamten entgegengesetzten Strömung zu begründen. Wichtig scheint mir vor allem, auf der (vorweggenommenen) Kritik an Hegel zu bestehen. Ich erkläre, warum: Wenn das Denken Spinozas unmittelbar mystifiziert wird, sobald man es zu einer mißlungenen Hobbesschen Politik zu machen versucht, so scheint mir dann noch viel schlimmer, daß durch die Übernahme in die Hegelsche Kritik dieses Denken Spinozas indirekt in die Arme des Hobbesianismus zurückgeworfen wird. Vgl. oben 4. Kap. Über die Materialien der Hegelschen Deutung vgl. Gueroult (7, 4. Anh., 462 ff.) und Macherey (96, 3-13, 17-40).

18 Hier ist der Verweis auf ein grundsätzliches Thema des Denkens Machiavellis klar. An dieser Stelle müßte die (umfangreiche) Literatur über das Verhältnis Machiavelli-Spinoza behandelt und kritisiert werden. Ich beschränke mich auf die Bezugnahme auf A. Ravà (124), der mit besonderer philologischer Aufmerksamkeit das Verhältnis der beiden Autoren verfolgt hat (diesbezüglich die beste Studie, mit außerordentlicher Bescheidenheit vorgetragen), und auf die Anmerkungen Signoriles (138, 138 ff.), der wie gewohnt eine gute Bibliographie des Umfelds anbietet, vor allem über den republikanischen Machiavelli und seine Tradition. Neuerdings auch U. Dotti (38), grundlegender Text für eine zeitgenössische Deutung des revolutionären Radikalismus Machiavellis. Wenn man dieses Buch liest, werden viele Zweifel geringer, die die Deutung Spinozas aufwirft (hinsichtlich der realen Interpretation, die Spinoza von Machiavelli und der Dimension seiner Sprengkraft gibt), denn tatsächlich ist es offenbar schwierig, Macchiavelli anders denn als republikanischen Schriftsteller zu deuten.

19 Vgl. Mugnier-Pollet (108, 65-67), wo die Untersuchung des juristischen »Konstitutionalismus« Spinozas auf das Denken von Althuis und Bodin zurückgeführt wird. Allgemeiner zu den komplexen Quellen des Denkens Spinozas auf dem Gebiet des Konstitutionalismus: Arénilla (7). Er erfaßt überaus aufmerksam die Tendenz des Denkens, die das Widerstandsrecht organisiert, von den religiösen calvinistischen Voraussetzungen zu den politischen des Konstitutionalismus. S. v. a. eine Reihe von Anmerkungen über das Problem des Ephorats (7, 360 ff.) und andere Themen des konstitutionellen Entwurfs, die wir im *TP* wiederfinden werden.

20 So Vaughan (151, 92): »Spinozas Theorie steht und fällt mit seiner Identifikation der Rechte mit den Gewalten, mit anderen Worten mit seiner Weigerung, die Idee des Rechts in das Staatsleben einzubringen.« Es wurde viel zu oft betont, daß die Grenzen der Auffassung Vaughans darin bestehen, daß er das politische Denken Spinozas unabhängig von seiner Metaphysik betrachtet. Aber wenn die Wiederaufnahme der Metaphysik Spinozas gleichzeitig eine Modifizierung der Folgerungen Vaughans (hinsichtlich des Pflichtbegriffes) bedeutet, so bin ich damit nicht einverstanden. Zu Recht muß also unterstrichen werden, daß der Begriff der Pflicht bei Spinoza nicht von der Autorität des Staates *»enforced«* ist.

21 Zwei Interpretationen, von ihrem Ansatz her gegensätzlich, dieser Abschnitte des *TTP* scheinen mir falsch zu sein. Einerseits die von M. Corsi (30), der die politische Philosophie als natürlich begründetes Kunstwerk ansieht und entsprechend in emendativer Funktion des Bewußtseins nach verschiedenen Befreiungsgraden entwickelt. Andererseits diejenige Matherons (99, v. a. 3. Teil), die die politische Gesellschaft als einfache, auch in diesem Fall emendativ geleitete, Entfremdung betrachtet. Für Corsi ist die Funktion individualistisch, für Matheron kollektivistisch: aber, wie leicht einzusehen, ist dies, zumindest jetzt, nicht das Problem. Hier geht es nicht um die Erkenntnis des mehr oder weniger kunstvollen Charakters dieser Abschnitte der poli-

tischen Philosophie Spinozas, sondern schlicht um ihr relatives Scheitern: Das Kunstwerk scheiterte, weil ihm ein konstitutives ontologisches Ziel fehlte. Matheron sieht das Ganze als Übergang, jedenfalls mit einer eigenen dialektischen Logik ausgestattet: Aber seit wann sind dialektische Sprünge dem linearen Verlauf des Denkens Spinozas angemessen?

22 Zwischen 1665 und 1670 entwickelt sich die abschließende und entscheidende Phase in der Debatte über die Konstitution zwischen den von de Witt geführten oligarchischen Kräften und der Oranier-Reaktion. Im dem Augenblick, in dem das aristokratische Regime endgültig gefestigt scheint, entwickelt sich in Wirklichkeit die monarchische Restauration. Die auswärtigen Kriege, besonders der Seekrieg mit England, schwächen das Regime stark. All das erlebt, wie wir sehen werden, Spinoza in dramatischer Weise.

23 Über die Tatsache hinaus, daß man bei Spinoza eine Ausarbeitung historischer Typologie miterlebt, die charakteristisch für die protestantische holländische Kultur ist (politische Bezugnahme auf die Bibel eher als auf die Klassiker der politischen Renaissance – die Dekaden des Titus Livius etc. –: und hierbei beachte man den rein theoretischen und nicht historisch-materiellen Gebrauch, den Spinoza von Tacitus macht), ist auf diesen Seiten die Wiederaufnahme der Hobbesschen Analyse der englischen Revolution interessant.

24 Das ist, wie schon öfter bemerkt, eines der Leitmotive des zitierten Werkes von Macherey (96).

25 Ich spiele hier auf den 38. Brief an, den Spinoza am 1. Okt. 1666 an den »Hochwohlgeborenen Herrn Johannes Van der Meer« schickt und der sich auf das Würfelspiel bezieht. Darüber auch Huygens (82). Darüber kann man natürlich viele Betrachtungen anstellen – Würfelspiel und Markt etc. Es sei daran erinnert, daß Descartes bei den Überlegungen über Spiele und Kräftefelder auch über das Fechten schrieb.

6. Kapitel

1 Da hier ein stark polemischer Zug in dieser Schrift aufkommt, vermutet man eine Redaktion L. Meyers. Dagegen, unter Aufnahme derzeitiger allgemeiner Einschätzungen, Boscherini (20, 5-12).

2 »Jude von Voorburg«: so bezeichnen ihn die Huygens in ihrem privaten Briefwechsel.

3 Es heißt, daß Spinoza bei der Nachricht vom Tode der de Witts einen Protesttext entworfen habe, der mit diesen Worten begann. Von seinem Gastgeber wurde er aber zurückgehalten, als er das Flugblatt am Tatort auslegen wollte. Viele Autoren haben den Mord an de Witt als einen grundlegenden Augenblick in der politischen Theorie Spinozas angesehen. Das stimmt wohl, wie wir bei der Untersuchung des *TP* sehen werden. Aber der komplexe Einfluß de Witts und seines Kreises auf die Metaphysik Spinozas scheint doch etwas geringer anzusetzen zu sein. Stark auf die Bestätigung des Einflusses der '72er Krise bezogen: Mugnier-Pollet (108).

4 Nur ein Beispiel: Man bemerkt gegen Ende des *TTP* die Verherrlichung der Stadt Amsterdam und die polemische Forderung nach religiöser Freiheit gegenüber den entstehenden historischen Episoden des Fanatismus (hier muß an die Polemik der Gomaristen erinnert werden).

5 Dieser Brief gehört zu einer Gruppe von Briefen, die Spinoza 1674 mit U. Boxel wechselte (51.-56. Brief) – Briefe, die sich um das Thema des natürlichen Animismus – auf Anregung Boxels – entwickeln. Die Polemik Spinozas ist entschieden, die Korrespondenz endet schroff.

6 Vgl. Theun de Vries (156, 60), der daran erinnert, daß Spinoza schon in der Schule Van den Endens Umgang mit dem Denken von Lukrez und Gassendi und allgemein mit dem des Epikureismus hatte. Vgl. auch Rubel (134, 262).

7 Der materialistische Charakter der Begründung der Thematik der Welt erscheint

nach Deleuze (32, Anhang) vor allem in den Anmerkungen der Ethik. Das stimmt: aber es schränkt ein.

8 Wie gesehen, ist diese die allgemeine Forderung der Spinozianischen Untersuchung des Verhältnisses von Willen und Verstand in *Ethik* II.

9 Über die Thematik des Marktes sind sich, sozusagen von rechts bis links, alle Interpreten einig. Etwas schwieriger wird die Sache, wenn man von der Thematik des Marktes zu der der kapitalistischen Organisation als solcher übergeht und sich dabei bestimmte Kategorien einstellen. Grundlegendes Beispiel für die Blüte der materialistischen Kritik der Historiographie in den zwanziger Jahren ist das Werk Borkenaus. Vgl. hierzu und über Polemiken, die ähnliche Versuche aufgeworfen haben, meinen Aufsatz in: Borkenau, Grossmann, Negri (19).

10 Hier ist der Verweis auf Malebranche und Geulinx über die Literatur zur Staatsraison hinaus angebracht. Dies unmittelbar. Aber parallel dazu sollte die Entwicklung der Schulen zur Vermittlung der Theorie des Naturrechts des 17. Jahrhunderts eingesehen werden, wobei die Beweise, die Gierke (62) von diesen Autoren gibt, auf die metaphysischen Aspekte ausgedehnt werden sollten. Natürlich sehe ich in diesen Theorien ein antihumanistisches und geradezu reaktionäres Vorgehen: der Versuch Gierkes ist sehr zurückhaltend.

11 Vgl. besonders Zac (166, 130-133), der an verschiedenen Stellen auf dem Verlöschen des Parallelismus, auf dem Realismus der Imagination und vor allem auf der Nicht-Mehrdeutigkeit der Spinozianischen Auffassung des Bewußtseins beharrt. Diese letztere Argumentation wendet sich vor allem gegen Alquié. Vor allem Matheron (100) hat diese Materialität der metaphysischen Anzeichen bei Spinoza im einzelnen erfaßt, und zwar vor allem im *TTP:* in der Entwicklung der hier vorgesehenen Volksreligion. Die Untersuchung Matherons hat zweifellos viele Schattenseiten, auf einige davon werden wir zurückkommen. Hier ist es vor allem interessant, diese konstitutive Fähigkeit der Imagination zu durchforsten, die Schöpfung der Geschichte in der spezifischen Form, die sie im 17. Jahrhundert annimmt: Die Form der Religion, der volkstümlichen Religiosität, als Form der historischen Affirmation der Wahrheit und des Heils. A. Igoin (83) nimmt einige der Thesen Matherons mit viel Sorgfalt und interpretativer Klugheit wieder auf und stellt sich das Problem, ob die Konstitution eines ewigen Heilsweges, die von der Imagination der Kollektivität, der Vielfalt, durchzogen wird, nicht eben das Ende der politischen Theorie Spinozas darstellt. Auf diese Themen (die andererseits teilweise von L. Strauss vorweggenommen wurden) werde ich zurückkommen: Hier ist es nicht so wichtig, die Finalität der Imagination zu betonen, als vielmehr ihren Prozeß, ihr Vermögen. Auch gegenüber den, wenn auch äußerst fruchtbaren, Thesen etwa Zacs muß also betont werden, daß die sich ergebende Vereinigung der endlichen Welt im Prozeß der Masse, im Prozeß der Imagination, sich nicht auf dem Gebiet des abstrakten und geistigen Bewußtseins ergibt, sondern auf dem des materiellen und geschichtlichen Bewußtseins. Diese materialistische Funktion der Spinozianischen Imagination stellt den Mittelpunkt dar, an dem sich die Krise der Metaphysik löst, so wie sie sich am Ende von *Ethik* II darzustellen begonnen hat. Der *TTP* hat diese enorme Bedeutung. Wiederum erfaßt Matheron auch diesen metaphysischen Übergang gut (vgl. insb. 99, 252ff.).

12 Als Beleg für den Individualismus des politischen Denkens im 16. Jahrhundert wieder Macpherson. Vom Standpunkt der Spinozianischen Thematiken aus muß ich hier daran erinnern, daß ich den Begriff »kollektiv« benutze, um die Besonderheit der Spinozianischen Überwindung des Individualismus des 17. Jahrhunderts zu verdeutlichen – unbeschadet der Tatsache, daß ich diese Überwindung mit ihrem eigentlichen Namen der »multitudo« benenne, sobald dieser Begriff von Spinoza vollends erarbeitet ist. Der Hinweis auf die Besonderheit des Kollektiven und auf die Bildung des »multitudo«-Begriffes ist typisch für die Werke Matherons (98; 100), wie schon ausführlich erinnert. Natürlich darf man, wenn man vom Kollektivismus im Denken Spinozas spricht, nicht vergessen, daß sich dies auf der einen Seite mit einer possessiven Haltung verbindet, auf der anderen Seite mit der Imagination: Die Verflechtung dieser drei Elemente – Kollektiv, Aneignung, Imagination – stellt die Ge-

stalt der Spinozianischen Umkehrung des Besitz-Individualismus dar. Im possessiven und leidenschaftlichen Charakter findet der Individualismus und der Kollektivismus im 17. Jahrhundert eine Identität: aber sie unterscheiden sich eben in der Perspektive der individuellen oder kollektiven Synthese, und zwar vollkommen radikal. Spinoza ist von diesem Gesichtspunkt her die Umkehrung von Hobbes, ist die Zerstörung dieser Traditionen (innerhalb der Genesis des modernen Staates und der bürgerlichen Ideologie). Danach muß man jedenfalls auf der genetischen Verwurzelung seiner Philosophie in der Dimension der Imagination (der Leidenschaftlichkeit) und in der Aneignung beharren, die diesem Denken des 17. Jahrhunderts eigentümlich sind.

13 Die Macht dieser Interpretationsrichtung, ursprünglich marxistisch und (in der Bedeutung der Häresie selbst) von Weber wiedererarbeitet, wird vor allem in der Frankfurter Schule wieder vorherrschend. Vgl. die Untersuchungen über die moderne Philosophie von Horkheimer.

14 Entsprechende Bibliographie in meiner Untersuchung über die Geschichte der Entstehung des modernen Staates (111).

15 Hinsichtlich einer allgemeinen Untersuchung der Topoi der Polemik und des Verhältnisses Hobbes-Spinoza, der Anzeichen einer Hobbes-Deutung durch Spinoza, und der Belege hierzu verweise ich auf Boscherini (20, Einl.).

16 Deleuze (32, 310) erklärt, nachdem er vorher möglicherweise allzusehr auf den Analogien zwischen Spinoza und Leibniz bestanden hatte, meiner Meinung nach zu Recht (wobei er sich allerdings dabei kräftig selbst widerspricht): »Dies ist der wirkliche Gegensatz zwischen Spinoza und Leibniz: die Theorie der eindeutigen Ausdrücke des einen widerspricht der Theorie der doppelsinnigen Ausdrücke des anderen.« (32, 310)

7. Kapitel

1 Hier muß der Unterschied unseres Näherungsveruches gegenüber dem von Matheron (98) betont werden; letzterer hat jedoch in anderer Hinsicht beachtenswerte Ergebnisse erzielt. Wesentlich zu kritisieren scheint mir bei Matheron die methodische Anlage, d. h. die Neigung zur Einführung dialektischer oder paradialektischer, jedenfalls für den existentialistischen Marxismus der 60er Jahre charakteristischer Schemata in die Analyse des Spinozianischen Denkens. Matherons Schema ist das der vom Prozeß Entfremdung-Neubildung bestimmten Dynamismus'. Und genau das wird von der Spinozianischen Perspektive ausgeschlossen, die eine Perspektive der konstruktiven Kontinuität ist. Die Alternative zwischen dialektischer und axiomatischer Methode ist grundlegend und in keinem Fall zu unterschätzen, wie Matheron dies allzu häufig tut. Anders und viel ausgereifter der Versuch Matherons in seinem nachfolgenden Werk (100), auf das wir bald kommen werden.

2 In ausgezeichneter Weise hat Matheron (99 II, 82ff.) hier die soziale Dimension der Theorie der Leidenschaften bei Spinoza betont. Er betrachtet systematisch die Entwicklung des Spinozianischen Denkens als verdoppelte Entwicklung (bes. im 3. Teil): eine Entwicklungsordnung des individuellen leidenschaftsbestimmten Lebens und eine leidenschaftsbestimmte zwischenmenschliche Entwicklungsordnung. Dies alles ist außerordentlich wichtig. Aber Matheron gestaltet seine Argumentation ein wenig mechanisch und etwas unglaubwürdig, wenn er darauf besteht, daß das Schema, das den 3. und 4. Teil der *Ethik* trägt, nichts anderes als »eine freie Variation über das Thema des sephiristischen Baumes der Kabbalisten« sei. Das aber ist zweifellos eine phantastische Schlußfolgerung.

3 Hier muß betont werden, daß es sich um eine echte Normativität handelt und nicht so sehr um eine Einstellung mit dem Ziel des Vorschreibens und des Anratens. Man hat nämlich auf dieser »therapeutischen« Tendenz der *Ethik* Spinozas sehr beharrt, wobei man sie, von diesem Gesichtspunkt aus, zum Horizont der Spätrenaissance zurückbrachte. Das kann ich alles natürlich überhaupt nicht akzeptieren, d. h. weder

im Bezug dieser Näherung auf Autoren der Spätrenaissance und auf die Stoiker, noch bezüglich Descartes' und der Richtung seiner Wissenschaft der Leidenschaften. Insbesondere fehlt der Position Spinozas jegliche individualistische Einstellung.

4 Hier sei *en passant* – unbeschadet dessen, daß wir weiter unten auf das Thema zurückkommen – betont, daß die Spinozianische Forderung keineswegs auf eine »utilitaristische« Forderung reduzierbar ist. Die individualistische Dimension des Utilitarismus in reinster Form fehlt auch in dieser Phase des Spinozianischen Denkens, das mehr auf der individualistischen und interindividuellen Ebene verharrt. Wenn man schon von utilitaristischen Vorfällen sprechen möchte, kann man allerhöchstens eine »Moral der Zuneigung« zurückverfolgen, aber gerade in diesem Augenblick ist diese eher phänomenologisch denn rationalistisch. In dem Rahmen wäre es interessant, die Betrachtung der Analogien gewisser Positionen Spinozas und David Humes wiederaufzunehmen, die schon Vaughan hervorzuheben suchte, und auf die alle zurückkommen, die auf Beziehungen zum englischen Deismus bestehen (am entschiedensten Meli).

5 Negri übersetzt den Original-Terminus »humanitas« hier mit »Cortesia«, was »Höflichkeit« bedeutet und was wir aus Gründen der Textkontinuität übernehmen. Der Deutungsinhalt ändert sich nicht. (Anm. d. Ü.).

6 Matheron besteht, polemisch gegen die Position Macphersons, darauf, daß die Spinozianische Auffassung der politischen Welt in vieler Weise an den mittelalterlichen Horizont gebunden sei (99, 221-223). Klar, daß die Bezugnahmen auf die Tugenden der Ehrsucht und Höflichkeit, die wir bei Spinoza hier finden, Matheron rechtzugeben scheinen. Aber es entstehen verschiedene Probleme, die, wenn sie korrekt gelöst werden, die gegenteilige Folgerung ergeben. Insbesondere: ist diese Bezugnahme und die Exemplifizierung durch Spinoza in irgendeiner Weise bestimmt? Mir scheint dies nicht der Fall: d. h. sie ist recht zufällig, und daher kommt er auch nicht allzu oft darauf zurück. Zweitens: Ist die Wiederaufnahme der Rittermoral im Verlauf des 17. Jahrhunderts nicht eine schlichte und grobe Verschleierung der bürgerlichen Moral? Für eine positive Antwort auf diese Zwischenfrage verweise ich auf meinen *Descartes politico* (112), wo ich die umfangreiche Literatur dazu untersuche.

7 Man kann sagen, daß die neuesten umfangreichen Interpretationen des Spinozianischen Denkens – mir scheint davon jedenfalls die Gueroults als wichtigste – sich von der traditionellen Strömung der Deutung abzukoppeln beginnen. Auch wenn, wie gerade bei Gueroult, die Untersuchung sich an Worte klammert und ohne Tendenzen zur ausdrücklichen Untersuchung der großen Richtungen philosophischer Geschichtsschreibung ist. Dasselbe könnte man über die an Wolfson anschließende Deutungsrichtung sagen.

8 Erneut sei betont, daß die Position Matherons nicht akzeptabel ist. Auch er unterstreicht zwar äußerst scharf das Verhältnis zwischen sozialen Formen und Erkenntnisformen, aber er versucht, die Genealogie mit Hilfe einer negativen Dialektik zu interpretieren.

9 Zur Wiedereröffnung der Attributsthematik im 5. Teil der *Ethik* (sichtbarstes Zeichen des Wiederauftauchens der Elemente aus der ersten Redaktion) vgl. das folgende 8. Kap. dieser Arbeit, wo die Thematik bezüglich des Briefwechsels untersucht wird. Auch über die im 5. Teil auf die »erste Grundlegung« verweisenden Reste ebenfalls Kap. 8. Alquié bemerkt und betont (in 2 a) das, was er das Paradoxon des 5. Teils der *Ethik* nennt. Er beharrt darauf, daß dieses Buch einen neuen Horizont eröffnet, einen Horizont der absoluten Freiheit: Aber gerade dieses Sichöffnen eines neuen Horizontes in diesen Begriffen setzt sich als Gegensatz zum naturalistischen und deterministischen Vorgehen der Wertdefinition in den vorangehenden Teilen. Dieses Sichwiederöffnen des Horizonts der Freiheit, diese Postulierung des absoluten metaphysischen Vermögens der verstandesmäßigen Liebe scheint Alquié ein Verweis auf einen »cartesianischen« Horizont – unter Voraussetzung der Definition, die Alquié diesem Terminus gibt. Nun, wir haben hier diese Position Alquiés bereits eindeutig zurückgewiesen, ebenso wie die gesamte vorangegangene Rekonstruktion, die sich auf die These »Ethik gegen Moral« gründet. Aber selbst danach noch ist die Interpretation Alquiés imstande, in der Analyse des 5. Teils die überaus starke Dif-

ferenz zu begründen, die die ethischen Begriffe anzunehmen beginnen: Das aber ist – im Gegensatz zur Annahme Alquiés – nicht die gelungene (oder sozusagen obligatorische) Lösung eines ungelösten und logischerweise unlösbaren von der spinozianischen Metaphysik erlebten Dramas. Stattdessen wird eine Problemschicht eröffnet, die sich der Folgerung eines langen Konstitutionsprozesses einer radikalen ontologischen Perspektive widersetzt. Die Spinozianische Metaphysik ist kein unlösbarer Knoten: sie ist, wie jede Metaphysik, ein Knoten, aber wenn die, auch hinsichtlich der inneren Utopie der ersten Redaktion, siegreiche Linie ihn auch nicht löst, so wickelt sie doch die Fäden der konstitutiven Untersuchung auf. Das heißt nicht, daß der 5. Teil der *Ethik* nicht, wie Alquié zu Recht meint, der widersprüchlichste der *Ethik* ist.

8. Kapitel

1 Von protestantischer Seite her ist die Anklage schon im Brief von Velthuysen (42. Brief, s. o.) formuliert worden. Von katholischer Seite vgl. den Brief 67 und 67 a, von Albert Burgh bzw. Nikolaus Stensen. Auf Burgh, der schon Schüler Spinozas war und Mitglied einer der einflußreichsten holländischen Familien ist, antwortet Spinoza mit dem 76. Brief.

2 Der von Negri zitierte Brief 67 a (67 bis) ist in den mir zugänglichen Ausgaben nicht enthalten. Die deutsche Übersetzung erfolgte daher nach Negris italienischer. (Anm. d. Ü.).

3 Im Gegensatz zu Negri, der hier »Subjekt« setzt, ergibt sich aus dem Text, daß es »Objekt« oder »Gegenstand« heißen müßte. Dies berührt jedoch nicht die Interpretation Negris. (Anm. d. Ü.)

4 Hinsichtlich der Auffassung des Attributs sind in diesem Brief zahlreiche Mehrdeutigkeiten. Es gibt da eine Art Vertrauen Spinozas in die Totalität seines »geschriebenen« Systems, in die Totalität seines Werkes, die auch im Verlauf einer Entwicklung zu anderen Lösungen hin auftaucht.

5 A. Droetto zitiert hierzu I. P. Razumowski (125) von 1917 als Quelle der materialistischen Interpretation, die danach im sowjetischen Denken entwickelt wurde. Natürlich sind die Quellen der materialistischen Deutung Spinozas schon einiges älter, auch im Bereich des historischen Naturalismus. Aber vielleicht wäre es nützlich, etwas gründlicher, als Kline (87) es tat, die Genesis der scholastischen Entwicklung der materialistischen Deutung Spinozas in der sowjetischen Philosophie zu untersuchen. Jedenfalls ist hinsichtlich der Schritte des *TP* (den wir eben betrachten) eine derartige Deutung besonders verfestigt.

6 P. F. Moreau stellt (107, ein am 25. Mai 1977 in Paris gehaltener Vortrag) die Ergebnisse einer informativen Untersuchung über die Vorkommen von *jus* und *lex* im *TP* vor. Unnötig hinzuzufügen, daß das Ergebnis deutlich zugunsten von *jus* ausfällt. In den Übersetzungen Spinozas, vor allem den englischen, überwiegt jedoch der Begriff *lex* (law). Vgl. dazu auch die »Cahiers Spinoza«, II, Paris 1978, S. 327 ff.

7 Der positivistische Ansatz in der Interpretation des juristischen und politischen Denkens Spinozas gedeiht, vor allem in Italien, immer noch, auch nachdem die »Grundinterpretationen« von A. Ravà und G. Solari das Problem zweifelsfrei gesetzt und dabei auch die Nichtrückführbarkeit des Denkens Spinozas auf den Positivismus gefolgert haben.

8 Negri unterscheidet – im Anschluß an eine Bemerkung J. Agnolis – »borghese« von »civile«. Im Deutschen wird normalerweise beides mit »bürgerlich« übersetzt. Tatsächlich bezieht sich »borghese« auf den gesellschaftlichen Begriff – weshalb wir es im Folgenden mit »bürgerlich« belassen –; »civile« ist dagegen der organisatorische Begriff, der Zustand insbesondere im Verhältnis zum Gemeinwesen, zum Staat – weshalb wir hier »staatsbürgerlich« verwenden werden. (Anm. d. Ü.)

9 A. Matheron hat sehr klug diese dialektisch-transzendentalen Eigenschaften der Politik Spinozas zusammengetragen. Seine Vertiefung der Thematik scheint mir den-

noch an einem überzogenen Dialektismus zu kranken, d. h. an einer überdehnten Beachtung der konkreten Bestimmungen der untersuchten Tatbestände. Wie wir in den folgenden Abschnitten sehen werden, bestimmt dies einige kuriose Konsequenzen – etwa eine Rückversetzung des spinozianischen Werkes, als ob es zur Kritik der vorbürgerlichen Staatsform verkehrt wäre.

10 Trotz all der scholastischen und deterministischen Mängel, die sein Werk charakterisieren, scheint mir das oft zitierte Werk Thalheimers (149) doch sehr beachtenswert dort, wo es sich auf die zwischenzeitlichen Veränderungen der holländischen Regierungsform des 17. Jahrhunderts bezieht.

11 Matheron urteilt in seinem wichtigen Werk »über die Gemeinschaft« im Denken Spinozas, das wir oft zitiert haben, ähnlich wie wir. Die Bedeutung dieses Werks besteht darin, daß es sich von den Fesseln der früheren akademischen Interpretationen der politischen Philosophie Spinozas befreit – d. h., es weist jene Forschungstradition zurück, die das Denken Spinozas in eine Typologie den Herrschaftsformen entsprechender Ideologien einbringen will. Heute besteht, glaube ich, diese Gefahr nicht mehr: aber der Beitrag Matherons zu ihrer Überwindung erscheint mir wichtig. Schließlich ist auch die getrennte Betrachtung der Metaphysik und der Politik Spinozas nichts anderes als ein Aspekt dieser Leidenschaft für eine Geschichte der Herrschaftsformen. Offensichtlich konnte der holländischen Bourgeoisie des 19. Jahrhunderts nur eine Erforschung der ideologisch-politischen Geschichtsschreibung gefallen, die lediglich eine einfache Klassifizierung »ihrer« Herrschaftsform war.

12 Wieder der Hinweis auf die schon ausführlich zitierten historischen Thesen. Man bedenke, daß die klassische marxistische Interpretation von Thalheimer bis Desanti, obwohl sie die innere Transformation des Spinozianischen Problems erfaßt, auf seiner deterministischen Plazierung innerhalb der bürgerlichen Ideologie beharrt. Mir scheint im Gegenteil, daß der vorliegende Bruch der System-Kontinuität in keinem Fall deterministisch auf die ideologischen Dimensionen der Epoche zurückgeführt werden kann.

13 Droetto bietet die entsprechenden Beweise in der Einleitung zu seiner italienischen Übersetzung des *TP* an. Vgl. dazu aber Francés (54), wo die Spezifität der politischen und konstitutionellen Auseinandersetzung zur Zeit Spinozas belegt wird.

14 Man beachte besonders die Einfügung der Herausgeber – die sicherlich aristokratisch gesinnt waren – in der Abfassung des Frontispiz des *TP*, wo das Wort »aristokratisch« mit Sicherheit von ihnen eingebaut wurde; und auch am Beginn des 8. Kap. haben sie mit aller Wahrscheinlichkeit eine Art Prämissen-Zusammenfassung über die »Vorzüglichkeit der Aristokratie« eingefügt.

9. Kapitel

1 Hierzu erneut mein *Descartes politico* (112) sowie der ebenfalls oft zitierte Macpherson (113) über den possessiven Individualismus. Der Abstand Spinozas zu Descartes und Hobbes zeigt den eigentlichen Grad der Spinozianischen Anomalie im modernen Denken an. Es wäre zu fragen, warum diese Anomalie in den folgenden Jahren nicht ausreichend betont wurde (außer in polemischen Ausdrücken und Worthülsen). Darauf komme ich im nächsten Paragraphen. Hier möchte ich aber anmerken, wie stark im einzelnen die politische Verfolgung des Spinozianischen Denkens, die ideologische Repression war, die dieses Denken abzuwürgen und zu verleumden suchte. Erneut eine allgemeine Bemerkung: Die spinozianische Philosophie wurde in der Geschichte des Denkens genau auf politischem Gebiet verfolgt. Für mich wichtig zu betonen: Diese wunderbare metaphysische Begründung erschien sofort als Politik, sie stellte sich unmittelbar als revolutionäres Denken dar. Und das bekräftigt meine Hypothese: die wahre Politik Spinozas ist seine Metaphysik.

2 Ich erlaube mir bezüglich einer Bemerkung über die Krisis des negativen Denkens,

seine Definition und ihre theoretischen Grenzen, auf meine Rezension des Buches von Cacciari (24) in »Aut-Aut«, Nr. 155-156, 1976, zu verweisen.

3 Es dürfte klar sein, daß ich hier, wie schon oft im Text, Thesen von Deleuze (32) aufnehme. Das größte Verdienst des Deleuze'schen Versuchs ist, wie oft betont, daß er die Dimension der Einzigkeit und der Erscheinungsform im Denken Spinozas erfaßt, daß er das System bis zu dem Punkt bringt, den wir das »Paradoxon der Welt« genannt haben. Aber diese Erkenntnis und dieser Beweis müßten meiner Meinung nach verbreitert, müßten auf die Konstitution nicht nur der Grundlage, sondern der Entwicklung eines »zweiten« Teils übertragen werden: desjenigen, in dem das Denken der Einzigkeit und der Erscheinungsform sich zu konstruktivem und konstitutivem Denken entwickelt. Deleuze erreicht dieses Bewußtsein beinahe, wenn er auf einem »zweiten Spinoza« beharrt, den Spinoza der Anmerkungen, der entfalteten ethischen Argumentation. Aber er neigt dazu, diese Gestalt eher auf dem Gebiet der ethischen Wissenschaft als solcher und auf dem der großen moralischen Rhetorik als auf dem Boden eines neuen Seinsverständnisses zu erschließen. Jedenfalls, um das klarzumachen, wäre meine Arbeit ohne die von Deleuze unmöglich.

4 P. Macherey hat besser als alle anderen Interpreten den Abstand Spinozas zum dialektischen Denken betont. Auch in diesem Fall hat die theoretische Beunruhigung aber nicht das Verständnis auf die Stufe der Deutlichkeit gebracht, die diese verdient hätte. Seine schlicht althuissche Begründung verbietet Macherey, von der kritischen Definition der Dialektik, von der Vertiefung der Erforschung der analytischen Achse des spinozianischen Denkens zur Defintion des diesem eigenen konstitutiven Horizonts vorzustoßen.

5 C. Ginzburg (63): ich glaube, daß ich die Bedeutung nicht allzusehr verdrehe, die er der Definition des »Indizienwissens« gegeben hat, wobei er sich auf diesen meinen Spinoza bezieht: Tatsächlich behaupte ich keine Identität, sondern nur einen Ansporn zu dieser konkreten Wissenssynthese, auf die das Indizienwissen weist und die nicht »geringer«, sondern gewiß metaphysisch ist.

6 Über die Entwicklung der modernen Wissenschaft und über ihre vollkommene Funktionalität für die kapitalistische Entfaltung, auch für die Theologie als inneres Agens der Wissenschaft, vgl. Feyerabend (50). Es ist klar, wenn man Spinoza eine spekulative Einstellung mit polemischer Ausrichtung gegen die moderne Strömung zuschreibt, sich eine Reflexion zweiten Grades über sein Denken abspielt. Aber das ist wichtig, wenn eines der fundamentalen Ziele einer erneuten Historiographie des modernen Denkens dabei die Eindeutigkeit der Entwicklung zerstören, in seinem Inneren die möglichen Alternativen erfassen muß. Wir haben im vorliegenden Buch wie im *Descartes politico* diese Reflexion über die Entwicklung des Denkens der Moderne in Gang zu bringen versucht: Dasselbe müßte nun auch für das wissenschaftliche Denken als solches geschehen. Feyerabend ist hierfür ein außerordentlich anregender Autor.

7 Das gesamte moderne Denken, das Denken der kapitalistischen Genese, müßte vom Standpunkt der Krise des Kapitalismus aus neu eingeschätzt werden. Die Identifikation der besonderen Synthese, welche die kapitalistische Entwicklung ihren genetischen Komponenten aufprägt, kann sich nicht in einem rein funktionalen Schema auflösen (wie z. B. in dem ansonsten überaus wichtigen Werk Borkenaus über die Genesis des Manufakturdenkens). Heute ist die Entwicklung abgeschlossen, die Krise des Kapitalismus herangereift: Wir befinden uns nicht mehr innerhalb der Wolken, sondern sehen sie aus der Distanz in ihren verschiedenen Formen. Die mögliche Alternative der Entwicklung, zumindest in dem Maß, in dem sie sich als revolutionär darstellt, müßte vom Gesichtspunkt der Krise aus theoretisch untersucht werden. Mir scheint, daß Sohn-Rethel (142) bisweilen dazu gelangt ist. Ein gutes Modell, das man sich merken sollte.

8 Ich beziehe mich hier einzig auf die alte *Geschichte des Materialismus* Langes im Rahmen ihrer Beschränkung auf die Synthese von Kantianismus und Neukantianismus. Tatsächlich ist der Materialismus nicht historisiert worden! Vielleicht kommt es daher, daß sein Charakter in der modernen Zeit in zweifacher Hinsicht untergeordnet erscheint: der Entwicklung der großen und hehren Philosophie einerseits,

der Geschichte der Wissenschaft andererseits: Während wir über die antike Philosophie bezüglich der großen Gestalten des Materialismus (Demokrit, Epikur usw.) umfangreiche Arbeiten besitzen, kann man dasselbe für die Moderne nicht behaupten.

9 Bezüglich dieses überaus wichtigen Abschnittes der modernen Philosophie ist die Literatur m. W. nicht genügend ausgeprägt und genau, auch wenn es viele Monographien dazu gibt. Tatsächlich wurde die historische Bedeutung der neuplatonischen Wiederentdeckung mehr innerhalb der Wissenschaftsphilosophie (Koyré u. a.), als in der Geschichte der politischen Theorie und der Ökonomie betrachtet. Vgl. meinen *Descartes politico* (112).

10 Das mechanizistische Denken wurde ziemlich gut untersucht. Auf der einen Seite in der wichtigen Arbeit Borkenaus, auf der anderen in der von Lenobke. Die Schlußfolgerungen beider sind trotz unterschiedlicher Ausgangspunkte gleich.

11 Über die Idee des Marktes vgl. Benetti (10). In diesem Rahmen drückt sich jedoch der verzweifelte interpretative Wille des Spiritualismus zur Wiedereinführung des Dualismus in das gesamte Denken Spinozas aus. Das grundlegende Beispiel hierfür hat die Deutung Alquiés vom Thema *»idea«* und *»idea idearum«*, d. h. der spiritualistischen und ideellen, gnoseologischen und ontologischen Verdoppelung des Denkens Spinozas, gegeben.

12 Stellen wir uns beispielsweise vor, wie die Einstellung des Descartes zur Philosophie Spinozas gewesen wäre. Meiner Meinung nach hätte er darin eine Wiederkehr der Renaissance-Auffassungen gesehen, gegen die er ständig polemisiert hatte. Mit aller Wahrscheinlichkeit hätte er Spinoza auf Lullus oder More herabgesetzt. In der Geschichte der Spinoza-Interpretation sind solche Deutungen üblich.

13 Zweifelsohne erscheint bei Hegel der Spinozismus als eine utopische Philosophie des Kapitalismus. Objektivismus des Seins und Beginn der Dialektik der Negation: d. h., daß bei Spinoza der Philosoph der Produktions-Utopie und der erste Autor, der den kritischen Rhythmus der Produktionsentwicklung definiert hat, miteinander identifiziert werden. Hegel rüstet sich, dieses Eingangs-Modell philosophisch und absolut zu vervollständigen. Der Spinozismus ist danach auf eine Philosophie des Verhältnisses zwischen Produktivkraft und Produktionsverhältnis reduziert: doch das Denken Spinozas ist ganz anders!

Bibliographie

Die Bibliographie enthält ausschließlich die von Negri verwendete Literatur. Im Text des Buches werden die Titel mit den hier jeweils vorangestellten Siglen zitiert.

1 Adelphe, L., *De la notion de la souveraineté dans la politique de Spinoza*, Nancy 1910

2 Alquié, F., *Nature et vérité dans la philosophie de Spinoza*, Paris 1971

2a Alquié, F., *Servitude et liberté selon Spinoza*, Paris 1958

3 Althusser, L., *Elementi d'autocritica*, Mailand 1975

4 Altkirch, E., *Maledictus und Benedictus. Spinoza im Urteil des Volkes und der Geistigen bis auf C. Brunner*, Leipzig 1924

5 Altwicker N., *Texte zur Geschichte des Spinozismus*, Darmstadt 1971

6 Appuhn, Ch., *Chronicon Spinozianum*, Tom. I-V, Hagae Comitis Curis Societatis Spinozanae 1921-1927, hier: Tom. IV

7 Arénilla, L., *Le calvinisme et le droit de résistance á l'État*, in: »Annales E. S. C.«, XXII, 1967
8 Avenarius, R., *Über die beiden ersten Phasen des Spinozischen Pantheismus und das Verhältnis der zweiten zur dritten Phase*, Leipzig 1868
9 Barret-Kriegel, B., *L'état et les esclaves*, Paris 1979
10 Benetti, C., *Smith. La teoria economica della società mercantile*, Mailand 1979
11 Benjamin, W., *Kritiken und Rezensionen*, Frankfurt am Main 1972
12 Bernhardt, J., *Infini substance et attributs. Sur le spinozisme (à propos d'une étude magistrale)*, in: »Cahiers Spinoza«, II
13 Biedermann, O., *Die Methode der Auslegung und Kritik der biblischen Schriften in Spinozas TTP im Zusammenhang mit seiner Ethik*, Erlangen 1903
14 Bloch, E., *Thomas Münzer als Theologe der Revolution*, Frankfurt am Main 1963
15 Bloch, E., *Das Prinzip Hoffnung*, Berlin 1965
16 Blok, P. J., *Geschiedenis van het Nederlandsche Volk*, Leiden 1915
17 Bohrmann, G., *Spinozas Stellung zur Religion*, Gießen 1914
18 Bonifas, H., *Les idées bibliques de Spinoza*, Mazamet 1904
19 Borkenau/Grossmann/Negri, *Una polemica degli anni Trenta*, Rom 1978
20 Boscherini-Giancotti, E., *Nota sulla diffusione della filosofia di Spinoza in Italia*, in: »Giorn. crit. d. fil. ital«, 1963
21 Bradshaw, M. J., *Philosophical Foundations of Faith*, New York 1941
22 Brandt, F., *Thomas Hobbes' mechanical conception of nature*, Copenhagen-London 1928
23 Bromley, J. S./Kossmann, E. H., *Britain and Netherlands*, London-Groningen 1961 bis 1964
24 Cacciari, M., *Krisis*, Mailand 1976
25 Cantimori, D., *Prefazione zur ital. Übers. v. Huizinga*, Turin 1967
26 Cassirer, E., *Das Erkenntnisproblem in der Philosophie und Wissenschaft der neueren Zeit*, Berlin 1922³ (Neudr. Darmstadt 1971)
27 *Catalogus van de Bibliotheek der Vereiniging Het Spinozahuis te Rijnsburg*, Leiden 1965
28 de Chatelex, P. J. L., *Le rapport de Johann de Witt sur le calcul des rentes viagères*, Den Haag 1937
29 Cohen, G., *Écrivains français en Hollande dans la première moitié du* XVII *siècle*, Paris–Den Haag 1921
30 Corsi, M., *Politica e saggezza in Spinoza*, Neapel 1978
31 Dal Pra, M., *B. Spinoza*, in: *Storia della filosofia*, VII, Mailand 1975
32 Deleuze, G., *Spinoza et le problème de l'expression*, Paris 1968
33 Derathé, R., *Rousseau et la science politique de son temps*, Paris 1950
34 Desanti, J. T., *Introduction à l'histoire de la philosophie*, Paris 1965
35 Dibon, P., *La philosophie néerlandaise au siècle d'or*, Amsterdam 1954
36 Dilthey, W., *Die Autonomie des Denkens. Der konstruktive Rationalismus und der pantheistische Monismus nach ihrem Zusammenhang im 17. Jahrhundert*, in: *Gesammelte Schriften*, III
37 Doren, A., *Wunschträume und Wunschzeiten*, in: *Vorträge der Bibliothek Warburg*, Berlin 1927
38 Dotti, U., *Machiavelli: la fenomenologia del potere*, Mailand 1979
38a Doz, M., *Rezension zu Gueroults »Spinoza«*, in: »Revue de métaphysique et de morale«, 1976/2
39 Dreyfus, G., *Sur le Spinoza de M. Gueroult, réponses aux objections de M. Doz*, in: »Cahier Spinoza«, II
40 Droetto, A., *Spinoza (Epistolario)*, Turin 1951
41 Droetto, A., *Genesi e struttura del TTP*, in: »Studi urbinati«, XLII
42 Droetto, A., *Introduzione alla trad. it. di B. Spinoza TP*, Turin 1958
43 Duchesneu, F., *Modèle cartésien et modèle spinoziste de l'être vivant*, in: »Cahiers Spinoza«, II
44 Dunin-Borkowski, S., *Spinoza*, Bd. 1-4, Münster 1933 ff.
45 Dunin-Borkowski, S., *Die Physik Spinozas*, Den Haag 1933

46 Eckstein, W., *Rousseau und Spinoza*, in: »Journal of the History of Ideas«, v, Juni 1944
47 Elster, J., *Leibniz et la formation de l'esprit capitaliste*, Paris 1975
48 Feuer, S., *Spinoza and the Rise of Liberalism*, Boston 1958
49 Feuerbach, L., *Sämtliche Werke*, Stuttgart 1959
50 Feyerabend, P., *Wider den Methodenzwang*, Frankfurt am Main 1976
51 Fischer, K., *Geschichte der neueren Philosophie*, o. O. 1880
52 Francés, M., *Spinoza dans les pays néerlandais de la seconde moitié du* XVIIe *siècle*, Paris 1937
53 Francés, M., *Les réminiscences spinozistes dans le Contrat Social de Rousseau*, in: »Revue philosophique«, 141/1, 1951
54 Francés, M., *La liberté politique selon Spinoza*, in: »Revue philosophique«, 148, 1958
55 Freudenthal, J., *Spinoza und die Scholastik*, Leipzig 1886
56 Freudenthal, J., *Über den Kurzen Traktat*, in: »Zeitschrift für Philosophie und philosophische Kritik«, 1896
57 Friedmann, G., *Leibniz et Spinoza*, Paris 1962 (Neuauflage)
58 Furet, F., *Penser la Révolution*, Paris 1978
59 Gadamer, H., *Wahrheit und Methode*, Tübingen 1962
60 Gebhardt, C., *Die Religion Spinozas*, in: »Archiv für Geschichte der Philosophie«, XLI, 1932
61 Gentile, G., *Prefazione zur ital. Ausgabe der Ethik*, Florenz 1963
62 v. Gierke, O., G. *Althuisius und die Entwicklung der naturrechtlichen Staatstheorien*, Aalen 1958[5]
63 Ginzburg, C., *Spurensicherung*, in: »Freibeuter«, 3 und 4, 1980
64 Goldmann, L., *La communauté humaine et l'univers chez Kant*, Paris 1948
65 Góngora y Argote, L. de, *Sonetti funebri*, ital. Übers., Turin 1970
66 Groethuysen, B., *Philosophie de la Révolution française*, Paris 1947
67 Gueroult, M., *Spinoza, Dieu*, Paris 1968
68 Gueroult, M., *Spinoza, L'âme*, Paris 1974
69 Guzzo, A., *Il pensiero di Spinoza*, Turin 1964
70 Hazard, P., *La crisi della coscienza europea*, Mailand 1968[2]
71 Hecker, K., *Gesellschaftliche Wirklichkeit und Vernunft in Spinoza*, Regensburg 1975
72 Hegel, G. W. F., *Wissenschaft und Logik*
73 Hegel, G. W. F., *Schriften zur Rechtsphilosophie*
74 Hegel, G. W. F., *Vorlesungen zur Philosophie der Geschichte*
75 Hegel, G. W. F., *Vorlesungen über die Geschichte der Philosophie*, hier zitiert nach der Ausgabe Frankfurt am Main 1971
76 Hirschmann, A. O., *Leidenschaft und Interesse*, Frankfurt am Main 1980
77 Hoenigswald, R., *Spinoza*, in: Altwicker (s. o. 5)
78 Horkheimer, M./Adorno, Th. W., *Dialektik der Aufklärung*, Frankfurt am Main 1961
79 Huizinga, J., *Holländische Kultur im 17. Jahrhundert*, Frankfurt am Main 1972
80 Husic, J., *Maimonides and Spinoza on the interpretation of the Bible*, in: *Philosophical Essays*, Oxford 1952
81 Husserl, E., *Gesammelte Werke*, Den Haag 1950 ff.
82 Huygens, Chr., *De ratiociniis in ludo aleae*, 1656
83 Igoin, A., *De l'ellipse de la théorie de Spinoza chez le jeune Marx*, in: »Cahiers Spinoza«, 1
84 Jacobi, J. H., *Über die Lehre des Spinoza*, 1785
85 Joel, M., *Zur Genesis der Lehre Spinozas*, Breslau 1871
86 Jonas, H., *Spinoza and the Theory of Organism*, in: »Journal of the History of Philosophy«, III, 1965
87 Kline, G. L., *Spinoza in Soviet Philosophy*, London 1952
88 Kolakowski, L., *Chrétiens sans Église*, frz. Übers., Paris 1969
89 Kossmann, E. H., *Culture an Society in the Dutch Republic during the 17th Century*, London 1974

90 Kossmann, E. H., *The Development of Dutch Political Theory in the Seventeenth Century*, (in 23, 1)
91 Koyré, A., *Comm. z. TdIE*, Paris 1964
92 Labrousse, E., *Pierre Bayle*, 1963 f.
93 de Laccarière, R., *Études sur la théorie démocratique. Spinoza, Rousseau, Hegel, Marx*, Paris 1963
94 Lécrivain, A., *Spinoza et la Physique cartésienne. La partie II des Principes*, in: »Cahiers Spinoza«, I
95 van der Linde, A., *Benedictus Spinoza. Bibliografie*, Nieuwkoop 1961 (Nachdr. d. Ausg. v. 1871)
96 Macherey, P., *Hegel ou Spinoza*, Paris 1979
97 Martinetti, P., *Spinoza*, in: »Rivista di filosofia«, 1916
98 Matheron, A., *Individu et Communauté chez Spinoza*, Paris 1969
99 Matheron, A., *Le TTP vu par le jeune Marx*, in: »Cahiers Spinoza«, I
100 Matheron, A., *Le Christ et la salut des ignorants chez Spinoza*, Paris 1971
101 Meinsma, K. O., *Spinoza en zijn kring*, Den Haag 1896
102 Meli, F., *Spinoza e due antecedenti italiani dello spinozismo*, Florenz 1934
103 Menzel, G., *Sozialvertrag bei Spinoza*, in: »Zeitschrift für privates und öffentliches Recht der Gegenwart«, 34, 1907
104 Merton, R., *Science, Technology and Society in 17th Century England*, New York 1970
105 Mirri, F. S., *Richard Simon e il metodo storico-critico de B. Spinoza*, Florenz 1972
106 Mondolfo, R., *Il concetto marxistico della »umwälzende Praxis« e i suoi germi in Bruno e Spinoza*, in: *Festschrift für Carl Grinber*, Leipzig 1932
107 Moreau, P. F., *Vortrag über Spinoza*, in: *Spinoza, nouvelles approches textuelles*, Raison Présente, Paris 1978
108 Mugnier-Pollet, L., *La philosophie politique de Spinoza*, Paris 1976
109 Negri, A., *Studi sul storicismo tedesco*, Mailand 1959
110 Negri, A., *Alle origini del formalismo giuridico*, Padua 1962
111 Negri, A., *Problemi dello Stato moderno*, in: »Rivista critica di storia della filosofia«, 1/1967
112 Negri, A., *Descartes politico o della ragionevole ideologia*, Mailand 1970
113 Negri, A., *Prefazione a Macpherson, Libertà e proprietà alle origini del pensiero borghese*, in: »ISEDI«, Mailand 1973 (und im Anhang der italienischen Ausgabe der *Wilden Anomalie)*
114 Negri, A., *Marx oltre Marx*, Mailand 1979
115 Neusüss, A., *Begriff und Phänomen des Utopischen*, Neuwied-Berlin 1968
116 Oko, S., *The Spinoza Bibliography*, Boston 1964
117 Pacchiani, C., *Spinoza tra teologia e politica*, Padua 1979
118 Pillon, E., *Les origines de l'éxegèse moderne, Spinoza.* In: »Critique philosophique«, V/22, 1876
119 Pillon, E., *La critique de Bayle du panthéisme spinoziste*, in: »Année philosophique«, IX, 1899
120 Pousseur, J.-M., *La première métaphysique spinoziste de la connaissance*, in: »Cahiers Spinoza«, II
121 Préposiet, J., *Spinoza et la liberté des hommes*, Paris 1967
122 Préposiet, J., *Bibliographie spinoziste*, in: *Annales Littéraires de l'Université de Besançon/Les belles lettres*, Paris 1973
123 de Quevedo, F., *Sonetti amorosi e morali*, it. Übers. Turin 1965
124 Ravà, A., *Studi su Spinoza e Fichte*, Mailand 1958
125 Razumovski, P., *Spinoza and the State*, o. O. 1917
126 entfällt
127 Revah, I. S., *Spinoza and Juan de Prado*, Paris-Den Haag 1959
128 Revah, I. S., *Spinoza et les hérétiques de la communauté judéo-portugaise d' Amsterdam*, in: »Revue d'histoire des religions«, 154, 1958
129 Rex, W., *Essays on Pierre Bayle and religious Controversy*, Den Haag 1965
130 Rivaud, A., *Physique de Spinoza*, in: »Chronicon Spinozanum«, IV

131 Robinson, L., *Kommentar zu Spinozas Ethik*, Leipzig 1928
132 Roorda, D. J., *Partijen Factie*, Groningen 1961
133 Rosen, S., *Baruch Spinoza*, in: *History of political Philosophy*, Chicago 1963
134 Rubel, M., *Marx à la rencontre de Spinoza*, in: Études de marxologie«, 1978/1
135 Schneider, G., *Der Libertin. Zur Geistes- und Sozialgeschichte des Bürgertums im 16. und 17. Jahrhundert*, Stutttgart 1970
136 Semerari, G., *Introduzione zur ital. Ausg. des TB*, Florenz 1953
137 Servas van Roijen, A. J., *Inventaire des livres formant la bibliothèque de Bénédict Spinoza*, Den Haag 1888
138 Signorile, C., *Politica e ragione. Spinoza e il primato della politica*, Padua 1968
139 Sigwart, Chr., *Spinoza*, Gotha 1866
140 Siwek, P., *La révélation d'après Spinoza*, in: »Revue universitaire«, XIX, 1949
141 van Slee, J. C., *De Rijnsburger Collegianten*, Haarlem 1895
142 Sohn-Rethel, A., *Geistige und körperliche Arbeit*, Frankfurt am Main 1973
143 Solari, G., *La dottrina del contratto sociale in Spinoza*, Turin 1927
144 Solari, G., *Studi storici di filosofia del diritto*, Turin 1949
145 Strauss, L., *How to study Spinoza's Theological-political Treatise*, in: »Proceedings of American Academy for Jewish Research«, XVII, 1948
146 Strauss, L., *Pensée sur Machiavell*, Paris 1979
147 Strauss, L., *Persecution and the Art of Writing*, Glencoe 1952
148 Strauss, L., *Die Religionskritik Spinozas als Grundlage seiner Bibelwissenschaft*, Berlin 1930
149 Thalheimer, A., Deborin, A., *Spinozas Stellung in der Vorgeschichte des dialektischen Materialismus*, Wien-Berlin 1928
150 Tronti, M., *Stato e rivoluzione in Inghilterra*, Mailand 1977
151 Vaughan, C. E., *History of political philosophy before and after Rousseau*, London 1925
152 Vaz Diaz, A. M., / van der Tak, W. G. *Spinoza. Mercator et Autodidactus*, Den Haag 1932
153 de Vega, L., *Liriche*, ital. Übers., Turin 1974
154 Vernière, P., *Spinoza et la pensée française avant la Révolution*, Paris 1954
155 Di Vona, P., *Scolastica dell' età post-tridentina nel Seicento*, in: *Storia della filosofia*, Mailand 1975
156 de Vries, T., *Baruch de Spinoza*, Hamburg 1970
157 Vulliaud, P., *Spinoza d'après sa bibliothèque*, Paris 1934
158 Wetlesen, J., *A Spinoza Bibliography, 1940-1967*, Oslo 1967
159 Wilson, Ch., *La République hollandaise des Provinces-Unies*, Paris 1968
160 de Witt, J., *Brieven*, Amsterdam 1906
161 Wolfson, H. A., *The Philosophy of Spinoza*, Cambridge Mass. 1934
162 Wolfson, H. A., *Spinoza und die Religion der Vergangenheit*, in: Altwicker (s. o. 5)
163 Yates, F., *Giordano Bruno e la tradizione ermetica*, ital. Übers., Bari 1969
164 Yates, F., *Gli ultimi drammi di Shakespeare. Un nuovo tentativo di approccio*, ital. Übers., Turin 1979
165 Zac, S., *L'idée de vie dans la philosophie de Spinoza*, Paris 1963
166 Zac, S., *Spinoza et l'interpretation de le'Écriture*, Paris 1965

Über den Autor

> Die Glückseligkeit ist nicht der Lohn der Tugend, sondern die Tugend selbst; und wir erfreuen uns ihrer nicht, weil wir die Lüste einschränken, sondern umgekehrt, weil wir uns ihrer erfreuen, können wir die Lüste einschränken.
>
> Baruch Spinoza, *Ethik*

Wenn dieses Buch erscheint, im Juni 1982, wird in Rom der Prozeß gegen Toni Negri und andere beginnen. Negri, der seit dem 7. April 1979 in den Hochsicherheitstrakten verschiedener italienischer Gefängnisse in Untersuchungshaft sitzt, ist u. a. der »bewaffneten Insurrektion« und ihrer ideologischen Wegbereitung angeklagt; die italienische Justiz und ein Gutteil der Öffentlichkeit sehen in ihm den theoretischen Kopf der *autonomia,* der autonomen Linken jenseits von kommunistischer Partei und traditionellem Sozialismus. Nach den Verhaftungen vom 7. April und der Folgezeit, denen Hunderte zum Opfer fielen, distanzierte sich fast die gesamte Linke Italiens mehr oder minder direkt von der *autonomia.* Erst als die Absurdität und das unverblümte politische Kalkül der Anklage nicht mehr zu übersehen waren, lockerte sich ein wenig die Tabuierung des Themas, wurde nicht mehr nur hinter vorgehaltener Hand von Toni Negri gesprochen.

Wenn wir in dieser Situation ein Buch Toni Negris über Baruch Spinoza und seine Philosophie in deutscher Übersetzung veröffentlichen, setzt sich dieses Unternehmen zwei einander entgegengesetzten Verdächtigungen aus: es sei zum einen ein durchsichtiger Akt politischer Solidarität, es gehe weniger um den Inhalt des Buches als vielmehr um die öffentliche Parteinahme für einen politischen Gefangenen; und auf der anderen Seite: hier werde der Professor und Philosoph Negri hervorgekehrt – gegen den Negri der *autonomia* und des politischen Kampfes: die ängstliche Reintegration des Gelehrten Antonio Negri in die akademische Gemeinde.

Als Akt politischer Solidarität verstehen wir die Veröffentlichung dieses Buches in der Tat: nicht nur mit einem politisch Verfolgten, sondern auch mit einer Bewegung, die uns nahe steht. Zugleich aber soll diese Veröffentlichung dazu beitragen, in Deutschland ein politisches und philosophisches Denken bekannter zu machen, das von außerordentlicher Sprengkraft und das dem Kältestrom der hiesigen Marxologie nicht ohne Grund sehr fremd ist. Unsere inzwischen fast schon wieder verblühte linke Renaissance stand, wenn man will, von Anfang an im Schatten des Hegelschen Denkens: stets spielte der Staat darin eine zentrale Rolle und stets war sie der Versuch, sich in eine siegreiche Tradition einzuordnen – Kontinuität der Klassenkämpfe, Fortsetzung der bürgerlichen durch die proletarische Revolution, Denken und Organisation von oben und die befreite Gesellschaft sozusagen als logische Gesamtsumme aller geschichtlichen Entwicklung: kein Bruch, keine Diskontinuität, kein Haß auf die Zentralinstanz Staat und nicht der Schimmer einer Phantasie, die jenseits des Staates ihren Ort hätte.

Aus gutem Grund lautet der Titel von Negris Spinoza-Buch, das im Gefängnis geschrieben wurde, *Die wilde Anomalie*: dieses Denken verläuft nicht in Kontinuitäten, hier ist keine Rede vom gemächlichen Strom der Geschichte, als dessen glückliche Erben wir uns begreifen könnten. Negris philosophische Untersuchungen (neben der über Spinoza schrieb er andere über Descartes, Kant und Hegel) sind Versuche, Elemente einer *anderen,* widerspenstigen, anomalen Geschichte des Denkens freizulegen, das mächtig gewordene Kontinuum von Geschichte und Denken aufzubrechen. Das vorliegende Buch rekonstruiert die Anomalie des Spinozianischen Denkens: nicht als einen Sonderfall in der Geschichte der Philosophie, sondern als eine Chance, die zwar vertan wurde, die als Möglichkeit aber noch immer lebendig ist – eine vergangene Zukunft. Gegen die bei allen Staatssozialisten so beliebte Entwicklungslinie Hobbes-Rousseau-Hegel setzt Negri eine andere: Machiavelli-Spinoza-Marx – die brüchige Tradition eines politischen und philosophischen Denkens, das nicht von Vermittlung und Dialektik, sondern von Materialismus, Diesseitigkeit und Leidenschaft getragen ist. Wem es gelingt, beim Lesen dieses Buches die Hegelsche Brille abzusetzen, der liest es als ein brillantes Plädoyer für eine *postdialektische Philosophie der Zukunft,* als ein gleichermaßen philosophisches und politisches Buch.

Es ist – bei aller gedanklichen Strenge – ein sinnliches, ein leidenschaftliches Buch: von der gleichen Leidenschaft, die die autonome Linke Italiens in den siebziger Jahren prägte und derentwegen sie nun so entschieden verfolgt wird. Diese Linke war keineswegs (wie etwa die Gruppe *il manifesto*) eine häretische Abspaltung von der kommunistischen Partei: sie war nicht auf der Suche nach der ›anderen‹, ›besseren‹, ›reinen‹ Partei und Organisation – sie begriff die Geschichte der Organisationen als eine der Entmachtung und Entmündigung und sie suchte in der gesellschaftlichen Realität nach Momenten von Widerspruch, Dissens und Rebellion. Sie suchte einen Ausweg aus der Welt kapitalistischer oder sozialistischer Verwaltung, sie schlug Lücken in das Kontinuum der Macht und also auch einer zukünftigen Macht, sie war extremistisch. Sie war anomal – und Anomales sondert man aus, Anomale sperrt man ein.

Der 7. April 1979 war eine große Niederlage der italienischen Linken: ihre abweichende Praxis, die zehn Jahre lang die Realität des Landes wesentlich mit prägte, wurde durch eine staatliche Macht unterbrochen, die gerade dabei ist, das Herrschafts- und Entmündigungsniveau der entwickelten modernen Industriestaaten zu erklimmen.

Baruch Spinozas Denken verdankt sich der Anomalie der holländischen Entwicklung im 17. Jahrhundert – doch es entstand im Moment, als diese Anomalie schon im Untergehen war. Dennoch war es stets ein Denken des Aufbruchs, der Positivität, des leidenschaftlichen Materialismus. Das gilt, denke ich, auch für das Denken Toni Negris: es zielt in die Zukunft.

Thomas Schmid

ANTONIO NEGRI wurde 1933 in Padua geboren und lehrte zuletzt Staatsrecht (Dottrina dello Stato) an den Universitäten Padua und Paris. Er wurde am 7. April 1979 unter der Beschuldigung, ideologischer Kopf der *autonomia* zu sein, verhaftet und sitzt seitdem in Untersuchungshaft.

Er veröffentlichte u. a.:

Descartes politico o della ragionevole ideologia, Mailand 1970

Zyklus und Krise bei Marx, West-Berlin 1972 (Übersetzung des Artikels *Operai e stato* aus der Zeitschrift ›Contropiano‹)

Die Krise des Planstaats. Kommunismus und revolutionäre Organisation, West-Berlin 1973 (Übersetzung eines Artikels aus der Zeitschrift ›Potere operaio‹)

Crisi dello Stato-piano, Mailand 1974

Proletari e stato, Mailand 1976 (deutsch in: Toni Negri, *Massenautonomie gegen historischen Kompromiß*, München 1977)

Staat in der Krise, West-Berlin 1977 (Übersetzung eines Aufsatzes aus der Zeitschrift ›Critica del Diritto‹)

Il dominio e il sabotaggio, Mailand 1977 (deutsch: *Sabotage*, München 1979)

La forma stato, Mailand 1977

Marx oltre Marx, Mailand 1979

Dall'operaio massa all'operaio sociale, Mailand 1979

Il comunismo e la guerra, Mailand 1980

Macchina tempo. Rompicapi, Liberazione, Costituzione, Mailand 1982

Namensindex

Im folgenden Namensindex gibt es drei Arten von Nennung. Erscheint ein Name im fortlaufenden Text des Buches, ist er im Namensindex unter Verweis auf die entsprechende Buchseite aufgeführt – etwa:
– Ostens, J. 144

Wird im fortlaufenden Text nicht der Name eines Autors, sondern nur die Sigle genannt, unter der er in der Bibliographie (siehe S. 277-281) geführt ist, so folgt im Namensindex auf die Seitenzahl in Klammer die Sigle; ein Beispiel:
– Cassirer, E. 98 (26)

Diese Angabe ist also folgendermaßen zu lesen: wenn auf S. 98 des Buches in Klammer die Zahl 26 auftaucht, ist dies ein Hinweis auf das Buch ›Das Erkenntnisproblem in der Philosophie und Wissenschaft der neueren Zeit‹ von Ernst Cassirer, das in der Bibliographie, die im übrigen alphabetisch angeordnet ist, die Sigle 26 trägt.

Erscheint schließlich ein Name nicht im fortlaufenden Text, sondern in den Anmerkungen am Ende des Buches, so ist im Namensindex die Stelle in fortlaufenden Text ausgewiesen, an der die Anmerkung durch eine hochgestellte Ziffer eingefügt ist; ein Beispiel:
– Matheron, A. 135 (v, A21)

Diese Angabe ist so zu lesen: auf S. 135 des Buches befindet sich die durch eine hochgestellte Zahl kenntlich gemachte Anmerkung 21, in der von Alexandre Matheron die Rede ist; diese Anmerkung befindet sich am Ende des Buches, und zwar in der Anmerkung 21 des V. Kapitels (S. 269/270).